金融法学文库

刘志云 主编

我国上市公司股份回购法律规制研究

FINANCIAL LAW

刘辉 著

法律出版社 LAW PRESS·CHINA

总 序

金融作为现代经济的核心，具有优化资源配置，调节经济运行之功效，其资本运作的良善与否甚至关乎社会稳定的实现。基于此，金融业的发展成为各国政府关注的重中之重，而通过制度供给促进金融业的良好发展也成为普遍并可行的路径。在此背景下，金融法研究乘势而起，成为近世之显学。兴起虽晚，却生机勃勃，在深入汲取相关部门法的理论积淀的同时，也广泛容纳各种跨学科知识与方法，并探求自身内省性之品格，最终成就如今的这个底蕴深厚、逻辑自洽的新兴学科体系。

我国金融法的产生和发展伴生于改革开放的推进，经济体制转型的既有进路，型构了中国金融法制变迁之现实。虽然西方先验逻辑提供的立法技术素不匮乏，但我们真正所要面对的，却是如何让成熟的技术真正地契合本国的现实国情，发挥其应有的功效。内生金融交易秩序的制度根基的缺乏，曾使中国金融法制在本土化复归的路途中一再迷失。同时在另一方面，全球化的推进，又敦促着中国必须及时完成经济转型，早日实现我国金融市场与国际金融市场的有效对接，从而更是加剧了国内金融法制的发展困境。对于从事金融法研究的学者而言，任务艰巨如斯，前路漫漫，任重而道远。当然，恰逢这一转型之历史路口的吾辈，能直面历史之转折，兢兢业业，矢志科研；鉴前世之兴衰，考当今之得失；博观而约取，厚积而薄发。显然，从另一个视角观之，这是一种幸运。

“千淘万漉虽辛苦，吹尽狂沙始到金。”厦门大学法学院是全国较早开展金融法教学和科研的单位之一。早在2005年，便开始挂靠其他专业博士点招收“金融法”方向的博士研究生；2006年，在厦门大学获得法学一级学科硕士、博士学位授予权的基础上，设立经济法博士点，金融法研究成为主要招生方向之一；2010年12月，厦门大学法学院正式成立金融法研究中心。近年来，金融研究中心的学术团队承担了大量的国家级与省部级科研项目，并相继出版与发表大量的学术专著与专业论文，在国内开始产生一定的影响。而今，金融法研究中心日益壮大，已经形成一支老中青相结合的优秀学术团队，并成为我国金融法高层次专门人才的重要培养基地之一。

“非学无以广才，非志无以成学。”为了进一步推动金融法研究中心的学科建设以及促进国内金融法研究的繁荣，我们于2014年起决定编辑出版连续性的《厦门大学金融法学文库》。期以“前沿意识、精品理念”为指导，以系列学术专著、译著的形式，集中展现我国金融法领域的专题研究成果，促进学术繁荣和理论争鸣。“盖文章，经国之大业，不朽之盛事。年寿有时而尽，荣乐止乎其身，二者必至之常期，未若文章之无穷。是以古之作者，寄身于翰墨，见意于篇籍，不假良史之名，不托飞驰之势，而声名自传于后。”诚如斯言，我们期以本文库作为思想传播之媒介，学术交流之平台，博学审问，慎思笃行，自由争辩，自察自省，通过严肃认真的学术讨论和学术批评，推动金融法研究的不断创新。

在法律出版社的支持下，2016年伊始，《厦门大学金融法学文库》正式更名为包容性更大的《金融法学文库》。本文库稿件来源不限于金融法研究中心的学者、校友，而以最大的诚意广泛征集海内外金融法专著、译著。当然，我们亦知，就整个金融法学研究而言，本文库仅为沧海一粟。庙廊之才，非一木之枝，希望能与学界同仁相濡相闻，砥砺共进。

是为序。

刘志云

2016年7月22日

目录

绪　论

一、研究的背景与意义

（一）研究背景

上市公司股份回购是指上市公司按照一定的条件和程序依法买回自己已发行股份的法律行为。从全球资本市场来看，股份回购的途径主要有现金回购、发行公司债券换取股权、发行公司优先股换取普通股等。上市公司股份回购起源于20世纪50年代的美国，并在20世纪70年代得以推广。彼时，尼克松政府加强了对公司向股东通过发放现金形式进行分配的征税力度，不少公司基于规避该税收政策而选择降低直接进行现金分配的数额，并转而采用回购股份的办法将公司的盈利发放给股东，由此推动股份回购制度在美国迎来快速发展的势头。截至2009年年末，美国上市公司股份回购总金额已经达到5900亿美元，超过现金分红金额的2.4倍。[①] 对欧盟上市公司的实证研究也显示，在1989～2005年，股份回购总金额也是远远大于现金分红金额，并

① 参见何瑛、孔静敏：《中美上市公司股份回购经济后果的比较研究》，载《北京邮电大学学报》（社会科学版）2015年第2期。

且呈现出显著的上涨态势。[①]

不仅如此,上市公司股份回购还被广泛应用于抵制公司的外部恶意收购,提升公司市值管理能力等公司金融和公司治理的特殊目的。比如在1985年,美国著名的菲利普石油公司(Phillips Petroleum Corporation)实施了总额高达81亿美元的股份回购计划,其目的就是防止恶意收购。埃克森美孚石油公司(Exxon Mobil Corporation)则基于反收购目的,在1989年和1994年两次累积实施了高达320亿美元的股份回购计划。[②] 在美国1987年的"87股灾"以及2001年的"9·11"事件发生后,股份回购均被上市公司广泛用于市值管理,以便实现提振市场信心,维护市场稳定之目的。历史交易数据显示,1987年10月19日后的两周内,美国共有650家上市公司宣布实施股份回购计划。[③] 而在"9·11"事件发生后的第3天,美国政府出台的政府救市计划中就包括鼓励和提倡上市公司实行股份回购。并且政府还特意列支3000亿美元的财政拨款计划,专门作为为上市公司股份回购提供融资的放贷基金,以配合上市公司实施股份回购。对于具有公益性质的大量上市公司,美国政府甚至直接提供财政拨款以便于其实施回购行为。[④] 与此同时,在股份回购的监管法律方面,美国临时放开了股份回购"安全港"豁免规则,规定即使是在"安全港"规则之外回购,也不属于违法。在1997年亚洲金融危机发生时,我国台湾地区紧急启动了"证券交易法"修改程序,通过修法鼓励上市公司实行股份回购,以修复断崖式的股价非理性暴跌带来的市场重创。总之,股份回购已经发展成为发达资本市场普遍运用的一种资本运作工具,其本身早已成为国际金融市场的重要组成部分之一。

与国际资本市场日益普及并被频频运用的火爆情况相反,上市公司股份回购在我国"大陆"相当长的一段历史时期曾被"打入冷宫",虽在2015年股灾发生过后开始受到关注却依旧未见较大突破,国际国内的适用情况

---

① See Eije H V, Megginson W L, "Dividends and Share Repurchases in the European Union", *Journal of Financial Economics*, 2008, 89(2), pp. 347 – 374.

② 参见马明:《中国上市公司股份回购研究》,天津大学2008年博士学位论文,第39页。

③ 参见刘蔚:《上市公司股份回购制度研究》,中国政法大学2008年博士学位论文,第8页。

④ 参见刘艳:《推出回购流通股正当其时》,载《中国证券报》2005年6月17日,第A03版。

真可谓冰火两重天。我国证券市场最早的股份回购案例当属1994年的陆家嘴公司。1994年10月30日,陆家嘴公司临时股东大会决议通过了国家股减资的方案,通过协议回购本公司国家股股票并予以注销的方式降低国家股的比例。[①] 显然,在当时的特定历史时期,上市公司股份回购的主要目的是为解决国有资产虚置和股权结构不合理的问题,而专门针对国有大股东持股为之。当我们把视线转移到2008年全球金融危机以及2015年股灾发生后的A股市场不难发现,被用作"护盘"目的的股份回购工具正日益成长,并成为我国政府官方以及上市公司乃至证券市场投资者共同呼吁的救市法宝之一。

以我国2015年股灾为例,面对A股上证综指断崖式的暴跌,在2015年7月1~22日的短短16个交易日中,便有37家上市公司陆续发布股份回购公告予以救市。[②] 从上市公司的角度来说,以往并不常用的股份回购工具在股灾期间频频使用,很明显是对二级市场流通股票价格被严重低估的不满。尽管如此,当时我国A股市场的股票回购数量和规模仍然不大。最典型的例证是:面对2015年六七月的股市异常波动,监管层开展了积极的救市行动,要求每家上市公司至少推出"五选一"方案来维护公司股价的稳定,而"五选一"方案就包括上市公司回购本公司股份。然而,截至2015年9月10日,仅有41家上市公司提出回购股份计划,并且这41家上市公司中实质性地实施股份回购行动的仅有18家。[③]

究其原因:一方面,众所周知,我国股市从建立伊始,其基本任务便定位于服务上市公司(特别是国有企业)融资和圈钱,对于股东分红,不仅缺少这种意识和动机,更未培育起这种回馈机制和分配文化,自然也就少有上市公司愿意拿出公司的税后利润来回购自家的股票;另一方面,也是本书写作的一个重要原因,即我国的法律制度对于上市公司股份回购设置了过多不

---

① 参见马明:《中国上市公司股份回购研究》,天津大学2008年博士学位论文,第42~43页。

② 参见张玉洁:《37家上市公司宣布回购股份》,载《中国证券报》2015年7月22日,第A07版。

③ 参见荆丽娟:《1575家公司发布五选一方案谁是维稳真心英雄?》,载《第一财经日报》2015年9月28日,第A16版。

必要和不合理的限制,造成股份回购很难被作为一种常规的资本运作工具来进行操作。这极大地限制了A股市场上市公司股份回购的实践和运用。①

我国1993年《公司法》规定,公司仅得为减少注册资本而注销股份或者与持有本公司股票的其他公司合并,方可回购本公司股份。2005年《公司法》对股份公司回购股份虽略有放宽,但仍采取严格禁止之态度,公司仅得在4种情形下回购股份,即减少注册资本;与持有本公司股份的其他公司合并;将股份奖励给本公司职工;股东对股东大会之合并分立决议有异议而要求回购的。2005年6月16日,中国证监会发布了《上市公司回购社会公众股份管理办法(试行)》(以下简称《回购办法》),对于上市公司股份回购的适用条件、回购方式、回购股份的程序和信息披露、回购价格以及监管措施等作出了规定。2008年10月9日,中国证监会发布了《关于上市公司以集中竞价交易方式回购股份的补充规定》(以下简称《补充规定》),对股份回购的决议程序和内容、回购信息披露、回购价格管制和不得回购的期间等问题作出了补充规定。与此同时,上海证券交易所出台了《上市公司以集中竞价交易方式回购股份业务指引》(以下简称《上交所集中竞价回购指引》)(2008年出台,2013年修订)、深圳证券交易所出台了《深圳证券交易所上市公司以集中竞价方式回购股份业务指引》(以下简称《深交所集中竞价回购指引》)(2008年)等。② 特别是2013年4月1日,上海证券交易所发布的《上交所集中竞价回购指引》,是对2008年《上市公司以集中竞价交易方式回购股份业务指引》(上证上字〔2008〕106号)的修订。其明确规定,上市公司符合7种情形之一且回购股份不影响其持续经营能力的,上交

① 对于该观点的一个重要的验证是,2018年我国《公司法》修改放宽了股份回购事由的限制,随即便引发了上市公司“回购潮”。参见许晟、潘清:《公司法修改触发上市公司“回购潮”》,载《新华每日电讯》2018年10月31日,第6版。

② 需要特别说明的是,根据2019年1月11日,上海证券交易所和深圳证券交易所分别发布的《上海证券交易所上市公司回购股份实施细则》和《深圳证券交易所上市公司回购股份实施细则》,《上交所集中竞价回购指引》和《深交所集中竞价回购指引》已被废止。

所鼓励其回购股份。① 尽管以该指引的形式规定股份回购基本制度,其合法性遭到一定的质疑,但毕竟是对我国历次《公司法》《证券法》修订内容的最大胆的一次突破。

无疑,上市公司股份回购在我国资本市场上运用之初的主要价值定位是服务于国有股减持的目的,同时作为救济少数股东、解决大股东欠款的手段。从这种意义上来说,严格限制公司回购股份的事由并不影响这些目的的实现。但是,回购股份的价值实际上远远不止于此,在成熟的资本市场上,上市公司股份回购具有丰富的实践价值:可以调节财务杠杆,优化资本结构;可以灵活调控二级市场股票供应,开展市值管理;可以替代股利分配,并实现合理避税;可以建立和完善库藏股制度,实行股权转换创新;可以实施股权激励,推行员工持股计划;可以反对恶意收购,保持公司控制权。凡此种种,不胜枚举。

2018 年,我国 A 股市场再次发生断崖式下跌,为了充分利用股份回购工具维护资本市场稳定,2018 年 10 月 26 日,全国人大常委会紧急通过了最新的《公司法》修改决定(以下简称《公司法最新修改决定》),放宽了股份回购的事由限制,②简化了股份回购的决议程序,并适度放开了股份回购的资金来源限制等。2018 年 11 月 9 日,中国证监会、财政部和国资委联合下发了《关于支持上市公司回购股份的意见》(以下简称《三部委回购意见》)。2018 年 11 月 23 日,上海证券交易所和深圳证券交易所分别发布了《上海证券交易所上市公司回购股份实施细则(征求意见稿)》(以下简称《上交所回购细则意见稿》)和《深圳证券交易所上市公司回购股份实施细则(征求意见稿)》(以下简称《深交所回购细则意见稿》)。2019 年 1 月 11

---

① 《上交所集中竞价回购指引》第 4 条规定:“上市公司符合下列情形之一且回购股份不影响其持续经营能力的,本所鼓励其回购股份:(一)股价持续低于每股净资产的;(二)经营活动产生的现金流量持续为正,或有大量闲置资金的;(三)资产负债率大幅低于行业平均水平的;(四)因实施重大资产重组后存在未弥补亏损,而长期无法向股东进行现金分红的;(五)具有分红能力但现金分红水平较低的;(六)发行的 A 股、B 股或 H 股股票市场定价存在较大差异,其中某类股票股价偏低,未能合理反映公司价值的;(七)为适应证券市场发展变化和保护投资者合法权益的需要而认定的其他情形。”

② 除对原《公司法》第 142 条第 3 项的规定做出修改外,主要是增加了第 5 项和第 6 项关于上市公司用作转换公司发行的可转债以及为维护公司价值及股东权益所必需两种适用股份回购的情形。

日，上海证券交易所和深圳证券交易所分别正式发布《上海证券交易所上市公司回购股份实施细则》（以下简称《上交所回购细则》）和《深圳证券交易所上市公司回购股份实施细则》（以下简称《深交所回购细则》）。

不难看出，上述法律、规范性文件以及自律监管规则紧锣密鼓的修订和出台，最终目的都是扩大上市公司股份回购的实施，并充分发挥股份回购稳定股市的功能。无论如何，这为我国A股市场进一步开展股份回购提供了相对较为宽松的制度保障。但目前，我国上市公司股份回购法制依然不尽完善。出于稳定市场的迫切需求，由中国证监会主导和提起的这次《公司法》修法活动带着明显的市场维稳的目的，其对于股份回购的风险防范的考虑依然欠佳。因此，我国法律必须做好在进一步放开股份回购的使用限制、鼓励上市公司灵活运用股份回购工具的同时，在借鉴发达国家和地区资本市场相关制度经验的基础上，加强和完善相关立法，切实防范市场风险，维护市场稳定。这正是本选题确立的基本背景。

（二）研究意义

尽管经济基础决定上层建筑是马克思主义法哲学一以贯之坚持的基本原理，但从微观着眼的具体的经济制度与法治的关系，因侧重的法治价值和所欲解决的经济问题的层次不同，往往存在不同的判断、评价和阐释。① 对我国经济体制转轨过程中的法制转型的最新研究表明，我国市场经济法制服务于市场经济发展，从传统的法律为经济发展保驾护航到通过法律推动经济深化改革，无一不体现经济的第一性。② 易言之，良好的法律制度总是必须做到与其特定的经济制度相适应，并保障和推动经济的发展。

在股权分置改革完成以后，我国现阶段的股票市场已经发生重大改变：原来股权分置的状态已经转变为一个股权全流通或者说至少流动性已经获得极大提升的市场状态。相应地，我国上市公司股份回购实践也必然面临颠覆性的转变：由传统的大量回购非流通股份转变为以流通股份为主要的回购对象。为此，上市公司股份回购法律制度无论是从立法理念还是具体

① 参见谢海定：《中国法治经济建设的逻辑》，载《法学研究》2017年第6期。

② 参见周林彬、王睿：《法律与经济发展“中国经验”的再思考》，载《中山大学学报》（社会科学版）2018年第6期。

的实施流程与违法回购行为的规制，均需因时因势作出改变，从而确保上市公司更加灵活自由地选择适用股份回购并守住不发生系统性金融风险的底线。

由于发达国家(地区)上市公司股份回购法律制度在设计上的相对合理和科学，上市公司股份回购一经推出便受到市场和投资者的青睐。国外的实证分析甚至认为，股份回购不仅对上市公司股价产生正向市场效应，而且回购规模越大，股价的正向信号越积极。① 那么，值得我们思考的是，上市公司股份回购在中国，如果通过法律制度的科学设计，是否也有可能产生类似的一种正向效应呢？与此同时，从整个中国资本市场的宏观视角来看，我们是否能通过法律的保障功能，为上市公司提供一种全新的提高资本运作效率的思路和操作方法，从而在一定程度上提高证券市场的资源配置功能呢？

本书的研究一方面致力于提升市场在上市公司股份回购中的地位和作用，倡导建立更加宽松的上市公司股份回购法律制度，让上市公司作为市场主体自由选择股份回购的适用；同时，在回购数量、回购价格等方面尽可能减少非市场因素的干预，坚持市场在资源配置中的决定性作用。另一方面，针对上市公司股份回购中容易引发的内幕交易、操纵市场等违法行为，尤其是面对我国证券市场法治化程度不高，违规违法行为盛行等现实，主张通过事前、事中和事后等各个环节、各个阶段的具体法律制度的设计，对违法行为予以规范和治理，力保市场公平。

本书对上市公司股份回购法律制度的研究，在理论与实务两方面均具有重要的意义。在理论方面，本书不仅深入探讨了上市公司股份回购可能对传统公司证券法理论带来的挑战，更是运用现代公司证券法理论的最新发展对其予以回应。不仅在此基础上对上市公司股份回购的立法模式和具体法律规制措施予以设计，更对中国证监会提议启动的《公司法》修改条款进行了评议并提出改进的建议。在实践方面，本书创造性地提出上市公司股份回购的事前法律规制、事中法律规制、事后法律规制的分析范式，可以

① See Comment R, Jarrell G, "The Relative Signalling Power of Dutch-Auction and Fixed-Price Self-Tender Offers and Open-Market Share Repurchases", *The Journal of Finance*, 1991, 46(4), pp. 1243 – 1271.

为监管部门工作的展开以及实务部门正确适用上市公司股份回购资本工具提供强有力的现实指引。鉴于此,有理由相信,对上市公司股份回购法律制度进行全面系统和深入细致的研究,具有重要的理论与实践价值。

二、国内外文献综述及评析

(一)国外文献综述

相比中国大陆而言,国外资本市场不仅上市公司股份回购的实践更为丰富,相关的学术研究也相对成熟。尽管目前尚无本书所采用的从立法模式到不同实施阶段法律规制分析的上市公司股份回购方面的著作,但国外学者依循经济学研究的路径,以上市公司股票回购假说为理论基础,为相关法律制度建立和实施提供了很好的指引。其主要围绕上市公司股份回购制度的优劣、立法模式的选择以及回购行为涉嫌构成的相关违法犯罪行为的规制等方面展开。

总体来说,国外有关上市公司股份回购法律制度的研究几乎都起源于股票回购假说,包括:股利避税假说、每股盈利假说、信号传递假说、财务杠杆假说、财富转移假说、控制市场假说、自由现金流假说、财务灵活性假说以及股票期权假说等。

上市公司股份回购起源于美国对现金股利分配的征税制度的改变,股利避税假说和每股盈利假说均从股份回购与公司价值的关联关系角度解释了上市公司股份回购起源的原因,其不同点在于,股利避税假说分析的视角着眼于公司税收的变动。具言之,股利避税假说认为,股份回购是公司实现节税和避税,并递延纳税日期的重要手段。以韦斯特(West)①为代表的学者认为,从长期来看,股份回购能够通过节税和避税实现公司价值增值。每股盈利假说则认为,股份回购造成二级市场流通股票的缩减,是提升每股盈利(EPS)的重要途径,由此带来的正向信号对提高投资者参与热情,提升公司价值意义重大。布格斯塔勒(Burgstahler)、迪切夫(Dichev)②提出,公司

---

① See Jr H B, West R, "The Acquisition of Common Stock by The Corporate Issuer", *Journal of Finance*, 1966, 21(4), pp. 687 – 696.

② See Burgstahler D, Dichev I, "Earnings Management to Avoid Earnings Decreases and Losses", *Social Science Electronic Publishing*, 2005, 24(1), pp. 99 – 126.

可以通过股份回购改善公司每股盈利和现金流量。

在上述两种假说之外,信号传递假说、财务杠杆假说、控制市场假说、自由现金流假说、财务灵活性假说以及股票期权假说等,均为上市公司股份回购在公司法上的确立提供了正当性依据。信号传递假说是20世纪70年代末80年代初学术界颇为认同,并在其后得到大力推广的理论。简言之,该理论认为,公司的管理者与投资者总是存在天然的信息不对称的现象,当公司的股价低于其本身的内在价值时,管理层实施股份回购行为向外部投资者传递出的是积极的看好公司价值进一步走强的信号。信号传递假说理论的支持者还利用信号模型来对其进行阐释,用以论证股份回购的价值和效用。其典型代表是维尔马伦(Vermaelen)、[①]奥弗(Ofer)、塔科尔(Thakor)[②]和辛哈(Sinha)。[③] 大量的实证研究结果也支持股份回购基于信号传递对市场的积极作用。旺斯利(Wansley)、莱恩(Lane)、萨卡尔(Sarkar)、[④]斯蒂芬斯(Stephens)、威斯巴赫(Weisbach)、[⑤]贝克(Baker)、鲍威尔(Powell)、维特(Veit)、[⑥]迪特马尔(Dittmar)、[⑦]特塞科斯(Tsetsekos)、考夫曼(Kaufman)[⑧]等学者对不同时期的实施股份回购的公司管理者的市场调研的结果均显示,传递股价被严重低估的信号是管理者实施股份回购的重要

---

① See Vermaelen T,"Repurchase Tender Offers: Signaling and Managerial Incentives", *The Journal of Financial and Quantitative Analysis*, 1984, 19(2), pp. 163 - 181.

② See Ofer A R, Thakor A V.,"A Theory of Stock Price Responses to Alternative Corporate Cash Disbursement Methods: Stock Repurchases and Dividends", *The Journal of Finance*, 1987, 42(2), pp. 365 - 394.

③ See Sinha S.,"Share Repurchase as a Takeover Defense", *The Journal of Financial and Quantitative Analysis*, 1991, 26(2), pp. 233 - 244.

④ See Wansley J W, Lane Sarkar L S,"Managements' View on Share Repurchase and Tender Offer Premiums", *Financial Management*, 1989, 18(3), pp. 97 - 110.

⑤ See Stephens C P, Weisbach M S,"Actual Share Reacquisitions in Open-Market Repurchase Programs", *The Journal of Finance*, 1998, 53(1), pp. 313 - 333.

⑥ See Baker H K, Powell G E, Veit E T,"Why Companies Use Open-market Repurchases: A Managerial Perspective", *Quarterly Review of Economics & Finance*, 2003, 43(3), pp. 483 - 504.

⑦ See Dittmar A K,"Why Do Firms Repurchase Stock", *Journal of Business*, 2000, 73(3), pp. 331 - 355.

⑧ See Tsetsekos G P, Kaufman D J, Jr, et al.,"A Survey Of Stock Repurchase Motivations and Practices Of Major U. S. Corporations", *Journal of Applied Business Research*, 2011, 7(3), p. 15.

考量。艾肯伯里(Ikenberry)、拉克尼肖克(Lakonishok)、维尔马伦①以及布雷夫等(Brav,et al.)②的研究还犀利地指出,一旦公司对外公告其回购动机,绝大多数情形下都以股价被严重低估作为其回购动因。

财务杠杆假说认为,公司通过回购股票可以减少权益资本,从而提高财务杠杆比率,以获得公司债务利息费用的抵税效应,优化资本结构和增加公司价值。如巴格韦尔(Bagwell)、肖文(Shoven)、③普欧(Pugh)、贾黑拉(Jahera Jr.)、④奥普勒(Opler)、蒂特曼(Titman)⑤等学者的研究结果所展示的那样,股份回购是公司实现最优资产负债结构的重要工具。公司实际资产负债结构偏离最优资产负债结构越严重,回购股票的动机越强。⑥ 公司的股票回购金额往往与公司的资产负债率呈负相关的关系。⑦ 马苏利斯(Masulis)⑧和维尔马伦⑨的研究进一步表明,从理性经济人的角度来说,股份回购是公司实现"异常报酬"的必然选择。

控制权市场假说是指公司通过股票回购收回部分股权,抬高股票价格来防止其他公司的敌意收购行为。20 世纪 80 年代中期,美国政府放开市场管制,公司间敌意收购行为盛行。公司管理层为了维持自己对公司的控制权,通常选择以股份回购的形式让收购方知难而退。该学说的代表学者

---

① See Ikenberry D,Lakonishok J,Vermaelen T,"Market Underreaction to Open Market Share Repurchases",*Journal of Financial Economics*,1995,39,pp. 181 – 208.

② See Brav A,Graham J R,Harvey C R,et al.,"Payout Policy in The 21st Century",*Journal of Financial Economics*,2005,77(3),pp. 483 – 527.

③ See Bagwell, L. S., Shoven, J. B., *Corporate Takeovers: Causes and Consequences*, Chicago: University of Chicago Press,1988,pp. 191 – 213.

④ See Pugh W, Jahera J S J., "Stock Repurchase and Excess Returns: An Empirical Examination",*Financial Review*,2010,25(1),pp. 127 – 142.

⑤ See Opler,T.,Titman,S.,*The Debt-equity Choice: An Analysis of Issue Firms*, Ohio State University,1996.

⑥ See Dittmar A K.,"Why Do Firms Repurchase Stock",*Journal of Business*,2000,73(3), pp. 331 – 355.

⑦ See Zhang H.,"Share Price Performance Following Actual Share Repurchases",*Journal of Banking & Finance*,2005,29(7),pp. 1887 – 1901.

⑧ See Masulis R W., "Stock Repurchase by Tender Offer: An Analysis of the Causes of Common Stock Price Changes",*The Journal of Finance*,1980,35(2),pp. 305 – 321.

⑨ See Vermaelen T, "Common Stock Repurchases and Market Signaling: An Empirical Study",*Journal of Financial Economics*,1981,9(2),pp. 139 – 183.

是丹恩(Dann)、迪安基洛(Deangelo)、[①]布拉德利(Bradley)、威克曼(Wakeman)、[②]昂(Ang)、塔克(Tucker)、[③]克莱因(Klein)、罗斯森(Rosenfeld)、[④]普欧、普赫(Jahera)[⑤]以及巴格韦尔[⑥]等。

自由现金流假说由詹森(Jensen)最早提出,[⑦]该说认为当企业缺乏好的投资机会而又有多余现金时,可采用股份回购的方式来处理闲置资金。通过股份回购把多余现金分配给股东,可以促使管理者在支出方面更加规范,从而降低动用自由现金过度投资的相关代理成本。因而,股份回购被认为是一种旨在降低代理成本的自由现金支付方式。格鲁利翁(Grullon)[⑧]提出,当公司缺乏有效投资机会而回购股票时,市场投资者对此表示赞同,这往往成为股价上涨的重要原因。埃文斯(Evans)[⑨]也认为,控制公司的闲置现金是公司回购股票的重要动机。

财务灵活性假说,是指股票回购能够为公司提供更加丰富和多元的财务管理方式,尤其是在股利分配上,财务灵活性假说认为,股份回购是代替现金股利分配的重要替代性手段。由于股份回购的时间和方式的灵活性,其

---

① See Dann L Y, Deangelo H, "Standstill Agreements, Privately Negotiated Stock Repurchases, and The Market For Corporate Control", *Journal of Financial Economics*, 1983, 11(1), pp. 275 – 300.

② See Bradley M, Wakeman L M, "Thc Wealth Effects of Targeted Share Repurchases", *Journal of Financial Economics*, 1983, 11(1), pp. 301 – 328.

③ See Ang J S, Tucker A L, "The Shareholder Wealth Effects of Corporate Greenmail", *Journal of Financial Research*, 1988, 11(4), pp. 265 – 280.

④ See Klein A, Rosenfeld J, "The Impact of Targeted Share Repurchases on the Wealth of Non-Participating Shareholders", *Journal of Financial Research*, 1988, 11(2), pp. 89 – 97.

⑤ See Pugh W, Jahera J S., "Stock Repurchases and Excess Returns: An Empirical Examination", *Financial Review*, 2010, 25(1), pp. 127 – 142.

⑥ See Bagwell L S., "Share Repurchase and Takeover Deterrence", *Rand Journal of Economics*, 1991, 22(1), pp. 72 – 88.

⑦ See Jensen M C., "Agency Costs of Free Cash Flow, Corporate Finance, and Takeovers", *American Economic Review*, 1999, 76(2), pp. 323 – 329.

⑧ See Grullon G, Ikenberry D L, "What Do We Know About Stock Repurchases?", *Journal of Applied Corporate Finance*, 2010, 13(1), pp. 31 – 51.

⑨ See Evans J P, Evans R T, Gentry J A, "The Decision to Repurchase Shares: A Cash Flow Story", *Journal of Business & Management*, 2003, 9(2), pp. 99 – 123.

能够给予公司更大的财务管理自由空间。格鲁利翁和米凯利(Michaely)[①]等学者对科技股的大量研究表明,对这些轻资产和高速成长的公司而言,其更加倾向于通过股份回购进行分配,以保持公司财务管理的灵活性。盖伊(Guay)和哈福德(Harford)[②]则径直指出,股份回购对公司现金流的管理意义深远。

股票期权假说将实施股票期权作为公司进行股份回购的重要考量。那么为什么公司更加倾向于通过股票回购而不是发新股来实施股票期权或者直接发放现金来进行激励呢?芬恩(Fenn)、梁(Liang)、[③]巴托夫(Bartov)、[④]卓尔斯(Jolls)、[⑤]韦斯本纳(Weisbenner)、[⑥]本斯(Bens)[⑦]等学者都曾从不同的角度展开研究。总结起来大致有以下的原因:其一,从新老股东的股东间利益来分析,一旦发行新股,老股东则必受权益稀释之侵害,因此,用发新股的方式实施股票期权,尽管可以对受激励对象形成激励,但是容易造成新老股东之间的利益矛盾。从社会学的角度来讲,这也可称为一种"利益对抗";相反,如果以回购股票的形式为之,则因受到市场认可等积极因素的影响,不仅不会对老股东形成利益侵蚀,反倒可能造就一种正外部效应。其二,与现金股利发放相比,股票回购避免了期权价值贴水的风险,而如果是现金股利发放,除权后的期权价值会出现下跌。

---

① See Grullon G, Michaely R, "Dividends, Share Repurchases, and the Substitution Hypothesis", *Journal of Finance*, 2002, 57(4), pp. 1649 - 1684.

② See Guay W R, Harford J, "The Cash-Flow Permanence and Information Content of Dividend Increases Versus Repurchases", *Journal of Financial Economics*, 2000, 57(3), pp. 385 - 415.

③ See Fenn G W, Liang N, *Good News and Bad News About Stock Repurchases*, Board of Governors of the Federal Reserve System, 1997; Fenn G W, Liang J N, "Corporate Payout Policy and Managerial Stock Incentives", *Journal of Financial Economics*, 2000, 60(1), pp. 45 - 72.

④ See Bartov E, Krinsky I, Lee J, "Evidence on How Companies Choose Between Dividends and Open-market Stock Repurchase", *Journal of Applied Corporate Finance*, 1998, 11(1), p. 8.

⑤ See Jolls, Christine, *Stock Repurchases and Executive Compensation*, Harvard Law School, 1998.

⑥ See Weisbenner, S., *Corporate Share Repurchases in the 1990's: What Role do Stock Options Play?*, Board of Governors of the Federal Reserve System Finance and Economics Discussion Paper, 2000, p. 29.

⑦ See Bens, D. A., Nagar, V., Skinner, D. J., et al., "Employee Stock Options, EPS Dilution, and Stock Repurchases", *Journal of Accounting & Economics*, 2003, 36(1), pp. 51 - 90.

基于对上述股份回购的积极作用的广泛认同，美国采取了“原则允许、例外禁止”的立法模式，广泛赋予上市公司股份自由回购权。尽管这样的立法模式并未被德国、日本、英国等其他大多数国家和地区直接移植，但毫无疑问的是，这对于其他国家和地区进一步放开股份回购的法律管制提供了重要的理论基础和立法指引。比如有英国学者认为，虽然截至《英国1981年公司法》均不承认股份回购的合法性，但是事实上公司购买其投资者的股份已经司空见惯。① 之所以如此，是因为公司能够运用内部产生的利润来满足其投资需求，因而不再需要那么多外部股权融资，或是因为它希望给予那些不再认为公司是具有吸引力的投资机会的投资者一个退出渠道，同时留住那些认为公司前景良好的股东。申言之，如詹森（Jensen）和梅克林（Meckling）②所言，在公司治理过程中，公司过量的现金流的增加会提升管理层与股东之间的代理成本。在此情形下，管理层可能会将这些过量的现金投放到一些并不具有高效的投资价值的次优投资项目，或者实施一些低效的项目收购。由此，尽管公司管理层以分散投资风险为目标，其实际的公司治理行为往往带来负面的经营效果。这种公司治理理论对于允许上市公司实施股份回购提供了正当性支持。

英国公司法评估委员会在对股份回购中的英国公司所拥有的有限权力和美国公司拥有的股份回购的自由进行对比之后，该委员会认为美国该方面的制度安排对于员工持股计划和小型公司的投资的退出大有裨益。③ 然而，该委员会并不建议彻底放弃公司不得购买自身股份的规则，因为它并没有获得证据表明英国公司需要此种权力，而且它认识到，与把股份卖给第三方相比，将股份回售给公司会带来严重的税收问题。据此，“法律的发展演变，是从禁止公司收购自身股份转向规定在什么情况下允许公司收购自身

---

① 参见［英］保罗·戴维斯、莎拉·沃辛顿：《现代公司法原理》（第9版），罗培新等译，法律出版社2016年版，第338页。

② See Jensen M C, Meckling W H, “Theory of the Firm: Managerial Behavior, Agency Costs and Ownership Structure”, *Social Science Electronic Publishing*, 1976, 3(4), pp. 305－360.

③ See Report of the Company Law Committee (Cmnd 1749, 1962), paras. 167－169. 转引自［美］艾利斯·费伦：《公司金融法律原理》，罗培新译，北京大学出版社2012年版，第209页。

股份”。[①] 英国最终选择了上市公司股份回购的折中立法模式，而德日等其他国家的股份回购法制也逐渐放宽。

对上市公司股份回购行为涉嫌违法犯罪行为的监管方面的研究肇始于财富转移假说。该学说认为，在股票回购过程中，财富会在不同的证券所有者之间以及在股东之间发生转移。公司实施股票回购在某种程度上相当于将一部分资产清偿给股东，这一行为的直接受害者是债权人，因为这意味着债权人所能求偿的资产减少，由此带来公司债务价值的降低，同时也代表着股东财富的增加。马克斯韦尔(Maxwell)和史蒂芬斯[②]认为，股份回购导致公司财富和利益从债权人向股东的转移，股份回购通常伴随债券收益率的走低。格雷厄姆(Graham)、金(King)[③]和弗里德(Fried)[④]的研究均发现，股份回购为公司管理者和大股东减持套现带来机会，甚至导致公司财富从不知悉内幕信息的股东手中转移至掌握内幕信息的股东手中。

据此，以高尔(Gower)教授为代表的公司法评估委员会提出，要设置有效，同时又不会过度复杂的债权人保护机制。[⑤] 在上市公司股份回购行为涉嫌内幕交易、操纵市场以及规避回购行为等的具体监管方面，尼莱曼斯(Nelemans)质疑证券市场操纵的主观意图的真实可认证性，认为通过认定行为人的非操纵意图来豁免其市场操纵行为不具有现实可行性，因此，其主张建立上市公司股份回购“安全港”制度。这为美国及其他多个国家的“安全港”制度的建立提供了重要的理论基础。[⑥] 在上市公司股份回购行为涉嫌内幕交易行为监管的理论基础问题上，美国著名证券法教授斯坦利·科

---

① [英]保罗·戴维斯、莎拉·沃辛顿：《现代公司法原理》(第9版)，罗培新等译，法律出版社2016年版，第338页。

② See Maxwell W F, Stephens C P, “The Wealth Effects of Repurchases on Bondholders”, *The Journal of Finance*, 2003, 58(2), pp. 895–920.

③ See Graham, King, “Do Share Repurchases Harm Uninformed Shareholders”, *Financial Practice & Education*, 2000, 10(1), pp. 11–16.

④ See Fried J M, “Open Market Repurchases: Signaling or Managerial Opportunism”, *Theoretical Inquiries in Law*, 2001, 2(2), pp. 1–31.

⑤ 参见[美]艾利斯·费伦：《公司金融法律原理》，罗培新译，北京大学出版社2012年版，第209页。

⑥ See Nelemans M, “Redefining Trade-based Market Manipulation”, *Valparaiso University Law Review*, 2008, 42, pp. 1169–1220.

普兰(Stanley Kaplan)认为,公司及其高管是天然的内幕信息知情人,股份回购与内幕交易具有密切的关联,应在反欺诈理论下规制内幕交易行为。但洛克(Loke)认为内幕交易行为规制的逻辑起点在于内幕信息的使用。上市公司股份回购中,之所以构成内幕交易,主要是由于公司的高级管理人员等内部人以及其他知悉内幕信息的人员不平等使用内幕信息进行交易所致。吉尔·布雷泽(Gil Brazier)教授提出,应设立上市公司股份回购中高管人员的"禁止期"制度,限制其在"禁止期"内的证券交易。

上述国外学者对于上市公司股份回购开展的相关研究表明,从上市公司的具体行为以及其股票的市场表现来看,股份回购的确具有非常重要的经济学价值。但问题是,上市公司股份回购如何才能对实施该金融工具的主体——上市公司——带来这种价值,是各国立法当局必须面临的重大理论课题。换言之,从经济学实证研究的角度来看,在不同的国家(地区)对特定行业、特定区域甚至特定的公司的研究已经表明,股份回购具有实现上述价值的理论可能,但该金融工具的价值发挥还受到各国(地区)的基础交易法律和监管法律的反作用,如果法律制度能够适度放开,则市场主体运用的空间和私法自治的能力可能得以加强,反之可能则会受到更大的运用局限,阻碍股份回购的应有价值的发挥。

(二)国内文献综述

我国台湾地区学者也积极投入对上市公司股份回购法律制度的研究。在上市公司股份回购事前法律规制方面,学者黄铭杰认为,应当设置与欧洲类似的上市公司股份回购数量规制制度。因为公司经营者有可能通过股份回购来改变其股本结构,进而降低其进一步扩大对公司控制权的难度。因此,如果允许公司实施股份回购,就有必要对其回购数量进行规制。①

在上市公司股份回购事中法律规制方面,关于股份回购与操纵市场的关系,学者赖英照认为,一方面,股份回购由于利用回购资金优势扩大了上市公司股票的交易量,客观上带来提升股价之目的;另一方面,大量的回购又导致二级市场上上市公司的可流通股票数量的下降,进一步影响公司股

① 参见黄铭杰:《自己股份买回与公司法——"财政部""库藏股"制度草案的问题点与盲点》,载《台大法学论丛》1998 年第 1 期。

票的价格。所以在上市公司连续交易的情形下,于价于量均构成操纵市场之行为。只是依据法律之规定,对其予以豁免使其合法化而已。[①] 关于减持隔离期制度,学者吴光明认为,该制度至少有两点最为重要的意义:其一,防范公司借由关系人等之取得,以规避财源及数量之规制。其二,防止公司经营者利用公司本身资金,维持自己之支配地位。[②]

在上市公司股份回购事后法律规制方面,争论最为激烈的当属回购股份的权利状态问题。对于合法回购的股份,台湾地区学者一般认为,公司法采用的是股东权利(全面)休止说。[③] 但学者黄铭杰对该理论提出质疑,认为被合法回购的股份并不宜全然否定其权利状态,而应当基于"维持自己股份价值"之精神,对共益权与自益权进行区别对待。[④]

对于违法回购股份的效力,学者梅仲协支持有效说,他认为,要认定上市公司违反公司法的规定实施股份回购行为的效力,必须首先对公司法相关的禁止性法律条款的性质进行界定。"公司法"第 167 条之规定属于命令性规定,因此,违反之,其民事行为本身仍属有效,"仅公司负责人负担责任"。并且,公司法兼具团体法与交易法之性质,应重视交易安全之保护,除若干特殊重要之情形外,凡属强行法规,应认为大多均为命令性规范较为妥当。[⑤] 对此,台湾地区大部分学者依然赞同无效说。[⑥] 比如,陈顾远认为,法律既然将上市公司股份回购设置为"原则禁止,例外允许"模式,即意味着,违反"公司法"第 167 条之规定而实施的股份回购行为,应当不是简单的违反命令性规范所能解释的,应当根据"民法"第 71 条规定之精神,将其解释为效力性规范,违反该规范而实施的股份回购行为也应属无效。况且,这些都是"破坏公司之团体精神","影响经济之正常发展"之行为,如果仅

① 参见赖英照:《股市游戏规则——最新证券交易法解析》,元照出版有限公司 2010 年版,第 763 页。

② 参见吴光明:《证券交易法论》,三民书局 2011 年版,第 423 页。

③ 参见刘连煜:《现代公司法》,新学林出版股份有限公司 2013 年版,第 325~326 页;柯芳枝:《公司法论》(上),三民书局 2012 年版,第 193~194 页。

④ 参见黄铭杰:《自己股份买回与公司法——"财政部""库藏股"制度草案的问题点与盲点》,载《台大法学论丛》1998 年第 1 期。

⑤ 参见梅仲协:《商事法要义》,正中书局 1966 年版,第 65 页。

⑥ 对无效说的相关总结可参见柯芳枝:《公司法论》,三民书局 2012 年版,第 197 页。

仅对这些公司的负责人课以刑责,而仍然使这些行为有效,则基于该利益导向,恐将导致其他大量的公司也从事该行为。① 柯芳枝、刘连煜、梁宇贤等学者也都是无效说的支持者。学者施智谋则主张契约行为无效,物上行为有效说,认为在上市公司违法回购股份时,应认定契约行为无效,当事人不得请求契约之履行,但是如果物上行为已完成,仅系公司负责人处罚之问题,其行为本身仍属有效。②

综上所述,我国台湾地区学者对上市公司股份回购法律规制的研究已经深入到股份回购的各大实施阶段和具体的操作细节。除了这些法律方面的论文以外,更多的研究成果还集中于经济学、金融学、管理学等学科,这些成果尤其注重对于上市公司股份回购之于股票在二级市场的后续表现以及整个资本市场的影响方面的实证研究。

就笔者目前搜集的现有大陆研究资料来看,大陆尚无关于上市公司股份回购法律制度研究方面的学术著作。唯一的一篇博士论文是2008年中国政法大学赵旭东教授指导的刘蔚博士的《上市公司股份回购制度研究》。③ 该论文以两大法系的相关立法为分析框架,总结了国外上市公司股份回购的立法经验,并提出我国上市公司股份回购的制度设想。总体来看,尽管该文的介绍和论证较为系统宏大,但在对国外相关立法进行介绍的过程中,显现出第一手资料和文献收集不足的问题,并且在探讨中国的上市公司股份回购法制的完善的过程中,结合A股市场的实际的分析论证较为简略,因此提出的有价值的、具有可操作性的立法建议乏善可陈。

在其他以单篇学术论文展现的上市公司股份回购的相关法律制度研究的论文中,作者一般都偏重于上市公司股份回购的某一个方面进行写作和论述。

在上市公司股份回购的立法模式和事前法律规制方面,学者贾翱④认为,我国应建立"原则许可,例外禁止"的立法模式,应扩大合法股份回购的类型,并在决议主体、决议程序、资金来源、回购数额等方面实现私法自治。

---

① 参见陈顾远:《商事法》(中册),复兴书局1968年版,第242页。
② 参见柯芳枝:《公司法论》,三民书局2012年版,第197页。
③ 参见刘蔚:《上市公司股份回购制度研究》,中国政法大学2008年博士学位论文。
④ 参见贾翱:《公司股份回购的立法模式选择问题探讨》,载《长白学刊》2009年第2期。

但这种观点受到学者刘惠明和严骥[①]的反对，他们认为，为了突出对债权人和公司中小股东的保护，上市公司股份回购的资金来源必须严格限制，应当通过立法将其确立为只能用公司可分配利润进行回购。王荣康[②]则提出，应当建立和强化公司控股股东以及董事对公司股东、债权人的诚信义务制度，以强化对公司债权人和公司中小股东的保护。

大量的学者将精力投入上市公司股份回购的事中法律规制的研究上，主要体现在关于股份回购与市场操纵、内幕交易、规避监管等违法行为的监管和防治方面。学者李晓春[③]认为在公司股份回购过程中，容易产生内幕交易等证券违法行为。美、日等国家一般在放松公司股份回购的同时，在证券法中加强对内幕交易等证券违法行为的联动规范。但我国在公司法中增加股份回购事由的规定时，并未在证券法中对信息披露、内幕交易行为作联动规范。鉴于此，我国应在证券法中针对股份回购中的内幕交易行为作联动规范，同时还应禁止公司的短线交易行为。学者朱庆[④]认为，股份回购与操纵市场的关联较为复杂。从连续交易和蛊惑交易视角来看，关于股份回购操作是否构成操纵市场的问题，有肯定论、否定论与折中论三种不同学说。相对而言，折中论更符合配套制度设计的需要。为妥善规制股份回购中的操纵市场问题，宜分三个地带，即黑色地带、白色地带和灰色地带，分别设计相关的法律制度。

此外，也有学者开始密切关注我国A股市场上新近发生的较为普遍的以市值管理为目的的股份回购行为的法律规制问题。学者李振涛[⑤]认为，护盘回购作为上市公司应对证券市场异常波动的一种路径依赖，是上市公司以及监管部门共同推动的结果。护盘回购与操纵市场行为存在法律逻辑

---

① 参见刘惠明、严骥：《股份回购的弊端及防范制度研究——以日本法为借鉴》，载《深圳大学学报》（人文社会科学版）2011年第4期。

② 参见王荣康：《股份回购及对债权人和中小股东的保护》，载《现代法学》2002年第3期。

③ 参见李晓春：《股份回购中内幕交易行为之证券法规制》，载《河北法学》2010年第12期。

④ 参见朱庆：《论股份回购与操纵市场的关联及其规制》，载《法律科学》（西北政法大学学报）2012年第3期。

⑤ 参见李振涛：《护盘式股份回购制度的演进及其设计——基于证券市场异常波动应对的视角》，载《政法论坛》2016年第4期。

上的悖论,应比较借鉴域外护盘回购的法律规制技术,坚持兴利除弊的原则,完善我国的护盘回购制度。

总体来看,我国现有关于上市公司股份回购法律制度的相关研究成果主要侧重于国外制度的引进,而相对忽视了对我国A股市场自身特点和法制环境的深入剖析。最直观的缺陷突出反映在两个方面:第一,多数研究对我国A股市场上市公司股份回购的典型案例的引证严重不足,都具有“仰望星空”的理想,却缺乏“脚踏实地”的“地气”,因而对具体的A股市场的股份回购法制的完善显得相对缺乏针对性。第二,多数学者都是遵从从国外经验到国内借鉴的写作模式,普遍缺乏以实践为导向的,以上市公司股份回购行为自身的特点为切入点的,从上市公司股份回购的基本理论以及立法模式的探讨再到股份回购的事前法律规制、事中法律规制和事后法律规制的体系化论著。这对于立法者和监管者制定和实施法律的绩效来说可能会大打折扣,从而影响上市公司股份回购的总体法治水平。

本书正是以上述两方面的缺陷为写作的出发点和皈依,紧密结合我国上市公司股份回购的实践和真实的回购案例,以上市公司股份回购及其规制的基本理论为指导,从股份回购的立法模式、事前法律规制、事中法律规制和事后法律规制等各环节展开论证,探讨我国上市公司股份回购法制的完善对策。

三、论证思路与方法

(一)本书论证思路

本书采用“提出问题—分析问题—解决问题”的论证思路。除绪论和结论外,正文部分首先介绍上市公司股份回购的基本概念及其特征与分类等,重点分析其运用和实施可能给公司法理论带来的挑战,由此引出对其进行法律规制的基本理论问题,为下文的写作奠定理论基调。第二章建立在第一章对上市公司股份回购的利弊分析的基础上,结合国内外的相关做法,探讨上市公司股份回购的立法模式以及我国的优选方案问题。第三、四、五三章则分别从我国上市公司股份回购的事前法律规制、事中法律规制和事后法律规制三个方面展开。在每一章的具体论证中,坚持从不同阶段法律规制(方式)的基本法理到比较法经验的梳理,再到最终回归我国具体的规制策略的设计的思路。

据此,本书的主体框架相应地设计为五章。

第一章首先界定上市公司股份回购的概念、特征及其分类等基本问题,而后介绍经济学对于上市公司股份回购的若干假说。在此基础上,分析上市公司股份回购制度的积极作用以及消极影响。通过分析上市公司股份回购可能带来的理论问题,最终提出现代公司证券法的新发展对前述问题的理论回应。

第二章主要介绍上市公司股份回购的立法模式以及我国的优选方案。首先对发达国家和地区上市公司股份回购立法的基本模式进行梳理,然后结合中国资本市场的具体情况,提出我国上市公司股份回购立法的基本价值诉求。最后,以此为指引,研究我国上市公司股份回购立法模式的方案选择问题。

正文的第三、四、五章分别从我国上市公司股份回购事前、事中和事后三个阶段对相关具体的法律规制问题予以剖析和设计。其中,第三章是我国上市公司股份回购的事前法律规制:股份回购的决议程序、回购资金来源以及回购数量与价格规制。首先以各国(地区)立法例为基础,介绍上市公司股份回购事前法律规制的主要方式及其立法经验,然后结合我国现行立法的相关情况分析我国上市公司股份回购事前法律规制存在的主要问题,最后提出相应的完善对策。

第四章是我国上市公司股份回购的事中法律规制。主要涉及上市公司股份回购在具体实施过程中的操纵市场、内幕交易以及规避回购等违法行为的法律规制问题。本章首先介绍上市公司股份回购事中法律规制的核心法律范畴及其比较法经验。随后紧密结合我国A股市场的回购案例,提出我国上市公司股份回购事中法律规制存在的主要问题。最后提出我国上市公司股份回购事中法律规制的完善方案。

第五章是我国上市公司股份回购的事后法律规制。本章分为三大部分:第一部分对上市公司合法回购情形下,股份的权利状态及其处理机制展开探讨。第二部分对上市公司违法回购股份的行为效力及其法律责任展开分析。第三部分着重从权利救济机制的视角,系统论证我国上市公司违法回购股份中的股东诉讼机制的完善问题。从司法的角度提出股东的诉权保障机制,从而加强投资者的权益保护,维护市场公平。

(二)研究方法

第一,历史分析方法。本书将通过回顾发达资本市场国家和地区的上市公司股份回购立法模式及其制度变迁,探寻法律规制的发展脉络,结合我国证券市场上市公司股份回购制度的现实背景,深入剖析我国证券市场上市公司股份回购法律制度存在的问题,进而有针对性地制定相应的法律规制方案。

第二,比较研究方法。上市公司股份回购法律制度属于舶来品。本书将比较研究发达证券市场国家和地区的立法模式以及法律制度安排的差异,结合该国(地区)的具体情况,分析不同立法模式及制度安排的优势和局限性,以期为我国上市公司股份回购法律制度的完善提供有益的比较法经验。

第三,案例分析方法。本书的研究过程中,特别是对我国相关法律制度的执行情况以及存在的问题进行分析时,将大量引入 A 股市场鲜活的回购案例进行论证,从而对我国上市公司股份回购法律规制的完善提出既有针对性又能接地气的方案。

四、创新之处与不足

(一)创新之处

截至目前,我国虽然已经有学者陆续开展上市公司股份回购法律制度方面的研究,但还没有一本系统研究上市公司股份回购法律规制的学术专著。对国内现有研究成果进行整理发现,绝大多数的研究成果都侧重于上市公司股份回购的某一方面的研究或者只是着眼于某种具体制度的引进,却较少深入探讨国外规制模式和制度安排背后隐藏的理念和原则。同时,这些研究并未充分结合我国资本市场发生的具体案例进行实证分析,这就很容易陷入不接中国地气的纸上谈兵的空泛制度设计。

本书试图梳理我国上市公司股份回购立法的基本价值诉求,在比较分析国外不同制度安排的同时,探寻其规制模式及制度安排的共性并分析其优劣。在此基础上,紧密结合国内资本市场的实际,尝试性优化我国现有的规制模式,构建比较系统全面的规制制度安排。在行文结构上,本书在搭设基本理论框架的前提下，从事前法律规制、事中法律规制、事后法律规制的不同环节，剖析我国上市公司股份回购的具体法律规制问题，这能更加清晰地为实务提供指引。

（二）不足

我国证券市场起步较晚，上市公司股份回购法律制度立法相对滞后，为有效解决现有的上市公司股份回购中存在的各种问题，只有全面系统地对国外相关判例及立法进行研究，并结合不同国家的社会、经济、政治、文化等因素，才能准确把握相应的规制模式和制度安排背后的思路和原则，继而为我国相关立法提出具有借鉴意义的建议，实现本土化对接。从本人目前查阅的资料来看，国外有价值的实务部门的研究报告相对缺乏，这在论题研究中可能会受到一定程度的影响。

第一章　上市公司股份回购及其法律规制的基本问题

上市公司股份回购是金融市场上一种重要的基础性金融工具。其基本价值,不仅体现在金融危机时期,上市公司可以利用股份回购稳定股票的价格并进而达到稳定市场之目的,同时还体现在市场平稳运行的时期,股份回购可以成为上市公司开展市值管理的常规手段,并能够作为反收购措施用于抵御外部投资者恶意篡夺公司控制权等行为。随着我国资本市场的快速发展,出于整体金融市场风险管理以及上市公司经营管理之所需,上市公司股份回购理论以及立法相关问题的研究显得尤为迫切。

第一节　上市公司股份回购的概念、特征及其分类

一、上市公司股份回购的概念及特征

股份回购(share repurchase)是指公司在一定条件下

购回股东已持有股份的行为,也称为"公司回购"。[①] 我国台湾地区将股份回购定义为"股份回笼""股份回收""公司取得自己股份""公司买回自己股份"的行为。而在我国香港特别行政区,立法局颁布的《香港公司购回本身股份守则》则特别将股份回购界定为:以要约人(拟进行股份回购的公司)及其代表作为收购主体,向要约人的股东(拟进行股份回购的公司的股东)提出的购买、赎回以及其他各种形式的取得公司股份的要约。而只要部分或者全部属于该类要约的私有化协议和协议安排乃至其他任何形式的公司重组计划均应当界定为股份回购的行为。

笔者认为,上市公司股份回购,是指上市公司按一定的条件与程序,通过支付现金、发行公司债券或者公司优先股等换取股权以及支付其他任何财产形式的对价,依法直接或者间接地从其股东处买回自己已经发行在外的股份,并最终予以注销或者作为公司库藏股予以处置的法律行为。通过这样的研究概念界定,笔者可以对上市公司股份回购的特点作如下总结。

第一,上市公司股份回购是以上市公司为实施主体的法律行为。

理论上讲,通过支付现金或者其他对价,公司收购股东所持有的股权或者股份,无论是在有限责任公司还是股份有限公司中均有可能发生。但根据公司法的基本原理,只有股份有限公司才将公司资本划分为等额的股份,因此,真正意义上的股份回购法律问题只存在于股份有限公司之中。有限责任公司虽然也可以进行回购,但由于其回购对象仅限于公司股东所持有的股权,不属于本书所研究的股份回购的范畴。同时,因为股份有限公司在我国包括普通的股份有限公司、非上市公众公司以及上市公司,[②]本书的研究对象也不包括前两类公司的股份回购行为,而仅限于其股票在证券交易所上市交易的上市公司的股份回购行为。

第二,上市公司股份回购必须是有偿交易,并且其支付对价的形式具有多元性。从法律上讲,上市公司依法取得本公司的股份,既可以通过有偿取得的途径,也可以通过无偿取得的途径。有偿取得即要求上市公司必须支

---

① 参见周友苏:《公司法学理与判例研究》,法律出版社2008年版,第155页。

② 其中,非上市公众公司是指其股票在新三板挂牌交易的公司,也有学者将其称为"非公众股份有限公司"。参见刘迎霜:《我国公司类型改革探讨——以非公众股份有限公司为视角》,载《广东社会科学》2014年第1期。

付对价,而无偿取得则至少在获取本公司股权之时并不需要支付对价,如基于股份的财产权属性,在上市公司股东自愿放弃其股权的情况下,上市公司可依法取得本公司股份;再如,基于赠与合同或者遗赠,上市公司也可以无偿取得本公司股份。然而就本书研究对象的上市公司股份回购来说,这些法律行为均不属于该范畴。上市公司股份回购仅仅包括有偿回购的场合,而不包括无偿取得自身股份的情形。不仅如此,上市公司回购股份的对价支付形式极其丰富,现金支付、发行公司债券以及优先股等换取股权等形式均可为之。就我国证券市场的实践来看,利用现金、债权、资产等进行股份回购均有先例。①

第三,上市公司股份回购既包括直接回购也包括间接回购。直接回购是指上市公司直接从其自身股东手里收购其股份,在直接回购的情况下,上市公司一般是动用自有资金或者通过融资等其他方式获得的合法资金以本公司名义为之;而间接回购则是指上市公司通过特殊目的机构(SPV),间接从其自身股东手里收购其股份,在间接回购的场合下,上市公司一般并不以自身名义进行,而是通过提供财务资助等办法授意特殊目的机构实施回购行为。② 值得注意的是,我国公司法和证券法目前对于间接回购并未进行有针对性的规制,相关立法有待完善。

第四,上市公司股份回购的对象必须是已经发行在外的本公司股份。

---

① 这些支付形式在我国 A 股市场均有先例。通过现金回购的上市公司,如万科 A(证券代码:000002),2015 年 7 月 8 日,万科 A 发布了其董事会审议通过的以公司自有资金回购股份的议案。具体回购额度控制在 100 亿元之内,回购价格为不高于公司股票 7 月 3 日的收盘价。参见曹力水:《万科拟回购 100 亿元额度内 A 股股份》,载 http://stock.hexun.com/2015-07-08/177363930.html,最后访问日期:2017 年 3 月 13 日。通过债权进行股份回购的上市公司,比如吉发股份(现为中航动力,证券代码:600893),吉发股份的大股东吉发投资由于拖欠公司应付款项 3 亿余元,且公司需为该股东承担因担保而带来的逾 4.5 亿元的连带责任,吉发股份最终决定采用股份回购的方式予以了结,以公司享有的债权折抵吉发投资所持 8719 万股的股份,按每股净资产 2.79 元作价。参见高春涛:《回购有益改善股权结构》,载 https://www.xiangdang.net/doc/4884553830860125261.html,最后访问日期:2019 年 2 月 13 日。通过资产进行股份回购的上市公司,如沪昌特钢(证券代码:600665),1998 年 10 月 21 日,沪昌特钢公告以不低于每股净资产的价格,以公司现有的"不适资产"向其大股东上海五钢回购国有法人股。参见佚名:《上海五钢(集团)有限公司关于受让上海沪昌特殊钢股份有限公司国家股的公告》,载 http://quotes.money.163.com/f10/ggmx_600665_21385_1.html,最后访问日期:2017 年 3 月 13 日。

② 对通过提供财务资助进行回购最早进行立法的国家是英国。《英国 1928 年公司法》即首次明确规定禁止公司提供财务资助。参见《英国 1928 年公司法》第 16 条之规定。

如果不存在已经发行出去的股份,那么上市公司便失去了可以回购的对象,股份回购也就无从谈起。但有一个值得注意的问题是,上市公司已经发行的但暂时处于非流通状态的股份是否能够实施回购?对此,从中国资本市场的实践来看,尤其是在股改以前,大量的国有(法人)股是长期处于非流通状态的。这在某种程度上是对公司法股权平等原则的一大挑战。上市公司股份回购的重要功能之一就是为这些国有(法人)股的退出提供一种方式和渠道,因此,上市公司已经发行的但暂时处于非流通状态的股份应当纳入可以实施回购的股份范围之列。

第五,上市公司回购的股份的处理方式是注销股份或者做库藏股处理。财产权和营业自由原则构筑了近代市民法的基石。① 所谓营业自由,是指人们有选择经营何种经营事业之自由,属于经济的基本权或生存的基本权。② 公司作为一种独立的商事营业主体,其最基本的权利就是营业自由,这无疑也是商法存在的基本价值和根本宗旨。市场经济下,市场的竞争环境是瞬息万变的,那么公司的经营战略也必然随之调整。从公司财务管理和公司法的角度来说,公司依其意思自治灵活调整其股本理应成为公司营业自由的题中应有之义。当市场环境良好,公司为了扩大经营规模,可以发行股份、上市、再融资,以扩张股本保障公司发展和扩张;当市场环境低迷,尤其是面临国际金融危机冲击的情况下,公司需要改走审慎、稳健甚至收缩的经营路线,则必须采取与股份发行相向而行的财务管理方式,此时,股份回购乃当之无愧成为其首选方案之一。回购的股份,上市公司直接注销的,则属于减少注册资本的行为;不直接注销而收为库藏股的,则可作为未来公司开展股权转换等金融工具的基本储备,也可转让于员工进行股权激励。当然,回购最基本的价值还是体现在稳定市场信心以及维持股价方面,在危机当头的特殊环境下,各国救市无不鼓励上市公司开展股份回购。

---

① 参见[日]森田章:《公开公司法论》,黄晓林译,中国政法大学出版社2012年版,第4页。

② 参见李少伟、王延川:《私法文化:价值诉求与制度构造》,法律出版社2009年版,第204页。

二、上市公司股份回购的主要类别

按照不同的标准，上市公司股份回购可以做不同的分类，其最重要的分类依据是回购目的和回购方式。依据回购目的之不同，上市公司股份回购可以分为经营性回购和战略性回购。依据回购方式的不同可以分为公开市场时价回购、要约回购、协议回购以及通过可转让出售权回购等。

（一）基于回购目的的分类

1. 经营性回购

经营性回购也可以被称为股利分配替代性回购，是指上市公司利用股份回购的办法替代股利分配政策，从而达到与现金派发类似的效果。经营性回购必须以公司盈利，即公司的现金流盈余作为回购资金来源。

经营性回购之所以有其存在的空间，原因就在于它具有上市公司现金分红政策所无法实现的诸多优势：首先，相比现金分红，股份回购具有天然的合理避税优势。通常，现金分红时，股东必须依法就其分红所得缴纳个人所得税，[①]而在股份回购的情况下，上市公司股东则可免于纳税，这对股东而言，无疑带来了绝对实惠。其次，上市公司派发现金的股利分派政策尽管具有简单、直接的优势，但总会在一定程度上让股东形成一定的派发惯性预期，这也就是我们通常所讲的股利政策的持续稳定性；换言之，如果上市公司在各会计年度不能保持持续稳定的现金股利派发，而出现中断或者比前期现金派发的金额更低，则很容易造成股东对其股票的悲观预期，从而加大上市公司市值管理的难度，甚至面临大范围减持抛售股票崩盘的情形。但

① 以A股为例，我们列举一家上市公司权益分派公告进行说明：2017年3月22日，永新股份发布2016年权益派发公告，称公司以其既有股本为基础，对公司全体股东按照每10股派5元人民币现金的方式进行派现。这里的5元即是含税红利，在扣税以后，属于QFII和RQFII以及持股改限售股、首发限售股的个人和证券投资基金投资者，其每10股能够获得的实际红利仅为4.5元。而持有非股改、非首发限售股及无限售流通股的个人股息红利税实行差别化税率征收，先按每10股派5元，权益登记日后根据投资者减持股票情况，再按实际持股期限补缴税款。持有非股改、非首发限售股及无限售流通股的证券投资基金所涉红利税，对香港投资者持有基金份额部分按10%征收，对内地投资者持有基金份额部分实行差别化税率征收。对于QFII、RQFII外的其他非居民企业，永新股份公司则未代扣代缴所得税，由纳税人在所得发生地进行缴纳。参见佚名：《永新股份：2016年年度权益分派实施公告》，载http://www.sohu.com/a/129601995_545697，最后访问日期：2019年2月13日。

是,如果上市公司选择股份回购的形式,则往往具有较大的弹性,不会给公司带来持续的派现压力。最后,上市公司股份回购与上市公司现金分红两者适用的灵活性不同。在股份回购情形下,上市公司的股东具有选择权,如果股东不愿意获得现金,而更加看好公司的未来发展,则其可以选择不出售自己手中持有的公司股票;反之,如果股东愿意收获现金,那么其可以选择卖出。但是,对于上市公司现金分红而言,股东实际上是属于被动的一方,即只能被动接受分红。可见,上市公司股份回购作为一种公司的金融政策,通过该政策的灵活性优势,在确保公司股东权利的同时又更加有利于公司的长远发展。

2. 战略性回购

与经营性回购不同,所谓战略性回购,往往是指上市公司基于某种特殊的战略性目标的需要,通过多种金融手段获得融资而进行的大型的、复杂的股份回购行为。比较典型的战略性回购有:为了防止恶意收购而进行的股份回购行为、为了防止特殊宏观经济形势下股票崩盘而进行的护盘式股份回购行为、为了重置和优化资本结构而进行的股份回购等。

从本质上讲,战略性回购的终极目的是服务于公司的各种战略目标。比如,当上市公司面临外部恶意收购时,[①]股份回购可以成为公司防御收购的有力武器。上市公司一旦采用股份回购,其不仅能够导致公司股价上升,抬高恶意收购者的收购成本,而且也能收缩市场上流通的股份数量和比例,给恶意收购者造成较大的收购难度。此外,当公司回购本公司股份时,也就意味着其财务报表上现金流的减少,而公司如果又选择通过金融机构大举借贷或者在债券市场发行债券融资,无疑造成自身负债规模最大化甚至触发拖累公司进入破产的可能,对此,恶意收购者往往不得不重新评估恶意并购的战略意义,以至于放弃恶意并购行为。同样,当出现经济危机时,金融市场动荡此起彼伏,上市公司很可能因为群体性恐慌而遭遇股东"用脚投票"减持避险,这将对公司市值管理提出极具挑战性的难题。作为颇具战

① 所谓恶意收购,是指收购者的收购意图遭到被收购公司董事会的抵抗,因此收购只能通过出高价,直接从股东手中购买股票的形式进行的收购。参见沈四宝、王军、焦津洪:《国际商法》,对外经济贸易大学出版社2002年版,第134~135页。

略意义的股份回购，不仅使上市公司的股票价格呈现一定程度的反弹，而且也向市场积极传递公司本身对于未来发展趋势的一种自信，进而起到缓解二级市场股票被抛售的压力。当上市公司需要达到重置和优化资本结构的战略时，其也可以通过间接融资回购本公司股票，实现长期公司负债比率以及财务杠杆提升之目的，优化资本结构。

（二）基于回购方式的分类

根据上市公司回购本公司股份的价格确定方式和具体的回购形式等标准，可将股份回购分为公开市场时价回购、要约回购、协议回购、权益转让类回购等。

1. 公开市场时价回购

公开市场时价回购，是指上市公司在证券交易所公开通过证券交易系统，以公司股票的时价，向其流通股东收购本公司股份。公开市场时价回购的好处是成本低廉，无须支付要约回购模式下较高的溢价抑或是在荷兰式拍卖模式下的招标成本，并且操作程序简便灵活，直接在公开市场回购即可，无须聘请专业的财务顾问等。从实践来看，国际资本市场上，上市公司采用最多的回购形式就是公开市场时价回购。

然而，从上市公司回购本公司股份的国际实践来看，由于公开市场时价回购行为本身牵涉巨额的股票交易数量，这无形中导致股票回购中操纵市场行为风险的出现。同时，作为回购主体的上市公司恰恰又占据绝对的信息优势，因此，从各国的监管实践来看，公开市场时价回购往往被苛以一定程度的法律监管，尤其是有关回购的策略、时机、价格以及数量等具体环节，这也在一定程度上影响了上市公司回购本公司股份的灵活性。

2. 要约回购

要约回购依循的是证券法中上市公司要约收购的一般法理。要约收购起源于英国，全面强制要约是“股东平等原则”在上市公司收购中的充分体现。[①] 要约收购，是指收购人公开向目标公司的股东发出要约，并按照要约中的价格、期限等条件收购目标公司的股份，以期获得或者巩固目标公司控

---

① 参见魏颖：《中国上市公司控制权转移法律问题研究》，中国政法大学出版社2013年版，第37～38页。

制权的行为。[①] 要约回购,是指上市公司在公开市场上向其所有的投资者发出公开回购的要约而进行的股份回购法律行为。要约回购的公开要约一般包括两种典型的回购价格确认模式,即固定价格(fixed price)模式和荷兰式拍卖(dutch auction)模式。

固定价格模式,是指在公开要约中,回购的具体价格已经由公司确定并经由法定的议事程序议定,在回购过程中不允许再像公开市场时价回购那样随机变动回购价格的股份回购行为。

荷兰式拍卖模式首现于20世纪80年代荷兰Todd船公司的股票回购案,其遵循拍卖法的基本原理,是指上市公司公开回购要约中并不确定回购的具体价格,而是指定一个价格区间,有意向出售自己手中所持有的上市公司股份的股东自行报价,最终由上市公司依据股东报价统计制作股票的供给曲线,并按照价格从低原则,确定最低回购价格进行回购的法律行为。荷兰式拍卖模式目前在A股罕有运用,但在国外却广受欢迎。[②] 近年来,纽交所上市的人人公司就是通过这种方式回购了其5000万美元的寄托股票ADS。[③]

3. 协议回购

所谓协议回购,即上市公司与特定股东一对一进行的,以协议的价格、数量、时间并以协议的支付方式等回购公司股份的法律行为。由于在协议回购中,回购行为的各种具体细节均由上市公司与特定股东约定,这天然注定了协议回购形式本身的优点和缺点同样明显:一方面,协议回购在回购价格、回购数量等问题上,具有比荷兰式拍卖要约回购更大的灵活性,尤其是在上市公司股东有意出售股份的情况下,上市公司还能以较低的成本回购

---

① 参见李东方:《上市公司监管法论》,中国政法大学出版社2013年版,第492~493页。

② 这其实间接反映出国外市场对于荷兰式拍卖模式在价格确定机制上的灵活性优势的高度认可。同样,我们以A股上市公司贵州茅台为例,2017年6月14日,公司总股本为125619.78万股,二级市场股票收盘价为474.39元人民币。假设公司选择采用荷兰式拍卖要约回购方式回购1000万股,回购价格区间确定为470~480元,股东甲报价470元、500万股,股东乙报价475元、300万股,股东丙报价480元、400万股。依据价格从低原则,最终甲乙股东全部成交,回购价格分别为470元和475元,而股东丙则成交200万股,成交价格为480元。参见伍剑威:《荷兰式拍卖:一种多赢的股票回购增持方式》,载《当代经理人》2006年第5期。

③ 参见佚名:《人人宣布以荷兰拍卖方式回购5000万美元ADS》,载http://tech.163.com/15/0402/18/AM7G7TRI000915BF.html,最后访问日期:2017年6月13日。

本公司股份。但同时存在上市公司大股东操纵公司通过高价回购而减持自己手中的股份的隐患,进而使上市公司股份回购变相成为大股东减持的工具。

另一方面,从回购的标的股份来说,上市公司协议回购不仅适用于流通股份,而且也适用于限售股份,这从某种程度上给予了上市公司灵活调整公司股权和控制权结构的便利。但与此同时,这类协议回购也遭受到公司法上股东平等原则的质疑以及中小股东权益保护的追问。此外,从股份回购的外部效应来说,协议回购由于不像要约回购那样广泛、透明和公开,往往无法给外部市场传达和透露出公司对于未来发展的乐观信号,甚至在特定情形下会向市场传达出大股东出逃的消极信号,这对于维持二级市场的股票价格是不利的,极端情形下也不排除其成为造成二级市场恐慌和抛售的重要利空消息。

总体来说,协议回购的方式在发达资本市场国家运用不多,公司法也常对其做出一定程度的限制。就中国的资本市场实践来看,协议回购不但是上市公司回购非流通股份调整公司股权结构的重要手段,也不乏为上市公司解决大股东占用非经营性资金的解决手段。①

4. 权益转让类回购

所谓权益转让类回购,是指法律赋予上市公司股东在特定期限以特定价格出售其手中所持公司股票的权利,上市公司根据实际股本结构对股东的可转让出售权(Transferable Putrights,TRP)进行分配并允许其在资本市场进行转让的股份回购法律行为。② 在以回购期权为载体的权益转让类回

---

① 我国A股市场典型的案例如凤凰股份通过协议回购,以大股东上海轻工控股及其关联方占用的6.6亿余元非经营性资金回购2.5亿股国有股股份。参见田露:《凤凰股份也推定向回购》,载《上海证券报》2005年11月2日,第A06版。

② See Kale J R, Noe T H, Gay G D, "Share Repurchase Through Transferable Put Rights: Theory and Case Study", *Journal of Financial Economics*, 1989, 25(1), pp. 141-160.

购中,投资者具有非常灵活的双向选择权。① 这种双向选择权的存在,可在一定程度上保证上市公司股份回购的公平性。当投资者无论是对上市公司的发展前景还是对回购数量、回购期权的兑换比例等存在认识分歧的时候,均具有主动作出是走是留的用脚投票的权利,可以在私法层面防止上市公司利用股份回购侵害公司股东权益的行为。

尽管如此,可转让出售权这种回购类型受制于漫长的回购期限以及冗长的回购流程等弱点的限制,在国际资本市场实践中,并未成为上市公司股份回购的主流之选,对其运用依然十分罕见。

第二节 上市公司股份回购的经济学分析及其积极作用

确立上市公司股份回购的法律规制立场,必须首先从本体论的角度,以经济学的视角对该制度进行解构,并在此基础上对该制度本身可能存在的优点和缺点进行客观评判,最终通过法学基础理论的建构以及科学的法律制度的设计,达到“兴利除弊”之功效,尽最大可能发挥该制度应有的价值,并将相应的法律风险降到最低。

---

① 举例说明,2016 年 9 月 9 日在上海证券交易所上市的三角轮胎股份有限公司(股票名称:三角轮胎,股票代码:601163),其发行总股本是 8 亿股。如果三角轮胎采用发行可转让出售权的形式进行权益转让类回购,将回购数量定位为 8000 万股的话,该公司可制定每 100 股兑换 10 个转换期权的股份回购政策。据此,持有三角轮胎股票的投资者将拥有主动权和灵活的选择权:如果投资者综合该公司财务报表以及公开披露的信息,对公司未来的发展前景不看好的,可以将其手中的回购期权进行行权,让公司回购自己持有的股票,用脚投票,落袋为安。相反,如果投资者看好公司在不久的将来或因战略性并购或因自有资产增值等各种原因,迎来大幅的业绩回升,则可继续持有公司的股票,并将手中的股票回购期权在市场上抛售获利。关于三角轮胎的相关股本结构信息可参见佚名:《三角轮胎股份有限公司 2018 年半年度报告》,载 http://www.triangle.com.cn/productmanual/%E4%B8%89%E8%A7%92%E8%BD%AE%E8%83%8E2018%E5%B9%B4%E5%8D%8A%E5%B9%B4%E5%BA%A6%E6%8A%A5%E5%91%8A.pdf,最后访问日期:2019 年 2 月 25 日。

一、上市公司股份回购的经济学分析

"经济学比较重视效率,法学更强调公平。"①这是两种不同学科在对待上市公司股份回购这种商业交易模式时所呈现的不同的价值本位立场。但是,无论是从经济学还是法学的角度,对上市公司股份回购进行理论分析都是必须和必要的,并且两种不同的理论视角也并不完全对立。金融法在对上市公司股份回购进行法律制度设计的时候,需要综合考虑多种理论视角下的法利益和法价值平衡。对于上市公司股份回购制度的经济学意义,我们可以围绕该制度对于上市公司的核心价值或者股东财富效应进行分析,从该制度的实施对于上市公司治理结构、资本结构以及股份溢价等方面的影响而展开,逐项梳理其制度价值。

(一)通过改善公司治理结构影响上市公司价值的经济学路径

上市公司账面价值,即财务会计视野下上市公司资产负债表上记载的资产价值。现代公司法理论基本实现了公司所有权与经营权的分离。公司的股东要想获得更大的收益,必须谋求公司的经营绩效及其最基本的账面价值的提升。显然,这高度依赖于公司的治理水平和治理能力,而不是公司的所有者——股东自身对公司的管理水平。在公司股东与公司良好的经营绩效之间,存在一个重要的过渡环节,那就是公司治理结构的完善。在"资本为王"的经济学视域下,只有确保公司达到良好的股权结构安排,才能有效促成完善的公司治理结构的实现。因此,良好的股权结构是实现良好的公司治理结构并进而确保良好的公司经营绩效的逻辑基础。

然而,到底如何衡量某种股权结构是否良好或者合理却是一个颇具争议的话题。实践中,英美等国的大型公众公司普遍坚持股权分散的所有权结构,没有单个股东或者股东群体能轻易控制公司。② 德日等大陆法系国

---

① 冯博、李增刚、王楠:《法律经济学的学科体系与理论应用——第十五届中国法经济学论坛综述》,载《经济研究》2017 年第 7 期。

② See Porta R L, Lopez-De-Silanes F, Shleifer A, "Corporate Ownership Around the World", *Journal of Finance*, 1999, 54(2), pp. 471 - 517.

家则以集中持股而闻名。[①] 围绕股权集中还是股权分散何者更优的争议，传统公司结构理论存在利益趋同说和利益侵占说两种对立的学说。利益趋同说认为，在德日等相对集中的股权结构模式下，控股股东与中小股东存在利益趋同效应：当公司股价上涨时，能够同步实现二者共同的财富积累的增加，这使得公司控股股东具有强烈的追求公司价值提升的愿望，并尽职尽责地监督公司的经营管理者，从而有效解决代理危机的问题。故此，德日相对集中的股权结构模式更有利于实现企业账面价值的提升。

反过来，利益侵占说则将英美的相对分散的股权结构奉为圭臬，认为公司控股股东与中小股东之间的利益往往存在矛盾和冲突，控股股东通过损害中小股东的利益并以此实现自身利益的最大化是理性经济人的倾向性选择。这在相对缺乏外部监管的公司治理法律环境下，其后果将更加严重。因此，英美的相对分散的股权结构对于实现更优的治理绩效，提升公司的账面价值是大有裨益的。

我们认为，利益趋同说和利益侵占说各自具有其合理的一面，又各自具有一定的片面性。从国际上公司治理的实践来看，在相对分散的股权结构下，公司的经营管理者由于缺乏相对集中和有效的监督，其"绑架"股东利益的风险不容忽视。而在相对集中尤其是"一股独大"的股权结构下，大股东利用公司控制权谋取私利的"隧道行为"不得不防。[②] 但总体而言，相对集中的股权结构对于防范大股东"掏空"公司的行为更为有利。[③]

从中国的上市公司治理实践来看，目前的主要问题在于绝大多数上市公司仍然存在一股独大的事实，即国有股作为具有绝对控制权的股东仍在操纵上市公司。[④] "一股独大"的以国资委为代表的国有股份持有者，实际上并不能很好地对经营者起到有效的监督作用，"股权虚置"现象已然对上

---

① See Gilson R J, "Controlling Shareholders and Corporate Governance: Complicating the Comparative Taxonomy", *Social Science Electronic Publishing*, 2006, 119(6), p. 1641.

② 所谓"隧道行为"，即大股东利用控制权将公司利益暗中向自己输送，损害公司和其他股东利益的行为。参见张舫：《公司法的制度解析》，重庆大学出版社2012年版，第227页。

③ See Vermaelen T, "Common Stock Repurchases and Market Signalling: An Empirical Study", *Journal of Financial Economics*, 1981, 9(2), pp. 139-183.

④ 参见沈四宝、王军、焦津洪：《国际商法》，对外经济贸易大学出版社2002年版，第131页。

市公司治理以及上市公司的价值造成很大的影响。因此,要解决我国上市公司治理结构的问题,理论上需要从两个维度同时发力:其一,改变分散的股权结构为相对集中的股权结构,加强控股股东对公司经营者的监督作用。其二,变"股权虚置"为主体的国有股东为"与己相关"为主体的民营股东,通过国退民进,增强股东监督效率与上市公司经营绩效之间的相关性。

基于对这两个维度的综合考量,上市公司对国有股份的定向回购正好具有实现上述双重目标的价值功能。一方面,上市公司股份回购的实施,将直接改变上市公司的股权分布结构,定向回购的国有股份有利于引进战略投资者,强化股东对公司的长期控股;另一方面,随着国有股份通过定向回购退出市场,新进入的民营股东将更加关心股东监督权的行使和公司治理绩效的提升,有利于实现上市公司价值的飞跃。换言之,股权集中度过高与国有股"一股独大"是我国上市公司治理绩效不理想的重要原因之一,[①]"法人控股公司的绩效优于国有控股型公司"[②]较之于国有股充当上市公司的第一大股东,法人股充当第一大股东时,公司治理绩效更优。[③] 因此,应当降低国有股的比例而提高流通股的比例。

从A股市场的实践来看,申能股份、长春高新和云天化三家上市公司曾分别于1999年11月、2000年6月和10月发布国有股份回购公告进行国有股份回购,三家公司在回购实施完毕以后,国有股份的比例分别降至68%、34.63%和72.84%,此消彼长地提升了公众股在公司总股本中的份额,见表1-1。[④] 在解决国有股一股独大问题的同时,公司主要的大股东之间的股权结构更为平衡,彼此之间对于公司经营战略、对外担保、融资筹资、利润分配等重要事项更为重视,有效提升了公司价值。

---

① 参见冯根福、韩冰、闫冰:《中国上市公司股权集中度变动的实证分析》,载《经济研究》2002年第8期。

② 黄震:《试论我国上市公司的股权结构问题》,载《新疆社科论坛》2002年第1期。

③ 参见孙永祥、黄祖辉:《上市公司的股权结构与绩效》,载《经济研究》1999年第12期。

④ 参见佚名:《申能股份有限公司股份回购公告书》,载https://www.docin.com/p-44733133.html,最后访问日期:2019年2月25日;佚名:《长春高新技术产业(集团)股份有限公司回购部分国家股并注销股份的独立财务顾问报告》,载http://www.people.com.cn/GB/channel3/24/20000623/115800.html,最后访问日期:2019年2月25日;佚名:《云南云天化股份有限公司关于回购部分国有法人股事宜通知债权人公告》,载http://quotes.money.163.com/f10/ggmx_600096_5553_1.html,最后访问日期:2019年2月25日。

表 1-1 A 股三家上市公司国有股份回购基本概况

股票名称	国有股票回购价格(元/股)	国有股票回购数量(股)	回购前国有股份比例(%)	回购后国有股份比例(%)	国有股减持比例(%)
申能股份	2.51	10亿	80.00	68.00	12.00
长春高新	3.44	7000万	57.36	34.63	22.73
云天化	2.83	2亿	82.40	72.84	9.56

资料来源:根据上市公司公告整理。

(二)通过优化资本结构影响上市公司价值的经济学路径

在经济学视野下,引导与规范所有经济活动最重要的机制是"成本—收益"机制。[①] 换言之,经济学一项重要的宗旨就是以尽可能低的成本实现尽可能高的收益。正如经济学家科勒(Koller)所言,只有资本回报大于资本成本时,企业价值才能被真正创造。[②] 公司的资本成本由公司的股权资本与债权资本提供者所要求的回报构成。[③] 公司加权平均资本成本(Weighted Average Cost of Capital,WACC)与公司价值的最大化存在高度的一致性。换言之,当公司加权平均资本成本最低时,公司的价值才能够实现最大化。[④] 因此,以公司金融学和公司财务管理学的视角观之,公司必须致力于公司资本成本的核算和管理。

在金融经济学上,公司价值(Corporate Value,CV)由息税前利润(Earnings Before Interest and Tax,EBIT)和公司加权平均资本成本(WACC)共同决定,其计算公示为:

$$CV = \frac{EBIT}{WACC}$$

当上市公司的息税前利润处于恒定状态时,作为可变量的加权平均资

① 参见谭顺:《利润最大化原则与经济可持续发展——一个经济学悖论》,载《经济学家》2008 年第 3 期。

② See Koller T, Goedhart M, Wessels D, *Valuation: Measuring and Managing the Value of Companies*, New York: John Wiley & Sons, 2010, p. 3.

③ 参见[美]艾利斯·费伦:《公司金融法律原理》,罗培新译,北京大学出版社 2012 年版,第 60 页。

④ 参见雷田礼、杨化、杨全:《关于加权平均资本成本最低与企业价值最大的一致性》,载《技术经济》2002 年第 6 期。

本成本与公司价值之间成反比关系。如前所述,通过调整资本结构来降低上市公司的平均资本成本成为公司金融不得不面对的核心问题。

众所周知,上市公司的融资渠道主要包括两部分:一是在资本市场上发行股票募集的资金,称为权益资本。二是在信用市场上以银行信贷或者发行债券等形式所获得的资金,称为债务资本。权益资本与债务资本在上市公司资本总额中的份额和比例即构成上市公司的资本结构。

西方经典资本结构理论认为,由于债务税盾(tax shield)的作用,上市公司通过债务融资融得的资本成本低于以发行股票融得的权益资本的成本。[①] 莫迪利亚尼(Modigliani)和米勒(Miller)甚至从债务税盾保护的角度提出,最优的公司资本结构应当是全债务融资结构。[②] 我国学者基于对2008年新《企业所得税法》实施前后上市公司资本结构和资本策略的演变的实证研究结果表明,在新《企业所得税法》实施以后——"税率降低企业明显地降低了债务水平,而税率提高企业明显地提高了债务水平"。[③]

值得注意的是,上市公司的债务融资飙升到一定水平之后,其经营也同样会面临很大的风险,主要体现在"财务拮据成本和破产成本会显著上升,所有者要求的权益资本成本会大幅提高"。[④] 这就要求上市公司必须根据其发展战略和市场环境等因素,确立灵活的资本结构政策。而无疑,股份回购不失为一种灵活地调整资本结构的财务工具。

(三)通过回购溢价影响上市公司股东财富效应的经济学路径

为了验证股份回购行为是否创造出股东财富的增值,尤其是在股份回购行为实施前后,被回购股东与未被回购股东之间的财富增值差异问题,美国著名学者维尔马伦(Vermaelen)建立了检验股份回购财富效应的

---

① 参见王亮亮、王跃堂:《企业研发投入与资本结构选择——基于非债务税盾视角的分析》,载《中国工业经济》2015 年第 11 期。

② See Modigliani F, Miller M H, "Corporate Income Taxes and the Cost of Capital: A Correction", *The American Economic Review*, 1963, 53(3), pp. 433 - 443.

③ 王跃堂、王亮亮、彭洋:《产权性质、债务税盾与资本结构》,载《经济研究》2010 年第 9 期。

④ 干胜道、林敏:《论股票回购影响企业价值的路径》,载《财经科学》2010 年第 1 期。

基本模型:①

$$P_E N_E = P_0 N_0 - P_T(N_0 - N_E) + W$$

其中:P_0表示股份回购公告发布前的每股价格;

P_T表示要约回购的价格;

P_E表示股份回购公告到期日后的每股价格;

N_E表示股份回购实施后流通股份的数量;

N_0表示股份回购实施前流通股份的数量;

W 表示股份回购带来的股东财富效应。

该检验模型显示,上市公司实行股份回购后的股票价值 = 回购前的股票价值 - 回购的股票价值 + 股东财富价值。在模型的两边同时除以 $P_0 \times N_0$,并进行变项,可得:

$$\frac{W}{P_0 \times N_0} = -1 + \frac{PT \times (N_0 - NE)}{P_0 \times N_0} + \frac{PE \times NE}{P_0 \times N_0}$$

其中,$\frac{W}{P_0 \times N_0}$表示股份回购公告日后的股东财富增值率,$\frac{N_0 - NE}{N_0}$表示股票回购比例(以下用 F_P表示),$\frac{NE}{N_0}$表示未回购股票比例,如果用 F_P表示股票回购比例,用 $1 - F_P$表示未回购股票比例,则上述模型可表示为:

$$\frac{W}{P_0 \times N_0} = -1 + \frac{PT}{P_0} \times F_P + \frac{PE}{P_0} \times (1 - F_P)$$

再进行调整可得:

$$\frac{W}{P_0 \times N_0} = \frac{PT - P_0}{P_0} \times F_P + \frac{PE - P_0}{P_0} \times (1 - F_P)$$

---

① 维尔马伦的检验模型提出了 7 个方面的假定条件:(1)有效市场假定,即市场价格能够反映影响股票价格变动的公开信息。(2)信息对称假定,即投资者能够及时获取市场信息,市场信息传递足够高效。(3)充分竞争假定,即市场充分竞争,以至于单个投资者的投资决定并不能左右股票回购的结果。(4)理性投资者假定,即在考虑税收等一切成本的基础上,投资者具有利润最大化的利益驱动。(5)同向预期假定,即在股票回购公告发布以后,投资者基于股票回购事项带来的价值影响,其愿意被公司回购的股份比例等同于公司意向回购比例。(6)足额回购假定,即公司对于回购公告中所示数量的股票必须照单全收。当股东愿意被回购的股份数小于公告数,公司必须全部回购。相反,如果股东愿意被回购的股份数大于公告数,公司必须按比例回购或者全额回购。(7)价格真实分析假定,即必须在调整整体市场价格之后,再分析与回购股份相关的价格变化。See Vermaelen T, "Common Stock Repurchases and Market Signalling: An Empirical Study", *Journal of Financial Economics*, 1981, 9(2), pp. 139 - 183.

该模型充分显示，股份回购所生收益率主要包括两大块：一是基于回购部分的比例为权重数的被回购股东的收益率；二是基于未回购部分的比例为权重数的未被回购股东的收益率。申言之，在上市公司股份回购中，股东财富效应＝被回购股份比例×被回购股份的股东收益率＋未被回购股份比例×未被回购股份的股东收益率。这表明，上市公司股份回购能够为股东带来基于股份溢价的财富效应。

二、上市公司股份回购的积极作用

通过前文所作上市公司股份回购的经济学分析不难看出，股份回购制度的确能够在一定程度上为上市公司提供一种柔性和灵活的管理机制，这种柔性的管理机制不论是对公司股权结构、资本结构还是市值管理，都具有积极的经济价值。目前，世界上已没有任何一个国家对上市公司股份回购制度予以绝对禁止。[①] “法律的发展演变，是从禁止公司收购自身股份转向规定在什么情况下允许公司收购自身股份。”[②]在国外，上市公司股份回购对稳定资本市场和促进金融创新均起到了重要作用，备受资本与金融市场青睐。[③] 本部分将对上市公司股份回购的积极作用做系统性的梳理。

（一）促进股价理性回归，维护股票市场稳定

价格是价值的货币表现，但价格不必然等于价值，相反，价格对价值的偏离正是价值规律的表现形式。[④] 价格围绕价值上下波动是市场经济的一般规律。因此，从一个较长时期的证券市场运行常态来看，股票的价格基本能够反映股票的真实价值。但这仅仅是建立在“较长时期”和“证券市场运行常态”等基本理论假设基础之上的一种理想愿望。证券市场风云多变，国际国内各种经济、金融、政治、文化甚至宗教的因素都可能对特定国家的宏观证券市场以及微观的特定板块的股票价格产生巨大的影响。比如

---

① 参见刘蔚：《上市公司股份回购制度研究》，中国政法大学 2008 年博士学位论文，第 13 页。

② ［英］保罗·戴维斯、莎拉·沃辛顿：《现代公司法原理》（第 9 版），罗培新等译，法律出版社 2016 年版，第 338 页。

③ 参见王健伟：《上市公司股份回购问题研究》，载《财会通讯》2013 年第 23 期。

④ 参见卢炯星：《宏观经济法》，厦门大学出版社 2005 年版，第 441 页。

"9·11恐怖袭击事件"对美国证券市场、熔断机制的推出对中国的股票现货以及股指期货市场都先后产生了断崖式下跌的恶劣影响。

那么,当证券市场受到各种突发因素冲击时,上市公司的股票价格急剧下跌,甚至使证券市场面临崩盘的危险时,我们是否能够找出一种立竿见影,或者至少能够在一定程度上减轻这种不利因素对上市公司股价的恶劣影响的办法呢?金融行业属于典型的"三信"行业,其以信息为前提,信用为核心,信心为保障。① 在证券市场上,两种比较典型的护盘方式——股份增持和股份回购,均属于传递上市公司经营积极向好信号,反映上市公司高信用水平,维护上市公司投资者信心的重要法宝。

股份增持往往由公司的大股东、实际控制人、公司高管以及员工等为主实施,通过这些主体"带头"买入公司股票,从而达到稳定投资者预期和信心并稳定股价之目的。股份回购则由上市公司本身实施,通过利用上市公司的盈利和相对充裕的现金流购入本公司股票,不仅能够达到回报投资者和分配的目的,而且能够从根本上缩减股本和改变上市公司的股本结构。

两种护盘方式相比较而言,股份增持是更倾向于"心理安抚"性质的一种护盘方式,而股份回购则是一种直接触动股本结构"神经"因而更加直接和有效的护盘方式,受到更多上市公司的青睐。② 根据资本市场"市场时点"理论,当股票市场价格向好之时,上市公司倾向于发行股份,而当股票市场价格走熊之时,上市公司则倾向于回购股份。③ 上市公司股份回购作为稳定证券市场的急先锋,至少可以通过三种理论路径达到稳定市场之功效。

一是股份回购能够迅速改善上市公司股票在证券市场的供求结构,从而改变上市公司股价的走势。根据资本市场的核心理论——股票定价理

---

① 参见李安安:《债券市场风险防范机制的范式转型及其法律回应》,载《华中科技大学学报》(社会科学版)2019年第1期。

② 以A股市场2018年的护盘实践为例,截至2018年9月12日,上市公司公告的拟实施的股份回购规模较上年同期增加6.5倍,而上市公司公告的大股东和高管等的股份增持计划金额仅为上年同期的一半。当然,就这两种护盘方式的市场选择结果来看,中国金融市场去杠杆造成上市公司大股东和高管增持资金紧张也是重要原因之一。参见张红瑜:《A股史上最大回购潮:490家公司花241亿买自家股票》,载 http://www.cs.com.cn/ssgs/gsxw/201809/t20180912_5871830.html,最后访问日期:2018年9月12日。

③ See Baker M, Wurgler J, "Market Timing and Capital Structure", *Journal of Finance*, 2002, 57(1), pp. 1-32.

论,上市公司的股票价格(stock price)有理论价格与市场价格之分。股票的理论价格是指理论上股票应当具有的价格水平,它的核心指向是股票的未来收益的价值。股票的市场价格是指股票在证券市场上的真实交易价格,这种价格由于紧随市场行情,也被学术界称为股票行市。股票的市场价格的核心指向除股票的未来收益价值外,必然充分反映证券市场的供需现状,并且这种供需现状是市场价格的直接决定因素。

当证券市场上因为发生各种不可预知的情况导致股票的市场价格急剧下跌时,短时间内,上市公司通过提升其上市股票的每股净收益而改变其股票价格是不现实的。但从另一个角度说,上市公司通过买回二级市场上的本公司股票,以回购改变供需结构,将从两个方面提升股票的市场价格:一方面,通过股份回购,增加了证券市场上本公司股票的需求量,拉升了公司股票的需求曲线,这对及时遏制股价下跌无疑具有雪中送炭之功效;另一方面,上市公司在二级市场上流通的股票总额是既定的,通过股份回购,能够立竿见影地缩减本公司的流通股份,这显然对提振公司股价具有锦上添花之功效。①

二是股份回购能够减少参与公司盈余分配的股本总数,从而间接增加了二级市场上公司股票的每股权益,提升公司股价。公司金融法理论认为,上市公司的股东总是具有浓重的股息预期。换言之,股东总是明确期望其持有的股份能够获得股息,并且股息的增加就直接表明上市公司具有更好的前景,因此其股票也理应具有更高的价值。② 有学者甚至指出,可持续的高额股息的支付,是一种借以向不直接介入公司经营管理的投资者表明公

---

① 实践中典型的例证是美国在1987年股灾后,证券市场大规模股份回购计划的宣布和实施对维护市场稳定、防止金融大崩盘带来的奇效。著名经济学家内特(Netter J M)和米切尔(Mitchell M L)对美国证券市场1987年10月19日至30日,总计598家宣布实施股份回购计划的上市公司的股价表现进行的实证研究的结果显示,这598家上市公司在公告股份回购计划之前均存在股价暴跌的情况,但在他们宣布回购计划之后的40个交易日内,股价走势明显优于大盘。因此得出,股份回购能够通过改善二级市场上股票的供求结构来影响上市公司的股票价格,实现紧急状态下的市场维稳重任。See Netter J M, Mitchell M L, "Stock-Repurchase Announcements and Insider Transactions after the October 1987 Stock Market Crash", *Financial Management*, 1989, 18(3), p. 84.

② See John Lintner, "Distribution of Incomes of Corporations Among Dividends, Retained Earnings, and Taxes", *The American Economic Review*, 1956, 46(2), p. 97.

司管理人员对于公司的长期发展前景具有充分信心的有效方法。[①] 尽管在建立库藏股制度和未建立库藏股制度的国家和地区,上市公司对于回购股份的处理措施有所不同,但其对于增加二级市场上公司股票的每股权益均具有重要的利好效果。

详言之,在未建立库藏股制度的国家,比如在我国大陆,上市公司对回购股份的主要处理措施是转让或者注销。[②] 在这部分流通股被注销的情况下,公司能够参与盈余分配的总股本就相应减少,在公司财务盈余不变的前提下,公司股份的每股权益相应增加,因此,其股票价值将相应提升,并带动二级市场股票价格的上涨。在回购回来的流通股行将转让,或者如我国台湾地区等建立了库藏股制度,将回购股份列入库藏股的情况下,依据相应的公司证券"立法",该部分股份不参加盈余分配,[③]故同样能够达到提升股票价值,稳定证券市场之功效。

三是股份回购能够通过信号传递假说向证券市场透露上市公司管理层看多公司股价的积极信号,从而引导和树立投资者的信心,促进公司股价的理性回归。经济学家丹恩(Dann)早在1981年的实证研究即发现,在库藏股买回宣告的1个交易日之内,上市公司的股价报酬会出现显著的增长。[④] 旺斯利(Wansley)等学者通过实地调查问卷的方法对上市公司高管进行的研究也显示,这些受访高管普遍将"向投资者传达看好预期"的信号作为一种主要动机。[⑤] 伊肯伯里(Ikenberry)、斯蒂芬斯(Stephens)、贝克(Baker)等经济学家对美国证券市场的回购案例进行分析发现,市值被低估是上市公

---

① See Bhattacharya S.,"Imperfect Information, Dividend Policy, and 'The Bird in the Hand' Fallacy", *Bell Journal of Economics*, 1979, 10(1), p. 259.

② 参见我国《公司法》第142条之规定。

③ 比如,对回购股票在回购以后注销或者转让之前的权利状态,我国台湾地区"证券交易法"第28条之2第5项明确规定"不得享有股东权利"。这种全然限制的"立法"规定完全将上市公司回购股份的利润分配请求权排除在外。

④ See Dann L Y, "Common Stock Repurchases", *Journal of Financial Economics*, 1981, 9(2), pp. 113 - 138.

⑤ See Wansley J W, Lane W R, Sarkar S, "Managements' View on Share Repurchase and Tender Offer Premiums", *Financial Management*, 1989, 18(3), pp. 97 - 110.

司公告的最重要的回购原因。①

学者蔡柳卿、郭法云对我国台湾地区证券市场回购实践进行的研究结果显示,股份回购并非基于向主管机关申报之表面目的,而是因为公司的价值遭遇了低估,经营者进行回购是"为了传递公司未来前景看好之消息"。事件研究表明,上市公司之宣告买回公告具有"资讯内涵",上市公司过去的股价越低,市场反应就越大。② 对大陆 2008 ~ 2015 年的沪深两市以集中竞价交易方式回购的上市公司进行实证研究的结果也同样显示,"传递信号与提升股价"是上市公司回购社会公众股份的主要动因。③

(二)代替现金股利发放,满足股东异质性需求,实现节税以及公司资本结构优化

上市公司应当向其股东分红吗?这个看似不证自明的简单问题,在发达资本市场国家普遍被上市公司认可并实施着,而在中国却屡屡被随意践踏。无论上市公司盈利与否,不分红的"铁公鸡"公司比比皆是。④ 那么上市公司分红或者股利发放的底线及其理论依据到底为何呢?其股利分配的具体形式有哪些?选择过程中又有哪些因素需要考量呢?

从民法学的基础理论来解释,上市公司投入的资本与公司经营所生股利其实是一对原物与孳息的法律关系。孳息是由原物所生之新物,本质上应当归属于原物所有人,⑤故上市公司经营所产生的股利应当向其股东进行分配。在商法学上,股东分红权或者说资产收益权是股权的基本内

---

① See Ikenberry D, Lakonishok J, Vermaelen T, "Market Underreaction to Open Market Share Repurchases", *Journal of Financial Economics*, 1995, 39, pp. 181 – 208; Stephens C P, Weisbach M S, "Actual Share Reacquisitions in Open-Market Repurchase Programs", *Journal of Finance*, 1998, 53(1), pp. 313 – 333; Baker H K, Powell G E, Veit E T, "Why Companies Use Open-market Repurchases: A Managerial Perspective", *Quarterly Review of Economics & Finance*, 2003, 43(3), pp. 483 – 504.

② 参见蔡柳卿、郭法云:《我国库藏股制度之实证研究:资讯效果与资讯传递动机》,载台湾《会计评论》2004 年第 38 卷。

③ 参见侯啸天、葛长付:《上市公司股份回购的主流动因研究》,载《经济论坛》2017 年第 3 期。

④ 我国 A 股市场甚至出现上市 20 余年以来,从未向投资者分红的上市公司。参见尹靖霏:《A 股现金分红大起底:30 家上市公司自上市以来一分钱也不分》,载《第一财经日报》2018 年 2 月 26 日,第 A06 版。

⑤ 参见王明锁:《对孳息的传统种类及所有权归属之检讨》,载《法商研究》2015 年第 5 期。

容之一,[①]而利润分配是股东资产收益权的重要实现形式。[②] 在公司法基础理论方面,一般通过"退出策略"来解决这种基于委托代理之下的公司不分红问题。[③] 一是赋予股东股权转让权,也就是股东有权在公开证券市场上卖出其股份。二是股东收回投资的权利,也就是在公司符合特定条件不分红的情况下,《公司法》甚至不惜损害资本维持原则赋予股东退股权。[④] 经济学研究规律,属于"规律科学",而法学研究规则,属于"规则科学"。[⑤] 蕴含于上市公司股份回购法律规则背后的经济学规律对于解释该制度生成和实施具有重要的理论价值。

在资本成本(cost of capital)理论下,上市公司股份回购是保证上市公司整体投资收益率的重要金融工具。[⑥] 资本是计成本的,从投资者的立场来说,资本成本就是证券市场上的投资者对于上市公司所从事的商业项目的最低收益率回报要求。从上市公司的立场来说,资本成本就是上市公司为了满足投资者的这种机会成本而必须达到的收益标准。[⑦] 但上市公司无法在短期内找到达到该要求的商业投资项目时,通过股份回购将特定资本返还于股东恰是股份回购工具的重要的积极作用之一。这也是上市公司以资本成本决策和贯彻资本成本理念的具体表现。[⑧]

上市公司股份回购相比于现金股利的发放还有其独特的灵活性优势。其有利于灵活满足异质股东的利益诉求。如前所述,在资本成本理论下,股份回购对于保障上市公司的投资效率具有重要的意义。从金融工具本身的

---

① 我国学者刘俊海教授认为,我国《公司法》第4条所列股东的"资产收益"的权利是经济学色彩较浓的概念,未来《公司法》修改时宜采"分取股利"的法律术语。参见刘俊海:《公司法学》(第2版),北京大学出版社2013年版,第131页。

② 参见张辉:《上市公司分红监管的经验与对策》,载《证券市场导报》2013年第5期。

③ 参见[美]莱纳·克拉克曼、亨利·汉斯曼等:《公司法剖析:比较与功能的视角》(第2版),罗培新译,法律出版社2012年版,第41~42页。

④ 比如,我国《公司法》第74条规定了公司因为长期不分红并且盈利符合利润分配条件情况下的股东退股权。

⑤ 参见周林军:《规律与规则之间——简论经济学对法学的渗透》,载《经济法论坛》2008年第1期。

⑥ See Modiglian, Miller M H, "The Cost of Capital, Corporation Finance and the Theory of Investment", *American Economic Review*, 1959, 49(4), pp. 655 – 669.

⑦ 参见吴寅寅:《资本成本决策研究》,载《财经界》(学术版)2017年第1期。

⑧ 参见冯曰欣:《基于资本成本的股利决策分析》,载《中央财经大学学报》2007年第3期。

灵活性来说，股份回购由于能够赋予上市公司股东以主动选择权，其相较于“一刀切”的现金股利发放，更显灵活性优势。具言之，即使当上市公司处于盈利状态下，股东对于公司的未来发展前景以及公司价值依然会存在不同的看法。一部分股东可能看好公司的未来，拟继续投资获取更高回报；而另一部分股东则可能看空公司的发展，拟退出公司，落袋为安。公司如果选择现金股利发放，则所有股东均只能予以接受。相反，股份回购的选择权在于股东自身，其可以接受回购也可以放弃，甚至还能在一定范围内自主决定回购的具体比例，这就能很好地满足“股东异质性需求”。[①] 并且，这种金融工具的运用对于股东未来的股息分派预期也具有一定的平抑作用。[②]

从财税法的角度来看，上市公司股份回购有利于上市公司实现节税，实现股东利益最大化。股利替代假说（Personal Tax Savings Hypothesis）认为，当资本利得税低于上市公司股东的股利所得税时，上市公司会倾向于选择股份回购工具给予股东回报。[③] 以我国目前的税法规则为例，“股息”以及“红利所得”适用20%的比例税率，[④]但对于个人转让公司股票取得的收入，免征个人所得税。[⑤] 在英国等欧洲国家，上市公司股份回购也因税制规则等方面的优势而成为一种普遍性的金融工具，[⑥]其对于股东节税具有较大的成本优势。

从公司金融学的角度来看，资本结构理论充分表明了上市公司股份回

---

① See Enriques L, Macey J R, *Creditors versus Capital Formation: The Case Against the European Legal Capital Rules*, https://www.highbeam.com/doc/1G1-79477592.html, 2018-04-04.

② See Brav A, Graham J R, Harvey C R, et al., "Payout Policy in the 21st Century", *Journal of Financial Economics*, 2005, 77(3), pp. 483-527.

③ See Litzenberger R H, Ramaswamy K, "The Effect of Personal Taxes and Dividends on Capital Asset Prices: Theory and Empirical Evidence", *Journal of Financial Economics*, 1979, 7(2), pp. 163-195; Vermaelen T, "Common Stock Repurchases and Market Signalling: An Empirical Study", *Journal of Financial Economics*, 1981, 9(2), pp. 139-183; Dittmar A K, "Why Do Firms Repurchase Stock", *Journal of Business*, 2000, 73(3), pp. 331-355.

④ 参见《个人所得税法》第3条之规定。

⑤ 参见《财政部、国家税务总局关于个人转让股票所得继续暂免征收个人所得税的通知》之规定。

⑥ See DR Oswald, S Young, *Cashing in on Share Buybacks*, https://www.london.edu/faculty-and-research/academic-research/cashing-in-on-share-buybacks#.Wt7mZ7Ejylw, 2018-04-04.

购对于公司资本结构优化的重要价值。资本结构理论经历了从20世纪50年代美国知名经济学教授大卫·杜兰特提出的净收入理论、净经营收入理论和传统折中理论在内的早期资本结构理论,到莫迪格里安尼、米勒、金森、麦克琳等经济学家提出的MM理论、米勒模型、破产成本模型以及代理成本模型等为内容的现代资本结构理论的发展演绎。[①] 现代资本结构理论的核心就是在控制企业破产风险和企业财务成本的基础上,提高债权金融在公司金融中的比例。上市公司股份回购正是这样一种能够灵活有效提高债权金融占比、降低股权金融份额的金融工具。

(三)便利实施职工持股计划,强化股权激励措施的运用

上市公司职工持股计划,是指上市公司为鼓励其职工持有本公司股票的一种经营性股权激励机制,其经济本质是一种职工和上市公司之间的利益共享机制,[②]在职工持股计划实施后,上市公司的职工集劳动者与股东于一体,以上市公司股东的身份分享企业盈利、分担企业亏损,[③]从而达到劳动与资本的有机结合。[④] 职工追求股票分红以及股票溢价带来的收益是职工持股计划制度激励性的主要体现。[⑤] 同时,职工持股计划的实施不仅有利于提高上市公司的业绩,而且有利于实现经济民主。[⑥] 建立资本所有者与劳动者的利益共同体和激励约束长效机制,是职工持股计划相关立法必须坚持的核心目标,[⑦]也可将其概括为激励相容、增量分享以及长期导向三大基本原则。[⑧] 就中国资本市场的实际而言,企业员工持股还是实现国企

---

① 参见中国证券业协会:《证券发行与承销》,中国财政经济出版社2008年版,第88~95页。

② 参见张望军、孙即、万丽梅:《上市公司员工持股计划的效果和问题研究》,载《金融监管研究》2016年第3期。

③ 参见姜运冰、苏亮瑜:《员工持股计划的股东财富效应研究——基于我国上市公司员工持股计划的合约要素视角》,载《证券市场导报》2016年第11期。

④ 参见王保树:《职工持股会的法构造与立法选择》,载《法商研究》2001年第4期。

⑤ 参见张衔、胡茂:《我国企业员工持股的发展困境与现实选择——员工持股的再思考》,载《社会科学研究》2015年第1期。

⑥ 参见陈志超:《论股份回购的法律问题》,载《上海财经大学学报》2001年第5期。

⑦ 参见李政、艾尼瓦尔:《美国员工持股计划及其对我国国企改革的启示》,载《当代经济研究》2016年第9期。

⑧ 参见黄群慧、余菁、王欣、邵婧婷:《新时期中国员工持股制度研究》,载《中国工业经济》2014年第7期。

股权多元化的重要途径。[1] 实证研究显示，员工持股计划与上市公司的股价之间存在显著的正相关效应。[2] 上市公司职工持股计划是未来我国公司治理和资本市场发展的重要方向之一。

职工持股计划的实施一般有三种典型的形式：职工股票期权（stock option）制度、职工持股会（conference of share holding employees）制度和无偿赠与公司股份制度。[3] 无论是哪种形式的职工持股计划，其实施都高度依赖于上市公司对自身股份的发行和归集。换言之，上市公司必须解决股份来源问题，职工持股计划才真正具有可行性。总体而言，这主要包括两种形式，即股份发行和股份回购。前者即发行新股，后者即上市公司买回二级市场上流通的本公司股份。

发行新股尽管具有理论可行性，但是在现实商业实践中却较少被职工持股计划选定实施。究其根源，主要有两方面的原因：一方面，新股发行面临着审核制度带来的不确定性风险。由于证券发行涉及投资者的利益，为了维护证券市场健康发展，各国都对证券发行实行审批制、核准制以及注册制等发行审核制度。[4] 特别是在我国现行《证券法》并未建立库藏股制度又实行发行核准制的情况下，如果上市公司选择通过发行新股的方式实施职

---

① 参见蒋建湘：《国企混合所有制改革背景下员工持股制度的法律构建》，载《法商研究》2016 年第 6 期。

② 参见孙即、张望军、周易：《员工持股计划的实施动机及其效果研究》，载《当代财经》2017 年第 9 期。

③ 职工股票期权制度也被称为股东优先认股权制度，是指上市公司与其职工签订合同，授予后者优先认股权（stock option），约定后者可在特定期间内，依据既定的行权价格（exercise price）购买本公司一定数量和比例的股票的权利。职工持股会制度，是指依法成立公司内部职工持股会作为内部职工持股的"代管人"，选出代表与信托公司等金融机构签订合同，委托后者定期购买公司股票的法律制度。在职工持股会制度下，受托机构定期购买公司股份的资金既可以完全来自于股东，也可以由股东和实施激励的上市公司共同出资。无偿赠予公司股份制度，是指上市公司一次性地将其特定数量和比例的股票赠予本公司的特定职工。需要特别强调的是，职工持股会制度是我国 20 世纪中期国企改制职工持股的典型形式。但该制度由于操作中出现的一系列问题，国家民政部在 1999 年停止了对该制度的审批，并于 2000 年出台了《民政部办公厅关于暂停对企业内部职工持股会进行社团法人登记的函》彻底叫停了对作为单位内部管理组织的职工持股会的登记。参见民政部办公厅：《民政部办公厅关于暂停对企业内部职工持股会进行社团法人登记的函》，载 http://stj.sh.gov.cn/node2/node3/n5/n33/u8ai11228.html，最后访问日期：2018 年 4 月 4 日。

④ 参见朱崇实、刘志云主编：《金融法教程》（第 4 版），法律出版社 2017 年版，第 206 页。

工持股计划,其应当属于上市公司非公开发行股份,或被称为定向增发。根据中国证监会的相关规定,其面临着发行条件、发行对象以及发行禁止情形等方面的限制。[①] 与此同时,拟发行新股的公司还面临着无法通过审核的风险。

另一方面,证券中介机构在股票发行中扮演着重要的角色,由此带来的发行成本也是拟发行公司需要重点予以考虑的内容。[②] 其不仅包括承销费用、中介机构费用等直接成本,还包括因发行价格低于市场价格从而形成溢价而带来的间接成本。[③] 并且,证券市场风云突变,拟发新股的公司还面临着由于市场走空而投资者不愿意认购的风险。反过来,假如公司将新股供给时间拖得过长,公司的既有股东又面临着因股票价格下跌而带来的市场风险。此外,新股发行后,由于股权稀释给公司老股东带来的利益减损也是上市公司必须予以考虑的问题。

股份回购制度是公司克服这些问题的不二法宝。通过股份回购,首先,避免了因发行审核带来的烦琐程序和制度实施的时间成本。其次,虽然股份回购一般也要求法律和会计等中介机构提供相关的服务,但其成本明显更低。再次,股份回购能够有效规避因发行等待带来的市场波动风险。最后,股份回购并不会造成股权稀释,不会造成股东之间的利益冲突。总之,股份回购制度非常便利于公司实施职工持股计划,并强化股权激励措施的运用。

(四)保持公司控制权,防止恶意收购

企业并购是商事实践中耳熟能详的话题。以宏观经济运行和法经济学的视角观之,企业并购能够在整合现有公司经营基础的前提下提高资本的经营效率和资源配置能力,从而促进国民经济的发展。对公司而言,企业并购也有利于实现企业之间的联合,并且在创新能力的提升、经营业绩的改善等方面起到重要的作用。同时,它是治理目标公司高管低效管理

---

① 参见中国证监会2006年4月26日发布的《上市公司证券发行管理办法》和2007年9月17日发布、2017年2月15日修订的《上市公司非公开发行股票实施细则》。

② 参见张强、张宝:《IPO发行成本与中介机构声誉——来自中国创业板市场的证据》,载《证券市场导报》2011年第12期。

③ See Ritter J R, "The Costs of Going Public", *Journal of Financial Economics*, 1987, 19(2), pp. 269-281.

的有效手段。[①] 对目标公司的股东而言,短期内,恶意收购方收购行为中的溢价支付,还可能给目标公司股东带来正的外部效应,这得到了大量实证研究的证实。[②]

然而,恶意收购的负面效应同样不容忽视,被收购对于目标公司来说,并不是仅仅带来积极的影响。恶意收购方成功实现其收购目的,从而改组上市公司董事会和管理层,对公司的经营战略和长远发展来说并不必然有利,在某些极端情形特别是借由杠杆收购恶意炒作下,甚至可能毁掉一家上市公司。这无异于一种慢性的"扼杀经济"的行为。[③] 恶意收购的积极意义是可以约束管理层尽到勤勉义务,消极意义是可能演变为恶意收购方"短期获利而公司长期受损"的工具。[④] 因此,在注重维持雇员的长期利益的日本,恶意收购与其企业文化格格不入。[⑤] 一般来说,IPO 向市场发出的是一个"成功企业"到来的信号,[⑥]但这种"成功",在给公司将来的业务合作带来良好商机的同时,也必然将其置身于公开市场而面临着被其不乐意接受的"野蛮人"实施恶意收购的风险之中。

对于恶意收购,被收购的所有者及其管理者,特别是高层管理者会竭力抵御。一般来说,典型的反收购措施包括金降落伞(golden parachute)策

---

① 参见[美]罗伯特·C. 克拉克:《公司法则》,胡平、林长远、徐庆恒、陈亮译,工商出版社1999 年版,第 437 页。

② See Andrade G, Mitchell M, Stafford E, "New Evidence and Perspectives on Mergers", *Journal of Economic Perspectives*, 2001, 15(2), pp. 103 – 120; Bhagat S, Shleifer A, Vishny R W, et al., "Hostile Takeovers in the 1980s: The Return to Corporate Specialization", *Brookings Papers on Economic Activity*, 1990, (1), pp. 1 – 84; Jensen M C, Ruback R S, "The Market for Corporate Control: The Scientific Evidence", *Journal of Financial Economics*, 1983, 11(4), pp. 5 – 50.

③ 参见胡鸿高、赵丽梅:《论目标公司反收购行为的决定权及其规制》,载《中国法学》2001年第 2 期。

④ 参见傅穹:《敌意收购的法律立场》,载《中国法学》2017 年第 3 期。

⑤ See Ramseyer J M, "Takeovers in Japan: Opportunism, Ideology and Corporate Control", *UCLA Law Review*, 1987, 35(1), pp. 1 – 64.

⑥ See Renee M. Jones, *The Unicorn Governance Trap*, https://papers.ssrn.com/sol3/papers.cfm? abstract_id = 3047189, 2018 – 05 – 11.

略、[1]银降落伞(silver parachute)策略、[2]毒丸计划(poison pills)、[3]白衣骑士(white knight)[4]以及以股票回购和管理层收购为核心的股票交易策略等。其中,股份回购是一种重要的“事中”反收购措施。这里的“事中”是指当恶意收购方已经开始实施恶意收购以后,目标公司主动采取回购股份的形式进行的反收购行为。

作为反收购措施,上市公司的股份回购行为通常经由两条路径对恶意收购人进行反击。一是价格机制路径,即当恶意收购人采取行动时,目标公司经过决议程序决定实施股份回购的,一般都以高于市场价格的股票价格予以回购,这对恶意收购人无形中形成一种倒逼效应,其必须以更高的价格实施并购方能成功,这将直接提高其并购的成本。二是数量机制路径,即当恶意收购人采取行动时,目标公司的股份回购行为如果受到公司大量中小股东的积极响应,成功的股份回购能够缩减二级市场上流通的本公司股票数量。同时,强化和巩固上市公司现任控制者们的表决权比重,由此,恶意并购方想要通过购买股票达到多数股权,进而改组目标公司董事会和高级管理层的难度将直线上升,其不得不面临更大的并购失败的风险。[5] 此外,

---

① 美国经济学家威廉·姆森提出的金降落伞策略主要是指当公司的控制权发生变动后,其管理人员依据之前的雇佣合同中设计的控制权变动条款,获得丰厚离职金或者补偿金的一种反收购策略。参见张军:《实施“金降落伞计划”的必要性》,载《中国建设报》2003 年 10 月 10 日,第 1 版。

② 银降落伞策略是指规定目标公司一旦落入收购方手中,公司有义务向被解雇的中层管理人员(董事以下高级管理人员)支付较金降落伞策略略微逊色的保证金(根据工龄长短支付数周至数月的工资)。参见张开彦、戈伟杰:《上市公司收购操作实务指引与图解》,法律出版社 2017 年版,第 96 页。

③ 毒丸计划本质上是目标公司为其股东设置的一种优先权,即当目标公司被并购时,其股东依照该优先权享有的购买公司股票或者将其持有的优先股转换为普通股等加大恶意并购人收购成本的一种反收购措施。参见傅穹:《敌意收购的法律立场》,载《中国法学》2017 年第 3 期;刘凯、孙克强:《反收购规制中的利益平衡——以毒丸计划为视角》,载《法学杂志》2009 年第 4 期。

④ 白衣骑士是指当目标公司遭遇恶意并购时,其主动寻求第三方公司予以竞价并购,从而提高恶意并购人的并购成本的一种反收购策略。参见刘彦沣:《上市公司如何构建合法有效反收购策略》,载《中国证券报》2016 年 4 月 18 日,第 A12 版。

⑤ 当然,必须强调的是,这并不代表股份回购作为上市公司反收购措施就没有任何的风险。实践中,恶意并购人完全有可能实施所谓的“绿色勒索”行为损害上市公司的利益,即恶意并购人假装实施恶意并购,但其本意是进行股票炒作,当上市公司抬高股票价格进行回购的时候,恶意并购人将其所持目标公司股票进行抛售获利。参见中国证券业协会:《证券发行与承销》,中国财政经济出版社 2008 年版,第 350 页。

当目标公司通过高额负债进行股份回购行为时，其自身的财务状况如果持续恶化，这也将在一定程度上降低恶意收购人实施进一步的恶意收购行为的意愿。在国外资本市场上，股份回购正成为上市公司面临恶意收购时的重要选择之一。①

（五）替代新股发行，促进公司金融创新

20 世纪 70 年代，麦金龙（R. I. Mckinnon）②和肖（E. S. Show）③即深刻洞悉到发展中国家普遍处于金融抑制的现实困境。在本质上，金融抑制代表的是一种政府推行的压抑金融发展的政策。④ 中国长期处于金融抑制状态已成为一个不争的事实。⑤ 要走出金融抑制的困境，必须通过各种体制机制改革，营造宽松而有活力的金融创新环境，大力发展银行体系等之外的替代性融资渠道。⑥ 无疑，作为金融市场重要主体的上市公司的公司金融创新就显得尤为重要。

公司金融包括“公司投资决策、筹资手段、金融工具、证券的发行、分红政策、企业兼并收购及融资租赁”等方面。⑦ 就公司金融创新而言，上市公

① 比如，法国育碧游戏公司（Ubisoft Entertainment）从 2015 年年底开始遭遇法国著名媒体公司维旺迪（Vivendi SA）的恶意收购，公司在 2017 年 10 月发布公告，拟于当年年底前回购 400 万股本的公司股份以进行反收购应对。2017 年 11 月美国著名半导体公司博通（Broadcom）宣布对高通公司实施“股本 + 债务收购”模式的并购计划，高通公司随后宣布了 100 亿美元的股份回购计划用以抵御前者的恶意收购行为。参见末日雨声：《三年抗争，20 亿欧元，育碧甩开维旺迪拥抱腾讯》，载 http://www.sohu.com/a/226175861_115207，最后访问日期：2018 年 4 月 4 日；赛文：《高通公布新 100 亿美元股票回购计划股价上涨 2.5%》，载 http://tech.sina.com.cn/it/2018-05-10/doc-ihaichqz3487032.shtml，最后访问日期：2018 年 5 月 15 日。

② See R. I. McKinnon, *Money and Capital in Economic Development*, Washington, D. C: Brookings Institution Press, 1973.

③ See E. S. Show, *Financial Deepening in Economic Development*, New York: Oxford University Press, 1973.

④ 参见王勋、［美］Anders Johansson：《金融抑制与经济结构转型》，载《经济研究》2013 年第 1 期；王彦超：《金融抑制与商业信用二次配置功能》，载《经济研究》2014 年第 6 期。

⑤ 参见刘辉：《我国体育产业发展股权众筹金融的法制化路径——资本形成与风险治理的双重视角》，载《武汉体育学院学报》2016 年第 7 期。

⑥ 参见王彦超：《金融抑制与商业信用二次配置功能》，载《经济研究》2014 年第 6 期。

⑦ 参见刘燕：《从公司融资、公司财务到公司金融——Corporate Finance 中译背后的知识谱系》，载《北大法律评论》2014 年第 1 期。

司股份回购是一种基础性金融工具。可转换优先股、[①]可转换债券、[②]附认股权债券、[③]附认股权特别股、[④]新股认股权证[⑤]等新兴公司金融工具的发行和运用大多数都依赖于上市公司股份回购制度。比如,可转换优先股股东的权利具有合约的性质,[⑥]当股东提出行使转换权时,公司必须发行新股或者回购股份配合其转换,否则将构成违约。正如前文的分析,新股发行总是伴随着较高的价格成本和较长的发行周期,同时,新股的发行无疑又会对上市公司原有股东的权益造成稀释,并且面临市场宏观环境多变和价格不确定等各种风险。因此,股份回购是降低上市公司在需要如约配合既有特别股的股东或者债权人实现股份交付和股权转换的重要金融工具。其对于稳妥实施上述金融创新,保障上市公司的金融权具有重要的基础性价值。

此外,上市公司股份回购制度对于创新企业并购的对价支付方式也具有重要的金融法意义。一般来讲,公司并购的支付方式包括现金支付、股份支付、债权支付等。[⑦] 换股并购具有降低并购企业财务负担,降低并购的经济成本,以及合法实现税务减免等优势。[⑧] 通过建立完善的上市公司股份回购法律制度以及库藏股制度,可以为创新企业的并购支付方式打下坚实的金融基础。上市公司可以灵活运用股份回购这一基础金融工具,在证券市场低迷的时候回购本公司股票,待市场走强的时候再用于并购支付,这对

---

① 优先股作为上市公司金融创新的重要形式之一,其本身介于股权和债权之间,兼具股权融资与债权融资的金融属性。优先股是顺应既有股东主张其既有股东权益,反对股权稀释而产生的。可转换优先股的持有人可以依照公司章程或者股票上已经载明的转换率将其所持有的优先股转换为普通股。参见谷世英:《优先股法律制度研究》,法律出版社 2015 年版,第 32 页;Jonathan Barron Baskin, Miranti, Jr, Paul J, *A History of Corporate Finance*, Cambridge: Cambridge University Press, 1997, pp. 152 - 153; Leona Beane, *The Essentials of Corporations Law*, Dubuque: Kendall Hunt Publishing Company, 1984, p. 47.

② 可转换债券,是指债券持有人有权按照约定条件将其所持公司债券转换为公司普通股的债券。

③ 附认股权债券,是指持有人有权依照约定新认购公司普通股份的债券。

④ 附认股权特别股,是指持有人有权依照约定新认购公司普通股份的特别股。

⑤ 新股认股权证,是指持有人可依照约定的价格和条件认购公司普通股份的认股权证。

⑥ See Cane M B, Choi J S, Gitterman S B, "Recent Developments Concerning Preferred Stockholder Rights Under Delaware Law", *Virginia Law & Business Review*, 2011, 5(3), p. 379.

⑦ 值得注意的是,根据中国证监会发布的《上市公司收购管理办法》第 36 条之规定,我国上市公司收购中可用于支付的对价主要是现金、证券以及现金与证券相结合等方式。

⑧ 参见刘辉:《给新三板换股并购立规矩》,载《董事会》2015 年第 9 期。

于上市公司财务结构整合以及公司盈利的增加无疑是大有裨益的。

第三节　上市公司股份回购可能带来的挑战

上文介绍了上市公司股份回购的积极作用,特别介绍了其对于上市公司金融创新以及上市公司股东的重要价值。然而,任何事物都具有两面性,股份回购制度对于上市公司也同样具有正反两方面的影响。[①] 国外资本市场的上市公司股份回购实践和立法经验表明,股份回购的确是一把"双刃剑"。上市公司股份回购对于上市公司优化股权结构、加强市值管理、实行股票期权激励以及采取反收购措施和促进公司金融创新等均具有重要的制度价值。但值得注意的是,不完善的股份回购法制以及不良股份回购行为极有可能严重危及上市公司及其债权人的利益。

与此同时,由于上市公司股份回购交易本身发生在本公司与公司股东之间,交易主体的特殊性和关联性极有可能产生内幕交易、私下交易、操纵股价等损害公司或股东利益、影响市场交易秩序的现象。[②] 因此,在我国大陆和台湾地区,传统公司证券立法对上市公司股份回购基本持排斥的态度。这无疑与上市公司股份回购制度对传统公司法基本理论带来的冲击和挑战不无关系。

一、造成主体混同和逻辑混乱

如萨维尼所言,如果人们还要在单个人之外创设法律主体的话,就必须以某种方式假定,它是一个人。[③] 在商法上,公司就是这样一个"法人",即法律拟制人,是一个独立的商事主体。股东出资设立公司,即实现了两个层面上的独立。一是人格独立,股东与公司之间不再是一种类似于民事主体出资设立个体工商户一样的主体非独立的法律关系,公司自成立时起即单

---

① 参见涂燕:《交大昂立终止实施股份回购案例分析》,载《会计师》2017 年第 19 期。

② 参见万国华:《证券法学》,清华大学出版社 2010 年版,第 294 页。

③ 参见[德]莱因荷德·齐柏里乌斯:《法学导论》(原书第 4 版),金振豹译,中国政法大学出版社 2007 年版,第 81 ~82 页。

独以其名义进行商事活动，并独立参与司法诉讼。二是财产和责任独立，股东设立公司以后，仅以其出资为限承担有限责任，而公司则以其全部财产(资本)对其债权人承担无限责任。换言之，只要公司设立成功，公司就以独立的商事主体资格参加各种法律关系，并独立承担法律责任。

股份回购让上市公司成为自己的股东，这将造成主体混同和逻辑混乱。诚如刘俊海教授所言，公司与其股东各为独立的民事主体，如果公司取得自己的股份，那么公司也就变成了自己的股东，并对自己享有股东权。但公司的法人性决定了公司的股东必须独立于公司。即使承认公司就自己股份对自己享有股东权，但由于权利主体与义务主体的混同而致使此种股东权消灭。① 我国台湾地区学者柯芳枝教授认为，之所以禁止自己股份之取得，“缘股份有限公司既系社团法人，故不能同时成为自己之构成员(股东)”。② 日本在以往的司法实践中也基本坚持了类似的观点，根据日本大审院大正11年9月27日之判决，大审院认为，根据公司法，股份有限公司是“营利社团法人”，其具有独立的人格，而其股东也由具有独立人格的自然人或者法人来担任。按照“一人仅具一人格”的法理，从理论上讲，公司不可能成为其自身的股东。③

具言之，虽然根据商法营业自由原则，公司有权通过等价交易在证券市场上公开购买自己的股票，但由于股票的法律本质是股份和股权的具体表现形式，④公司回购自身股票即造成取得自身股份和股权的逻辑悖谬。因此，股份回购违背了“公司与公司股东人格保持分离状态”的公司法理念，⑤是传统立法对该制度予以放弃的主要原因之一。

二、危及资本维持原则

如前所述，公司是独立的商事主体，其既然要独立从事商事活动，就必须具有独立的财产，发端于英国并在大陆法系国家的公司法中蓬勃生长的

---

① 参见刘俊海：《现代公司法》(第2版)，法律出版社2011年版，第448页。

② 柯芳枝：《公司法论》，三民书局1986年版，第222页。

③ 参见柯菊：《禁止公司取得自己股份缓和论之研究》，载《台大法学论丛》1995年第2期。

④ 参见殷洁：《经济法》(第5版)，法律出版社2016年版，第99页。

⑤ 参见王作全：《公司法学》，北京大学出版社2016年版，第156页。

公司法定资本制(Statutory Capital System)应运而生。[1] 公司资本是股东设立公司时缴纳的出资,是公司对外承担责任的基础和前提,也是股东承担有限责任的对价。[2] 公司法定资本制,是指公司在设立时即必须在公司章程中确定公司的注册资本,并在公司成立时由发起人一次性认足(指发起设立)或全部募足(指募集设立)的公司资本制度。[3] 随着公司法理论与实践的发展,目前法定资本制分为严格的法定资本制和变革的法定资本制,其区分标准在于是否允许公司资本的分期交付,但法定资本制不允许公司资本的分期发行。[4]

法定资本制包含了公司资本的三项基本原则,也被称为公司资本三原则,即资本确定原则、资本维持原则和资本不变原则。资本确定原则,是指公司设立时在公司章程中载明公司的资本总额,并由发起人认足或募足,否则公司不能成立。资本维持原则,是指公司在存续的过程中,应当保持与其资本相当的财产,其主旨在于以具体的财产充实抽象的资本,防止公司资本遭到股东或管理者的无谓侵蚀;资本维持原则的宗旨是确保资本确定原则确立的资本的基本水准得以真实反映公司财力。[5] 资本不变原则,是指公司资本总额非依法定程序变更章程,不得更改。[6] 公司资本三原则素来被奉为传统大陆法系公司资本制度构建的经典原则,它能够使公司的资本制度定型化,使公司资本制度少有机会绕开"资本三原则"保护债权人利益的终极目的。[7]

在公司金融实务中,债权人保护与公司股东利益之间往往是一种此消彼长的博弈过程。比如,在银行向上市公司提供贷款的借贷合同中,银行通常要求上市公司在还清借款之前不得向股东进行分红。同理,作为公司法运行、管辖资本运营的基本原则之一的资本维持原则,从传统意义上来讲,即包含着两方面的基本内容:一是公司的资本只能用来满足其经营目的;二

---

① 参见蒋大兴:《质疑法定资本制之改革》,载《中国法学》2015 年第 6 期。
② 参见蒋大兴:《质疑法定资本制之改革》,载《中国法学》2015 年第 6 期。
③ 参见赵振华:《公司法》,法律出版社 2010 年版,第 12 页。
④ 参见甘培忠:《企业与公司法学》(第 8 版),北京大学出版社 2017 年版,第 236 页。
⑤ 参见方嘉麟:《论资本三原则体系之内在矛盾》,载台湾《政大法学评论》1998 年第 59 卷。
⑥ 参见白江:《公司治理前沿法律问题研究》,法律出版社 2015 年版,第 170 页。
⑦ 参见邹海林、陈洁:《公司资本制度的现代化》,社会科学文献出版社 2014 年版,第 57 页。

是没有法院的同意或者其他特定情况,资本不得返还于股东。其基本法理在于:公司募集资本是用来确保公司的正常运营的,任何违法的向股东返还资本都可能直接侵害到公司债权人的利益。公司管理层必须为了公司利益的最大化以及公司各个利害关系人的整体利益而行事。[①] 某种意义上讲,这也是民法诚实信用原则下的禁止反言行为原则[②]在公司法中的具体体现。具言之,民法的禁止反言行为原则也被称为"允诺不得反言"(promissory estoppel)原则,在美国 1933 年《第一次合同法重述》中将其作了这样的概括:"如果诺言人应当合理地预期其诺言会诱使受诺人行为或不行为,该行为或不行为就其性质而言是确定的和实质性的,同时,该诺言事实上导致了此种行为或不行为,那么,在强制执行该诺言才能避免不公正的情况下,该诺言是有约束力的。"[③]禁止反言行为原则的主要作用是使本来没有约束力的诺言,如无对价的诺言,对诺言人产生约束力。其适用条件是:(1)诺言人作出了许诺,该诺言是确定的和实质性的;(2)诺言人有理由预见到其诺言会使受诺人对该诺言将会兑现产生信赖;(3)受诺人事实上发生了这样的信赖;(4)受诺人基于这样的信赖而实施了特定的行为或没有实施其本来有权实施的行为;(5)如果不强行诺言人兑现其诺言,将会导致不公正的结果。[④] 美国 1933 年《第一次合同法重述》对禁止反言行为原则的概括实际上突破了传统英美法下该原则主要适用于财产法与合同法、[⑤]婚姻法

---

① 参见葛伟军:《英国公司法要义》,法律出版社 2014 年版,第 175 页。

② 民法上的禁止反言其实最早起源于证据法,作为一种证据规则,禁止反言要求当事人不得提出与其先前陈述向左的证据材料,该规则后来被广泛发展而推广至合同法、公司法等理论与实务中。参见胡萌:《英国证据法中的禁止反言规则》,载《人民法院报》2018 年 10 月 26 日,第 8 版。

③ 沈四宝、王军、焦津洪:《国际商法》,对外经济贸易大学出版社 2002 年版,第 201 ~ 202 页。

④ 参见沈四宝、王军、焦津洪:《国际商法》,对外经济贸易大学出版社 2002 年版,第 201 ~ 202 页。

⑤ 在历史上,英国法院曾经作出过大量的财产法上的适用禁止反言行为原则的判例,在财产法上,该制度被称为"财产上的不得反言"(propritary estoppel)。但该原则被正式适用于合同法领域是在 1947 年英国上诉法院审理的 Central London Prorerty Trust ltd. v. High Tree House ltd. 案件中。本案中,房屋的出租方鉴于战争期间人口外流、租户减少的状况,同意将租金减少 50%,但是出租房在战后反悔,要求承租人补交少付的租金。丹宁伯爵(Lord Denning)判决,债权人曾表示接受部分债务的履行以清偿全部债务,债务人已如约履行,在这种情况下,应禁止债权人违反其诺言。参见沈四宝、王军、焦津洪:《国际商法》,对外经济贸易大学出版社 2002 年版,第 202 页。

以及慈善法等少数法域的樊篱,[①]进而将其推广到民商法的各个领域。就禁止反言行为原则在公司法中的适用而言,公司的股东在设立登记时既然对外公示了公司的注册资本,依据诚实信用原则,其就应当如实履行出资义务并在公司存续期间不得轻易抽逃出资。其基本理念是确保公司拥有股东不得随意撤回的永久性股权资本,从而实现对债权人的保护。[②]

除了以上市公司对其股东的可分配盈余为取得财源外,上市公司股份回购交易的法律本质是一种抽逃出资的行为。[③] 其违背了资本维持原则,在上市公司存续期间,侵蚀了公司的财产,使公司财产小于其依法登记的资本数额。如果允许公司随意回购自己的股份,则虽然公司的抽象资本没有减少,但却因收购本公司的股份而使公司的部分具体财产表现为自己的股份,导致公司实际可用资产减少。[④] 我国《公司法》之所以对公司收购自己股份原则上予以禁止,是由于此种行为使股份认购沦为账簿上的数字游戏,有悖于法人本质和资本充实、维持原则。[⑤] 日本学者甚至认为,不仅仅是股份回购,公司即使是通过其他方式取得了已经发行的本公司股份,也有可能发生同公司股份回购同样的效果,从而导致损害公司财产基础的结果。[⑥]

从股份回购与再次转售的价格角度来说,虽然上市公司从公开证券市场买回自身股份之时,因该股票系有价证券可以再行流通,上市公司可将其

① 在1933年《第一次合同法重述》出台以前,不仅该原则的适用法域比较有限,而且在程序法上的运用常常受到限制。比如,在1951年英国的一起关于夫妻双方的赡养费支付纠纷案中,被告(丈夫)在与原告(妻子)离婚时同意每年向她支付一笔赡养费,故原告没有向法院提出令被告支付赡养费的要求。后来,原告因一直未得到赡养费而提起诉讼。丹宁判决原告败诉,理由是允诺不得反言原则不能产生独立的诉权,而只能产生抗辩权。换言之,受诺人不能将这一原则作为剑而主动起诉允诺人,只能将其作为盾而阻止诺言人胜诉。在美国,直到19世纪末,马萨诸塞州最高法院霍姆斯(Oliver Wendell Holmes)大法官依然说,“如果受诺人可以通过事后对一项恩惠性的诺言的依赖而行事从而使该诺言产生约束力,对价的理论将会被连根斩断”。参见沈四宝、王军、焦津洪:《国际商法》,对外经济贸易大学出版社2002年版,第202页。

② 参见[美]艾利斯·费伦:《公司金融法律原理》,罗培新译,北京大学出版社2012年版,第96页。

③ 参见柯菊:《禁止公司取得自己股份缓和论之研究》,载《台大法学论丛》1995年第2期。

④ 参见朱慈蕴:《公司法原论》,清华大学出版社2011年版,第206页。

⑤ 参见刘俊海:《公司法学》(第2版),北京大学出版社2013年版,第228页。

⑥ 参见[日]近藤光男:《最新日本公司法》(第7版),梁爽译,法律出版社2016年版,第95页。

出售变现,并不必然带来其资产的减少,但是证券市场的行情总是瞬息万变的,上市公司在回购行为实施后再度转让的股价“未必与收买或收回时之价格相当”,难免出现“不利公司、股东及债权人之情形”。①

从风险分散的投资原则来说,上市公司持有其他公司的股票与持有本公司股票存在巨大差异。早在20世纪60年代,美国经济学家鲍尔(Ball)和布朗(Brown)即发现,上市公司的盈利信息与股票价格呈正相关关系。②因此,当上市公司持有本公司股票的情形下,其股票价值和投资风险与本公司的经营业绩密切相关,当公司经营情况恶化时,“公司之资产将因而必然减少”。而在上市公司持有其他公司股票的情形下,“公司之资产须于其他公司之股价下跌时始会减少”,“其资产之减少与否与公司之营运状况并无联动关系”。③

从资本效率的角度来说,在上市公司业绩下滑时,如果上市公司通过大量实施股份回购来防止公司股价下跌,这还将导致公司流动性资金冻结的现象,并发生“对债权人无法清偿之危险”。④ 因此,“于公司有资力不足之虞时,应禁止公司买回自己的股份”。⑤

三、危及股权平等原则

股权平等,是指公司的所有股东依照其所持股份的性质、内容和比例享受平等的待遇。⑥ 股权平等是股东平等的表现形式,存在形式平等与实质平等两个方面。⑦ 形式平等侧重的是一种机会的均等,而实质平等则更关注股东权益内容行使过程中的平等。股东平等对股权平等具有制衡和矫正作用,能够实现实质正义。⑧ 股权平等原则实质上体现为资本平等原则,即

---

① 柯菊:《禁止公司取得自己股份缓和论之研究》,载《台大法学论丛》1995年第2期。

② See Ball R, Brown P, “An Empirical Evaluation of Accounting Income Numbers”, *Journal of Accounting Research*, 1968, (1), pp. 159 - 178.

③ 林丽香:《企业取得自己股份之法律问题》,载《台北大学法学论丛》2001年第48卷。

④ 柯芳枝:《股份有限公司取得自己股份问题之研究》,载《台大法学论丛》1973年第2期。

⑤ 林丽香:《企业取得自己股份之法律问题》,载《台北大学法学论丛》2001年第48卷。

⑥ 参见刘俊海:《论股权平等原则》,载《法学杂志》2008年第3期。

⑦ 参见宋智慧:《股东平等原则与资本多数决的矫治》,载《河北法学》2011年第6期。

⑧ 参见李东方:《上市公司监管法论》,中国政法大学出版社2013年版,第335页。

按照股东投入公司的资本享有和行使权利。① 其核心是妥善处理股东之间包括大小股东之间的利益关系。②

其一,上市公司选择性回购部分股东的股份涉嫌破坏机会均等,违反形式意义上的股权平等原则。如刘俊海教授所言,在以资本为财源取得自己股份的场合,公司仅对出卖股份的股东返还股款,当公司遇有危机时,便等于将公司的风险由此类出卖股东转嫁于其他股东,在公司以可资股利分配的利润为财源取得自己股份的场合,只有出卖股份的股东以有利条件收回投资,亦有违股东平等原则。③ 我国台湾地区学者的观点与此类似,如台湾大学法律系王泰铨教授认为,"公司如可任意收回股份,则在发生亏损情况时,公司负责人或可徇私优先收买特定股东之股份,难免违反股东平等原则"。④ 林丽香教授也指出,股份回购使"与公司董事有特别关系之股东尤其容易出脱持股","以致发生股东间卖出机会之不平等"。⑤

其二,上市公司股份回购可因股东之间获取公司内部信息的地位不平等而破坏实质意义上的股权平等。詹森(Jensen)和麦克林(Meckling)提出的委托代理理论认为,公司的管理者与公司的股东之间既是紧密的利益共同体,又充满着尖锐的利益冲突。⑥ 二者均会基于理性经济人的立场追求自身利益的最大化。⑦ 众所周知,公司的管理者与股东之间在获取公司内部信息方面处于显著的不平等地位,管理者的信息优势会导致其在选择和运用股份回购这一金融工具上始终处于更加主动和游刃有余的地位。当上市公司经营状况良好时,管理者选择不接受上市公司的回购要约,在上市公司大量回购中小股东股份的同时,不仅强化了其对公司的控制权,而且增强了其享受公司长期健康发展带来的红利。而当上市公司经营状况恶化时,

---

① 参见施天涛:《公司法论》(第2版),法律出版社2006年版,第238页。

② 参见刘俊海:《公司法学》(第2版),北京大学出版社2013年版,第146页。

③ 参见刘俊海:《现代公司法》(第2版),法律出版社2011年版,第449页。

④ 王泰铨:《公司法争议问题》,五南图书出版股份有限公司1997年版,第149页。

⑤ 林丽香:《企业取得自己股份之法律问题》,载《台北大学法学论丛》2001年第48卷。

⑥ See Michael C. Jensen, William H. Meckling, "Theory of the Firm: Managerial Behavior, Agency Costs and Ownership Structure", *Journal of Financial Economics*, 1976, 3(4), pp. 305-360.

⑦ 参见谢获宝、惠丽丽:《代理问题、公司治理与企业成本粘性——来自我国制造业企业的经验证据》,载《管理评论》2014年第12期。

管理者又会选择通过上市公司股份回购大量抛售自己持有的股票，大量的变现行为将间接转移公司的经营风险于中小股东。不难得出，公司管理者与股东在获取公司内部信息方面事实上的不平等地位极有可能挑战公司法的股权平等原则。

其三，上市公司股份回购可因差异化的回购价格而造成实质意义上的股东不平等对待。如前文介绍，股份回购具有多种形式，既可以是协议回购，也可以是公开市场要约回购。特别是在协议回购的场合，回购的价格依赖于股东与公司的回购协议（合同）。这往往给上市公司对其控股股东、实际控制人实施高价回购，并对中小股东实施回购价格歧视带来可乘之机。这就是所谓的"某一部分股东对股份的处分损害了另一部分股东的利益"。[①] 朱慈蕴教授甚至认为，即使通过交易市场公开回购，也会存在不同交易时点下的差异化回购价格，也会因为取得价格的高低而在股东间产生不平等的结果。[②] 这说明，"单纯的私法并不足以解决公司利害相关者受侵害的问题"，[③]对股份回购的合同以及回购价格而言，需要市场规制法的进一步介入。

四、破坏公平交易秩序

股市是经济的晴雨表。股票市场的重要机能之一就是融合一切宏观经济金融信息以及上市公司的微观经营信息等，通过市场交易形成公平的价格机制。换言之，公平的证券价格机制必然是市场价格机制。然而，上市公司股份回购的实施，本质上是以人为的操作方式改变股票在公开证券市场上的供求关系，并进而通过影响其市场价格机制发生作用。它破坏了市场对价格的决定性作用，是对市场机制的扭曲。上市公司股份回购基于其自身交易特性和相关交易主体的特殊地位极易滋生证券虚假陈述、内幕交易和操纵市场等违法交易行为。

首先，上市公司假借股份回购之名行虚假陈述之实，破坏股票市场的真

---

① 徐学鹿：《商法学》（第4版），中国人民大学出版社2015年版，第144页。

② 参见朱慈蕴：《公司法原论》，清华大学出版社2011年版，第171页。

③ [美]弗兰克·H.伊斯特布鲁克等：《公司法的逻辑》，黄辉编译，法律出版社2016年版，第144～145页。

实价格机制。根据信号传递假说,上市公司股份回购传达了公司高管对于本公司股票价格被低估的信号,因此,股份回购行为作为直接改变二级市场上流通股票供求关系的市值管理(market value management)行为,上市公司的回购公告往往成为公司股票价格实现逆转和被投资者看多的积极信号。然而,这也极易为上市公司通过虚假陈述维持公司持续下跌的股价打开便利之门。我们以2015年中国A股断崖式下跌前后的一家在深交所上市的中小板上市公司——朗姿股份(股票代码:002612)为例进行说明。

2015年7月14日,朗姿股份宣布股份回购计划,明确了回购的期限和回购资金限额,并于2015年8月5日公告了37元/股的回购价格。在2015年7月14日当天,受股份回购公告信号传递效应影响,朗姿股份股票开盘即涨停,当日收于60.10元/股。2015年8月27日,朗姿股份临时股东大会审议通过股份回购计划。其后,尽管公司股票触发了回购方案预定的价格"回购线"达到了回购条件,但朗姿股份并未正式实施股份回购行为,其涉嫌以"虚假陈述"[①]破坏股票市场的真实价格机制,并损害了投资者的信赖利益和投资利益。(具体的回购公告议程和对应的股票价格见图1-1)

其次,股份回购提供了内幕交易的机会,为上市公司高管等人员谋取不法利益创造了条件。哈佛大学法学院罗伯特·克拉克(Robert Clarke)院长认为,"内幕交易本身就是某些人利用内部关键信息买卖公司股票的行为",[②]内幕信息通常被理解为实质性的公司变动和实质性的事实,[③]上市公司股份回购属于典型的内幕信息。而购买自己股票的公司被公认为是最重要的、作为"传统内部人"(traditional insiders)的内幕交易人。[④] 根据传统的公司证券法理论,如果法律允许上市公司回购其自身的股份,由于上市公司相较于普通投资者而言具有更佳的信息优势,上市公司及其高管人员均存在

---

① 狭义的虚假陈述,即证券信息披露义务人违反信息披露义务,在提交或公布的信息披露文件中作出违背事实的陈述或记载,具体包括虚假记载、误导性陈述、重大遗漏和不正当披露。参见冯果主编:《证券法》,武汉大学出版社2014年版,第325~326页。

② [美]罗伯特·C.克拉克:《公司法则》,胡平、林长远、徐庆恒、陈亮译,工商出版社1999年版,第218页。

③ 参见井涛:《内幕交易规制论》,北京大学出版社2007年版,第5页。

④ See Sommer A A, "Securities Regulation by Louis Loss and Joel Seligman", *Business Lawyer*, 1991, 46(4), pp. 1895-1902.

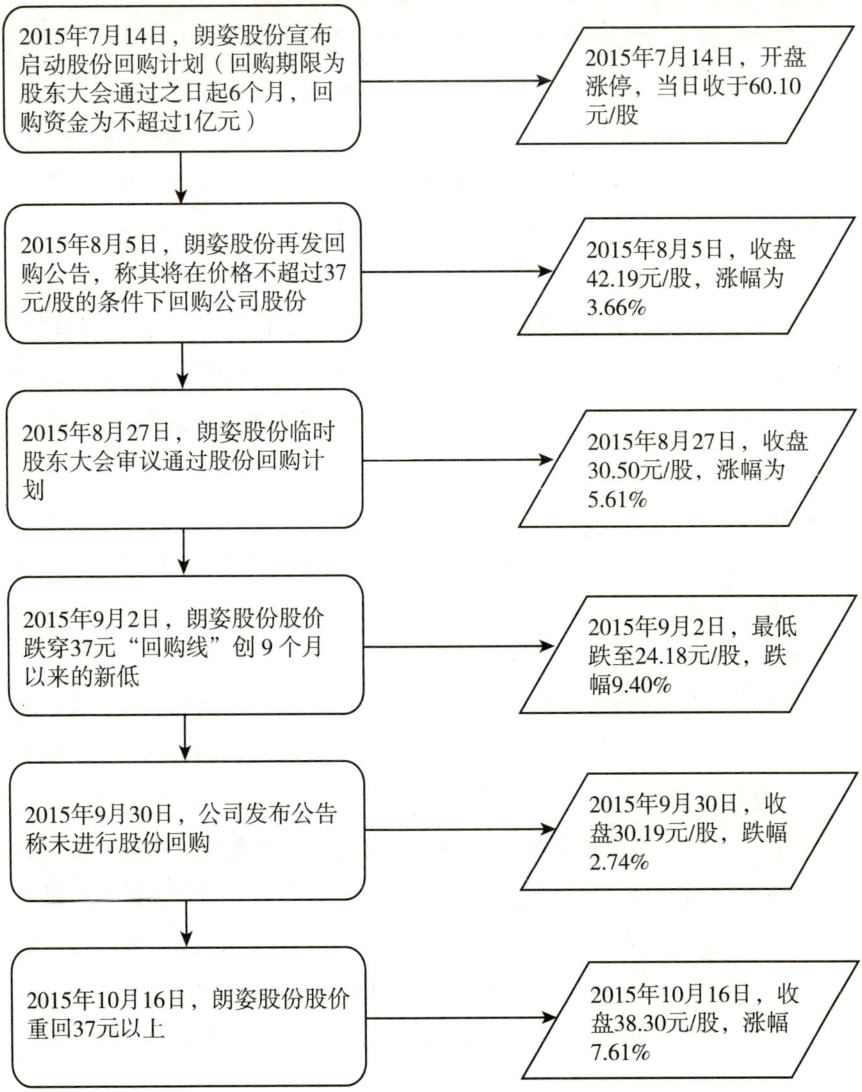

图 1－1　朗姿股份回购议程与股票价格走势

资料来源：根据上市公司公告整理。

较大概率的实施内幕交易以谋取不法利益之可能。根据“证券守恒定律”，内幕交易人员的获利总是以外部人的损失为代价的，①因此，如果法律允许

① 参见杨亮：《内幕交易论》，北京大学出版社 2001 年版，第 22 页。

上市公司实施股份回购,既是对传统公司证券法明令禁止内幕交易行为的立法初衷的挑战,也是我国证券市场未来进一步放宽和规范上市公司股份回购法制必须予以回答的理论问题。①

最后,上市公司股份回购可能滋生上市公司及其高管等实施证券市场操纵行为。证券市场操纵行为以操纵证券交易价格为手段,因此,也称为操纵证券交易价格行为,简称操纵市场行为。② 操纵市场也被称为操纵行情,是指个人或者机构背离集中竞价和市场供求关系原则,通过不正当方式,影响证券交易量,制造证券市场假象,人为地操纵证券交易价格,以引诱他人参与证券交易,为自己谋取不正当利益或者转嫁风险的行为。③

著名证券法专家阿伦(Franklin Allen)和戈尔(Douglas Gale)将市场操纵分为信息型(information-based)操纵、行为型(action-based)操纵和交易型(trading-based)操纵三类。④ 尽管市场操纵本身可能存在无法完全描述的多种"征兆"(symbols),⑤但信息型操纵往往总是以散布虚假信息和传播虚假留言为基础而实施的市场操纵行为。⑥ 实践中,纯粹的信息型操纵一般较难以实现操纵市场的目的,其多与行为型操纵在二级市场上紧密结合予以实现。⑦ 从 A 股市场的监管实践来看,如果股份回购相关法制滞后,上市公司通过其回购信息的发布与其大股东或者公司高管在二级市场上的减持行为两相耦合,极易操纵证券市场,损害中小投资者的权益和证券市场交易

---

① 比如内幕交易民事诉讼向来是我国证券法制的短板。在建立和完善上市公司股份回购的配套法律制度时,必须对内幕交易民事诉讼相关法律进行修订。参见邢会强:《内幕交易惩罚性赔偿制度的构造原理与现实选择》,载《中国社会科学》2018 年第 4 期。

② 参见强力主编:《金融法学》,高等教育出版社 2003 年版,第 375 页。

③ 参见冯果主编:《证券法》,武汉大学出版社 2014 年版,第 346 页。

④ See Allen F, Gale D, "Stock-Price Manipulation", *Review of Financial Studies*, 1992, 5(3), pp. 503 – 529.

⑤ See Siems M M, "The EU Market Abuse Directive: A Case-based Analysis", *Law and Financial Markets Review*, 2008, 2(1), pp. 39 – 49.

⑥ 参见蔡奕等:《证券市场监管执法的前沿问题研究——来自一线监管者的思考》,厦门大学出版社 2015 年版,第 94 页。

⑦ 参见蔡奕等:《证券市场监管执法的前沿问题研究——来自一线监管者的思考》,厦门大学出版社 2015 年版,第 94 页。

秩序。①

第四节 上市公司股份回购法律规制的理论回应

前文的论证让我们明白,上市公司股份回购无论对公司金融创新还是证券市场发展均具有十分重要的意义和价值,但凡事皆有利有弊,股份回购对于公司主体理论、资本维持原则、股东平等原则以及证券交易公平原则等均带来重大的理论挑战和实务考验。然而,面对这样的金融创新,金融法的立场不应该仅仅是简单粗暴地禁止和取消,而应当在“三足定理”的指导下,寻求金融效率、金融安全和金融公平三者之间的有益平衡,②进而鼓励和促进上市公司股份回购这种金融商事实践的规范、有序和健康发展。从金融商事法制的角度来说,必先对上文中的理论挑战给予回应,在此基础上,方能系统和科学地完善上市公司股份回购法制,规范上市公司股份回购行为。

一、对造成主体混同和逻辑混乱的理论回应

如前所述,上市公司实施股份回购在商事主体身份混同方面给传统公司法“一人仅具一人格”等基本理论带来挑战。然而,如哲学上的名言——

① 笔者以A股上市公司海马股份(股票代码:000572)的回购案为例予以说明。受全球金融危机影响,2008年12月底,海马股份现为ST海马,发布了股份回购计划,称受证券市场低迷影响,公司在二级市场上的股价表现低于公司长期内在价值,拟回购部分社会公众股。之后,海马股份几度对公司回购股份的具体回购价格进行了调整,从18.28元降低至5.03元又降低至3.6元。2009年1月9日,海马股份在二级市场上的股票价格正式触发股票回购价格,但公司一直未按照股东大会决议的方案实施股份回购。最终于2009年7月发布公告,告知公司股份回购期限届满。对海马股份虚假回购案整体进行回顾,笔者发现,本案背后其实隐藏着巨大的利益链——公司二股东海马投资的疯狂减持行为。数据显示,在经历2008年金融危机期公司股价触底之后,2009年海马股份的累计最大涨幅一度达到232%。在股价大幅拉升的过程中,二股东海马投资在2009年6月、7月、9月、11月4个月累计减持其所持股份的30%,约4260万股。参见胡潇滢:《海马股份回购成“忽悠”》,载http://news.hexun.com/2009-06-05/118360181.html,最后访问日期:2018年5月15日。

② 参见邢会强:《国务院金融稳定发展委员会的目标定位与职能完善——以金融法中的“三足定理”为视角》,载《法学评论》2018年第3期。

"存在即合理",上市公司股份回购制度之所以存在,定有其合理的一面。"一个有效率的制度最根本的特征在于它能够提供一组有关权利、责任和义务的规则,能够为一切创造性和生产性活动提供最广大的空间。"①面对公司金融创新以及证券市场发展的强烈需求,商法理论也必须进行自身的革命,因为理论总是源于实践并且服务于实践的。商法风险分配机制的目的在于提高效率。② 当商法理论与公司法律实务产生冲突,而后者又具有广阔的市场需求的时候,商法学者的任务自然是对现有的理论进行深化和发展,从而促进公司法律实务的稳步推进,而不能简单粗暴地一味否定和禁止。

对上市公司股份回购实践与传统公司法理论进行深度反思,我们发现,股份回购并不缺乏法学理论上的正当性支持。这至少体现在两大方面:

其一,上市公司股份回购是公司法"扩张选择理论"和金融商法私法自治的必然选择。从公司法产生的目的来看,公司的存在是为了商人自治和商主体自身利益的实现。现代公司法维护私权的属性依然没有改变,私法领域的意思自治原则依然有其运用基础。③ 商法严格遵循意思自治的基本原则,④"股份的自由转让是公司形式的核心特征之一"。⑤ 根据公司法"扩张选择理论",公司当事人应当具有更多、而不是与之相反的更少的选择权。⑥ 也就是说,公司应当可以通过改变具体的条款来适应自己的具体情况。⑦ 无疑,上市公司股份回购就属于典型的扩充公司金融自治权的一种选择性金融工具。与此同时,金融商法高度崇尚私法自治的基本理念,所谓私法自治,也被称为意思自治,即私法主体(民商事主体)依法享有的依据

---

① 樊纲:《渐进之路》,中国社会科学出版社 1993 年版,第 21 页。

② 参见樊涛:《中国商法总论》,法律出版社 2016 年版,第 81 页。

③ 参见卢静:《上市公司分红行为法律规制》,立信会计出版社 2018 年版,第 48 ~ 49 页。

④ 参见孙晋:《商法学》,武汉大学出版社 2016 年版,第 25 页。

⑤ [美]莱纳·克拉克曼、亨利·汉斯曼等:《公司法剖析:比较与功能的视角》(第 2 版),罗培新译,法律出版社 2012 年版,第 41 页。

⑥ See Goetz C J, Scott R E, "The Limits of Expanded Choice: An Analysis of the Interactions Between Express and Implied Contract Terms", *Cal. L. Rev.*, 1985, 73, p. 261.

⑦ 参见[美]弗兰克·H. 伊斯特布鲁克等:《公司法的逻辑》,黄辉编译,法律出版社 2016 年版,第 57 页。

其独立意思表示而产生、变更和消灭各种民商事法律关系的广泛行为自由。[①] 正如法国著名思想家卢梭所言，自由不仅是人的权利，甚至是人的义务，失去它，就失去了做人的资格。[②] 私法自治在商法上的基本体现就是现代公司法存在之基石——商行为自由原则。[③] 商法理论中的商行为，是指“营业行为”与“投资行为”。[④] 根据公司法资本自由流动原则，股权的自由转让意味着“是否转让”、“何时转让”、“转让给何人”、“转让多少股份”以及“转让价格几何”等方面的自由。[⑤] 上市公司从二级市场上回购自己的股票，不仅符合私法自治原则之精神，而且与公司法“扩张选择理论”之要求不谋而合。我国未来在修订与完善现行商事法律制度时，应当尽可能“让交易的当事人自己为自己作主”，“而不是由立法者为他们作主”。[⑥]

其二，上市公司股份回购与股份发行认购是两种不同的法律范畴，上市公司股份回购并不会造成公司法上的逻辑混乱。如前所述，尽管日本大审院在司法实践中牢固坚守“一人仅具一人格”之基本法理，但我国台湾学者柯芳枝教授对该原则进行了深入的论证，认为独立人格实则要求的是公司不得通过“认股”而“原始取得”自身的股份，但公司成立之后，其股份变成二级市场上自由流通的股票，那么公司在“继受取得”自身股份以及“将自身股份收为质物”的情形下并不会导致法理上的逻辑混乱。[⑦] 这种观点也获得了林丽香教授、柯菊教授等为代表的台湾学者的认同和支持，并演变为台湾地区商法学界之通说。[⑧]

详言之，在公司原始取得自身股份，即认股的情形下，公司成为自身股东，自己对自己需要出资，这不符合公司独立人格之要求，并造成主体混同

① 参见王利明：《负面清单管理模式与私法自治》，载《中国法学》2014 年第 5 期。

② 参见[法]卢梭：《社会契约论》，何兆武译，商务印书馆 1982 年版，第 16 页。

③ 参见崔文玉：《营业自由与公司资本制度的变革——以欧洲国家公司法中的营业自由为研究视角》，载《环球法律评论》2014 年第 1 期。

④ 参见孙晋：《商法学》，武汉大学出版社 2016 年版，第 60 页。

⑤ 参见刘俊海：《公司法学》(第 2 版)，北京大学出版社 2013 年版，第 218 页。

⑥ 樊涛：《中国商法总论》，法律出版社 2016 年版，第 79 ~ 80 页。

⑦ 参见柯芳枝：《股份有限公司取得自己股份问题之研究》，载《台大法学论丛》1973 年第 2 期。

⑧ 参见林丽香：《企业取得自己股份之法律问题》，载《台北大学法学论丛》2001 年第 48 卷；柯菊：《禁止公司取得自己股份缓和论之研究》，载《台大法学论丛》1995 年第 2 期。

和逻辑混乱。但公司在继受取得自身股份的情况下,公司在其成立之时已接受“公司以外之第三人出资”,当其再以回购或者收质等其他形式获得自身股份时,已不再对自身负有“出资义务”。在公司法上,“出资乃股东对公司负有的唯一义务”,①因此,公司回购自身股份,并不会带来对本公司的基于法理上的出资义务。而同时,从回购股份的权利状态来讲,国(境)外立法(规定)大多也明确禁止其享有表决权、分红权等最为核心的股东权利。②换言之,公司在继受取得自身股份的情况下,其并不享有公司法上规定的股东权利,也并不承担公司法上所规定的股东义务,因此,其自然不属于实质意义上的公司的股东。上市公司股份回购属于典型的继受取得而非原始(认购)取得,因此,这并不必然导致公司法理上的主体混同和逻辑混乱。

二、对危及资本维持原则的理论回应

如前所述,传统公司法理论认为,上市公司股份回购在公司法理论上对资本维持原则及其保护债权人以及公司利益带来重大的理论挑战。然而,这种当然的解释论方法却并非“天网恢恢疏而不漏”。其在两大问题上的质疑可能动摇传统解释论的理论根基。其一,公司资本维持原则真的具有充分和有效保护公司和债权人利益的功能吗?其二,退一步讲,即使公司资本维持原则能够充分和有效保护公司和债权人利益,上市公司股份回购真的必然侵蚀公司资本维持原则吗?

---

① 李建伟:《有限责任公司的股东除名制度研究》,载《法学评论》2015 年第 2 期。

② 关于回购股份的权利状态,各国规定不一。总体而言有三种模式:第一种是直接绝对禁止回购股份享有任何权利,比如我国台湾地区“证券交易法”第 28 条之 2 第 5 项明确规定,回购股份“不得享有股东权利”。第二种是限制回购股份的分红权和表决权等最为核心的权利,比如荷兰、西班牙等国公司法的规定即属此类。第三种是限制分红权以及在清算时获得股份票面价值的权利,但仍然保留表决权等其他权利,比如法国公司法的规定。总体而言,世界各国(地区)对回购股份的权利限制呈现出趋严的趋势,多数国家(地区)立法(规定)都已经限制了回购股份最为核心的权利,不承认公司在继受取得自身股份情形下的完整股东权。参见[挪威]马德斯·安登斯、[英]弗兰克·伍尔德里奇:《欧洲比较公司法》,汪丽丽、汪晨、胡曦彦译,法律出版社 2014 年版,第 201 ~246 页。

公司是股东个人资产的扩展和衍生。[①] 起源于17世纪特许公司[②]的资本维持原则通过廓清和分离股东与公司的财产权属关系并确立公司的独立法人地位,[③]一向被视为降低股东与债权人代理成本,[④]保护债权人和公司利益的核心原则,甚至被奉为帝王规则!然而,资本维持原则对于保护债权人和公司利益的有效性和效率性却一直被置于学者的探讨和批判之中,这在20世纪末至21世纪初国外公司法学者的大量研究中[⑤]体现得尤为明显。这些批判归结起来大概有如下的理由:

法定资本和资本维持原则体现在具体的规则设置上总是粗陋的、不精细的,这在公司商事实践中很容易被精明的法律人和会计人规避,其对债权人保护的实效受到重大拷问;从法经济学的视角分析,这样的资本规则在监管收益上往往要小于监管成本;这样的资本原则会扼杀在经济上更为合算的交易或者其他措施而扭曲了公司的融资决定;债权人保护机制具有多元性和可替代性,甚至债权人自身也可以进行自我保护;是破产法而不是公司法应当成为债权人保护的核心机制;灵活的事后保护机制实质上优于事前的僵化的资本原则……

---

① See Pope P F, Puxty A G, "What is Equity? New Financial Instruments in the Interstices Between the Law, Accounting and Economics", *The Modern Law Review*, 1991, 54(6), pp. 889 - 911.

② See Kehl D, "The Origin and Early Development of American Dividend Law", *Harvard Law Review*, 1939, 53(1), pp. 36 - 67.

③ See Hansmann H, Kraakman R, "The Essential Role of Organizational Law", *The Yale Law Journal*, 2000, 110(3), pp. 387 - 440.

④ See Armour J, "Share Capital and Creditor Protection: Efficient Rules for a Modern Company Law", *Modern Law Review*, 2010, 63(3), pp. 355 - 378.

⑤ See EV Ferran, "'Creditors' Intersts and 'Core' Company Law", *Company Lawyer*, 1999, 20, p. 314; Armour J, "Share Capital and Creditor Protection: Efficient Rules for a Modern Company Law", *Modern Law Review*, 2010, 63(3), pp. 355 - 378; Enriques L, Macey J R, "Creditors versus Capital Formation: The Case Against the European Legal Capital Rules", *Social Science Electronic Publishing*, 2001, 409(2), pp. 389 - 398; Schön W, "The Future of Legal Capital", *European Business Organization Law Review*, 2004, 5(3), pp. 429 - 448; Rickford J, "Reforming Capital Report of the Interdisciplinary Group on Capital Maintenance", *European Business Law Review*, 2004, 15(4), pp. 919 - 1027; Armour J, "Legal Capital: An Outdated Concept?", *European Business Organization Law Review*, 2006, 7(1), pp. 5 - 27; Ferran E, "The Place for Creditor Protection on the Agenda for Modernisation of Company Law in the European Union", *European Company & Financial Law Review*, 2006, 3(2), pp. 178 - 221.

我国大陆也同样不乏质疑公司资本维持原则之于保护公司和债权人利益之功效者。邓峰教授严厉批判了广泛存在于我国以及欧陆法系国家的法定资本制和资本维持原则的僵化和无效，认为随着社会的进步以及商事实践的发展，应当以“宽松资本规则”加严格的“诚信义务”的方式对债权人进行保护。[①] 刘燕教授认为，法定资本制简单而朴素，根本无法适应千变万化的商业实践，应由“债务契约 + 会计 + 证券监管 + 估值”等多种手段综合提供公司法上的债权人保护功能，[②]并且公司法资本制度的改革也应当与“禁止抽逃出资规则”的改革同步进行。[③]

笔者认为，对传统公司法资本制度特别是资本维持原则的分析可从成本和效益两个角度展开：以效益的视角观之，该制度存在的核心价值并且作为其产生的基础，应当是降低债权人与公司股东之间的代理成本；[④]从成本的角度来说，其不仅要面临政府高额的监管成本，更要耗费公司不菲的经营成本。[⑤] 在发展金融学看来，最优金融结构是金融发展的核心中间变量。为此，公司金融法必须树立最优金融结构理念，充分尊重最优金融结构在金融监管和金融发展中的重要地位。[⑥] 就公司资本制度而言，每个公司在不同的发展阶段，总会存在与其经营最为相适的最优资本结构。如果外部监管破坏了这种最优资本结构就会阻碍公司经济的发展。[⑦] 结构性监管不能仅仅局限于风险的控制，还必须考虑宏观经济目标，尤其是个体交易的效

---

① 参见邓峰：《资本约束制度的进化和机制设计——以中美公司法的比较为核心》，载《中国法学》2009 年第 1 期。

② 参见刘燕：《公司法资本制度改革的逻辑与路径——基于商业实践的观察》，载《法学研究》2014 年第 5 期。

③ 参见刘燕：《重构“禁止抽逃出资”规则的公司法理基础》，载《中国法学》2015 年第 4 期。

④ See Armour J, “Share Capital and Creditor Protection: Efficient Rules for a Modern Company Law”, *Modern Law Review*, 2010, 63(3), pp. 355 – 378.

⑤ 参见黄辉：《公司资本制度改革的正当性：基于债权人保护功能的法经济学分析》，载《中国法学》2015 年第 6 期。

⑥ 参见刘辉：《金融禀赋结构理论下金融法基本理念和基本原则的革新》，载《法律科学》（西北政法大学学报）2018 年第 5 期。

⑦ See Davies P L, *Gower & Davies: The Principles of Modern Company Law*, London: Sweet & Maxwell, 2008, pp. 263 – 264.

率。[①] 因此,公司法僵化设置法定资本制度以及资本维持原则实际上有违最优金融结构理念,其不仅阻碍经济发展而且也是一种低效率的债权人保护机制。

进一步的问题是,即使公司资本维持原则能够充分和有效保护公司和债权人利益,那么上市公司股份回购真的必然侵蚀资本维持原则吗?对前文列举的部分学者的关于上市公司股份回购危及资本维持原则、侵蚀公司资本的理由进行深入剖析不难发现,这些理由尽管都不无道理,但并不能成为径直限制股份回购制度的当然理由。

比如,上市公司股份回购的确必须支付相应的对价,但这种对价未必就是公司资本。减小或者消除上市公司股份回购对于债权人利益保护机制带来的损害的正确做法应当是通过完善股份回购法制,对上市公司股份回购的资金来源进行必要的限制,而不是直接禁止实施股份回购。否则,“一人生病,全家吃药”的扼杀性监管只会遏制更多“有益的股份回购项目”。[②]

又如,对于因经营恶化而导致业绩下滑时上市公司实施股份回购带来的双重股价危机问题,事实上,根据商法自治的原则,上市公司是可以投资其他公司的股票的。理论上讲,回购本公司股票的风险并不必然大于投资其他公司的股票的风险。因为上市公司对本公司的经营情况和财务情况的了解必然胜过对其他公司的熟悉程度。任何股票投资都与风险相伴相生,因此,这并不能成为禁止实施上市公司股份回购制度的当然理由。

再如,对于股份回购造成资金冻结影响债务清偿能力之理由,我们必须意识到,金融投资总是风险与收益正相关,股份回购尽管存在资金冻结的风险,但是其通过信号传递给市场带来的利多信号也可能引导股价的理性回归,其并不必然损害公司的债务清偿能力和债权人利益。

---

① 参见[美]戴维·M.德瑞森:《法律的动态经济分析》,王颖译,复旦大学出版社2015年版,第82页。

② High Level Group of Company Law Experts, KJ Hopt, J Winter, JS Christensen, JMG Garcia, *Report of the High Level Group of Company Law Experts on a Modern Regulatory Framework for Company Law in Europe*, https://www.researchgate.net/publication/27268469_A_Modern_Regulatory_Framework_for_Company_Law_in_Europe_Report_of_the_High_Level_Group_of_Company_Law_Experts_mit_offiziellen_Ubersetzungen_in_verschiedene_Amtssprachen_der_EU, 2018-06-29.

总之,“当股份全部由公司的利润赎回或购买时,公司就撤销该被赎回或被购买股份而将从公司已发行股份资本中减去的金额转换为一项名为‘资本赎回公积金’的公积金”,其并不导致公司减资。① 正如英国著名公司法学家保罗·戴维斯和莎拉·沃辛顿所指出的那样:“运用可分配利润购买股份,辅之以对公司资本账户的适当调整,并不会威胁到法定资本法理的完整性。”②

三、对危及股权平等原则的理论回应

“回购显然会暗示着股东之间的关系。控股股东——或者那些管理层乐于见到其退出公司的股东——会被赋予排他的退出机会,或者会被给予更优惠条款退出的机会。”③如前所述,认为上市公司股份回购危及股东平等原则主要有三方面的理由。第一个理由是,上市公司选择性的股份回购行为会在股东之间造成回购机会的不平等。从股份回购的时机选择来看,不得不承认的是,大多数的上市公司都在宏观经济不景气、市场对上市公司股价严重低估、公司财务指标急剧下滑甚至发生金融危机的大背景下进行,此时被回购的上市公司股东直接退出公司而将公司面临的经营风险抛给未被回购的股东,确实有失公平。在我国经济体制转轨,尤其是把股份回购作为一种国有股减持的金融工具的语境下,国有股东的退出与民资股东的留守的确给股东平等原则打上了一个大大的问号。

然而,我们必须看到,股份回购制度给股东平等原则带来的挑战在法律理论和制度设计上并非完全不可逾越。上市公司股份回购的法律本质是一种选择性回购。也就是说,股份回购无论如何实施和开展,其最终只能让一部分股东退出公司,而必有另一部分股东继续留下,法律永远也无法做到绝对公平地让所有股东均退出公司,否则公司就面临注销从而彻底丧失商主

① 参见[挪威]马德斯·安登斯、[英]弗兰克·伍尔德里奇:《欧洲比较公司法》,汪丽丽、汪晨、胡曦彦译,法律出版社2014年版,第203页。

② [英]保罗·戴维斯、莎拉·沃辛顿:《现代公司法原理》(第9版),罗培新等译,法律出版社2016年版,第338页。

③ [英]保罗·戴维斯、莎拉·沃辛顿:《现代公司法原理》(第9版),罗培新等译,法律出版社2016年版,第337页。

体资格。机会是有限和稀缺的,法律能做的是以规则确保机会配置的公平,[①]即提供一套相对科学的机制和规范的程序,让上市公司按照比例来实施回购,通过这样的理论匡正和制度设计,能够为股东提供一种相对公平的平等对待机制,实现相对公平和机会公平。

此外,在经历了特定历史背景下国有股减持的股份回购时代后,我国的上市公司股份回购必定选择更加市场化的回购机制。因为党的十八届三中全会已明确提出"让市场在资源配置中起决定性作用",这意味着秉承国家公权干预的经济法制必须保持谦抑,[②]国家公权力直接干预股份回购决策的现象必须予以遏制,取而代之的是市场化股份回购机制。因此,上市公司股份回购危及股东平等原则的问题将在很大程度上得以解决。

第二和第三个理由分别是,上市公司股份回购因股东之间获取公司内部信息的地位不平等以及股份回购价格的不平等而破坏实质意义上的股权平等原则。对此,我们首先必须意识到,股东之间获取公司内部信息的地位不平等是一种客观的商业和法律事实,也就是说,任何公司也无法做到让其所有的股东在信息搜集和获取上处于完全平等的地位和状态,公司的董事、监事和高级管理人员总会处于更优的信息优势地位。笔者认为,这并不能彻底否认和推翻股份回购这种金融工具存在之必要性,相反,其正好为股份回购法律制度的完善提出了目标和要求,即须将股份回购的决策机制和信息披露机制等作为股份回购法律制度的重点。

同理,在上市公司股份回购可能因为差异化的回购价格而造成实质意义上的股东不平等对待的问题上,通过立法对股份回购的价格予以规制不失为一种有效的解决途径。可区分上市公司股份回购的具体形式而规定不同的价格规制措施。从我国目前的股份回购法制来看,如果上市公司采用的是证券交易所集中回购的方式,通过集中竞价所形成的价格就是相对公平的市价。而对于采用要约回购方式的,根据《回购办法》第30条之规定,其要约回购的最低价不得低于回购报告书公告前30个交易日的每日加权

---

① 参见徐梦秋:《机会的公平和规则的公平》,载《光明日报》2016年4月27日,第14版。

② 参见刘辉:《论互联网金融政府规制的两难困境及其破解进路》,载《法商研究》2018年第5期;刘辉:《我国自贸区准入前国民待遇与负面清单管理制度研究》,载《经济法论丛》2018年第1期。

平均价的算术平均值。对于采用协议回购形式的价格规制,我国现行立法并无明文规定。

而对比我国台湾地区的相关"立法",尽管其"公司法"和"证券交易法"对于回购价格也并无明确的限制,原则上得由上市公司与股东之间自行协商确定。[①] 但根据"公司法"和"非讼事件法"的规定,上市公司股份回购事宜属于可"由法院处理之公司事件"。因此,如果在法定期限内,上市公司与股东之间无法达成一致的回购价格,那么得依照"非讼事件法"第171条之规定,请求本公司所在地之法院裁定回购价格。法院裁定时,当以公司资产情形为主要的依据。根据"非讼事件法"第182条,"法院为裁定前,应讯问公司负责人及为声请之股东;必要时,得选任检查人就公司财务实况,命为鑑定"。同时,法院"得斟酌声请时当地证券交易实际成交价格核定之"。不仅如此,法院应于裁定中载明理由,因裁定而受不利益之人,得依"民事诉讼法"之规定向上级法院提起抗告,抗告中应停止执行该裁定。

由此可见,无论是因股东之间获取公司内部信息地位的不平等还是股份回购价格差异带来的股权不平等问题,均可以通过股份回购的决策机制、信息披露机制以及价格规制机制等股份回购法制的完善予以解决,其并不能成为否定股份回购之运用的当然理由。

四、对破坏公平交易秩序的理论回应

从上文对上市公司股份回购涉嫌破坏公平交易秩序的论述中不难看出,无论是虚假回购、内幕交易还是操纵市场等违法行为,其总是与股份回购的特殊主体——上市公司及其董事、监事、高级管理人员等有着"剪不断理还乱"的关系。[②] 从法律理论来说,要证成上市公司股份回购制度的现实可行性,必须提出切实可行的解决涉嫌这些违法交易行为的法律措施。

---

① 参见潘维大:《公司法》,三民书局2006年版,第140页。

② 就A股市场的违法行为来说,上市公司高管、大股东及其相关人员也一直是最重要的违法犯罪主体。比如,有学者对1993~2010年A股市场的31起内幕交易案件进行实证研究发现,上市公司高管实施的内幕交易高达15起,上市公司大股东及其相关人员实施的内幕交易为6起,两项合计占全部内幕交易案件的67.7%。参见蔡奕等:《证券市场监管执法的前沿问题研究——来自一线监管者的思考》,厦门大学出版社2015年版,第29~32页。

我们认为,上市公司股份回购在我国A股市场之所以出现虚假回购、内幕交易、操纵市场等违法行为,关键还是法律对回购行为的规制不够完善。比如从比较法的视角来看,我国台湾地区的大股东减持隔离期制度、报告股东会制度等均能有效防范上述违法行为,但我国大陆立法一直未予以考虑。

在股份回购期间,建立针对大股东减持的隔离期制度是我国台湾地区"立法"的重大创新。[①] 该制度的法理缘由有两点:一是防范公司借由关系人等之取得,以规避财源及数量之规制。二是防止公司经营者,利用公司本身资金,维持自己之支配地位。[②] 此外,笔者认为,在为维持公司信用、稳定股价的场合,在回购的同时也必须禁止大股东卖出,方能真正达到维持公司信用稳定股价之目的。[③] 报告股东会制度是指,对所有类型的上市公司股份回购,董事会之决议及执行情形,应于最近一次股东会报告。即使上市公司其因故未实施回购的,也应当如实向股东会进行报告。由此,上市公司的股东可以通过股东大会对股份回购的实施进行监督。

此外,我国内幕交易和操纵市场立法不够完善,是股份回购过程中大量发生内幕交易和操纵市场等违法行为的主要原因。2005年《回购办法》尽管详细规定了股份回购应予以披露的重大信息及其披露要求,并且明确上市公司、上市公司高管、上市公司大股东以及在股份回购中提供中介服务的专业机构均不得从事内幕交易和操纵市场等违法行为,但对于股份回购中构成内幕交易的行为标准并没有专门的规定。同时,对于利用股份回购之机从事市场操纵的特别防范机制也依然处于立法空白状态。

总之,上市公司股份回购制度本身与虚假回购、内幕交易以及操纵市场等违法行为并不存在必然的因果关系。相反,对这些违法交易行为的防范和规制完全可以通过完善相应的股份回购法制予以实现。

---

① 其具体规定于台湾"证券交易法"第28条之2第6项,条文为:"公司于有价证券集中交易市场或证券商营业处所买回其股份者,该公司其依'公司法'第369条之1规定之关系企业或董事、监察人、经理人之本人及其配偶、未成年子女或利用他人名义所持有之股份,于该公司买回之期间内不得卖出。"

② 参见吴光明:《证券交易法论》,三民书局2011年版,第423页。

③ 参见刘辉:《堵漏不良股份回购》,载《董事会》2016年第3期。

本章小结

上市公司股份回购已经成为国际资本市场一种普遍运用的金融工具，它通过公司治理结构和资本结构等途径对上市公司价值产生影响，并通过回购溢价影响上市公司股东财富效应。

上市公司股份回购能够促进股价理性回归，维护股票市场稳定；可代替现金股利发放，满足股东异质性需求，实现节税以及公司资本结构优化之目的；能够便利实施职工持股计划，强化股权激励措施的运用；能够保持公司控制权，防止恶意收购；也能替代新股发行，从而以一种基础性金融工具的身份促进公司金融创新。传统公司法之所以禁止或者严格限制上市公司股份回购制度的运用，主要是顾忌由该制度在造成主体混同和逻辑混乱、危及公司资本维持原则、危及股权平等原则、破坏公平交易秩序等方面带来的理论挑战。

我们认为，这些问题并非上市公司股份回购制度本身所赐并无法克服，相反，完善股份回购法制能够起到较好的趋利避害之功效。在造成主体混同和逻辑混乱的问题上，由于股份回购与股份发行认购是两种不同的法律范畴，股份回购并不会造成公司法上的逻辑混乱；在危及资本维持原则的问题上，运用可分配利润购买股份，辅之以对公司资本账户的适当调整，并不会威胁到法定资本的完整性，并不会天然触发债权人保护的底线；在构成对股东平等原则质疑的问题上，立法如果能够提供一套相对科学的回购机制和规范的回购程序，使上市公司在公开市场严格按照比例实施回购，或者在场外回购时加强对回购合同的监督，其应当能够为股东提供一套相对公平的平等对待机制，实现回购中的相对公平和机会公平；在破坏公平交易秩序的问题上，可从比较法的视野进行制度重塑，通过完善对虚假回购的防范机制和对内幕交易以及操纵市场等违法行为的规制机制予以规避。

总之,商法最重实践立场,[①]上市公司股份回购之所以存在,其本身即意蕴着巨大的金融工具性价值,自然也包含着一定的法律风险和对传统公司法带来的理论挑战。在法治建设的过程中,适时适度调整法治的柔性与刚性品质至关重要。[②] 在经济法治建设的过程中,则更需要大力发挥柔性法治的积极作用。[③] 就上市公司股份回购法律制度而言,在守住不发生系统性风险的底线基础上,如何鼓励公司金融创新并强化对违法交易行为的规制是一项重要的法治命题。

---

① 参见蒋大兴:《商法:如何面对实践?——走向/改造"商法教义学"的立场》,载《法学家》2010年第4期。

② 参见侯健:《法治的刚性、柔性与东西方法治模式的比较》,载《华东政法学院学报》2004年第4期。

③ 参见张守文:《中国经济法治的问题及其改进方向》,载《法制与社会发展》2018年第2期。

第二章　上市公司股份回购的立法模式以及我国的优选方案

金融市场的发展实践反复证明，市场力量和市场规则本身并不足以完全确保经济金融运行稳健。[①] 市场天生所具有的缺陷使得政府的调制必不可少，但过多的政府干预又必然窒息市场的活力。[②] 上市公司股份回购是一种利弊兼具的创新金融工具，从前文对其功能与价值的刻画以及国际资本市场上股份回购的运用实践来看，对股份回购及其立法一味采取禁止的态度已经与国际金融市场发展趋势相悖，必将阻遏公司金融与资本市场的创新与发展。通过法律对上市公司股份回购进行治理的逻辑起点是立法模式的探讨与选择。本质上讲，立法模式代表的是国家在综合衡量上市公司股份回购实践的利弊之后，确立的对于上市公司股份回购予以管制的自由度或者开放程度。大体上说，上市公司股份回购的立法模式主要有"原则允许，例外禁止"模式、

---

① 参见刘辉：《论互联网金融政府规制的两难困境及其破解进路》，载《法商研究》2018 年第 5 期。

② 参见胡玉鸿：《新时代推进社会公平正义的法治要义》，载《法学研究》2018 年第 4 期。

“原则禁止，例外允许”模式以及折中模式三种。

第一节　国(境)外上市公司股份回购立法模式述评

一、“原则允许，例外禁止”模式

“原则允许，例外禁止”模式也被称为自由回购立法模式。在该模式下，国家的公司证券法制，尤其是成文法一般径直赋予上市公司股份自由回购权，允许上市公司自由实施股份回购。但其判例法一般对上市公司股份自由回购中的特别事项予以适当的限制，从而对股份回购中的违法行为予以规制，起到“例外禁止”的作用。该模式的典型代表是美国。

（一）美国成文法中的“原则允许”

在美国《标准商事公司法》(Model Business Corporation Act)、各州公司法制以及典型司法判例中，上市公司股份自由回购权均有鲜明体现。美国《标准商事公司法》第6.31条明确规定，公司可取得自身股份，公司据此取得的自身股份构成“已经获得授权但尚未发行的股份”(authorized but unissued shares)。[①] 此外，对于公司回购自身股份的事由并无特殊限制，但出于私法自治的原则，该法赋予公司章程对“已经获得授权但尚未发行的股份”予以重新发行的权利——“若公司章程禁止发行以前述方式所获得的股份，则应消除基于前述回购股份而产生的已经获得授权的股份数额”。[②]

美国2010年《特拉华州普通公司法》(Delaware General Corporation Law)第160条亦明确规定，公司可以购买、回购、收受、获得或者以其他方式取得、拥有并持有，可以出售、出借、置换、转让或者以其他方式处分，可

---

① ABA, *Model Bussiness Corporation Act*, http://www.360doc.cn/mip/747618035.html, 2018-04-19.

② ABA, *Model Bussiness Corporation Act*, http://www.360doc.cn/mip/747618035.html, 2018-04-19.

以质押、使用以及以其他方式经营自己的股份。[①]

美国《加利福尼亚州公司法》(California Corporations Code)第207(d)条也明确,依据本法第510条之规定,公司可发行、购买、回赎、接受、取得或者以其他方式获得、拥有、持有、卖出、借出、交易、转换或者以其他方式处置、抵押、使用或以其他方式处分其自身的股票、债券以及其他证券。[②]

美国《纽约州公司法》(New York Business Corporation Law)虽然在第513条中对公司实施股份回购的价格条件、回购程序等问题进行了一定程度的限制,但事实上并不否认股份自由回购权这一项重要的公司法上的私权利的存在。[③]

(二)美国判例法中的"例外禁止"

尽管美国成文法普遍承认上市公司股份自由回购权,但这并不意味着法律对股份回购的实施没有任何的限制。司法实践中,各州法院的司法判例对上市公司行使股份自由回购权业已形成和发展出一定条件下的禁止性规则。也就是说,对上市公司股份回购原则上允许自由实施,但在例外情形下,司法实践予以禁止。这里的例外情形主要为:上市公司的管理者(董事)不得违背信义义务而实施股份回购。

最早的判例见诸1950年马萨诸塞州衡平法院审理的*ANDERSON v. ALBERT & J. M. ANDERSON MFG. CO.*案。[④] 该案中,持股比例为数较少的反对派股东约翰·安德森(Johan M. ANDERSON)为获取公司的经营权,先向公司其他股东收购股权,再通过公司,利用公司资金回购本公司股份,以减少二级证券市场上流通的本公司股份,最终实现其对公司过半数股份控制权的结果。负责本案主审的罗兰(RONAN)法官肯定了公司的股份自由回购权,认为"除非被成文法禁止,公司有权购买其自身股票并将其保留在

---

① See Delaware Code Online, *General Corporation Law*, http://delcode.delaware.gov/title8/c001/sc05/index.shtml, 2018-04-19.

② See California Legislative Information, *California Corporations Code*, https://leginfo.legislature.ca.gov/faces/codes_displayText.xhtml? lawCode=CORP&division=1.&title=1.&part=&chapter=2.&article=, 2018-04-19.

③ See Thomson Reuters Westlaw, *New York Consolidated Laws*, *Business Corporation Law—BSC*, https://codes.findlaw.com/ny/business-corporation-law/bsc-sect-513.html, 2018-04-19.

④ See *ANDERSON v. ALBERT & J. M. ANDERSON MFG. CO.* (1950) 90 N. E. 2d 541.

库藏股之中”。但同时认为，董事与公司之间存在一种“信义关系”(fiduciary relation)，基于“信义关系”，董事必须为了公司的利益“全力以赴地诚信行事”(act honestly and in good faith solely)。本案中，董事通过操纵股份回购来维持经营权的行为构成了对信义义务的违反。因此，法院最终判定该行为在本质上形成了对公司资金的不正当运用。

然而，关于股份回购是否必然构成对董事信义义务的违反，各州法院的判决呈现出灵活依据个案进行具体认定的基本原则，[1]在审判实践中经历了复杂的发展演变过程。在1960年特拉华州衡平法院审理的 *KORS v. CAREY* 案[2]中，慧兰公司(United Whelan)是化妆品以及家用药品制造商莱恩 & 芬克产品公司(Lehn & Fink Products Corporation)的采购商，其在二级市场收购约16%的莱恩 & 芬克产品公司的股份后，欲取得莱恩 & 芬克产品公司的控制权，并改革其商业政策，于是出现了代理权之争(proxy fight)。莱恩 & 芬克产品公司对此并不认同，于是回购了慧兰公司持有的本公司所有股份。芭莎·库尔斯(Bartha KORS)等莱恩 & 芬克产品公司的少数派股东遂作为原告起诉莱恩 & 芬克产品公司的董事，请求这些董事赔偿基于非适当的公司目的(no proper corporate purpose)，并达成以高出市场价格10%左右的不合理价格，利用公司资金实施股份回购，违反信义义务(breach of their fiduciary duty)而给公司带来的损害。

马维尔(MARVEL)法官审理认为，《特拉华州普通公司法》第160条赋予公司股份自由回购权不容否认，公司董事可以合理花费公司资金在代理权争夺战中捍卫公司的商业政策。本案中，莱恩 & 芬克产品公司的董事经过审慎决策，通过股份回购成功避免了公司的商业政策被慧兰公司改变，没有证据表明存在欺诈、失职以及滥用公司董事的审慎权力的行为，属于诚实的履职行为，因此，董事不承担法律责任，驳回原告的诉讼请求。该判决表明，在公司的代理权争夺战中，如果出于捍卫基于公司商业政策之公司利益目的，通过股份回购来维持控制权的行为是合法的。

---

① 比如 *KORS v. CAREY* 案明确，每一个所谓违反董事对公司或者股东信义义务的案件，必须在其具体案件事实基础上进行认定。See *KORS v. CAREY*(1960)158 A.2d 136.

② See *KORS v. CAREY*(1960)158 A.2d 136.

在 1962 年特拉华州最高法院审理的 *BENETT v. PROPP* 案①中，诺玛公司（Noma）是特拉华州一家从事装饰灯具销售业务的公司，亨利·萨达卡（Mr. Henri Sadacca）为该公司董事长。诺玛公司持有美国螺丝公司（American Screw Company）51% 的多数股权。1958 年 10 月，螺丝公司召集股东大会对一项关于向一家从事多元化经营的大型公司——德事隆集团（Textron Inc.）出售资产的股东大会预案进行投票，由于诺玛公司公然反对，德事隆集团未能成功获得螺丝公司的资产出售。1958 年 11 月 21 日，德事隆集团公司董事长洛尔·李特（Mr. Royal Little）给诺玛公司董事长亨利·萨达卡写信，表示其愿意通过公司董事会购买诺玛公司 472, 143 股股份（占诺玛公司发行在外的股份的 51%）。诺玛公司认为，德事隆集团的根本目的是取得诺玛公司的控制权。因此，出于类似于 *KORS v. CAREY* 案中保护公司控制权和商业政策之目的，亨利·萨达卡在未提交董事会并获得董事会授权的情况下，推动诺玛公司在证券市场上实施了为数 199, 100 股——占该公司公开流通股份的 25% 的股份回购。诺玛公司的股东认为亨利·萨达卡的行为属于为其个人利益（对公司的控制权）而非公司利益，遂向法院提起诉讼。

法院审理认为，*KORS v. CAREY* 案中所确立的保护公司商业政策之目的原则适用于本案。但本案与 *KORS v. CAREY* 案存在决策程序上的显著区别。*KORS v. CAREY* 案在股份回购前 1 月即经过董事会进行了决议，但本案中，亨利·萨达卡决定推动公司进行回购并未经过严格的董事会决议，其为反对德事隆集团的收购行为而实施股份回购时，对该回购行为属于“为公司利益”应承担举证责任。亨利·萨达卡没有证据证明股份回购系公司利益行为，因此，其应承担法律责任。

在 1964 年特拉华州最高法院审理的 *Cheff v. Mathes* 案②中，荷兰热炉公司（Holland Furnace Company）是特拉华州一家从事暖气、空调和其他制热设备的公司。马雷蒙特汽车产品公司（Maremont Automotive Products, Inc.）在二级市场上大量购入荷兰热炉公司的股票后，向荷兰热炉公司咨询

---

① See *BENETT v. PROPP*（1962）187 A. 2d 405.

② See *Cheff v. Mathes*（1964）190 A. 2d 548.

将其汽车产品业务与荷兰热炉公司进行合并的可行性。同时,马雷蒙特汽车产品公司拟向荷兰热炉公司董事会选派董事。基于马雷蒙特汽车产品公司曾参与多家公司清算之前科以及两家公司在商业政策方面的巨大差异之考量,荷兰热炉公司的董事长蔡夫(Cheff)断然拒绝了马雷蒙特汽车产品公司董事长马雷蒙特(Maremont)的合并请求。随后,荷兰热炉公司在二级市场上大量实施股票回购,并以 14 美元/股的价格回购了马雷蒙特汽车产品公司所持有的本公司的所有股票。据此,荷兰热炉公司的少数派股东提出了股东派生诉讼(Stockholders' derivative suit),请求确认回购行为系维持董事控制权的行为,要求确认回购合同无效,并由相关董事对由此带来的损害进行赔偿。

法院审理认为,要证明董事在授权公司买回股份的过程中是否具有诚信,其首要问题是举证责任的分配。董事应当对股份回购是否为公司利益而承担举证责任。本案中,荷兰热炉公司采用的是一种与马雷蒙特汽车产品公司相悖的,并且遭到马雷蒙特汽车产品公司反对的商业政策模式——由销售员进行零售。同时,荷兰热炉公司的董事有理由相信,马雷蒙特汽车产品公司具有在夺取公司控制权以后清算公司的现实危险。并且,荷兰热炉公司的董事有充分的理由相信,在受到马雷蒙特汽车产品公司的威胁(threat)之后,荷兰热炉公司的雇员产生了不安(unrest)。为此,法院最终驳回了原告的诉讼请求。

在 1994 年特拉华州最高法院审理的 *UNITRIN v. AMERICAN GENERAL CORP.* 案[①]中,美国通用公司是全美最大的家庭服务保险提供商,安替林公司(UNITRIN)是全美第三大家庭服务保险提供商。由于美国通用公司前期提出的协议收购安替林公司的方案被后者否决,1994 年 7 月 12 日,美国通用公司公告了以每股股价 50 美元、合计资金 26 亿美元收购安替林公司的收购方案。安替林公司及时采取了股东认股权计划(shareholder rights plan),即"毒丸计划(poison pill)"予以反击。

1994 年 8 月 11 日,安替林公司的董事会会议投票通过了对为数 1000 万股以上的公开流通股票进行回购的计划,并于 8 月 12 日对外发布了正式

---

① See *UNITRIN v. AMERICAN GENERAL CORP.*, Del. Supr., (1995) 651 A. 2d 1361.

的回购公告(本次回购计划将使董事当前对公司股份23%的持股比例迅速跃升),在二级市场上大量回购本公司股票。本案中,备受少数派股东质疑的问题是,安替林公司授权的财务顾问——摩根士丹利公司在8月12日至24日的实际回购操作中共回购了500万股股票,其实际平均支付价格略高于美国通用公司的收购报价。于是,安替林公司的少数派股东请求法院颁布强制令,阻止公司实施回购计划。受理此案的衡平法院最初审理认为,安替林公司及时采取的股东认股权计划在法律上是恰当的,但是股份回购方案则是不必要的和不恰当的,判决禁止回购计划的继续实施。

特拉华州最高法院在本案的上诉审中指出,在公司控制权争夺背景下,董事会应当受到商业判断规则(business judgement rule)的保护。[①] 商业判断规则的目的"并不是要求董事会作出的任何一项经营决策行为都让公司获利",[②]而是特别强调董事会的决议是在"诚实"(in good faith)情况下作出的,董事会的决议不存在"自我交易"(self-dealing)、"利益冲突"(conflict interest),同时也不存在渎职(mismanagement)和疏忽(negligence)等问题。商业判断规则尤其反对法院在董事会决议得到履行但出现损害性的后果之后,再去作"事后判断"(second guess),其是对诚信义务,尤其是谨慎责任的完善和补充,但要正确运用该原则始终是能引起争议的课题。[③] 本案中,特拉华州最高法院明确,商业判断规则只要符合:①合理性检验(reasonableness test)——需证明董事会有合理的理由确信公司的商业政策及其有效性已经受到威胁;②比例检验(proportionality test)——需证明董事会的防御反击与构成的威胁是成比例的、适当的。其中,合理性检验包含机会损失(opportunity loss)、结构强制(structural coercion)以及实质强制(substantive coercion)三个方面的要求,上市公司的董事即不应当受到事后

---

① 所谓商业判断规则,是指董事会根据合理信息(reasonable information)和合乎理性的判断(rationality)作出的商业决议不应让董事承担责任,即使这样的决议从公司的角度看是有害的(badly),甚至是灾难性(disastrouly)后果的。商业判断规则的目的是公正和公平地(fairness)对待董事在行使其正常商务职责时应承担的责任。参见沈四宝、王军、焦津洪:《国际商法》,对外经济贸易大学出版社2002年版,第124~125页。

② 卢静:《上市公司分红行为法律规制》,立信会计出版社2018年版,第175页。

③ 沈四宝、王军、焦津洪:《国际商法》,对外经济贸易大学出版社2002年版,第124~125页。

的法律追究。这里的强制(coercion),是指对股东选择既有经营者的一种强迫。法官认为,安替林公司采取股东认股权计划并且回购股份,并未构成对股东投票选择权的强制。最终,最高法院撤销原判发回重审。

从以上司法判例中,可以得出,"原则允许,例外禁止"模式实际上是成文法和判例法两相结合对上市公司股份回购行为进行双向规制的结果。一方面,成文法秉承了自由回购的基本理念,赋予上市公司以股票自由回购权。确保了私法自治理念在上市公司股份回购问题上的原则性贯彻和执行,将股份回购作为公司营商自由的范畴交由公司自主选择和实施;另一方面,如美国著名政治家和历史学家阿历克西·德·托克维尔(Alexis-Charles-Henri Clérel de Tocqueville)所言,任何不受限制的权利都是糟糕和危险的。① 股份回购时常伴随着滥用之可能,对股东异议权和公司利益造成损害。② 对上市公司股份回购,美国各州通过判例法,确立了对该商业自由权的不同角度的司法限制,从而对上市公司(尤其是处于控制权争夺背景下的目标公司)滥用公司资金回购本公司股票,从而维持经营者对公司的控制权等行为进行司法审查和禁止,确保股份回购自由权的规范行使。

二、"原则禁止,例外允许"模式

"原则禁止,例外允许"模式是指除非法律有明确的规定,否则上市公司不得回购本公司股份的立法模式。如果说"原则允许,例外禁止"模式是"负面清单"的立法模式,那么"原则禁止,例外允许"模式则属于"正面清单"的立法模式。换言之,股份回购必须建立在明确的法律授权基础上方可为之。③

在该立法模式下,上市公司并不享有类似美国公司那样的股份自由回购权,股份回购也不是作为上市公司的基本权利而纳入私法自治的范畴。

---

① See Tocqueville A D, Mansfield H C, Winthrop D, "Democracy in America", *New England Review-Middlebury Series*, 2000, 21(3), pp. 185 – 214.

② See Ferran E, *Company Law and Corporate Finance*, New York: Oxford University Press, 1999, pp. 430 – 433.

③ 需要注意的是,"原则禁止,例外允许"模式下的"法律授权"必须是"明确的法律授权",即法律以事由清单的方式作出的允许回购的授权。这是"原则禁止,例外允许"模式与折中立法模式的重大区别。

相反,法律对股份回购采取的是更加严厉的许可模式。“原则禁止,例外允许”模式的典型代表是德国、我国台湾地区以及我国大陆。这些国家和地区的股份回购法律制度存在以下的共同点。

(一)立法总体对股份回购持保守而严苛的态度

如从德国的相关立法情况看,无论是对于有限责任公司还是股份有限公司,德国公司法对股份回购制度的立法态度是保守而严苛的。《德国有限责任公司法》(Gesetz betreffend die Gesellschaften mit beschränkter Haftung,GMBHG)(1892 年 4 月 20 日)对于有限责任公司的股份回购①并未作明确的规定,而且“似乎禁止此类公司从事这种交易”。② 该法对于与股份回购具有一定相似性的股份收回或称股份回赎制度作了具体的规定,③但对公司的具体操作和运营仍显谨慎。

根据《德国有限责任公司法》第 34 条之(1)的规定,必须有公司章程之许可,有限责任公司方能进行股份回赎。④ 同时,基于信赖利益保护原则,该法第 34 条之(2)规定,只有当公司章程对所涉股东在取得公司股份之前即明确规定了相应的股份回赎条款的情况下,公司才能在未经所涉股东同意之情况下而直接回赎股份。⑤ 并且,股份回赎的执行不得危及或者妨害

---

① 在此,有一个源自公司分类的小问题需要注意:即在德国,有限责任公司这种商事主体与“股份”和“股份回购”的概念是兼容的。这是由于德国公司法上对公司分类的标准更多关注的是公司金融的视角,也就是说,从公司融资的角度来看,法律是否给予其一定程度的开放性。由此,有限责任公司的股本也可以划分等额股份,并一般视为小规模的股份有限公司。而在中国,只有“股权”的概念是有限责任公司和股份有限公司通用的提法,对有限责任公司来说,不存在发行股份一说,因此,也不存在有限责任公司股份回购一说。

② [挪威]马德斯·安登斯、[英]弗兰克·伍尔德里奇:《欧洲比较公司法》,汪丽丽、汪晨、胡曦彦译,法律出版社 2014 年版,第 206 页。

③ 股份回赎与股份回购在对公司资本的影响上具有相似之处,两者的区别主要在于对收回股份的处置上,前者必须将收回股份予以注销,而后者除了注销股份以外,还将其可以作为库藏股予以处置。

④ 参见杜景林、卢谌:《德国股份法、德国有限责任公司法、德国公司改组法、德国参与决定法》,中国政法大学出版社 2000 年版,第 188 页。

⑤ 参见杜景林、卢谌:《德国股份法、德国有限责任公司法、德国公司改组法、德国参与决定法》,中国政法大学出版社 2000 年版,第 188 ~ 189 页。

该法第30条之(1)的规定,[①]也就是说,不得损害公司股本维持原则。[②]

《德国股份公司法》在第三章"公司和股东的法律关系"中对股份有限公司认购自身的股份、以公司的计算或由从属企业或被多数参与的企业认股进行了严格的限制。根据该法第56条之(1)和(3)的规定,股份有限公司不得认购自有股份。如果该公司向某一个代表该公司、代表该公司所控制的一家公司或者代表该公司在其中持有大多数已发行股份或者表决权的一家公司而持有股份的人发行股份,则该认购人个人应当支付发行价,但不得行使该股份上的任何权利,直至他是代表其自身而非代表上述几类公司而获得该股份。[③]

我国台湾地区"公司法"对上市公司股份回购持类似的态度。在我国台湾地区,上市公司股份回购制度也被称为股份回笼制度。我国台湾地区"公司法"对于上市公司股份回购持"原则禁止,例外允许"态度。在2000年11月台湾地区"公司法"修订之前,根据该法第167条之规定,公司除依照第158条收回特别股、第167条之1经董事会决议回购股份、第186条异议股东股份回购请求权、第317条公司分割或合并之股份回购请求权之行使外,不得收回和收买本公司股份,也不得接受以本公司股份作为标的的质物。

我国大陆借鉴台湾地区"公司法"的相关立法经验,也确立了"原则禁止,例外允许"的上市公司股份回购立法模式。对上市公司股份回购的适用条件和情形——也就是上市公司在符合哪些条件下才能进行股份回购、在哪些场合才能适用股份回购进行了近乎严苛的限制,即只有在5种法定

---

① 《德国有限责任公司法》第30条之(1)规定:"维持股本所必要的公司财产,不得支付给股东。"参见杜景林、卢谌:《德国股份法、德国有限责任公司法、德国公司改组法、德国参与决定法》,中国政法大学出版社2000年版,第185页。

② 参见杜景林、卢谌:《德国股份法、德国有限责任公司法、德国公司改组法、德国参与决定法》,中国政法大学出版社2000年版,第189页。

③ 参见杜景林、卢谌:《德国股份法、德国有限责任公司法、德国公司改组法、德国参与决定法》,中国政法大学出版社2000年版,第23~24页。

的情形下,才允许回购本公司股份。①

（二）立法审慎认可特定情形下的股份回购行为

《德国股份公司法》对于股份有限公司取得其自身股份规定了异常复杂的“原则禁止,例外允许”规则。该法第71条之(1)首先明确,股份有限公司仅得在8种情形下才能取得自身股份,而第71a条至第71e条之规定则是对第71条的补充,分别从“避法行为”、“由自有股份产生的权利”、“自有股份的让与和收回”、“由第三人取得自有股份”和“接受自有股份作为质物”等方面对股份回购行为进行限制。② 因此,通常认为,《德国股份公司法》对于股份回购在原则上是禁止的,③其例外允许的8种情形分别是:④

①为使公司免除重大的、迫近的损害而有必要取得的;

②应将股票提供给同公司或同与公司存在关联关系的企业有或曾有劳务关系的人的;

③为依第305条第2项、第320b条或依第29条第1项、第125条第1款,结合《改组公司法》第29条第1项、第207条第1项第1款,给予股东一次给付的补偿而进行取得的;

④以无偿方式进行取得,或金融机构以取得实行买入行纪的;

⑤以全部继受的方式;

⑥根据股东大会的决议,依关于减少股本的规定消除的;

⑦其为金融机构、金融服务机构或金融企业,根据股东大会的决议,以有价证券交易为目的的。决议必须规定,为该目的而应取得的股票的交易储备不得超过每日结束时股本的5%;决议必须规定最低和最高的对等价

---

① 关于大陆上市公司股份回购的适用条件,《上市公司回购社会公众股份管理办法(试行)》第8条规定:“上市公司回购股份应当符合以下条件:(一)公司股票上市已满一年;(二)公司最近一年无重大违法行为;(三)回购股份后,上市公司具备持续经营能力;(四)回购股份后,上市公司的股权分布原则上应当符合上市条件;公司拟通过回购股份终止其股票上市交易的,应当符合相关规定并取得证券交易所的批准;(五)中国证监会规定的其他条件。”

② 参见杜景林、卢谌:《德国股份法、德国有限责任公司法、德国公司改组法、德国参与决定法》,中国政法大学出版社2000年版,第29~34页。

③ 参见[挪威]马德斯·安登斯、[英]弗兰克·伍尔德里奇:《欧洲比较公司法》,汪丽丽、汪晨、胡曦彦译,法律出版社2014年版,第206页。

④ 参见杜景林、卢谌:《德国股份法、德国有限责任公司法、德国公司改组法、德国参与决定法》,中国政法大学出版社2000年版,第29~30页。

值。授权至多可以适用 18 个月;或

⑧根据至多适用 18 个月的、规定最低和最高对等价值以及在股本中的应有部分、而该应有部分不得超过 10% 的股东大会的授权。作为目的,排除以自有股份进行交易。对于取得和让与,适用第 53a 条。通过交易所进行的取得和让与,符合此种要求。股东大会可以决议其他的让与;在此种情形,准用第 186 条第 3、4 项和第 193 条第 2 项第 4 点。股东大会可以授权董事会不经股东大会再行决议而收回自有股份。

2000 年 7 月 19 日,我国台湾地区"证券交易法"第 28 条之 2 参考英、美、德、日等国家立法经验,允许上市公司或上柜公司得为特定目的,在特定条件下依照一定的程序买回自己公司的股份,并不受公司法的限制。其明确规定:股票已在证券交易所上市或于证券商营业处所买卖之公司,有下列情事之一者,得经董事会 2/3 以上董事之出席及出席董事超过 1/2 同意,于有价证券集中交易市场或证券商营业处所或依第 43 条之 1 第 2 项规定买回其股份,不受"公司法"第 167 条第 1 项规定之限制:

①转让股份予员工。

②配合附认股权公司债、附认股权特别股、可转换公司债、可转换特别股或认股权凭证之发行,作为股权转换之用。

③为维护公司信用及股东权益所必要而买回,并办理销除股份者。

由此,我国台湾地区上市公司股份回购的情形被扩展为 6 种:收回公司所发行的特别股、应异议股东股份回购请求权的要求而回购、公司分割或合并之股份收回、转让股份给员工、做股权转换之用、为维护公司信用及股东权益所必要而买回并消除者。

我国大陆《公司法》对上市公司股份回购适用情形的认可也经历了一个长期的演变过程,我国 1993 年《公司法》第 149 条第 1 款明确规定:"公司不得收购本公司的股票,但为减少公司资本而注销股份或者与持有本公司股票的其他公司合并时除外。"也就是说,在当时公司法下,上市公司的合法回购只存在于两种情形:减资和合并。考虑到这样的立法无法处理公司对职工的股票激励计划的运用以及异议股东的权利保护等问题,我国 2005 年《公司法》第 143 条对前述立法进行了修正,在减资和合并之外,增加了奖励职工股份和异议股东回购请求之情形。这样,我国大陆上市公司股份回购的情形扩大为4种。[1] 2018年10月26日,《公司法最新修改决定》获得通过,我国上市公司股份回购的适用情形被扩大到6种。[2]

三、折中立法模式

"原则允许,例外禁止"模式和"原则禁止,例外允许"模式可视为股份回购立法上的两个极端:在"原则允许,例外禁止"模式下,上市公司享有最为自由的回购权利——股份自由回购权,只要不违背判例法上的特殊禁止规则,上市公司均可实施股份回购行为。而在"原则禁止,例外允许"模式下,上市公司的股份回购自由度最低。比如在德国,只要不符合《德国股份公司法》关于股份回购的8种例外允许的情形,上市公司一概不允许实施股份回购。

在这两种模式之外,一些欧洲国家选择了另外一种相对柔和的股份回购折中立法模式:在该模式下,法律原则上也是禁止实施股份回购的,但以例外允许的形式,列出准许上市公司实施股份回购的情形。与此同时,该模式允许公司股东大会在无公司章程授权的情况下,根据公司现实所需决议实施股份回购的权利。实行该模式的典型国家是英国、法国和日本,这些国家的上市公司股份回购法制具有如下的特点。

(一)早期股份回购法制相对保守

上市公司的股份回购在其财务报表上的直观体现之一就是公司净资产、公司股票每股净资产的减少和下降,这对公司的股票价值和公司对债权人的偿债能力来说,或多或少都会造成一定的影响。"反对股份回赎与回

---

① 2005年《公司法》第143条第1款规定:"公司不得收购本公司股份。但是,有下列情形之一的除外:(一)减少公司注册资本;(二)与持有本公司股份的其他公司合并;(三)将股份奖励给本公司职工;(四)股东因对股东大会作出的公司合并、分立决议持异议,要求公司收购其股份的。"

② 2018年10月26日,第十三届全国人民代表大会常务委员会第六次会议通过的《全国人民代表大会常务委员会关于修改〈中华人民共和国公司法〉的决定》将原《公司法》第142条修改为:"公司不得收购本公司股份。但是,有下列情形之一的除外:(一)减少公司注册资本;(二)与持有本公司股份的其他公司合并;(三)将股份用于员工持股计划或者股权激励;(四)股东因对股东大会作出的公司合并、分立决议持异议,要求公司收购其股份;(五)将股份用于转换上市公司发行的可转换为股票的公司债券;(六)上市公司为维护公司价值及股东权益所必需。"

购的主要理由是为了保护债权人",[①]英国早期的公司法理论与实践,尤其是在司法判例中,对股份回购均持否定态度。

最早的判例是英国上议院 1887 年宣判的 *Trevor v. Whitworth* 案。[②] 本案中,James Schofield & Sons Limited 是一家依据 1862 年英国公司法成立的从事法兰绒衣物生产及其相关业务的公司。该公司公开发行了股价为 10 英镑/股、股份数为 1.5 万股的股份,合计募集资金 15 万英镑。备忘录中并未直接授权公司实施股份回购的权力。James Schofield & Sons Limited 的公司章程中有两个与股份回购相关的条款:其第 179 条规定,公司可从任何有意出卖公司股份之人处购买股票,价格应不高于公司董事会所认定之合理市场价格。其第 181 条规定,公司董事会可依其认为最有利于公司的方式自主决定出售或处置或全部注销此等回购股份。1884 年,James Schofield & Sons Limited 进入清算程序。公司的前股东向法院提起诉讼,请求公司支付公司尚未支付的、在清算程序之前该股东出售给公司股份的对价。

英国上议院最终判决 James Schofield & Sons Limited 公司没有进行股份回购的权力,其股份回购行为属于越权行为,不支持原告的诉讼请求。并且认为,即使备忘录中授权了公司实施股份回购的权力,公司也不得实施股份回购,因为这将导致公司资本的减少。如果公司购买了自身股份并将其注销,而且没有用其他资金来填补其留下的资金空白,则必定会降低体现为已发行股本的资本数额,同时这也是一种将公司资产转移给股东的一种违法行为。因此,除非有法院之许可,否则禁止公司与股东之间达成公司将股东购买股份之价款返还于股东的一切交易,公司必须将这些股款全部用于经营活动。

在《法国 1966 年公司法》出台之前法国并无关于股份回购的专门立法。在司法判例中,法院依据公司法的基本原则仅认可同时符合下列 4 个要件的股份回购:①不得违反公司资本维持原则;②不得违反公司法上的股东平等原则;③符合公司法规定的程序性要件;④股份回购行为必须系为公

---

① [英]保罗·戴维斯、莎拉·沃辛顿:《现代公司法原理》(第 9 版),罗培新等译,法律出版社 2016 年版,第 322 页。

② See *Trevor v. Whitworth*(1887)12 App Cas 409.

司的利益而为之。①

直到《法国1966年公司法》的颁布，法国才正式宣布了对公司减资情况下实施股份回购行为的合法性，且是唯一合法的股份回购情形。并于次年认同了员工持股计划和上市公司基于市值管理提振资本市场投资者对其上市股票之股价走势信心情况下的股份回购行为。②

《法国商法典》第二卷“商事公司与经济利益合作组织”（2000年9月18日第2000－912号法令，2003年1月3日第2003－7号法律批准）第225－206条明确了对上市公司股份回购制度的原则禁止态度，其规定，“禁止公司直接或者通过虽以其个人名义但是为公司利益开展活动的人认购（la souscription）公司自己的股票”，③第225－215条明确了对上市公司股份利用本公司股票设质的原则禁止态度，规定“禁止公司直接或者通过虽以其个人名义但是为公司利益开展活动的人用公司的股票设质（la prise engage）公司自己的股票”。④

日本新旧商法典的编撰均与德国法学家紧密相关，从其正式起步时起的公司法律制度以及直至第二次世界大战结束前的修改与完善，基本上都是在大陆法系的框架内，深受德国法系影响的情况下进行的。⑤ 至今，日本在上市公司股份回购的立法问题上，仍可见德国公司法上“原则禁止，例外允许”的影子。在第二次世界大战之后，基于特殊的国际背景，尤其是美国对日本的影响，日本公司法律制度的修订和完善大量地吸收和引进了美国法律制度的内容。⑥ 其在有机结合大陆法系与英美法系公司法律制度的基础上，在股份回购法制方面，从凸显刚性的“原则禁止，例外允许”的德国模式，通过不断扩展股份回购的事由，逐步演化为相对柔性的折中立法模式。

1938年之前，《日本商法典》对股份回购坚持绝对禁止的立法态度。

---

① 参见柯菊：《禁止公司取得自己股份缓和论之研究》，载《台大法学论丛》1995年第2期。

② 参见柯菊：《禁止公司取得自己股份缓和论之研究》，载《台大法学论丛》1995年第2期。

③ 参见《法国商法典》第225－206条。《法国公司法典》（上），罗结珍译，中国法制出版社2007年版，第220～221页。

④ 参见《法国商法典》第225－215条。《法国公司法典》（上），罗结珍译，中国法制出版社2007年版，第220～226页。

⑤ 参见《新订日本公司法典》，王作全译，北京大学出版社2016年版，第1页。

⑥ 参见《新订日本公司法典》，王作全译，北京大学出版社2016年版，第1页。

1938年《日本商法典》修正案的出台也仅仅认可了三种情形下的股份回购行为，即减资情形下为注销而实施的回购、公司合并或受让全部营业情形下的回购、公司为实现权利必要情形下的回购。

（二）晚近的股份回购法制相对柔和，甚至认同无章程进行宪章性授权的决议回购

不容忽视的是，绝大多数的公司在经营活动中确实是需要回购股份的。一方面，如果公司已经上市，由于市场等多方面因素导致公司的股票不再对投资者具有吸引力时，股份回购能够凸显管理层对公司未来发展的信心，股价下降风险的减少有助于公司进一步在资本市场上筹集资金；另一方面，如果公司的股票在市场上表现积极，那么股份回购无疑又是将公司富余资金回馈于投资者的财务管理方式，不仅能够提升公司的资产比率，而且能够进一步提升股票在二级市场上的良好表现。[①]

在制定法上，《英国1985年公司法》首先确认了股份回购制度。该法将许可适用规范与强制适用规范结合在一起，一方面授权公司可以实施股份回购；另一方面又明确了允许股份回购实施必须满足的基本条件。[②]《英国2006年公司法》第658条则正式确认了*Trevor v. Whitworth*案的规则——无论是通过购买、申购或者其他方式，公司均不得回购自身股票。[③]如果公司有意为之，则公司及其每一位存在过错的高管人员将被处以罚金，同时，该所谓的回购行为是无效的。

但本条的例外情形是，除为有金钱价值的对价外，公司可以取得任何其自己的已经全额缴付股款的股份。这并不违背《欧洲公司法第二指令》之规定，因为，该指令第20(1)(c)条规定，成员国没有义务将第19条适用于免费取得的全额缴付股款的股份。第659条规定的一般规则的其他例外，获得了《欧洲公司法第二指令》的认可，即其不禁止公司：

（1）在适时作出的资本减少中取得股份；

（2）依据以下条款中的法院法令购买自身股份：（ⅰ）第98条（向法院

---

① 参见葛伟军：《英国公司法要义》，法律出版社2014年版，第176页。

② See Companies Act 1985, part Ⅴ, ch 7.

③ See Companies Act 2006, s. 658(1).

申请撤销再登记为私人公司的决议),(ⅱ)第721条第(6)款(对从资本中赎回或者购买股份有异议时法院的权力),(ⅲ)第759条(对于私人公司违反公众要约之禁止的救济法令),或(ⅳ)第30部分(保护股东免受不公平妨碍);

(3)因未能缴付对于股份的任何应交付金额,依据公司章程注销股份或者接受代替注销而被放弃的股份。①

此外,依据《欧洲公司法第二指令》第24条之规定,公众公司不得就其自身股份设立留置或者担保(该行为无效),公司为了清偿股款部分缴付的股份的未偿付债务者除外。

总之,《英国2006年公司法》实现了以往公司立法的反转:根据以往法律规定,公司只有通过公司章程作出具体的宪章性授权才能回购自身股份,而根据《英国2006年公司法》之规定,除非公司章程另有规定(限制或者禁止性规定),公司可以在无须章程进行宪章性授权的情况下,由公司的股东大会直接决议回购自身股份。有学者甚至认为,"(《英国2006年公司法》)针对公众公司和封闭公司的默认规则是,公司有权回购股份"。②

无独有偶,《法国商法典》也进一步放宽了股份回购的事由,使对股份回购之禁止态度更为缓和。总体来看,该法允许实施以下6种事由的股份回购行为:①并非因为公司发生亏损而决定减少资本的,经股东大会批准公司董事会或管理委员会购买(acheter)确定数量之股票,以行销除(annuler)的;③②通过分派股票的方式让员工参与其经营成果的公司、(2004年12月30日第2004-1484号法律第83-1条)"按照第225-197-1条至第225-197-3条规定的条件分派股份的公司"以及同意按照第225-177条及其后各条所规定的条件给予购买股票之选择权的公司,可以为此目的回购(racheter);④③股票在规范市场交易的公司的股东大会批准其董事会,或

---

① See Companies Act 2006, s. 659.

② [英]保罗·戴维斯、莎拉·沃辛顿:《现代公司法原理》(第9版),罗培新等译,法律出版社2016年版,第320~321页。

③ 参见《法国商法典》第225-207条。《法国公司法典》(上),罗结珍译,中国法制出版社2007年版,第221页。

④ 参见《法国商法典》第225-208条。《法国公司法典》(上),罗结珍译,中国法制出版社2007年版,第221页。

者相应情况下，批准管理委员会购买（acheter）本公司一定数量之股票；[①] ④因公司全部财产概括转移而取得的股款已经全部缴纳的股票；[②]因法院的决定而取得的股款已经全部缴纳的股票；[③]⑤转让受限制股份情形下而取得本公司股票；[④]⑥公司设立无效情形下而取得本公司股票。[⑤]

日本在经历1950年、1966年、1981年、1990年、1994年、1997年、1999年、2001年、2003年对《日本商法典》的修改以及2006年《日本公司法典》的制定及其2009年、2014年两次修订之后，根据现行《日本公司法典》第155条之规定，股份公司合法的股份回购包括13种情形：[⑥]①依据该法第107条，在特定条件下，公司回购其附条件取得之股份。[⑦] ②依据该法第138条，在特定条件下，公司回购其转让受限制的股份。[⑧] ③依据该法第156条，公司与股份公司股东达成回购合意实施的回购。[⑨] ④依据该法第166条，公司回购其附取得条件股份。[⑩] ⑤依据该法第171条，公司回购其

---

① 参见《法国商法典》第225－209条。《法国公司法典》（上），罗结珍译，中国法制出版社2007年版，第222页。

② 参见《法国商法典》第225－213条。《法国公司法典》（上），罗结珍译，中国法制出版社2007年版，第225页。

③ 参见《法国商法典》第225－213条。《法国公司法典》（上），罗结珍译，中国法制出版社2007年版，第225页。

④ 参见《法国商法典》第225－214条。《法国公司法典》（上），罗结珍译，中国法制出版社2007年版，第226页。

⑤ 参见《法国商法典》第225－214条。《法国公司法典》（上），罗结珍译，中国法制出版社2007年版，第226页。

⑥ 参见《日本公司法典》第155条。《新订日本公司法典》，王作全译，北京大学出版社2016年版，第58～59页。

⑦ 参见《日本公司法典》第107条。《新订日本公司法典》，王作全译，北京大学出版社2016年版，第38页。

⑧ 日本法上的转让受限制的股份，是指该股份在发行之时，公司章程即已表明其转让必须征得公司的同意。转让受限制的股份的实际股东要转让其股份必须征求公司是否同意的意见，如果公司不同意，公司就必须回购其股份或者指定第三人购买该股份。参见《日本公司法典》第136、137、138条。《新订日本公司法典》，王作全译，北京大学出版社2016年版，第51～52页。

⑨ 参见《日本公司法典》第156条。《新订日本公司法典》，王作全译，北京大学出版社2016年版，第59页。

⑩ 附取得条件股份，是指该股份在发行之时，公司章程即已表明股东有权请求公司对其所持股份进行回购的股份。参见《日本公司法典》第166条。《新订日本公司法典》，王作全译，北京大学出版社2016年版，第62页。

附全部取得条件的股份。[1] ⑥依据该法第 176 条,公司回购其附取得条件股份。⑦依据该法第 192 条,公司回购其单元未满股份。[2] ⑧依据该法第 197 条,公司回购其有权拍卖并将拍卖的价款交付于该股东的股份。[3] ⑨依据该法第 234 条,公司回购其不足 1 的零头数股份。[4] ⑩取得其他公司的全部营业情形下,公司回购目标公司所持本公司的股份。[5] ⑪公司回购被其合并并消灭的公司所持的本公司股份。[6] ⑫公司回购吸收分立公司所持的本公司股份。[7] ⑬法务省规定的以上情形之外的情形。[8]

由此观之,从《日本商法典》到《日本公司法典》,日本虽然未像美国那样直接赋予上市公司股份回购自由权,但其通过多次修法逐步放宽了股份回购的合法事由,已然呈现与对股份回购持严格禁止立场的德国、中国台湾地区以及中国大陆的"原则禁止,例外允许"的立法模式,转而确立了一种相对柔性的折中立法模式。

这里的柔性尤其体现在两个方面:一方面是根据《日本公司法典》第 155 条第 3 项之规定,公司可以与其股东通过达成回购协议进而回购其自身股份,从某种意义上讲,上市公司在严格遵循相关程序性规定的前提下,通过此条似乎可以突破股份回购事由之限定;另一方面是根据《日本公司

---

① 附全部取得条件的股份,是指公司章程约定的在特定条件事由发生时,公司可以对该部分股份进行全额回购的股份。参见《日本公司法典》第 171 条。《新订日本公司法典》,王作全译,北京大学出版社 2016 年版,第 39、64~65 页。

② 单元未满股份,是指公司章程已经明确规定公司股东参加股东大会行使单个表决权必需的最低股份数额,而股东持股数未达到该最低股份数额的股份。参见《日本公司法典》第 192 条。《新订日本公司法典》,王作全译,北京大学出版社 2016 年版,第 79 页。

③ 参见《日本公司法典》第 196、197 条。《新订日本公司法典》,王作全译,北京大学出版社 2016 年版,第 81 页。

④ 参见《日本公司法典》第 234 条。《新订日本公司法典》,王作全译,北京大学出版社 2016 年版,第 98~99 页。

⑤ 参见《日本公司法典》第 155 条第 10 项。《新订日本公司法典》,王作全译,北京大学出版社 2016 年版,第 59 页。

⑥ 参见《日本公司法典》第 155 条第 11 项。《新订日本公司法典》,王作全译,北京大学出版社 2016 年版,第 59 页。

⑦ 参见《日本公司法典》第 155 条第 12 项。《新订日本公司法典》,王作全译,北京大学出版社 2016 年版,第 59 页。

⑧ 参见《日本公司法典》第 155 条第 13 项。《新订日本公司法典》,王作全译,北京大学出版社 2016 年版,第 59 页。

法典》第155条第13项之规定，日本法务省如果发布省令，也能够做出《日本公司法典》所明确列举的合法回购事由之外的回购事由，这种开放式的立法模式对于管理和调控上市公司股份回购工具的运用给予了极大的回旋余地。

四、不同立法模式的商法范型分析

综上所述，以美国为代表的“原则允许，例外禁止”模式是最为宽松的上市公司股份回购立法模式，其最为显著的特征就是，法律赋予上市公司股份自由回购权，只要法无明令（含其判例法系中的先前判例）禁止，上市公司就有权自由实施股份回购。“原则禁止，例外允许”模式是政府行政管制最为严厉的上市公司股份回购立法模式，该模式下任何上市公司的股份回购被严格限定于法律明确规定的回购事由；换言之，除非获得法律的明确授权，否则上市公司的回购行为即属违法，应受到法律的制裁。折中立法模式相对柔和，其一方面保留了“原则禁止，例外允许”模式的影子，规定了上市公司股份回购的合法事由；但另一方面又竭力缓解这种僵化的立法模式带来的与上市公司财务管理实践之间存在的冲突，通过承认上市公司股东大会决议回购的合法性（甚至不需要公司章程的宪章性授权）来满足上市公司丰富的相机抉择的股份回购选择。

（一）“原则允许，例外禁止”的本质是“限定政府，余外市场”模式

从法哲学视角观之，上市公司股份回购的立法模式差异实际上映射了在股份回购这一商事实践活动中政府职能与市场机制两种资源配置形式的彼此博弈与合作范式。如著名商法学者陈甦教授所言，从世界范围来看，政府与市场的关系呈现为一种显著的“此消彼长并相互优化”的态势。[①] “原则允许，例外禁止”的上市公司股份回购立法模式在政市关系及其势力博弈的商法范型上的映射是“限定政府，余外市场”模式。（见图2-1）

① 参见陈甦：《商法机制中政府与市场的功能定位》，载《中国法学》2014年第5期。

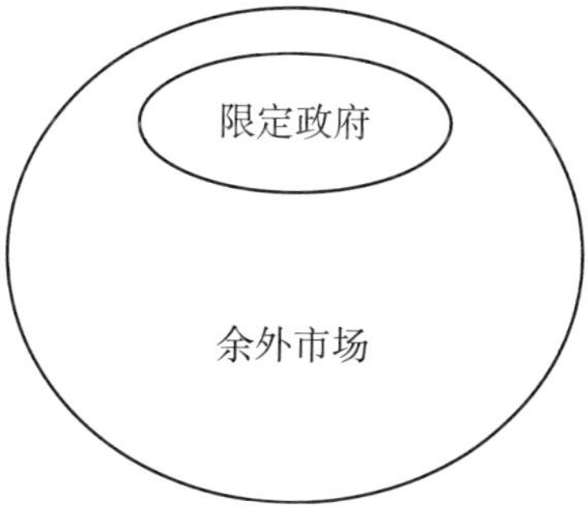

图 2－1　“限定政府，余外市场”模式

市场经济是商品经济的高级形态。它是从简单商品经济一路发展而来，最终形成的一种多要素共同参与并随机撮合高效运转的经济形态。市场经济的形成必然导致经济活动比历史上任何时代都更加纷繁，交易规模扩大、交易频率加快。[①] 市场随时处于一种瞬息万变的状态，而法律却具有相对稳定性和一定的滞后性。这一客观现实对法治经济的模式拟制无形中带来了巨大的压力和挑战。换言之，法律必须在市场与政府这两种资源配置形式中做出一种倾向性选择，而不能模棱两可，否则必然破坏和阻碍市场经济的健康运行和良性发展。

“限定政府，余外市场”模式下，市场的资源配置机会和运用范围、时机是没有法定边界的，与之截然相反的是，政府的权力边界和运用场合被严格限制，即只能在市场无法有效配置资源，并因而释放出政府的资源配置机会的前提下，才能主动发挥其资源配置的功能。“限定政府，余外市场”模式下的政市关系的最终型塑往往不是一蹴而就的。我国的社会主义市场经济体制改革就经历了从“市场在国家宏观调控下对资源配置起基础性作用”到“市场在资源配置中起决定性作用和更好发挥政府作用”的转变。这种转变宣告了政府通过宏观调控限制市场配置资源的权力的消灭。[②] 这是由于，立法者意识到，市场外配置是资源大量浪费的根源。[③] 新的政市关系正

① 参见卓泽渊：《法治国家论》，法律出版社 2008 年版，第 137 页。

② 参见陈甦：《商法机制中政府与市场的功能定位》，载《中国法学》2014 年第 5 期。

③ 参见康纪田：《市场外配置是资源大量浪费的根源》，载《湖南行政学院学报》2007 年第 1 期。

是切中时弊,鲜明地表明,但凡市场能够有效进行资源配置的场合,政府也不得进行宏观调控。这样的政市关系定位对于上市公司股份回购法制的构建具有重要的法理意义。

这主要表现为,上市公司这一商事主体开始正式代替政府来对股份回购这种金融资源配给形式进行决策和实施,并且它是一种优先于传统的政府金融宏观调控和金融监管措施的金融资源配给主体。特别是在美国的股份回购立法模式下,赋予上市公司股份自由回购权,即意味着上市公司可以根据宏观经济金融形势以及公司金融的实际运行状况来灵活自由地开展股份回购行为。其重要的法理价值至少包括以下几个方面:

其一,使上市公司股份回购正式回归商事决策本身的专业性、相机抉择性和利益相关性。在“限定市场,余外政府”模式下,采用的是“原则禁止,例外允许”的立法模式,只要不存在法律的例外允许,上市公司原则上不得实施股份回购。换言之,在该立法模式下,股份回购的适用场合和实施情形完全交由国家事先拟定,只要不符合拟定的适用场合目录中的情况,上市公司就不得实施股份回购行为。申言之,该种模式秉承着国家保护主义的理论基石,将上市公司股份回购这种商业决策权变相地转移给了政府。而与之相反,在“限定政府,余外市场”模式下,采用的是“原则允许,例外禁止”的立法模式。只要不触犯法律的例外规定,上市公司就可以自由开展回购,其更加尊重商业决策的自主性和企业家精神,使股份回购的实施更加专业、更加灵活,并且回购行为的实施效果也同上市公司本身的经营业绩密切相关,体现了商业决策的利益相关性,这其实就从“交易者意志”与“自我利益关注”两方面同时发力,遵循了商法的营业自由原则。[①]

其二,为政府真正筑牢权力限阈的樊篱。法治的基本涵义是依法办事。[②] 哈耶克(Friedrich Hayek)曾言:“法治意指政府的全部活动应受预先设定并予以公告的规则的制约——这些规则可使人明确预见在特定情形下政府将如何行使强制力,以使基于这种认知来规划个人的事务。”[③]20 世纪

---

① 李少伟、王延川教授认为,营业自由是对交易者自我意志与自我利益的关注。参见李少伟、王延川:《私法文化:价值诉求与制度构造》,法律出版社 2009 年版,第 208 ~ 209 页。

② 参见张文显:《法哲学通论》,辽宁人民出版社 2009 年版,第 368 页。

③ See Friedrich Hayek, *The Road to Serfdom*, Chicago: University of Chicago Press, 1944, p. 54.

以来,随着“干预适当的政府才是好政府”的趋势的出现,公权力对商事领域的干预相对节制。[①] 政府权力的外延开始从原来的漫无边际走向列表式的正面清单的管理模式,与之相对的是,对市场配置资源则采用负面清单的管理模式。这样的理论定性在上市公司股份回购立法中的反映就是,对于政府而言,必须严格遵循“法无明文授权即不可为”的法治理念。即公权力机关对上市公司股份回购的管制必须实行正面清单管理的形式,到底可以对股份回购的哪些主体、哪些行为、哪些环节等进行规制以及进行何种形式的规制、违反相关规制的法律责任为何,必须予以明确规定。凡此之外,对市场而言,必须严格遵循“法无明文禁止即可为”的法治理念。市场在前述政府权力正面清单限阈的范围之外,可根据市场实际行情、市场选择需要以及市场运行规律等进行回购行为自治,政府不得肆意进行管制和干预。

其三,为上市公司股份回购法律制度的制定、解释以及实施理念的转换提供了良好的体制基础。在“限定政府,余外市场”模式下,之所以强调“更好发挥政府作用”而不是“更多发挥政府作用”,是因为这里的“更好”不是指政府比市场配置资源更好,不是跟市场比,而是跟政府过去的干预表现和干预绩效比。“更好发挥政府作用”的根本意旨不是扩大政府的权力之手,而是更好地“保障市场在资源配置中的决定性作用”。[②] 这对上市公司股份回购法制带来的深刻启示和革命性要求是:

(1)确立政府干预上市公司股份回购的必要性和适应性原则。市场的决定性作用,本身即意味着市场经济应当是由市场所主导的经济模式。[③] 诚如马克思主义创始人所确立的国家权力的基本原则那样——必须“限制国家自由”和“防范公职人员变为凌驾于人民之上的主人”,[④]这就要求必须“限定政府”,政府的干预必须是出于必要,只有在市场不能有效配置资源的情况下方能发挥作用。比如,政府不能替代市场对上市公司股份回购的适用条件进行绝对化的事前假定和垄断性的强制许可,应当使股份回购回

---

① 参见李少伟、王延川:《私法文化:价值诉求与制度构造》,法律出版社 2009 年版,第 209 页。

② 陈甦:《商法机制中政府与市场的功能定位》,载《中国法学》2014 年第 5 期。

③ 参见胡玉鸿:《新时代推进社会公平正义的法治要义》,载《法学研究》2018 年第 4 期。

④ 封丽霞:《马克思主义法律理论中国化的当代意义》,载《法学研究》2018 年第 1 期。

归商事决策的本质,由上市公司自由决策,政府仅对违法回购行为进行监管和规制。与此同时,金融监管机构必须解决金融监管规则的刚性与金融市场动态性之间的矛盾,实行动态性监管与适应性监管。① 政府对上市公司股份回购要及时根据市场的信息反馈调整监管规则,并保持充分的监管自由裁量权。

(2)减少上市公司股份回购中的强制性法律条款的配比,增加任意性条款的配比,并且在上市公司股份回购法制的解释与实施中,尽可能多地做有效解释和生效解释。"限制政府"的重要形式之一是限制政府通过设立强制性法律规范径直否决和破坏上市公司股份回购中的任意性规范和私法自治原则,因此,秉承"原则允许"的基本原则,应当进一步加强任意性法律规范的设置。在涉及上市公司股份回购事项的诉讼和仲裁等争议解决机制中,以及在相关监管法律规则的理解和适用中,除非法律作明确的禁止性规定,都应当尽量采取有效解释和生效解释,不轻易否定市场主体的交易意志。

(二)"原则禁止,例外允许"的本质是"限定市场,余外政府"模式

"原则禁止,例外允许"的上市公司股份回购立法模式在政市关系及其势力博弈的商法范型上的映射是"限定市场,余外政府"模式。(见图2-2)"限定市场,余外政府"模式中,市场的作用往往是基础性作用或者与政府配置资源起同等重要的作用,无法起到根本性的"决定性"作用。从上市公司股份回购的立法模式来看,"限定市场,余外政府"模式直接限定上市公司股份回购的适用场合,也就是监管部门已经事先假定了股份回购这种商业模式的应用场景,除此之外,除非法律有明确规定,否则回购行为即属违法。换言之,市场主体的商行为并不是私法自治理念下的任意选择行为,而是只能在政府释放的十分有限的空间范围内进行选择适用,②因此,从某种意义上说,颇具计划经济体制的色彩。

---

① 参见周仲飞、李敬伟:《金融科技背景下金融监管范式的转变》,载《法学研究》2018年第5期。

② 参见陈甦:《商法机制中政府与市场的功能定位》,载《中国法学》2014年第5期。

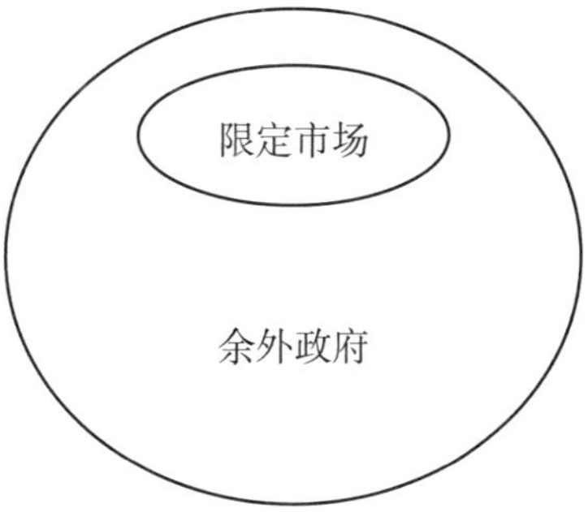

图 2－2 “限定市场,余外政府”模式

“限定市场,余外政府”模式下的上市公司股份回购立法容易造成政府权力泛干预、滥干预和不良干预的结果。这是由于:

其一,在“限定市场,余外政府”模式下的上市公司股份回购立法中,诸如前文介绍的《德国股份公司法》、我国台湾地区“公司法”等虽然规定了股份回购可以依法适用的情形,甚至在某些阶段还出现了放宽股份回购适用情形的趋势,但总体来讲,政府(监管部门)其实根本无法实现权力运行的法制化问题。当市场在资源配置中不起决定性作用而仅仅是基础性作用的时候,即便政府在资源配置方面的优先性与市场处于同等的位置,也无法根本保障市场机制的资源配置功能不被政府侵蚀。因为从市场与政府的力量对比来看,政府明显要强势得多。① 政府的权力天然具有强烈的扩张性、侵犯性、排他性、诱惑性和腐蚀性。② 在“限定市场,余外政府”模式下,从体制上来讲,政府权力是没有边界的,③更无法从根本上保证权力运行的法制化。

其二,受限于政府的“有限理性”,上市公司股份回购法律制度的真实运用价值将大打折扣。金融创新与金融监管总是存在着显著的周期性变化,金融监管由于总是滞后于金融创新的发展,这又往往导致金融创新滞后

---

① 参见何志鹏:《权利基本理论:反思与构建》,北京大学出版社 2012 年版,第 256～257 页。

② 参见王寿林:《从权力的二重性看强化权力制约的必要性》,载《宁波师院学报》(社会科学版)1996 年第 1 期。

③ 参见陈甦:《商法机制中政府与市场的功能定位》,载《中国法学》2014 年第 5 期。

于金融周期的变化。[①] 在上市公司股份回购立法上,“限定市场,余外政府”模式实际上无法真正解决创新与监管之间的矛盾。在政府与市场这两大资源配置形式的选择和组合运用中,法律将选择的主动权和优先权赋予了政府。政府拥有了更为广阔的权力施展空间和资源配置能动性,其通过假定的法学范式,[②]预设了股份回购的适用场合和监管规则,甚至像我国的上市公司股份回购立法,不但要求回购行为必须符合法律规定的适用情形,而且必须满足其法定的关于股票上市时间以及持续经营能力等方面的适用条件的严苛要求。[③] 然而,任何法律都不可能突破当时历史条件所限对今天或者明天的社会行为及其现象做出完全的预见和规范。[④] 这种先入为主的立法模式,严重限制了市场机制的资源配置能力和股份回购应有的金融工具价值。因为市场总是不断发展的,政府却是有限理性的,不可能达到和超越市场主体和市场机制对市场的深入了解,受限于政府的认知水平,该模式下的上市公司股份回购法律制度的真实运用价值将大打折扣。

其三,碍于对市场的正面清单管制形式,“限定市场,余外政府”模式往往对市场主体的权利保护不力,对上市公司股份回购的应有价值的发挥形成阻力。对上市公司股份回购法律而言,“限定市场”的核心是限定股份回购的适用场合、适用条件等市场准入问题,其限定的基本法律形式就是正面清单管制。所谓正面清单管制,就是法律通过正面清单的形式将其认可的法定的主体和行为予以公示,只有符合清单内容的主体和行为,法律才予以承认其合法性,否则就是非法行为。当把正面清单用于管制市场,市场就失去了其健康发展所必需的自由和自治,而在这种市场有限的社会经济结构中,对市场经济的市场主体来说“法不禁止即自由”的理念完全无法得以实

---

① 参见冉璐、向瑞银:《金融监管制度供给滞后悖论及逆周期监管》,载《商业时代》2012年第33期。

② 假定是一种重要的法学范式,也是法律思维与判断的基本形式。参见刘辉:《金融禀赋结构理论下金融法基本理念和基本原则的革新》,载《法律科学》(西北政法大学学报)2018年第5期。

③ 参见中国证监会《回购办法》(证监发〔2005〕51号)第8条之规定。

④ 参见徐建:《行政审判中“目的性扩张”适用的逻辑与限度——以上海首例“顺风车”行政案件为例》,载《西安交通大学学报》(社会科学版)2018年第5期。

现。[1] 其与法治理论的一个重要假定——规则必须使权力非人格化和公正化[2]——也同样格格不入。并且在该模式下,作为法治社会的重要内容的市场主体的安全感将丧失殆尽,因为安全感的重要表现是公权被"关进制度的笼子"而私权得到法律的保障,[3]"限定市场,余外政府"恰恰是私权的边界被牢牢地限制而公权的范围得到法律的无限保护。

(三)折中立法模式的本质是寻求市场机制与政府规制的平衡

前面介绍了"原则允许,例外禁止"以及"原则禁止,例外允许"两种典型的上市公司股份回购立法模式的商法理论范型,两种不同的商法理论范型实际上代表了两种迥异的商法假定范式以及不同的立法选择倾向。事实上,任何法律现象发展变化的动力,都根源于深厚的社会生产力和经济关系的发展。[4] 任何国家上市公司股份回购立法模式的最终确立都是特定的社会生产力以及经济关系的现实反映和应然选择。

理论上讲,立法不单单是一种政治行为。从立法本身的经济性和社会资源的有效配置来讲,市场本身就可以更为有效地解决一些人们习惯地认为必须以法律来加以管制的经济和社会问题。[5] 在金融法上,是否更加充分地尊重市场,往往成为能否更为有效地配置立法资源,以及提高其后的司法效益和效率的关键因素。以美国为代表的"原则允许,例外禁止"模式是一种更加市场化的股份回购立法模式,更加尊重市场经济运行的基本规律和商法自治的基本理念,更能反映上市公司作为市场主体的实际需求,因此,其更能发挥股份回购这种金融工具的基本功能和价值,也更加严格遵循了经济性立法的基本原则。当然,必须注意到,美国良好的市场经济基础、资本市场优越的法制环境以及投资者更加浓重的权利意识等,均是其最终确立"限定政府,余外市场"商法理论范型的重要基础。反过来讲,世界上大多数国家尽管以该种模式为理想和目标,却受制于本国有限的法治条件

---

① 参见江平、张礼洪:《市场经济和意思自治》,载《法学研究》1993 年第 6 期。

② 参见[美]昂格尔(Unger,R. M.):《现代社会中的法律》,吴玉章、周汉华译,译林出版社 2001 年版,第 172 ~ 175 页。

③ 参见王利明:《新时代中国法治建设的基本问题》,载《中国社会科学》2018 年第 1 期。

④ 参见封丽霞:《马克思主义法律理论中国化的当代意义》,载《法学研究》2018 年第 1 期。

⑤ 参见苏力:《市场经济对立法的启示》,载《中国法学》1996 年第 4 期。

和资源,不得不选择其他的立法模式。

无论如何,“原则允许,例外禁止”和“原则禁止,例外允许”代表的是两种极端和对立的立法模式。在这两种模式之外,英国、法国和日本等国家纷纷选择了相对柔和的折中立法模式。这些国家股份回购立法模式上所谓的折中,实际上指的是市场机制与政府权力的折中与平衡。体现在具体的立法模式上,就是既以“原则禁止”的形式限制股份回购制度的运用,又以授权公司管理层依据现实所需而决议实施股份回购权利的形式,放宽对股份回购运用的限制。

正如著名的诺贝尔经济学奖得主、经济学家约瑟夫·斯蒂格利茨(Joseph Eugene Stiglitz)所言,“一个什么都包办的政府和一个什么都不管的政府同样都是不好的,两者必须达到一种平衡”。① 在上市公司股份回购立法模式上,折中立法模式表面上看似矛盾,实际上却是寻求市场机制与政府规制之平衡点的结果。其目标就是要尽量吸取市场与政府各自的优势,并竭力促成二者的有机融合。一方面,适度放宽上市公司因时因势选择适用股份回购,可以彰显市场机制对促进该金融制度和工具有效运用的自由价值;另一方面,依循“原则禁止”的立法态度则显现了立法者对完全放开回购市场表现出的强烈的隐忧,在资本市场法制环境和宏观市场经济基础不足以支撑市场化回购立法的前提下,保留政府相应的市场规制权。因此,在上市公司股份回购立法模式上,折中立法模式体现了股份回购法制刚柔并济的特征,在不能完全实现“原则允许,例外禁止”回购模式之前,可作为一种过渡性的立法模式选择。

第二节　我国上市公司股份回购立法的价值诉求

在上一节,我们系统介绍了几种主要的上市公司股份回购立法模式,并从法哲学尤其是商法哲学的层面对这些立法模式进行了理论解构。无疑,

---

① [美]约瑟夫·斯蒂格利茨、龙军:《市场机制与政府干预的平衡》,载《中国金融》2004年第8期。

这对于进一步完善我国的上市公司股份回购法制具有重要的理论价值。然不容忽视的是，单纯从比较法上的商法理论范型的类比就轻易推导出我国上市公司股份回购立法的应然模式，不乏草率和随意之嫌。

所有的法律问题都必定是地方性的，其实践的答案也必定是地方性的。[①] 我国上市公司股份回购立法模式的厘定与我国上市公司股份回购的本土法律价值追求休戚相关。价值问题是法律科学无法回避的问题。[②] 法的价值是法对于人所具有的意义，是法对于人的需要的满足，是人关于法的绝对超越指向。[③] 从普遍意义上来讲，正义、自由、平等、安全、效率等均可纳入法的价值的范畴。[④] 我国上市公司股份回购立法模式的确立必须确保相应法价值的充分实现。

换言之，从立法哲学来说，立法模式的确定就立法者而言既是主动的，又是被动的。其主动性表现在，立法者可以依据主观意志在“原则允许，例外禁止”“原则禁止，例外允许”以及折中立法模式之间任意做出选择，可以排除其他国家相关立法模式的干扰和影响。但其被动性也依然显著，那就是任何一种立法模式的选择必须服从和服务于其本国商事实践对上市公司股份回购的实际立法需求。如果一国上市公司股份回购的立法模式跟本土的客观实际相悖，不能满足上市公司股份回购立法之价值所需，这样的立法模式最终必然被修改或者废除。从我国商事实践来看，我国上市公司股份回购法制应当包括但不限于如下价值需求。

一、我国上市公司股份回购法制的自由价值

正如哈耶克（Friedrich Hayek）对法治与自由关系的阐释，无论采取何种形式的法治，我们都可以看到，任何所认可的对立法权力的限制都意味着对个人不可剥夺的权利以及不可侵犯的人权的认可。[⑤] 法学所关注的自由是

---

① 参见苏力：《面对中国的法学》，载《法制与社会发展》2004 年第 3 期。

② 参见[美]罗·庞德：《通过法律的社会控制/法律的任务》，沈宗灵、董世忠译，商务印书馆 1984 年版，第 55 页。

③ 参见卓泽渊：《论法的价值》，载《中国法学》2000 年第 6 期。

④ 参见黄建武：《法的价值在法的体系中的地位与作用》，载《苏州大学学报》（哲学社会科学版）2005 年第 5 期。

⑤ See Friedrich Hayek, *The Road to Serfdom*, London: Routledge Press, 1944, p. 63.

指个人从束缚中解放出来，按照自己的意志活动的权利。[①] 在我国上市公司股份回购法制建设中，自由是最为重要的一种法律价值。只有充分贯彻自由价值，我国上市公司方能有效利用股份回购开展市值管理。

一般认为，市值管理本质上是一种企业战略管理行为，是价值管理的扩展和延伸。[②] 其可以有效削减股市的波动。[③] 研究发现，在股灾中，我国A股上市公司普遍会根据自身的特点进行某种形式的市值管理，[④]这对于保护投资者权益具有积极意义，也因此成为我国监管部门鼓励上市公司建立市值管理制度的基本初衷。[⑤] 2014年5月8日，国务院发布了《关于进一步促进资本市场健康发展的若干意见》(国发〔2014〕17号)，明确提出鼓励上市公司建立市值管理制度。

上市公司股份回购是上市公司市值管理的一种重要形式，它是与股份发行相反的一种股票市场供求数量调剂行为。当上市公司在二级市场股票价格极速下跌甚至遭遇股灾之时，大量的股份回购往往成为稳定市场的一把利器。[⑥] 然而，必须强调的是，这把利器的头上往往还悬挂着无法自由实施的达摩克利斯之剑。不同的上市公司股份回购立法模式对上市公司股份回购的行动选择自由度具有直接的影响。在"原则允许，例外禁止"的立法模式下，上市公司享有股份自由回购权，因而是最具自由价值的股份回购立法模式。相反，在"原则禁止，例外允许"的立法模式下，上市公司最不具有股份回购的自由权，因为在该模式下，回购本身是被原则性禁止的。折中立法模式处于二者之间，近年来主要国家的股份回购法制均表现出了渐渐缓

---

① 参见程琥：《我国网约车监管中的法律价值冲突及其整合》，载《环球法律评论》2018年第2期。

② 参见吕飞：《基于微观动力视角我国上市公司市值管理绩效评价的研究》，载《武汉大学学报》(哲学社会科学版)2016年第3期。

③ 参见郑志刚：《市值管理的"误区"与公司治理的回归》，载《证券市场导报》2016年第3期。

④ 参见李贤、陈娴、陈欣：《怎样的公司市值管理动机更强？——来自2015年中国股灾停复牌数据的证据》，载《中央财经大学学报》2018年第9期。

⑤ 参见皮海洲：《"市值管理"何以成了股价操纵的温床？》，载《武汉金融》2017年第9期。

⑥ 当然，从金融学的意义上来讲，这并不意味着上市公司股份回购这种金融工具就是万能的，更不是说实施股份回购的上市公司就更有价值。相反，从投资者的角度来说，当资本市场萎靡的时候，投资者更应当关注那些逢低趁机进行资产扩张的公司。但无论如何，股份回购这种市值管理工具对于市场维稳的价值是无可争议的。

和的趋势，[①]实际上也是出于给予上市公司更大股份回购自由之考量。

从实证角度来说，法律制度是经济发展的重要决定因素。[②] 而法治经济建设的基础，就是要遵循社会主义基本制度与市场经济有机结合的经济规律，进而完善社会主义经济法律制度。[③] 我国上市公司股份回购法制立法模式的选择必须主动将自由价值融入其中。因为完善我国股份回购法制最急切的呼声总是与全球金融危机、股灾等导致的 A 股市场股价暴跌前呼后应。[④] 无论是从功利的角度还是理想的状态来看，赋予上市公司更多的股份回购的能动性似乎已经成为一种大势所趋。为此，即使“原则允许，例外禁止”的立法模式在中国目前尚无法直接确立，也应当摒弃传统的“原则禁止，例外允许”的立法模式，转而采取更加灵活的折中立法模式，赋予上市公司更加自由实施股份回购的权利。

二、我国上市公司股份回购法制的公平价值

围绕关于公平的探讨，经济学者往往从三个方面展开，即起点公平、规则公平、终点公平。实际上，这三个方面并不完全统一，它们是一个时而统一时而冲突的矛盾体。[⑤] 从统一的角度来说，起点公平和规则公平是终点公平的必要条件，做好了起点公平和规则公平，一般就能够实现终点公平。[⑥] 从矛盾的一面来说，正如威廉·惠特福德（William Whitford）所言，

---

① 参见施天涛、孙逊：《公司取得自己股份法律问题研究》，载《政法论坛》2002 年第 4 期。

② 参见［加］麦克尔·崔贝尔考克、［美］罗纳德·丹尼尔斯：《法治与发展》，冯川、郭安康、沈志平译，南京大学出版社 2014 年版，第 12 页。

③ 参见张文显：《习近平法治思想研究（下）——习近平全面依法治国的核心观点》，载《法制与社会发展》2016 年第 4 期。

④ 以最近一次 A 股市场股价暴跌为例，由于受到美联储加息、中美贸易战以及全球经济下行等因素的持续多重影响，A 股上证综指经历了从 2018 年 1 月 29 日最高 3587.03 点到 10 月 19 日 2449.20 点的断崖式下跌。在市场各方高呼完善股份回购法制进行护盘的呼声中，中国证监会紧急会同央行、财政部、银保监会、国资委等部门研究起草了《中华人民共和国公司法修正案》草案，向全国人大常委会提出了修改《公司法》第 142 条有关规定的建议。全国人大常委会火速通过了《关于修改〈中华人民共和国公司法〉的决定》，对《公司法》中有关公司股份回购的规定进行了专项修改。其基本初衷就是鼓励和确保上市公司更加积极地实施股份回购以稳定市场。

⑤ 参见金泽刚：《证券市场监管与司法介入》，山东人民出版社 2004 年版，第 17 页。

⑥ 参见蒋洪：《财政学教程》，上海三联书店 1996 年版，第 67 ~ 70 页。

“即使是公正的审判也会产生不可预测的结果……”①何况起点公平在现实世界往往不可能完全实现。当起点公平只能停留在理想状态而无法真实存在时,纵使继续施以平等的规则,做到规则公平,终点公平也依然无从谈起。这也就是经济法学为什么不同于民商法学,摒弃形式公平观,转而以实质公平——在承认经济主体的资源和个人禀赋等方面存在差异的前提下追求一种结果上的公平②——作为其根本价值追求的原因所在。

证券市场的核心是信息,证券市场上的信息具有不对称性。③ 在公司法和证券法上,特别是在上市公司实施股份回购的过程中,上市公司的大股东和实际控制人与公司的债权人以及公司的中小股东等在信息资源的配置以及信息的获取能力上本身即存在天然的差异。因此,保护投资者的合法权益是《证券法》的基本宗旨,《证券法》几乎所有的内容都直接或者间接地表明对投资者的保护。④ 事实上,无论是《公司法》还是《证券法》,基于实质公平的基本原则,其对不同的市场参与者和市场主体的法律保护均是建立在各方的市场信息能力天然存在禀赋差异基础上的。一般来说,大股东、实际控制人等在上市公司具有相对甚至绝对的信息优势地位,而公司的中小股东和公司的外部债权人往往居于信息劣势的地位。因此,公司证券法制必须对处于信息弱势地位的主体给予倾斜性的保护,才能最终达到终点公平。

比如,《美国示范公司法》尽管废除了法定资本制,但在股份回购立法中,强调通过债务人偿债能力测试来对不合理的回购进行限制,对债权人的债权利益提供法律保护。再如,为了解决现实操作中,大股东和实际控制人等利用股份回购的幌子,借股份回购公告对上市公司股票在二级市场上带来的重大利好效应,假借回购之名进行恶意减持,我国台湾地区“法律”专门规定了上市公司股份回购大股东减持隔离期制度。这些“法律”制度的根本目的,就是对公司外部债权人以及公司的中小股东提供更加有力的倾斜性法律保护,以便实现实质公平。

---

① See William Whitford, “Rule of Law”, *Wisconsin Law Review*, 2000, 50(5), p. 11.

② 参见李昌麒、卢代富:《经济法学》,厦门大学出版社2016年版,第21页。

③ 参见程淑娟、杨春平:《证券法理论与实务》,中国政法大学出版社2008年版,第22页。

④ 参见徐杰:《证券法理论与实务》,首都经济贸易大学出版社2000年版,第18页。

上市公司股份回购法制的公平价值实际上对上市公司股份回购立法模式的选择具有重要的补正功能。这突出地表现在,任何一种股份回购立法模式的选择都不是凭空随机而定的,相反,应当结合本土上市公司和资本市场发展的实际情况,选择最能够有效保障本国上市公司股份回购实质公平的立法模式。具言之,立法模式的选择至少应当进行"两步走"的深入分析:第一步,做客观商业实践需求判断,即根据本国股份回购的实际需要,判别国际上三种主流的上市公司股份回购立法模式到底哪一种更加适合本国的商业实践。第二步,做本土价值补正判断,即在相对更优的上市公司股份回购立法模式选定以后,如何通过进一步的实质公平价值导向分析,对该模式进行本土化的改良设计,进而达到补正传统上市公司股份回购立法模式针对本国回购实践可能显现出来的刚性过强而柔性不足的价值修复。

三、我国上市公司股份回购法制的安全价值

安全性是金融业经营的一个基本要求,保障金融的安全性是各国金融立法的发展趋势。① 上市公司股份回购法制对回购的自由价值和回购效率的保护实际上就有利于发挥股份回购的护盘作用,从而实现在资本市场面临极速下跌困境时的金融安全价值。上市公司股份回购法制的安全价值对中国上市公司和资本市场来说,还有另外一层十分重要的含义,那就是国有资本的保值增值的问题。

同大多数国外资本市场不同的是,中国 A 股市场的上市公司中,国有股、国家法人股等国有性质的股份一直占据着相当大的比例。实践中,这样的国有股独大的现象面临着严重的治理危机:

第一,这些股份受制于传统的防止国有资本流失理念的影响,一般很少进行流通和转让。因为传统观点认为,股票市场波动较大,一旦卖出国有股,国有资本可能会减少和流失。第二,公司法、证券法上一个重要的原则是股权平等原则,所谓的股权平等,就是"同股同权、同股同利、同股同价",也就是所有股东均按其所持股份的性质、内容和数额享受平等待遇。② 在

---

① 参见强力主编:《金融法学》,高等教育出版社 2003 年版,第 27~28 页。

② 参见刘俊海:《论股权平等原则》,载《法学杂志》2008 年第 3 期。

国有股比例畸高而且在股票二级市场严重缺乏流动性的背景下,股权平等将无法实现。比如,我们以配股为例,配股是指上市公司向原股东派发股票。[①] 目前,其已成为我国资本市场上与IPO相对的上市公司再融资的权益发行方式,[②]通常引起上市公司总股本的增加和股权结构的变化。[③] 在上市公司实行配股的时候,由于我国国有资金向上市公司的投资往往面临后续追加程序烦琐以及资金来源受限等问题,其在配股的场合大多放弃配股权的认购。需要注意的是,根据我国配股的相关法律规定以及我国A股市场的配股实践来看,实行配股的公司通常是业绩较好的公司。为此,放弃配股权在很大程度上意味着放弃了国有资本保值增值的权利,使股权平等原则化为泡影,也不符合国有资本安全价值的要求。

此外,由于国有股流动性差,国有资本的宏观调控机能——尤其是产业结构调整以及系统性金融风险的化解能力——将大为衰减。在理想状态下,国有股如果能够从一些传统产能过剩的落后产业的上市公司中自由退出,并且将其交易所得资金用于投资新兴战略性产业的股权投资,无疑对产业结构的引导和调整以及防范系统性金融风险的积聚具有重要的作用。由于国有股转让受到诸多限制导致流动性较差,国有资本的宏观调控和风险化解机能受到极大的掣肘。

倡导安全价值的上市公司股份回购法制的完善对于解决上述难题将起到重要的作用。首先我们必须明确,股份的价值总是波动的,这是市场规律。如果单纯限制国有股转让,并不能起到国有资本保值增值的目的。要彻底改变国家对国有资本的管理被局限于对企业实物资产的直接管理的现状,变国有资产管理局为"国有资本运营局"。[④] 强化国有股的流动性,让国有股能够更加自由地进行转让、退出以及再投资,才是解决国有资本安全的必由之路。

---

① 参见程淑娟、杨春平:《证券法理论与实务》,中国政法大学出版社2008年版,第77~78页。

② 参见陆宇建:《我国A股上市公司基于配股权的盈余管理研究》,载《河北大学学报》(哲学社会科学版)2003年第4期。

③ 参见林发新:《证券法》,厦门大学出版社2007年版,第63页。

④ 参见黄树青:《论股票回购与国有资本运营》,载《商业研究》2001年第10期。

以安全价值为导向,加强上市公司国有股份回购的法治保障,国有股的回购有利于改善企业的公司治理结构,可能进一步激活公司的治理效能。与此同时,退出的国有股转换为现金又可以配股的形式进入新兴产业和公司,这一方面能够实现国有资本的保值增值;另一方面也有利于传统行业存量国有股权结构的疏散和系统性金融风险的化解。

上市公司股份回购法制的安全价值对上市公司股份回购法制立法模式的选择提出的要求是,从我国目前国有资产保值增值和金融安全价值的视角来看,宜选择和确立相对自由的股份回购立法模式。显然,"原则禁止,例外允许"的立法模式尽管发展至今已逐步显现出放宽回购事由的潮流,但从我国上市公司股份回购法制的安全价值来说,已略显滞后,不能很好地满足我国当下立法的现实所需。相反,折中立法模式赋予上市公司更多的自治权力,上市公司受传统股份回购事由限制的程度相对较小,或更贴近于我国的现实。

第三节　我国上市公司股份回购立法模式的优选方案

立法模式的选择是具体立法活动的逻辑起点,上市公司股份回购立法模式的确立是我国上市公司股份回购法制建设的前提和基础。前文我们介绍了国际上主要的上市公司股份回购立法模式以及我国在上市公司股份回购立法模式选择过程中必须充分予以考虑的本土法律价值目标,这些内容的廓清无疑对于我国上市公司股份回购立法模式的最终确立具有基石性作用。

一、我国上市公司股份回购立法模式的成因

我国上市公司股份回购的法律渊源,既包括法律层面的《公司法》的相关规定,也包括诸如《回购办法》、《补充规定》、《三部委回购意见》、《上市公司股权激励管理办法》(以下简称《股权激励管理办法》)等部门规章,还包括上海证券交易所出台的《上交所回购细则》和深圳证券交易所出台的《深交所回购细则》等自律性业务管理规范,其核心法律制度体系如图 2－3 所示。

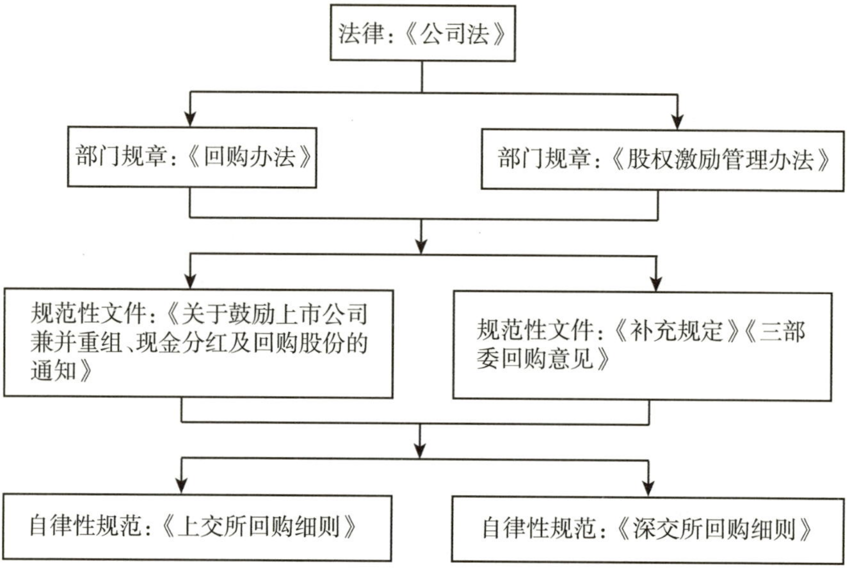

图 2-3 我国上市公司股份回购核心法律制度体系

(一)我国上市公司股份回购法制属"原则禁止,例外允许"立法模式

总体来看,我国上市公司股份回购立法遵循的是"原则禁止,例外允许"的立法模式。这主要体现在以下几个方面:

其一,在 2018 年《公司法最新修改决议》出台之前,无论是根据《公司法》还是上海证券交易所发布的《上交所集中竞价回购指引》(2013 年修订)①等自律性业务管理规范之规定,尽管允许上市公司实施股份回购的情形在逐步放宽,但公司原则上是不得收购本公司股份的,除非其符合《公司法》下的 4 种或者《上海证券交易所上市公司以集中竞价交易方式回购股份业务指引》(2013 年修订)规定的 7 种股份回购交易限制的例外规定。这与以德国为代表的"原则禁止,例外允许"的立法模式高度一致,而与以美国为代表的"原则允许,例外禁止"的立法模式截然不同,因为根据我国的上述立法,上市公司并不享有股份自由回购权。

① 根据最新出台的《上交所回购细则》,2013 年 3 月 29 日发布的《上海证券交易所上市公司以集中竞价交易方式回购股份业务指引》(2013 年修订)(上证公字〔2013〕12 号)已被废止。

其二，与英国、法国、日本等折中立法模式相比，我国《公司法》并不存在诸如《英国2006年公司法》中的关于直接授权和认可公司可以在无须章程进行宪章性授权的情况下，即可以由公司的股东大会直接决议回购自身股份的规定。由此，我国的上市公司股份回购立法模式相较于这些国家来说，限制程度更高，股份回购的自由度更低，立法模式的刚性更强，不属于折中立法模式，而应当属于“原则禁止，例外允许”立法模式。

（二）我国上市公司股份回购“原则禁止，例外允许”立法模式是多方面原因促成的结果

必须注意尊重这样的经验：任何既有社会事物，都是在原有事物的基础上逐渐形成的，它不可能脱离历史，也不可能脱离某种社会事物出现的复杂环境。[①] 我国上市公司股份回购法制立法模式的形成具有客观必然性，其形成的原因是多方面的。

1. 转轨经济体制是我国上市公司股份回购法制立法模式形成的经济原因

经济基础决定上层建筑，政府在经济体系中的主导作用是“原则禁止，例外允许”立法模式得以最终形成的基础性经济原因。以历时性视角观之，我国从改革开放以来经历了由计划经济体制向市场经济体制发展演变的过程。在改革开放之初，市场因素作为一种体制要素，在经济体制中的成分、地位和作用只是逐渐融入。总体而言，在政市二元关系的博弈较量中，市场的力量是微不足道的，完全不具有与政府机制相媲美的地位，市场发挥作用的空间几乎只能游离于计划体制之外。

1992年，党的十四大正式确立了建立社会主义市场经济体制的目标。所谓的社会主义市场经济体制，其遵循两层作用机制：一是国家对经济的宏观调控机制，市场只能在该机制之下发挥作用。二是市场对资源配置的基础性作用机制。换言之，从此往后，“市场的基础性作用被正式确立”，[②]国家的宏观调控不直接干预基础资源配置，而由市场进行基础性配置。需要

---

① 参见叶林：《公司法研究》，中国人民大学出版社2008年版，第22页。

② 张艳萍：《改革开放以来社会主义市场经济体制改革历程与启示——基于对社会主义经济核算论战的思考》，载《理论月刊》2019年第2期。

注意的是,在这一阶段,尽管社会主义市场经济体制已经确立起来,但总体而言,政府干预经济以及控制资源的力量不是没有了、减弱了,是“更强了”。①

2013 年,《中共中央关于全面深化改革若干重大问题的决定》正式将市场的“基础性作用”提升为“决定性作用”,我国经济体制中政市关系的角逐博弈才最终确立“限定政府,余外市场”的模式。(改革开放以来不同历史时期市场机制的地位见表 2 – 1)

表 2 – 1　改革开放以来我国市场机制地位

时间阶段	体制类型	市场机制的地位
1978 ~ 1992 年	计划经济体制(改革)	在政府计划体制之外发挥作用
1992 ~ 2013 年	社会主义市场经济	在政府宏观调控下对资源配置起基础性作用
2013 年之后	社会主义市场经济	在资源配置中起决定性作用

从表 2 – 1 关于我国改革开放以来经济体制演变的回顾中不难发现,我国社会主义市场经济体制的最终确立和市场决定性作用的终极型塑,绝非“一日之功”! 经济体制是法律制度建立的经济基础,任何时代的法律都无法全然超脱其所处的时代的经济体制的影响,我国的《公司法》自然也不例外。众所周知,我国《公司法》制定于 1993 年,在 1999 年、2004 年、2013 年、2018 年进行过若干次修订。除最近的 2018 年修订以外,前几次的修改,几乎都处于社会主义市场经济体制尚未正式确立或者市场在资源配置中无法起决定性作用的历史时期。

政府对经济的强力干预在《公司法》修订中清晰可见。比如 2005 年《公司法》虽然对之前严格的法定资本制进行了大幅改革,降低了资本门槛,但总体而言,仍保留了注册资本最低限额,依然实行的是法定资本制。② 计划经济实质上就是相信甚至迷信政府智慧的经济。③ 从理论上讲,这是由于,在经济体制转轨时期,政府出于控制风险、调节经济等多种原因,秉

① 参见金碚:《市场经济中程阶段的市场经济再学习》,载《江淮论坛》2014 年第 1 期。

② 参见施天涛:《公司法论》(第 2 版),法律出版社 2006 年版,第 173 页。

③ 参见刘俊海:《现代公司法》(第 2 版),法律出版社 2011 年版,第 134 页。

承父爱主义的情怀，总是试图告诉市场主体能做什么和该怎么做等问题。这在上市公司股份回购立法模式上的体现就是“原则禁止，例外允许”模式。政府试图替市场主体做出商业决策，只能在为数有限的法定回购情形下，才能够实行股份回购行为。

2. 公司法定资本制是现行股份回购立法模式产生的商法学基础

关于法定资本制的概念和表现，前文已做论证，在此不再赘述。但需要强调的是，公司法定资本制与“原则禁止，例外允许”的股份回购立法模式，授权资本制与“原则允许，例外禁止”的股份回购立法模式具有同根同源的法学基础。

理论上讲，授权资本制下，上市公司买回的本公司股份，本身即可被法律解释为已经获得授权但尚未发行的股份。[①] 相反，在法定资本制牢固恪守“资本三原则”的前提下，上市公司买回的本公司股份往往被直接视为减资行为、抽逃出资行为、降低公司偿债能力损害公司债权人利益的行为。由于面临这样的理论困境，再加之前述经济体制的原因，立法自然选择设定数量有限的回购情形，设置较高的回购标准，设置复杂的回购程序的“原则禁止，例外允许”模式。

3. 私法自治观念的淡薄是现行股份回购立法模式产生的思想原因

法治精神在中国之所以难以顺利形成，固然有很多方面原因。个体权利观念的淡薄和公权力对私权利的侵犯是不可忽视的主要原因。[②] 所谓私法自治，就是民商事主体得基于个人的意思表示为自己设立法律关系的私法原则。[③] 私法自治内含了公司自治之原旨。公司自治最狭义的理解就是法律充分尊重公司的独立人格、独立财产和自由行为，充分尊重公司在创设、变更与消灭公司法律关系方面的自治精神。公司自治的三大基本要求分别是人格独立、财产独立与行为自由。[④] 从公司法的实现机制来看，公司自治对公司法整体品性提出的基本要求就是，公司法应当由管制法转变为

---

① 参见贾翱：《公司股份回购的立法模式选择问题探讨》，载《长白学刊》2009 年第 2 期。
② 参见任帅军：《法律评价论》，上海人民出版社 2018 年版，第 198 页。
③ 参见［德］维尔纳·弗卢梅：《法律行为论》，迟颖译，法律出版社 2013 年版，第 1 页。
④ 参见刘俊海：《现代公司法》（第 2 版），法律出版社 2011 年版，第 133 页。

权利保障法。[①] 不是通过强制规范和命令来实现其法律目的,而是借由各种公司法的主体的理性行为——尤其是市场商业决策行为——使其成为推动公司法立法目标实现的促动力量。

由于私法自治观念的淡薄,公司自治的原则无从谈起。值得注意的是,政府与市场之间的势力博弈总是呈现此消彼长的关系。[②] 私法自治的削弱总是与政府管制的加强和政府的强势动员共时而生。由于公司自治原则的缺失,在上市公司股份回购立法中,政府倾向于加强对回购行为的许可设立行为管制。这就是我国上市公司股份回购法制"原则禁止,例外允许"立法模式产生的思想根源。当然,从现代公司法的发展趋势来看,这显然是与现代公司法强调私法自治的理念相悖的。[③]

二、我国上市公司股份回购立法模式存在的问题

如前文介绍,"原则禁止,例外允许"在商法理论上的范型是"限定市场,余外政府"模式。这种在我国上市公司股份回购立法上长期存续的理论模型已然造就了我国上市公司股份回购这种金融工具应有价值的扭曲、偏离和消散,造成了监管部门权力滥用之殇以及市场主体合理信赖保护的缺失。

(一)上市公司股份回购沦为监管部门任意选择的金融工具

在"原则允许,例外禁止"模式下,股份回购本身就像上市公司的普通资产业务和投资决策一样,秉承私法自治的理念,以美国为代表的国家对其并不施以直接的干预。相反,在"原则禁止,例外允许"的立法模式下,我国上市公司股份回购这一金融工具实际上并没有很好地被市场主体有效运用。

究其原因,它总是以一种被动的形式出现,其推出和规范的主体基本都是监管部门。"成立公共机构最初是为了解决实际问题,但是随着时间的推移,这些机构的首要任务就变成了帮助自己。"[④]当国有股股改需要的时

---

① 参见蔡立东:《公司自治论》,北京大学出版社2006年版,第5页。
② 参见陈甦:《商法机制中政府与市场的功能定位》,载《中国法学》2014年第5期。
③ 参见贾翱:《公司股份回购的立法模式选择问题探讨》,载《长白学刊》2009年第2期。
④ [挪威]拉斯·特维德:《创新力社会》,王佩译,中信出版集团2017年版,第109页。

候，监管部门推出股份回购，以供上市公司回购国有股。当2008年全球金融危机蔓延至A股、2015年和2018年A股面临断崖式下跌的时候，中国证监会和证券交易所火速修改出台相关的监管规则，鼓励上市公司回购本公司股份以达到护盘和维稳的目的。

我们可以看到，一如前文对"限定市场、余外政府"模式的理论分析一样，我国的"原则禁止，例外允许"立法模式无法实现监管部门权力的法制化，监管部门要不要推出上市公司股份回购，如何规范上市公司股份回购，特别是关于哪些情形下的股份回购属于"例外允许"之列，完全是由监管部门以规范性文件等形式决定的。

（二）上市公司股份回购的金融工具价值大打折扣

上市公司股份回购具有重要价值，但需要强调的是，这些价值的有效释放，需要以适当的法制基础作为保障。换言之，如果一种金融工具具有丰富的工具价值，但是相关的金融法制设计不科学或者法律保护不足，则会成为其应有价值释放的拦路虎。

在"原则允许，例外禁止"模式下，上市公司依法享有法律赋予的股份回购自由权，其实施股份回购的自由度很大。上市公司处于市场第一线，能够通过市场释放的信号，以理性经济人的角度合理运用股份回购工具，充分发挥其市值管理、财务结构调整、反恶意收购等各项金融工具价值。

相反，在我国比其他秉持"原则禁止，例外允许"立法模式的国家更为严苛的立法模式环境下，①上市公司股份回购被限缩于有限的适用情形和有限的适用公司，其金融工具的价值得不到充分的发挥。即便是其护盘的功能，由于政府的积极主导也会降低其效率价值。② 因为在常规的资本市

---

① 我国相比其他秉持"原则禁止，例外允许"立法模式的国家更为严苛，这主要表现在，其他选择该模式的国家一般只规定上市公司股份回购可依法适用的情形，而我国还规定了上市公司股份回购适用的条件。鉴于前文已有介绍，此不赘述。

② 比如，A股市场在2018年经历了持续暴跌，上证综指从2018年1月最高的3587.03点到7月6日已跌破2700点。中国证监会紧急提请《公司法》修订程序，试图通过股份回购挽救大盘颓势。2018年9月12日，中国证监会对外公告了关于修改《公司法》的公开征求意见稿。次交易日，上证综指应声收红1.15%。2018年10月26日，《公司法最新修改决定》获得正式通过。10月28日，A股41家上市公司同时发布逾167亿元规模的回购公告，但10月29日上证综指却意外收跌2.18%。参见王洁：《41家公司群发股份回购公告》，载http://jingji.cyol.com/content/2018-10/30/content_17733057.htm，最后访问日期：2018年12月4日。

场交易中，上市公司股份回购无疑对股价复苏具有重大利好。但在我国有限的运用场合，尤其是监管部门将其作为一种护盘工具而反复运用之后，其单纯传达的政策信息价值必然会随着使用次数和频率的提高而衰减。在极端情形下，上市公司股份回购甚至可能对股价带来一些负面影响。

（三）资本市场主体失去应有的合理信赖

法律在公司风险防范中之所以能够发挥作用，主要是由于法律事先规定的普遍规则能够为相关市场主体提供合理的信赖和预期。[①] 在 2018 年的股价暴跌过程中，中国证监会积极推动《公司法》的修改以及鼓励上市公司开展股份回购的行为在某种程度上对于稳定市场确实起到了积极作用。然而，这种通过政府主导开展的、运动式的资本市场治理行动也天然存在一定的缺陷。比如，运动式治理所具有的仓促性、被动性、整治结果的反弹性等弊端，使其监管绩效大打折扣，[②]并且极易产生“路径依赖”，成为常态化机制，甚至破坏常规化保障的有效运行。[③]

这些负面效果的出现，实际上与监管部门治理措施的不稳定性具有很大的关系。虽然目前《公司法最新修改决定》已经全国人大常委会通过，我国上市公司股份回购的适用情形被扩大到 6 种，但这样有限的适用情形依然无法让上市公司根据市场变化主动调整适用股份回购工具，上市公司的私法自治权利在股份回购这一金融工具的运用上依然有限，因此，其工具性价值的发挥还有待公司法的进一步放开从而被广泛自由地运用而得以体现。

三、《公司法最新修改决定》对我国上市公司股份回购立法模式的影响

2018 年 10 月 26 日，《公司法最新修改决定》获得全国人大常委会正式通过。本次修订由中国证监会提起，专门针对资本市场上市公司的股份回购而为之，主要内容涉及股份回购适用情形的进一步放宽，股份回购决策程

---

① 参见甘功仁、史树林：《公司治理法律制度研究》，北京大学出版社 2007 年版，第 111 页。

② 参见许多奇：《互联网金融风险的社会特性与监管创新》，载《法学研究》2018 年第 5 期。

③ 参见丁轶：《权利保障中的“组织失败”与“路径依赖”——对于“运动式治理”的法律社会学考察》，载《法学评论》2016 年第 2 期。

序的简化以及股份回购适用规范性要求的补充等。其中与上市公司股份回购立法模式影响最为相关的是股份回购适用情形的放宽。(具体修订前后股份回购规定内容的对比见表2-2)

表2-2 《公司法最新修改决定》出台前后有关股份回购内容的对比

原《公司法》第142条第1款之规定	《征求意见稿》	《公司法最新修改决定》
1. 减少公司注册资本	1. 减少公司注册资本	1. 减少公司注册资本
2. 与持有本公司股份的其他公司合并	2. 与持有本公司股份的其他公司合并	2. 与持有本公司股份的其他公司合并
3. 将股份奖励给本公司职工	3. 用于员工持股计划或者股权激励	3. 将股份用于员工持股计划或者股权激励
4. 股东因对股东大会作出的公司合并、分立决议持异议,要求公司收购其股份的	4. 股东因对股东大会作出的公司合并、分立决议持异议,要求公司收购其股份的	4. 股东因对股东大会作出的公司合并、分立决议持异议,要求公司收购其股份
	5. 上市公司为配合可转换公司债券、认股权证的发行,用于股权转换的	5. 将股份用于转换上市公司发行的可转换为股票的公司债券
	6. 上市公司为维护公司信用及股东权益所必需的	6. 上市公司为维护公司价值及股东权益所必需
	7. 法律、行政法规规定的其他情形	

综上所述,《公司法最新修改决定》除对原《公司法》第142条第3项的规定做出修改外,主要是增加了第5项和第6项关于上市公司用作转换公司发行的可转债以及市值管理所需两种适用股份回购的情形。总体来说,修法后,尽管适用的情形得到了广泛的拓展,但从上市公司股份回购的立法模式来说,其并未对原《公司法》做出任何修改,主要表现在两个方面:

其一,《公司法最新修改决定》出台以后,根据修改后的《公司法》第142条,虽然股份回购的适用情形被放宽了,但上市公司原则上依然是不得实行股份回购的。这就同美国的“原则允许,例外禁止”立法模式彻底划清了界限。换言之,《公司法最新修改决定》并未直接赋予上市公司股份自由回购权,股份回购仍然只能在6种情形下方可为之。否则,回购行为即属违法。

其二,《公司法最新修改决定》尽管增加了股份回购的适用情形,但它并未直接授权和认可上市公司可以在无须章程进行宪章性授权的情况下,即可以由其股东大会直接决议回购本公司股份的权利。因此,其与以英国等为代表的折中立法模式也不相同,其仍属于“原则禁止,例外允许”立法模式。

四、完善我国上市公司股份回购立法模式的思路

公司法“一致融合理论”认为,不同法系国家在公司法律文化和法律环境上具有某种程度上的“一致性”,这导致这些国家的公司立法产生融合特质。[①] 这正是上市公司股份回购法制之所以出现“原则禁止,例外允许”“原则允许,例外禁止”以及折中立法模式的法理基础所在。然而,公司法律制度不仅要满足提高“经济效率”的需求,其本身还必然受到来自本国独特的政治和文化等因素的影响。[②] 基于“路径依赖理论”,不同法域国家间公司治理法制模式的差异将会继续存在而无法完全消除。[③]

综上所述,受制于特殊的经济体制、公司法定资本制以及整体法治意识形态等多重原因的综合影响,我国《公司法》自 1993 年制定之初,在上市公司股份回购上便选择了“原则禁止,例外允许”的立法模式,这种传统一直保留至今,2018 年《公司法最新修改决定》依旧维持了该立法模式。受到公司法制现代化理念以及实践的冲击,尤其是资本市场对上市公司治理变革的迫切需求,我国上市公司股份回购的立法模式面临改革和转型。

那么,在三种典型的上市公司股份回购立法模式中,我国是继续坚持

---

① See M. Siems, *Convergence in Shareholder Law*, London: Cambridge University Press, 2008, p. 396.

② See Mark J, "Political Preconditions to Separating Ownership from Corporate Control", *Social Science Electronic Publishing*, 2000, 53(3), pp. 539 – 606.

③ See Bebchuk L A, Roe M J, "A Theory of Path Dependence in Corporate Ownership and Governance", *Stanford Law Review*, 1999, 52(1), pp. 127 – 170.

“原则禁止，例外允许”的立法模式，还是向另外两种模式靠拢或者转型，这关系我国未来上市公司股份回购立法的走向，甚至可能会对我国公司法的理念、功能与价值等基础理论问题的认识提出新的挑战。

基于对前述立法模式之介绍以及我国本土实际之考量，笔者建议，从长远看，我国上市公司股份回购立法的发展趋势应当是“原则允许，例外禁止”模式。但在当前和中期来看，我国宜实现从“原则禁止，例外允许”到折中立法模式的转型，以折中立法模式统领我国现阶段的上市公司股份回购法制。主要理由如下。

（一）“原则禁止，例外允许”的立法模式与我国经济发展现实已经出现裂痕亟待修复

“原则禁止，例外允许”立法模式的确立尽管与我国特定历史时期的经济体制相吻合，但在2013年，《中共中央关于全面深化改革若干重大问题的决定》出台以后，党和政府已经将市场的“基础性作用”提升为“决定性作用”。我国经济体制中政市关系的模型已被最终确立为“限定政府，余外市场”模式。如此一来，市场对资源配置的决定性作用要求国家不能继续对股份回购施以“原则禁止”的态度，因为“原则禁止”之下，市场不可能真正对上市公司股份回购进行自由决策和实施，更无法有效利用该金融工具进行资源配置。

同时，秉承“限制市场，余外政府”的政府权力限阈范型也无法保障公司自治之根本要求，导致我国公司金融创新发展滞后和实体经济发展“瓶颈”的出现。并且，其对我国国有股份的自由转让以及国有资本的保值增值也形成一定的障碍，无法发挥公司自治的自由价值。“只有进一步鼓励自发的金融创新，放开金融市场的手脚，中国的金融市场才会深化。”[①]“原则禁止，例外允许”立法模式下，有限的回购情形已经无法满足公司金融创新实践之需，因此，该模式的修复与改良已经势在必行。

（二）“原则允许，例外禁止”的立法模式与我国当下本土资本市场法制环境不相协调

法律至上思维的主要表现就是对政府专断的抑制，无论是戴雪、拉兹还

① 陈志武：《金融的逻辑》，国际文化出版公司2009年版，第137～138页。

是史卡里亚均认为,法治首先意味着排除政府的专断、特权和广泛的自由裁量权。[①] 美国的"原则允许,例外禁止"模式是市场化程度最高、政府管制程度最低、上市公司运用最为自由的股份回购立法模式,也几乎可以实现所有我国上市公司股份回购法制的本土价值所需。在该模式下,政府的行政干预几乎为零,但并不意味着上市公司实施股份回购不受到任何的限制和约束,也不意味着上市公司可以无资金规模限制地肆意回购股份。正如前文对该模式的介绍中所提到的,美国的判例法实际上充当着最重要的"例外禁止"的反向限制角色。同时,《美国示范公司法》中规定的"债务清偿能力测试制度"虽不同于我国上市公司股份回购法制中的回购适用条件制度,但也从另一个侧面在一定程度上发挥着保护债权人的债权利益以及限制公司过度回购的作用。

但不得不提的是,"原则允许,例外禁止"模式赋予上市公司广泛的股份自由回购权,是以优良的金融市场法制水平作为基本保障的。一方面,如我国部分证券法学者的观点,美国证券法将"反欺诈原则"[②]列为其基本原则,要求所有证券的发行、交易以及为这些行为提供服务的活动,均不得出现不实与欺诈之动机、行为、结果,否则将承担不利法律后果。在反欺诈原则的统领下,美国建立起了世界上最有代表性的反操纵和反内幕交易法律体系。[③]

另一方面,美国证监会(SEC)先后于1982年、2000年和2003年制定了Rule 10b－18、Rule 10b5－1、Regulation S-K等规则,建立了股份回购的"安全港"规则,降低上市公司正常实施股份回购时被认定为内幕交易和操纵市场等违法行为的风险,鼓励上市公司实施股份回购。

不难看出,在我国当前资本市场法制化程度不高,金融交易与监管立法还不完善的情况下,直接引进美国的"原则允许,例外禁止"的立法模式可

---

① 参见周天玮:《法治理想国——苏格拉底与孟子的虚拟对话》,商务印书馆1999年版,第90页。

② 需要强调的是,"反欺诈原则"作为美国证券法的基本原则与我国证券法学者所倡导的诚实信用原则存在重大差别。前者强调反对一切欺诈行为之客观理念,后者侧重对市场主体主观态度的伦理倡导。参见万国华、杨海静:《论反欺诈原则在证券法中的确立——对诚实信用作为证券法基本原则的反思》,载《南开学报》(哲学社会科学版)2015年第1期。

③ 参见万国华:《证券法学》,清华大学出版社2010年版,第75页。

能导致资本市场违法行为泛滥和资本市场不稳定的局面。

(三)设立概括性目的回购将是我国未来上市公司股份回购法制发展的大势所趋

正如我国金融法学者邢会强教授所提出的那样,金融法的立法应当在金融效率、金融安全和金融消费者保护之间寻求平衡。① 从前文对上市公司股份回购立法模式的介绍可以得出,折中立法模式一直试图在“原则禁止,例外允许”的过度刚性和“原则允许,例外禁止”的柔性之间寻找一种平衡。从某种意义上讲,我们可以将折中立法模式解释为“原则禁止,例外允许”立法模式的升级改良版。

当整个规则体系的发展路径被锁定在一种模式中,对这种模式的彻底革命往往是缺乏经济效率的。② 对我国“原则禁止,例外允许”的股份回购立法模式来说,彻底的改革是“不经济”的。反观英国等实行折中立法模式的国家,也不乏“原则禁止,例外允许”模式的影子,并且一般都是从该模式发展而来。法律与市场的“中国特色”通常是建立在普遍的公司法理的基础之上的。③ 既然这些发达国家能够通过改革确立适合本国的立法模式,我国也没有必要完全否弃“原则禁止,例外允许”模式,而宜对其进行有益的升级改良,转而实行刚柔并济的折中立法模式。

折中立法模式的确立一方面保留了特定目的回购的刚性,使上市公司股份回购不至于像美国的“原则允许,例外禁止”那样直接对我国现行资本市场法律体系造成严峻的冲击,但在该模式下,上市公司依法可以回购的情形相较于“原则禁止,例外允许”模式更为丰富;另一方面,更加注重公司自治,通过赋予和认可概括性目的回购(上市公司股东大会根据资本市场和公司金融客观实际,直接决议回购自身股份)的效力,充分尊重现代公司法的公司自治理念和市场对资源配置的决定性作用。也就是说,政府对经济

---

① 参见邢会强:《金融危机治乱循环与金融法的改进路径——金融法中“三足定理”的提出》,载《法学评论》2010 年第 5 期。

② 参见周天舒:《中国公司治理法律规则发展模式的再探讨:一个路径依赖的视角》,载《中国法学》2013 年第 4 期。

③ 参见周天舒:《探寻“牟取公司机会禁止原则”的决定因素》,载《法学杂志》2011 年第 5 期。

实行负面清单的管理方式,只告诉市场主体不能做什么,至于能做什么,该做什么,由市场主体根据市场变化做出判断。①

从我国上市公司股份回购法制的本土价值需求来说,该立法模式由于扩充了上市公司股份回购的适用情形,并且增加了概括性目的回购,有利于上市公司更加自由地运用股份回购工具,便于充分发挥该工具的各种功能。其更大的回购自由度对于保障国有股份自由流通以及国有资本的保值增值意义深远。当然,尽管我们没有直接确立美国的"原则允许,例外禁止"模式,但这并不意味着我们不学习、不借鉴、不移植其关于中小股东以及公司债权人保护的先进法制经验,相反,这些法律制度的完善可以为折中立法模式更加有效地服务于中小股东和债权人保护的公平价值的发挥。

本章小结

上市公司股份回购主要有三种典型的立法模式,即"原则允许,例外禁止"模式、"原则禁止,例外允许"模式和折中立法模式。美国是"原则允许,例外禁止"模式的代表国家,该模式是通过其成文法和判例法共同确立的。一方面,《美国标准商事公司法》以及各州的公司成文法普遍明确规定了上市公司股份自由回购权;另外,美国的判例法则通过上市公司的管理者(董事)信义义务等核心原则和标准等对上市公司股份回购行为予以规范和合理限制。

"原则禁止,例外允许"模式的典型代表是德国、中国台湾和中国大陆。本质上说,这些国家(地区)坚持的是一种"正面清单"的立法模式。立法总体对股份回购持保守而严苛的态度,仅审慎认可在特定情形下的股份回购行为。

英国、法国和日本等国家的折中立法模式原则上也是禁止实施股份回购的,但其以"例外允许"的形式,列出准许上市公司实施股份回购的情形。

① 参见孙小兰:《资源配置中市场决定性作用的倒逼机制研究》,中国社会科学出版社2017年版,第19页。

与此同时,该模式允许上市公司股东大会在无公司章程授权的情况下,根据公司现实所需决议实施股份回购的权利。采用该种立法模式的国家早期一般都对上市公司股份回购立法相对保守,一直到晚近,股份回购立法才表现出相对柔和的特征,认同无章程进行宪章性授权的上市公司股东大会决议实施的回购。

从法哲学的角度分析,“原则允许,例外禁止”的本质是“限定政府,余外市场”模式。该模式的优点十分明显,可以使上市公司股份回购行为正式回归商事决策本身的专业性、相机抉择性和利益相关性的本真。为政府真正筑牢权力限阈的樊篱,防止政府的公权力借各种名义直接干预上市公司的股份回购行为。并且,该模式为上市公司股份回购法律制度的制定、解释以及实施理念的转换等提供了良好的体制基础。

“原则禁止,例外允许”的本质是“限定市场,余外政府”模式。在该模式下,政府(监管部门)无法实现权力运行的法制化。受限于政府的“有限理性”,上市公司股份回购法律制度的真实运用绩效大打折扣。并且,碍于对市场的正面清单管制形式,该模式往往对市场主体的权利保护不力,对上市公司股份回购的应有价值的发挥形成阻力。

折中立法模式竭力寻求市场机制与政府权力二者之间的平衡。其目标是要尽量吸取市场与政府各自的优势,从而实现上市公司股份回购制度的价值最大化。一方面,其适度放宽上市公司因时因势选择适用股份回购的自由,进而彰显市场机制对促进该金融制度和工具有效运用的自由价值;另一方面,依循“原则禁止”的立法态度则显现了立法者对完全放开回购市场表现出的足够隐忧,在资本市场法制环境和宏观市场经济基础不足以支撑市场化回购立法的前提下,保留政府相应的市场规制权。在不能完全实现“原则允许,例外禁止”回购模式之前,可将该模式作为一种过渡性的立法模式予以选择。

在立法模式选定的过程中,对上市公司股份回购的本土价值需求必须认真对待。立法模式的选定必须围绕这些价值需求展开,并有利于最终实现这些法律价值。从我国公司金融和资本市场运作的实践来看,上市公司股份回购须满足其作为一种市场化金融工具独立决策和运用的自由价值,必须彰显有效保护上市公司中小股东和债权人的公平价值,必须承载服务于我国国有股份自由转让和国有资产保值增值的安全价值。

从1993年《公司法》颁布至今，我国一直采用的是“原则禁止，例外允许”模式，这在2018年《公司法最新修改决定》通过以后仍未得以修改。这种模式下，上市公司股份回购往往被动地作为监管部门用以解决股市暴跌等危机的工具，其金融工具价值大打折扣，并且造成资本市场主体应有的合理信赖的丧失。

“原则禁止，例外允许”的立法模式与我国经济发展现实已经出现裂痕，完善我国上市公司股份回购立法模式的思路应当以“原则允许，例外禁止”为最终目标，而以折中立法模式为当前改革的重点目标。可进一步扩张上市公司股份回购的适用情形，并设立概括性目的回购，弘扬公司自治的基本理念，以充分发挥上市公司股份回购的应有价值。

第三章　我国上市公司股份回购的事前法律规制

上市公司股份回购的法律规制，是指法律为克服所有与上市公司股份回购相关的市场失败现象而设置的规范上市公司股份回购行为的制度和规则的总称。由于上市公司股份回购牵涉的利益主体多元、行为环节和流程烦琐、对金融市场影响广泛，各种市场失败现象往往相互交错，进而造成风险共振，因此，上市公司股份回购的法律规制是一项复杂的系统工程。

本章论及的上市公司股份回购的事前法律规制主要是指上市公司在实施股份回购之前必须接受的法律规范措施。其主要包括上市公司股份回购的决议程序规制、上市公司股份回购的资金来源规制以及上市公司股份回购的数量和价格规制等内容。本章拟首先对上市公司股份回购事前法律规制中的各种范畴进行详细界定，而后从比较法的视角，梳理发达资本市场国家的相关立法经验，总结这些国家立法对我国相关法制完善的启示，最后提出相应的对策和建议。

第一节 上市公司股份回购事前法律规制的主要方式及其评析

上市公司股份回购事前法律规制的主要范畴包括回购决策程序规制、回购资金来源规制、回购股份数量与价格规制等问题。其中,回购决策程序规制的核心范畴是决策主体的问题,意即上市公司股份回购到底应当由哪个主体进行决策的问题。上市公司股份回购资金来源规制,主要是指为了保护公司的债权人和公司股东的利益,法律认可的实施股份回购的上市公司可以通过哪些资金来进行回购,法律是否应当限制其回购资金的来源以及通过何种形式达到保护相关利益主体的问题。上市公司股份回购的股份数量与价格规制则可能影响经营者对公司的控制权等涉及股东平等的基本问题。

一、上市公司股份回购决策程序规制及其评析

上市公司股份回购决策程序规制主要围绕上市公司股份回购的决策主体而展开,也就是关于上市公司股份回购的法定决策主体的问题。除上市公司本身作为依法规定的义务主体——比如因为公司合并等法定原因——而取得本公司股份不需要单独就股份回购事宜作出决策外,根据公司法基础理论中公司治理的董事会中心主义和股东会中心主义之争,在上市公司股份回购的决策主体方面存在董事会决策和股东会决策的争鸣。

(一)上市公司股份回购决策程序之争的理论本质

股东会中心主义一贯认为,股东会作为由股东组成的决议组织,其成员——股东"承担着公司运营的最后风险",其能够对自身利益作出最好的判断。[①] 董事会中心主义高度认可董事会的独立性和经营权,纷纷要求扩大董事会的权限,限制股东大会的权力,[②]并认为,强化董事会的监督职能

---

① 参见曹兴权、黄超颖:《股东会授权董事会的底线:权利配置基础结构维持原则》,载《财经法学》2017 年第 3 期。

② 参见孙晓洁:《公司法基本原理》(第 2 版),中国检察出版社 2006 年版,第 324 ~ 325 页。

是市场发展的应然结果，这也是现代公司治理的发展趋势。[①] 实际上，随着现代公司的快速发展，如果公司的任何经营活动都事无巨细，完全依靠股东大会决策并转交董事会执行，或者允许股东大会轻易干涉董事会的中观决策权，都是不利于公司发展和交易安全的。[②]

上市公司股份回购董事会决策和股东会决策之争的理论核心是法律的效率和公平价值谁更优先的问题。如果把每一份股份回购预案都交由股东大会做决议，在某种程度上或许能够确保公司法的公平正义价值以及投资者保护价值，但由于其效率低下却完全可能损害该金融工具本身的作用和价值。相反，我国公司法采用的是股东会中心主义，[③]其基本理念是，如果所有的股份回购事宜都完全交由董事会进行决策，尽管可能提高股份回购的效率，却也难掩公司法基础法理层面的非议。因此，具体确定我国的股份回购决策模式，宜在借鉴国外先进经验的基础上，结合我国的公司治理国情进行制度建构。

（二）上市公司股份回购决策程序规制的比较法分析

1. 董事会决策模式

从比较法的视野来看，国际上典型的上市公司股份回购决策主要有董事会决策模式和股东大会决策模式两种。董事会决策模式，是指上市公司股份回购以董事会为决策机构，无须股东大会向董事会进行专门授权，无须股东大会针对上市公司股份回购做普通决议或者特殊决议即可为之。秉承董事会决策模式的国家在公司治理理论上和公司立法实践中一般都是董事会占据主导地位。董事会决策模式的典型代表国家和地区是美国以及中国台湾地区。

美国作为董事会中心主义理论的集大成者，一贯将上市公司股份回购直接视为公司经营管理的重要组成部分，交由董事会进行管理和决策。对于回购回来的本公司股份，作为已授权但未发行股份对待，可由董事会"不经股东同意"，而直接依据《美国示范公司法》第 6.31 条之规定制定公司章

---

① See Bainbridge, Stephen M, "Director Primacy and Shareholder Disempowerment", *Harvard Law Review*, 2006, 119(6), pp. 1735 - 1758.

② 参见刘俊海：《现代公司法》（第 2 版），法律出版社 2011 年版，第 584 页。

③ 参见刘俊海：《现代公司法》（第 2 版），法律出版社 2011 年版，第 585 页。

程修订文件，并将修订文本送交州务卿办公处进行注册申报。①

美国《特拉华州普通公司法》规定，股份回购需经过第151条第2款的授权并按照该条规定和章程大纲进行。根据第151条第2款，股份回购的对价可以是现金、财产或者权利（包括本公司或者其他公司的证券），回购时间、价格、比例以及有关调整，按照公司章程大纲或者董事会根据本条第1款规定通过的股份发行决议的记载确定。②

与美国的规定高度相似，实行公司治理董事会中心主义的我国台湾地区，其"公司法""证券法"也秉持上市公司股份回购的董事会决策模式。比如，对于员工库藏股的回购，根据其"公司法"第167条第1项之规定，除法律另有规定外，须经董事会以董事2/3以上出席以及出席董事的过半数同意之决议方可为之。③

此外，根据我国台湾地区"证券交易法"之规定，上市公司以及股票已经在证券商营业处所买卖的公司，如果是出于转让股份给员工的目的，或者配合附认股权公司债、附认股权特别股、可转债、可转换特别股或认股权凭证的发行，作股权转换之用的，或者出于为维护公司信用与股东权益的必要而回购股份的，得经董事会以董事2/3以上出席以及出席董事的过半数同意之决议方可为之。④

另外，值得一提的是，一些欧洲国家的公司法中，也开始淡化股东大会对上市公司股份回购的决策机制。比如，比利时对上市公司股份回购的决策机制的规定就相对灵活，其《公司法》规定，公众公司收购自身的股份、发起人股份或与该公司分配给员工的股份相关联的证明书不需要经股东大会决议。⑤ 而且，公众公司的章程可以规定，为避免严重且紧迫的伤害而必须

---

① 参见《美国示范公司法》第6.31条。虞政平编译：《美国公司法规精选》，商务印书馆2004年版，第44~45页。

② 参见徐文彬、戴瑞亮、郑九海译：《特拉华州普通公司法》，中国法制出版社2010年版，第51页。

③ 参见我国台湾地区"公司法"第167条第1项。

④ 参见我国台湾地区"证券交易法"第28条之2。

⑤ 第622(2)条第3项。参见[挪威]马德斯·安登斯、[英]弗兰克·伍尔德里奇：《欧洲比较公司法》，汪丽丽、汪晨、胡曦彦译，法律出版社2014年版，第213页。

进行的股份收购可以不经过股东大会决议。①

2. 股东大会决策模式

上市公司股份回购的股东大会决策模式相比董事会决策模式更为普遍和盛行，尤其是在欧洲，主要发达国家基本都沿袭股东大会决策模式。股东大会决策模式的特点是，上市公司股份回购一般必须通过上市公司的股东大会进行决议，且一般情况下，股东大会的该项决议权不允许直接授权给董事会，以尽量确保上市公司股份回购的公平公正，达到保护债权人和公司中小股东权益之目的。德国、英国、法国、意大利、西班牙、荷兰等国都采取该种决策模式。

例如，根据《德国股份公司法》第 71(1)条第 8 项，股东大会可以授权公司在不超过 18 个月的期间内在特定条件下购买自身股份。②《英国 2006 年公司法》则规定，公众公司取得自身股份按照场内购买和场外购买两种情形区别规制，对于场外购买，场外购买的合同条款必须在该合同订立之前由一项股东大会的特殊决议批准，或该合同条款必须规定在该条款被公司股东大会的一项特殊决议批准之前不得为达成该合同而购买任何股份。股东大会的授权决议中必须明确规定一个到期日，该日期不得晚于决议通过之后的 5 年。公众公司不得在场内购买自己的股份，除非此种行为事先获得了公司股东大会的授权。该项授权只需要股东大会的普通决议即可。

《法国商法典》第 225 – 209 条规定，股票准许进入规范市场交易的公司的股东大会，可以批准董事会，或者相应情况下，批准管理委员会购买(acheter)本公司一定数量的股票，所购股票的数量最高可达到公司资本的 10%，开展这项交易活动的目的与方式以及购进股票的最高数量，由股东大会确定。此项批准的有效期不得超过 18 个月。股东大会通过的决议应当通知公司的企业委员会。③

---

① 第 620(1)条。参见[挪威]马德斯·安登斯、[英]弗兰克·伍尔德里奇：《欧洲比较公司法》，汪丽丽、汪晨、胡曦彦译，法律出版社 2014 年版，第 213 页。

② 参见杜景林、卢谌：《德国股份法、德国有限责任公司法、德国公司改组法、德国参与决定法》，中国政法大学出版社 2000 年版，第 29 ~ 30 页。

③ 参见《法国商法典》第 225 – 209 条。《法国公司法典》(上)，罗结珍译，中国法制出版社 2007 年版，第 222 页。

《意大利民法典》第2357条规定，公众公司收购其自身股份的，必须经过股东大会之授权，股东大会在授权中，必须明确指出可供收购的最小数额以及该授权的存续期间，其中授权存续期限不得超过18个月。①

西班牙的情况与意大利基本一致，根据《西班牙1989年公众公司法》第75条以及《西班牙2005年公司法》第40条，公众公司收购自身股份必须由股东大会作出一项决议进行授权，该决议应当规定购买方式、最低和最高购买价格以及该授权的期限，其中授权的期限不得超过18个月。②

《荷兰民法典》规定，非无对价的公众公司收购自身股份的行为必须获得公司章程的允许，而且股东大会必须已经授权管理委员会进行此项收购。若是出于将公司已购买的股份转让给公众公司中的员工，或转让给同一公司集团中某一家公司之目的而进行收购，则不需要此项授权，前提是该公司的股份已在一家证券交易所上市。该授权有效期限不得超过18个月。③

日本公司法对于上市公司股份回购决议的规则呈现出放宽的迹象。根据2014年新订《日本公司法》，股份公司通过与股东间的合意有偿取得该公司的股份时，必须事先取得股东大会作出的决议。④ 但该法对某些类别的股份回购适度放宽了管制，例如，对于股份公司通过公开市场或者通过金融商品交易法关于公开收购的相关规定，以公开收购的方法取得股份公司的股份时，可以不适用该法第157－160条之规定，在这种情况下，由于所有股东都公平公开地享有同等地出售手中股份的机会，公司董事会可以在章程中规定以董事会的决议决定通过市场交易等取得该股份公司股份之意。⑤

---

① [挪威]马德斯·安登斯、[英]弗兰克·伍尔德里奇:《欧洲比较公司法》，汪丽丽、汪晨、胡曦彦译，法律出版社2014年版，第208页。

② [挪威]马德斯·安登斯、[英]弗兰克·伍尔德里奇:《欧洲比较公司法》，汪丽丽、汪晨、胡曦彦译，法律出版社2014年版，第208页。

③ 《荷兰民法典》第2.98(5)条。参见[挪威]马德斯·安登斯、[英]弗兰克·伍尔德里奇:《欧洲比较公司法》，汪丽丽、汪晨、胡曦彦译，法律出版社2014年版，第214页。

④ 参见《日本公司法》第156条。《新订日本公司法典》，王作全译，北京大学出版社2016年版，第59页。

⑤ 参见《日本公司法》第165条。《新订日本公司法典》，王作全译，北京大学出版社2016年版，第61页。

二、上市公司股份回购资金来源规制及其评析

上市公司股份回购的实施直接牵涉与其相关的各方主体的利益，而这其中，上市公司的股东无疑是股份回购的最大受益者，这从上市公司股份回购决议公告后，其股票往往在二级市场迎来迅速上涨的现实中即可见一斑。从上市公司股份回购带来的利益格局的调整来看，由于涉及公司财务结构的重大调整，上市公司股份回购在给股东——尤其是上市公司的大股东和实际控制人——带来利益的同时，也可能直接损害该公司的债务清偿能力，进而危及公司债权人的利益。[①]

从利益相关主体的权益维系和救济机制来看，无论是在公司治理理论上秉承董事会中心主义还是股东大会中心主义的国家，公司的内部股东相较于外部债权人均具有显著优势地位。在股东大会中心主义下，公司的重要决策（包括上市公司股份回购等重要事项的决策）均由股东大会决议为之，股东的主人翁地位尤其显耀。而在董事会中心主义下，尽管公司的重要决策（包括上市公司股份回购等重要事项的决策）可由董事会直接作出决议为之，但其一，董事会的决议必须严格遵守公司章程，而后者由股东大会制定，当然也是股东大会约束和限制公司董事会的重要规范。其二，在董事会中心主义下，公司的投资人将其对自身财产的控制权赋予公司的经营者（董事等人），[②]国家的公司法制尤其注意董事信义义务（也被称为忠实义务、诚信义务等）的构建，许多英美法系国家通过判例法不断发展信义义务规则对董事行为进行一定程度的限制和规范。确立信义理论的法律要旨，就是将信义关系所蕴含的道德要求法律化，[③]所以，股东并未完全失去对董事的控制。相反，公司的外部债权人则主要通过债权担保等增信措施来维护自己的债权利益。因此，从实质正义和实质公平的理论视角出发，公司金融监管法有必要对债权人利益给予倾斜性的保护。

上市公司股份回购的资金来源限制也被称为上市公司股份回购的财源

---

① See Andrew Hicks, S. H. GOO, *Cases and Materials on Company Law*, New York: Oxford University Press, 2004, p. 253.

② 参见谢晓如：《公司机会规则研究》，厦门大学出版社 2014 年版，第 41 页。

③ 参见盛学军：《证券公开规制研究》，法律出版社 2004 年版，第 122 页。

限制,也就是关于上市公司到底可以利用哪些资金来开展股份回购的法律规制措施。它天然就是为促进和实现股东权益和债权人利益之间的平衡而生的。从世界范围来看,上市公司股份回购的资金来源限制主要有以下几种典型的模式。

(一)公司可分配盈余模式

公司可分配盈余模式,就是上市公司只能利用其可分配的盈余来实施股份回购行为。这是基于保护上市公司资本不受侵害的最为严格的股份回购资金来源限制模式。在该模式下,除了特定时点的可分配盈余,不允许上市公司通过借贷、发行证券等筹资手段为股份回购进行融资。

比如,根据《日本公司法》第 461 条关于对盈余金分配的限制,明确要求上市公司实施股份回购时,其向股东交付的现金等的账面价值总额不能超过该行为生效日的公司可分配盈余额。[①] 根据该条规定,《日本公司法》严格禁止公司将可分配盈余之外的任何其他财源作为股份回购的资金来源。并且,从其可分配盈余额的计算方法来看,其采用的是时点计量法,也就是说,可分配盈余额是以股份回购生效日作为计算时点,以此时的可分配盈余余额作为股份回购的价值上限。

根据《德国股份法》第 71 条之规定,公司在下列情形下进行股份回购的,只有在不减少公司股本(不得使用公司资本)或者不减少依据法律或者章程应提取的、不允许用于向股东支付的公积金,而可以提取《德国商法典》所规定的自有股份公积金时,才允许进行回购:[②]①使公司免除重大、紧迫的损害之目的;②将股票提供给同公司或同与公司存在关联关系的企业有或曾有劳务关系的人;③基于《公司改组法》的相关规定给予股东一次性给付的补偿;④该公司为金融机构、金融服务机构或者金融企业,根据股东大会决议,以有价证券交易为目的;⑤符合特定要件时,股东大会授权董事会进行决议而回购的。

根据《法国商法典》第 225 - 210 条之规定,公司取得本公司股票不得

---

① 参见《日本公司法》第 461 条。《新订日本公司法典》,王作全译,北京大学出版社 2016 年版,第 200 页。

② 参见杜景林、卢谌:《德国股份法、德国有限责任公司法、德国公司改组法、德国参与决定法》,中国政法大学出版社 2000 年版,第 29 ~ 30 页。

产生使公司的自有资金(权益)降至其股份资本加上任何非可分配公积金的总金额以下的结果。另外,公司除法定公积金以外的其他公积金,不得少于该公司所持有的股份价值。①

《意大利民法典》第2357条明确规定,公众公司不得以最近一期经批准的资产负债表上所显示的可分配利润以及可分配公积金以外的资金收购其自身股份。②

《西班牙1989年公众公司法》也同样规定,股份回购必须使进行回购的公司以及控股公司(如适用)能够维持该法第79(3)条所要求的强制公积金,以及法律或者公司章程所要求的其他强制公积金。③

(二)公司可分配盈余+发新股融资模式

公司可分配盈余+发新股融资模式,是指股份回购的资金来源只能是公司的可分配利润以及公司为了回购其自身股份发行新股而筹得的资金。该模式的典型代表国家是英国。英国关于股份回购的资金来源规制异常复杂。

根据《英国2006年公司法》,上市公司回购或者回赎其自身股份应当支付的一切溢价,只能从可分配利润中予以支付,除非被回购或者回赎的股份最初是以溢价发行的,在该种情况下,回购或者回赎的溢价应当用新发行股份的收入来支付,其上限为发行所收到的溢价,或者公司当前股份溢价账户的价值,两者取其低者。从公司金融的角度来说,在股份回赎和回购且注销的情况下,公司必须创建"资本回赎储备"(CRR),该储备的数额等于公司已发行股本因全部运用利润来购买股份而减少的数额,或者如果回赎是部分运用新发行股份的收益、部分运用可分配利润来完成的,则该储备的数额等同于新发行股份的收益不足以支付回赎价款的数额。④ 具体可分为6

① 参见《法国商法典》第225-210条。《法国公司法典》(上),罗结珍译,中国法制出版社2007年版,第224页。

② [挪威]马德斯·安登斯、[英]弗兰克·伍尔德里奇:《欧洲比较公司法》,汪丽丽、汪晨、胡曦彦译,法律出版社2014年版,第208页。

③ [挪威]马德斯·安登斯、[英]弗兰克·伍尔德里奇:《欧洲比较公司法》,汪丽丽、汪晨、胡曦彦译,法律出版社2014年版,第210页。

④ [英]保罗·戴维斯、莎拉·沃辛顿:《现代公司法原理》(第9版),罗培新等译,法律出版社2016年版,第322页。

种情形：

1. 运用可分配利润平价回购当初也是平价发行的股份。该种情况下，债权人不得反对公司运用可分配利润来回购股份，因为这些利润本身就属于可分配的范畴。但如果公司注销了已回购股份，公司的股本账户就会缩减，在此种情形下，公司已发行股本的价值必须扣减已回购股份的名义价值。

2. 运用可分配利润平价回购当初溢价发行的股份。适用与上一种情形同样的程序。公司的股本账户只需扣减已回购股份的名义价值。① 无须要求将超过已回购股份名义价值的数额加到资本回赎储备中。②

3. 运用新发行股份的收益平价购买当初也是平价发行的股份。由于新股发行会将发行收益的数额加入公司的股本账户，因此，该情形下没必要创建资本回赎储备。如果股份回购所用资金部分源于可分配利润，部分源于发行新股之收益，则资本回赎储备只需要填补资金来源中可分配利润的部分。③

4. 溢价回购当初平价发行的股份。该种情形下，回购的溢价只能从可分配利润中支付。④ 新发行股份之收益不得用于此目的。

5. 溢价回购当初溢价发行的股份。如果回购资金源于可分配利润，则与上一种情形相同。如果是用新发行股份的收益为回购提供资金，可以以当初溢价发行的总额为限。⑤ 如果回购溢价低于发行的溢价，且公司的股份溢价账户数额至少等于回购溢价，则公司可以用新发行股份的收益来支付全部回购溢价。

6. 回购股份作为库藏股。这种情形下，只能运用可分配利润。⑥ 在《英国公司法》上，股份回购与股份回赎这两个法律概念最大的区别就在于，股份回赎所得的公司股份在回赎以后必须予以注销。⑦ 相反，就股份回购而

---

① 参见《英国2006年公司法》第706(b)、688(b)条。

② 参见《英国2006年公司法》第733(2)(b)条。

③ 参见《英国2006年公司法》第733(3)条。

④ 参见《英国2006年公司法》第692(2)(b)、687(3)条。

⑤ 参见《英国2006年公司法》第692(3)、687(4)条。

⑥ 参见《英国2006年公司法》第706、724条。

⑦ 参见《英国2006年公司法》第688条。

言,公司对于回购后的股份具有灵活的选择权,其既可以选择予以注销,也可以选择不予注销而将其列入公司的库藏股。[①] 但必须注意的是,如果公司选择将回购股份列为库藏股,其回购资金来源将受到严格的管制,即购买库藏股只能使用可分配利润实施,不能全部甚至部分动用新股发行所得的收益。[②]

(三)公司可分配盈余+资本公积金模式

这种模式的典型代表是我国台湾地区。我国台湾地区"公司法"第167-1条和"证券交易法"第28-2条均规定了股份回购的资金来源限制措施。[③] 具体为,公司股份回购的总金额不得超过"保留盈余加计发行股份溢价及已实现之资本公积"。

我国台湾地区"上市上柜公司买回本公司股份办法"第8条则进一步规定,公司股份回购的总金额不得超过保留盈余以及下列已实现之资本公积之金额:一是尚未转列为保留盈余的处分资产的溢价收入。二是"公司法"第241条列明的超过票面金额发行股票的溢价额和受领赠与之所得(本公司股票除外)。"保留盈余"指法定盈余公积、特别盈余公积、未分配盈余。但需要扣除以下项:①公司董事会或者股东大会已经决议分派的盈余。②依据该"法"第41条规定提取的特别盈余公积。

(四)公司实质清偿能力模式

公司实质清偿能力模式的代表国家是美国。尽管美国各州的立法以及《美国示范公司法》等对于股份回购的资金来源存在不同的限制,但这些立法都有一个共同点,即基本都强调公司的实质清偿能力这一基本原则。在此原则的统领下,各州结合本土公司法制的实际,演化出多种不同的指标体系。

《美国示范公司法》放弃了传统大陆法系国家公司法中的法定资本制度。其将对上市公司股份回购的规制直接放在了该法的第六章第四节"分配"之中。根据该法第6.40节之规定,如果公司进行分配引起下列后果的,则任何分配都将被禁止而不得进行:一是分配将导致公司不能偿还其日常

---

① 参见《英国2006年公司法》第706、724条。

② 参见《英国2006年公司法》第724(1)(b)条。

③ 我国台湾地区"公司法"第167-1条和"证券交易法"第28-2条的规定尽管有表述上的细微差别,但内容基本一致。

的经营活动中的到期债务的;二是分配将导致公司的净资产为负的。也就是说,从回购方案来看,如果股份回购实施以后可能导致公司的总资产小于总负债与回购所需资金之和的,公司即不得进行股份回购。而如果公司在分配时随即发生解散,该回购所需资金必须足以满足股东在解散时享有的优先于他人获得分配的优先权。①

根据《特拉华州普通公司法》第 160 条之规定,上市公司买回自身股份不得造成“公司资本损害”之结果。并且,不仅是回购行为即将导致“公司资本损害”结果之行为被该法明令禁止,而且该法还将公司资本早在回购之前已经受到损害的情形,也一并纳入规制对象。但需要注意的是,如果公司实施股份回购之后履行减资手续,同时不足以引致该公司的资产无法支付其债务的,也就是说,只要不危害公司实质清偿能力原则的,②公司即可动用资本金进行回购。③

三、上市公司股份回购股份数量与价格规制及其评析

上市公司股份回购的数量,是指法律允许的上市公司实施股份回购的最大规模。出于上市公司股份回购法制的公平价值和秩序价值之考量,多数国家(地区)——尤其是采取“原则禁止,例外允许”立法模式的国家(地区)——将其作为股份回购的规制重点。对于上市公司股份回购的价格,一般的惯例是遵从市场交易价格而较少进行直接干预,不过我国台湾地区“非讼事件法”通过司法程序,为股份回购的价格争议提供有效的解决方式的做法也颇有借鉴价值。

(一)欧洲国家公司法一般设置 10% 的股份回购数量上限,不直接干预价格

股份回购可能导致公司不能及时、完整地偿还债务的风险加大,债权人

---

① 参见美国《示范公司法》第 6.40 节。《最新美国标准公司法》,沈四宝编译,法律出版社 2006 年版,第 58 ~ 60 页。

② 美国衡平法之实质清偿能力原则高度关注公司的动态资产和公司现金流,一般采用时点法评估公司的清偿能力,强调的是公司的动态资信状况。

③ 参见《特拉华州普通公司法》第 160 条。《特拉华州普通公司法》,徐文彬、戴瑞亮、郑九海译,中国法制出版社 2010 年版,第 59 页。

的利益可能受到影响。[①] 上市公司股份回购的数量一般通过影响上市公司股份回购的资金总量进而影响上市公司的股本结构和上市公司的资信情况。因此,出于保护债权人利益的考量,欧洲国家一般在公司法中将股份回购的数量设置10%的上限,但鉴于这些地区相对完善的市场交易机制,法律并不对回购的价格进行直接干预。比如,《德国股份公司法》第70条规定,公司回购的本公司股票连同公司已经取得的并且尚持有的公司的其他股票,不得超过股本的10%。[②] 英国为应对《2000年金融服务与市场法》的专门规定以及《欧洲公司法第二指令》的要求,规定股份回购包括用于库藏股的数量最高不得超过任一种类股份数量的10%。[③]

《法国商法典》第225-210条规定,公众公司在任何情况下不得直接或者通过代持人持有超过10%的自身股份。同时,该公司持有任何一种类别股份的数量也不得超过10%。[④]

《意大利民法典》第2357条规定,在任何情况下,公司进行回购的股份票面价值不得超过其股份资本的10%,超过该比例的那部分股份必须在1年内售出,而且若股东大会未批准该股份出售,则必须决议通过股份撤销及相应的减资行为。无论股东大会采取何种行动,公司董事及审计师都必须向法院提出申请,由法院下令公司进行减资。[⑤]

《西班牙1989年公众公司法》规定,进行股份回购的公司及其子公司和该控股公司及其子公司所持有股份的总票面价值不得超过进行收购的公司股份的10%。[⑥]

《比利时公司法》规定,公司回购的股份与已经获得的股份之和,必须

---

① 参见葛伟军:《英国公司法要义》,法律出版社2014年版,第175页。

② 参见杜景林、卢谌:《德国股份法、德国有限责任公司法、德国公司改组法、德国参与决定法》,中国政法大学出版社2000年版,第30页。

③ 参见[英]保罗·戴维斯、莎拉·沃辛顿:《现代公司法原理》(第9版),罗培新等译,法律出版社2016年版,第334页。

④ 参见《法国商法典》第225-210条。《法国公司法典》(上),罗结珍译,中国法制出版社2007年版,第224页。

⑤ 参见《意大利民法典》第2357条。[挪威]马德斯·安登斯、[英]弗兰克·伍尔德里奇:《欧洲比较公司法》,汪丽丽、汪晨、胡曦彦译,法律出版社2014年版,第208页。

⑥ 参见西班牙《1989年公众公司法》第75条。[挪威]马德斯·安登斯、[英]弗兰克·伍尔德里奇:《欧洲比较公司法》,汪丽丽、汪晨、胡曦彦译,法律出版社2014年版,第210页。

被限制于股份资本总额的10%。[①]

（二）美日公司法不设股份回购数量限制，回购价格由公司自治

美国公司法原则上不设置上市公司股份回购的数量限制。其主要的法律保障，除了前文介绍的确保上市公司实质债务清偿能力的规制要求以外，董事的信义义务和经营判断规则是上市公司股份回购必须予以遵守的判例法规则。作为公司法律关系的核心规则，董事的信义义务最早由马萨诸塞州最高法院创设，[②]是指董事在经营管理公司的具体事务和业务的过程中，必须始终毫无保留地、忠实地代表全体股东，为公司利益的最大化尽职履职。

虽然学术界围绕董事与公司以及公司股东的法律关系的论争从未停止，但在信义义务下，董事对公司的注意义务和忠实义务已然获得了一致的认同。[③] 从某种意义上讲，注意义务和忠实义务也会存在一定的矛盾。为了鼓励董事善意地进行有价值的商业决策（有价值的、合理的商业判断），美国公司法一般将经营判断规则和章程免责条款作为其违反信义义务的抗辩理由。[④] 经营判断规则，是指推定公司的董事在做经营决策时，已经尽到善意调查的义务，并且是出于诚信的判断，认为其所采取的决策是最有利于公司利益最大化的。[⑤]

由董事信义义务衍生出来的公司股份回购不得出于"不当目的"原则，则要求董事会决议回购股份的数量，不得出于"不当目的"而为之。如果董事会的决议回购数量仅仅是为维持部分股东或者董事对于公司的控制权，那么即使其回购的价格公允，也不能因此而使其回购行为合法化。从特拉华州法院的态度来看，当回购股份有助于去除外部人持股对现任董事会之

---

① 参见《比利时公司法》第620(1)条。[挪威]马德斯·安登斯、[英]弗兰克·伍尔德里奇：《欧洲比较公司法》，汪丽丽、汪晨、胡曦彦译，法律出版社2014年版，第212页。

② 参见朱大明：《美国公司法视角下控制股东信义义务的本义与移植的可行性》，载《比较法研究》2017年第5期。

③ 参见梁爽：《董事信义义务结构重组及对中国模式的反思：以美、日商业判断规则的运用为借镜》，载《中外法学》2016年第1期。

④ 参见陈鸣：《董事信义义务转化的法律构造——以美国判例法为研究中心》，载《比较法研究》2017年第5期。

⑤ 参见陈永定：《库藏股法律问题之研究》，天主教辅仁大学2011年硕士学位论文，第43页。

董事控制公司所构成的威胁时,法院一般会要求董事会负举证责任,证明公司回购股份的目的系为维护公司利益而为。公司董事会如果能够证明在股份回购之时,的确有合理的理由相信,公司的股份集中于某一特定股东或者某一群体股东,将对公司“继续存在”或“有效用的公司政策”构成威胁,则可认为董事会已经尽到了举证责任,予以免责。[①]

日本在上市公司股份回购的数量规制方面呈现出明显的“美国化”倾向。其在2001年公司法修改时即解禁了库藏股制度,至此,日本上市公司股份回购只接受资金来源的规制而无须接受回购数量的规制,这在之后的公司法修订中得以保留。

(三)我国台湾地区既规制股份回购数量,又提供回购价格争议解决途径

借鉴欧洲大多数国家的立法例,我国台湾地区的上市公司股份回购“法”制确立了类似的股份回购数量上限规制制度。根据我国台湾地区“证券交易法”第28条之2的规定,上市公司回购的本公司股份不得超过该公司已发行股份总数的10%。对此,有台湾学者作如下解释:虽然根据“证券交易法”第28条之2的规定,被回购部分的股份不得行使表决权等权利,因此,公司的经营者并不能直接利用这部分股份来操纵公司。但是从另一个角度来理解,不排除包括公司董事在内的经营者借由利用公司资金回购股份,间接操作股份回购数量和公司既存的股本结构,进而降低其进一步扩大对公司控制权的难度。因此,如果允许公司实施股份回购,就有必要对其回购数量进行规制。[②]

我国台湾地区“公司法”和“证券交易法”对于回购价格也并无明确的限制,原则上由上市公司与股东之间自行协商。[③] 但根据台湾地区“公司法”和“非讼事件法”的规定,上市公司股份回购事宜属于可“由法院处理之公司事件”。因此,如果在法定期限内,上市公司与股东之间无法达成一致

---

① 参见陈永定:《库藏股法律问题之研究》,天主教辅仁大学2011年硕士学位论文,第43页。

② 参见黄铭杰:《自己股份买回与公司法——“财政部”“库藏股”制度草案的问题点与盲点》,载《台大法学论丛》1998年第1期。

③ 参见潘维大:《公司法》,三民书局2006年版,第140页。

的回购价格，得依照“非讼事件法”第 171 条之规定，请求本公司所在地之法院裁定回购价格。而法院裁定时，当以公司资产情形为主要的依据。根据“非讼事件法”第 182 条规定，“法院为裁定前，应讯问公司负责人及为声请之股东；必要时，得选任检查人就公司财务实况，命为鑑定”。同时，法院“得斟酌声请时当地证券交易实际成交价格核定之”。不仅如此，法院应于裁定中载明理由，因裁定而受不利益之人，得依“民事诉讼法”之规定向上级法院提起抗告，抗告中应停止执行该裁定。

第二节　我国上市公司股份回购事前法律规制存在的问题

我国上市公司股份回购事前法律规制的相关内容主要体现于《公司法》(含《公司法最新修改决定》)、2005 年 6 月 16 日由中国证监会出台的《回购办法》、2008 年 10 月 9 日由中国证监会发布的《补充规定》、2018 年 11 月 9 日中国证监会、财政部、国务院国资委联合发布的《三部委回购意见》等相关法律和规范性文件以及证券交易所的自律性规则之中。2019 年 1 月 11 日，上海证券交易所和深圳证券交易所分别发布的《上交所回购细则》和《深交所回购细则》也对相关问题作出了具体规定。① 总体来看，我国上市公司股份回购事前法律规制立法主要存在以下问题。

一、决议程序设置不合理

决议程序是我国上市公司股份回购事前法律规制立法的起点，其在很大程度上直接影响和决定着上市公司股份回购的公平性和公正性。通过上文对国际上其他国家和地区相关决议程序规制的比较法考察可以得出，股份回购的决议程序与一国公司法中公司治理的本位密切相关。总体来说，对公司法人治理结构中权力配置模式的主流研究，可以分为以股东大会作

---

① 需要注意的是，《上交所回购细则》和《深交所回购细则》的正式出台废止了两大交易所先前出台的两部规定，即 2008 年出台、2013 年修订的《上交所集中竞价回购指引》和 2008 年的《深交所集中竞价回购指引》。

为公司治理结构核心机构的模式和以董事会为公司权力中心的模式，前者可以称为“股东大会中心主义”，后者可以称为“董事会中心主义”。[①] 采取股东大会中心主义公司治理模式的国家一般都制定以股东大会为决议主体的上市公司股份回购决议程序，而董事会中心主义公司治理模式的国家一般都制定以董事会为决议主体的上市公司股份回购决议程序。两者相互对应，映射出公司法基本逻辑体系和理论体系一脉相承的关系。

然而，从立法理论和法治理论的角度来说，任何原则都是相对的而不是绝对的，它都会存有例外。[②] 特别是对金融市场的规制，法律必须遵从市场机制尤其是金融市场的内在规律，[③]主动契合金融市场，才能达到较好的规制效果。对上市公司来说，其股票在二级市场上交易，交易制度的核心是“解决股票的流动性和股价稳定性问题”。[④] 由于上市公司的股票价格时时刻刻因证券市场上高速的信息流转与合成撮合处于变动之中。因此，从上市公司市值管理以及维护证券市场稳定的角度来说，无论选取哪种公司治理权力配置模式的国家，都必须在上市公司股份回购的决议程序上保留一定的灵活性，以促进上市公司便利运用股份回购工具处理因市场紧急事件出现时导致的股价剧烈波动。但从中国的实际来说，将基于员工持股计划和股权激励目的以及为发行可转债提供股份为目的的回购（以下简称两大目的的回购）直接授权董事会决议则面临着法理上的障碍。

（一）将两大目的的回购纳入董事会决议违背股东大会中心主义原则

所谓股东大会中心主义，是指秉持股东是公司所有者的理念，[⑤]认为公司是股东投资的产物，股东大会是公司的最高权力机关，在公司法律实践中

① 参见汪振江：《比较公司法学》，中国社会科学出版社2012年版，第302～303页。

② 参见佚名：《中华人民共和国立法法释义：第84条》，载http://www.chinalawedu.com/new/21603_21682/2009_9_22_wa2695494544122990021 7689.shtml，最后访问日期：2018年10月4日。

③ 参见蓝寿荣：《金融创新与法律规制——美国证券立法演进的回顾与思考》，载《上海政法学院学报》（法治论丛）2009年第3期。

④ 邢会强：《新三板市场的法律适用与“新三板监管法”的制定》，载《现代法学》2018年第1期。

⑤ 参见钱玉林：《股东大会决议的法理分析》，载《法学》2005年第3期。

强化股东大会的权力，并将董事会设置为股东大会的执行机构的法律现象。[①] 中国的公司立法以及学界通说长期坚持的是股东大会中心主义，[②]强调股东大会对于公司重要事务的决议权。比如，在2018年《公司法最新修改决定》出台以前，我国上市公司股份回购的适用情形以及决议程序主要规定于《公司法》第142条。其中该条第3项明确规定，因将回购股份作为奖励本公司职工用途的股份回购，须以公司的股份大会决议为之。

《公司法最新修改决定》对该条第3项的修改主要有两处：其一，将作为股权激励用途的股份回购也加入了《公司法》第142条第3项的规定之中，明确基于此用途上市公司可以实施股份回购行为；其二，将《公司法》第142条第3项以及新增加的第5、6项规定的股份回购行为——为发行可转债提供股份而实施的股份回购以及为维护公司价值以及股东权益[③]而实施的股份回购——的决策程序完全改为，可在公司章程以及股东大会的授权之下，由公司董事会决议实施。

根据第十三届全国人大常委会第六次会议对该条修改所作的解释，其主要是考虑到上市公司股东大会的召集以及议事程序较为烦琐，程序严苛，这在一定程度上降低了上市公司依法选择适用该金融工具的积极性。笔者认为，这样的解释固然不无道理。尤其是本轮《公司法》的修订本身就是在A股市场大幅下跌，上市公司股价面临剧烈波动，上市公司股票质押一再陷入爆仓困境的背景下，由中国证监会发起修改提议而完成的。出于护盘和救市的政策目标，将上市公司股份回购的程序简化，尤其是《三部委回购意

---

① 参见孔祥俊：《公司法要论》，人民法院出版社1997年版，第298页。

② 参见朱庆：《上市公司收购防御决议机制立法模式的反思与重构》，载《学术界》2016年第2期。

③ 对于“维护公司价值以及股东权益”目的的回购，有学者将其概括为“护盘目的”，也有学者将其概括为“市值管理目的”，另有学者将其概括为“安定操作目的”，对此，商法学者叶林教授认为，出于法律的科学性和立法的中立性考虑，赞同“安定操作目的”的用法。但笔者认为，在金融学上，“安定操作目的”其实是有特定的服务对象的，即主要是在证券发行以及证券转让的场合，为了稳定证券价格而实行的连续买卖行为。因此，这与上市公司在证券市场非理性暴跌情形下实行的股份回购行为不符。相反，使用“市值管理目的”的提法实际上本身即是中立的表述，更符合上市公司为“维护公司价值以及股东权益”目的回购股份的本质。参见叶林：《股份有限公司回购股份的规则评析》，载《法律适用》2019年第1期。

见》明确表示支持上市金融企业依法开展股份回购,[①]无疑对于促进上市公司选择运用股份回购来稳定股价具有重大的现实意义。

如果说出于稳定市场之需,将上市公司基于市值管理目的而作出的股份回购作为股东大会决议之原则性规定的例外,因简化决议程序和提高决议效率之考虑,将该情形下的上市公司股份回购事项交由董事会决议属情有可原。那么,将基于员工持股计划和股权激励目的以及为发行可转债提供股份为目的的回购完全纳入董事会决议范畴,则具有违背股东大会中心主义原则之嫌。

一方面,无论是员工持股还是将股份奖励于职工,客观上并不具有迫切需要出让股份之需,也没有径直违背股东大会中心主义原则而交由董事会决议之必要;另一方面,就为发行可转债提供股份这一事项来说,如《回购意见》中指出的那样,上市公司实施股份回购之时即可同时申请发行可转债。也就是说,可转债事实上并未真实发行,谈何债权转换为股份呢?股份回购在此情形下,更没有必须立即转换之紧迫性。鉴于我国公司法理论与实务坚持股东大会中心主义之现实,实没有贸然违背该原则,弃公平于不顾而片面追求没有迫切需求之效率的必要。

(二)将两大目的的回购纳入董事会决议与《公司法》制度体系不协调

从公司法理论上讲,上市公司发行可转换债券,并在随后以债转股的形式,将上市公司债券持有人所持有的债券转换为股票,具有明显的"分配"属性。因此,《三部委回购意见》第 1 条中明确规定,上市公司以现金为对价实施股份回购行为的,直接"视同"现金分红行为,并纳入分红比例之计算。当然,这也正是前文介绍的《美国示范公司法》之所以把对上市公司股份回购的规制直接放在该法的第六章第四节"分配"之中的重要原因。

根据《公司法》第 99 条对股份有限公司股东大会职权的规定,[②]股东大会一项重要的职权就是审批股份有限公司的利润分配方案。那么一个产生

---

① 在中国,上市金融企业的市值长期占据 A 股市场总市值的 40% 以上。因此,鼓励这些金融企业实施股份回购对于稳定市场意义非凡。

② 该条规定,股份有限公司股东大会的职权准用《公司法》第 37 条第 1 款关于有限责任公司股东会职权的相关规定。

冲突的问题就浮出水面，如果上市公司需要进行利润分配，依据《公司法》第99条的规定，其利润分配方案需要经由公司股东大会决议为之，但如果公司决议进行为发行可转债提供股份为目的的股份回购，则可以在章程规定或者股东大会授权之下，由公司董事会决议为之。显然，这种决议程序之规定与《公司法》既有制度体系不相协调。

同理，根据2018年新修订的《上市公司股权激励管理办法》[①]第57、63条之规定，将回购的股份用于上市公司股权激励的，股权激励计划及相关预案和股票回购方案等，均应当由上市公司的股东大会进行决议。但根据《公司法最新修改决定》，将回购股份用于员工持股计划和股权激励的，回购方案却由上市公司董事会决议即可。不难看出，《公司法最新修改决定》在该事项的决议程序上，并未严格遵守股东大会中心主义的原则。虽然立法者出于稳定证券市场之考虑可以理解，但是该条的修订与现行公司法制产生了巨大的冲突。这表明《公司法最新修改决定》违背了现代社会法治国家所共同提倡和遵守的法制统一的基本原则。[②]

二、疏于债权人保护

（一）将回购数量与后续融资挂钩造成金融“加杠杆”

一般来说，所谓金融的“杠杆”，指的是以较少的收益获得较高的回报。[③] 在经济学意义上，在供给侧结构性改革的过程中，“去杠杆”涉及诸多部门，包括但不限于政府部门、非金融企业以及居民部门等。[④] 需要特别强调的是，金融“去杠杆”与金融业“去杠杆”和金融机构“去杠杆”不是同一个概念。金融“去杠杆”是一个上位概念，其根本目的是抑制金融过热，具体涵盖了金融企业以及普通公司和政府部门等各种市场和政府主体。金融机构“去杠杆”则主要针对的是传统的以银行为代表的金融机构的高杠杆

---

① 参见中国证监会：《关于修改〈上市公司股权激励管理办法〉的决定》，载 http://www.csrc.gov.cn/pub/zjhpublic/zjh/201808/P020180815776363550523.pdf，最后访问日期：2018年10月4日。

② 参见江必新：《深化依法治国实践刍论》，载《法学杂志》2017年第12期。

③ 参见管清友：《反思中国金融高增长》，载《中国外汇》2017年第6期。

④ 参见王庆恩：《金融业去杠杆方向与效果》，载《经贸实践》2017年第2期。

经营的问题。

在《公司法最新修改决定》出台以前，我国对上市公司股份回购唯一的资金来源限制规定于《公司法》第142条，其只明确了将股份用于奖励职工的回购情形下，上市公司应当从税后利润中支出。《三部委回购意见》出于救市的目的，不仅不限制股份回购的资金来源，而且大力支持上市公司通过发行债券、发行优先股等多途径为股份回购进行融资。① 如前所述，《英国2006年公司法》对回购股份作为库藏股情形下公司的融资选择进行严格的规制，即当上市公司选择将回购股份作为库藏股时，其回购资金来源只能是可分配利润，而不得运用发行新股等其他融资途径获得的资金。这一点，在《三部委回购意见》中全然没有体现，不得不谓是一个重要的债权人保护方面的疏漏。

尤其值得注意的是，《三部委回购意见》一项重大的制度创新——将上市公司股份回购的总金额与上市公司完成回购行为以后的再融资金额进行直接挂钩，规定再融资金额的上限为上市公司最近12个月的股份回购的总金额。并且当次的上市公司再融资决议与前次董事会所作决议之间，不受间隔期规制，监管部门实行优先审核。从公司金融的角度来说，上市公司股份回购实际上是"去杠杆"的过程，通过回购股份能够降低上市公司在金融市场甚至银行等金融机构获得融资的能力。但《三部委回购意见》关于上市公司股份回购总金额与后续再融资规模挂钩的创新之举，实际上带来了为后续融资"加杠杆"的客观效果。② 特别是考虑到我国A股市场上大量的巨无霸公司都是大型国有企业，《三部委回购意见》中该条的实施很可能通过对上市公司后续再融资的影响而间接地达成金融"加杠杆"的实际效果。

总之，出于"稳市场"之目的的功利性考虑尚且可以理解，但《公司法最新修改决定》对金融"去杠杆"的基本要求的违背却显然无法获得正当性支持。

---

① 参见《三部委回购意见》第5条。

② 当然，也必须考虑上市公司的实际，比如有的上市公司如果业绩实在太差或者通过股份回购也不能维持股票价格的，其后续融资可能受制于公司财务状况、公司信用等各方面原因而得不到市场的认可，最终无法完成再融资。

(二)完全放开回购资金来源却疏于债权人利益保护

从上一节介绍的国外对于上市公司股份回购资金来源的规制情况来看,无论是采取哪种模式,各国殊途同归的目的都是加强债权人利益之保护。反观我国的上市公司股份回购法制,在诞生之初即伴随着国有股减持的重要任务,在本轮证券市场暴跌时,中国证监会牵头启动公司法修改以及相关规范性文件和交易所自律规则的变动,其最核心的目的还是服务于资本市场的维稳。[①] 这从《三部委回购意见》迫切呼吁金融企业开展股份回购的立场也可见一斑,毕竟对 A 股市场而言,金融稳则市场稳,A 股市场的成功筑底离不开金融板块股价的强力企稳反弹。[②] 然而同样不容忽视的是,维稳不只具有维护投资者权益的单一面向,还具有债权人保护的多重面向。单纯不计一切代价地通过实施股份回购来维稳,或许能够获得二级市场上投资者的大力支持,但对上市公司债权人的处境来说则可能危机四伏,最终也会影响证券市场的稳定发展。

实际上,在《公司法最新修改决定》出台之前,我国《公司法》对于上市公司股份回购的资金来源限制就存在较大的疏漏。比如,即便是在将股份用于奖励职工的回购情形下,原《公司法》要求回购资金应当从"税后利润中支出",这反过来也只能证明在当时具有回购能力的公司拥有"税后利润",而不能确保公司具有充分的清偿到期债务的实质清偿能力。因为公司在经营的过程中,基于纷繁的业务往来,无时无刻不在产生新的债权和新的债务,即使由此产生的债权债务相抵公司依然具有总资产大于总负债的实力,但也难免存在当期债权小于当期债务而公司不具有实质清偿能力的情形。值得注意的是,《公司法最新修改决定》的出台,彻底删除了回购资

---

① 在全国人大常委会官方发布的《公司法》修改理由中,将回购范围较窄放在了修改背景的第 1 条,其中特别提到了大量上市公司在股价破净受回购情形限制而无法回购本公司股份的情况。这可以看出,维护证券市场乃是本次修订的首要原因。参见中华人民共和国司法部:《〈中华人民共和国公司法修正案〉草案(征求意见稿)》,载 http://www. moj. gov. cn/news/content/2018 - 09/12/zlk_39739. html,最后访问日期:2018 年 11 月 12 日。

② 参见丁臻宇:《金融股暴涨之后 A 股怎么玩? 这两大信号透露后市走向》,载 http://stock. hexun. com/2018 - 10 - 27/195015306. html,最后访问日期:2018 年 10 月 28 日。

金应从"税后利润中支出"的规定,[①]这让股份回购的资金来源限制被彻底放开。

再如,在《公司法》未明确公司资产的计量方式的情况下,法律上对于公司资产的理解也会存在分歧。比如,既可以将其理解为以公允市价为计量标准的资产,也可以将其理解为以定期的财务报表为计量标准的资产。如果是以定期的财务报表为计量标准的资产,并不能保障公司当前的实质清偿能力,因为所谓的"定期",无论是上市公司年报还是季报,都是一种历史计量方法。

此外,在异议股东回购请求权行使的情况下,原《公司法》并未明确规定任何的财源限制。根据一般的理解,异议股东之所以通过公司回购其股份而退出公司,在大多数情形下,他都是小股东、少数股东。但事实上,在A股市场上,像贵州茅台、中国平安、药明康德等行业巨头公司或者"独角兽"公司,[②]如果其"异议股东"在接近10%～20%的持股,那么很可能在特定时期对公司的实质清偿能力造成重大影响。因此,在比较法上,以《美国示范公司法》为例,其虽然放弃了法定资本制度,但随即确立的实质清偿能力规制标准为上市公司股份回购下债权人利益的保护提供了有益的保障,即只要回购行为将导致公司不能偿还其日常经营活动中的到期债务的结果的,或者回购行为将导致公司的总资产小于总负债与回购所需资金之和的,该回购行为必须终止。而反观我国,在将实质清偿能力作为上市公司股份回购的资金来源限制的标准出台之前,债权人的利益无法得到有效的保护。

三、忽视回购风险规制

如上文介绍,国际上对于上市公司股份回购的数量与价格规制主要有

---

① 参见中华人民共和国司法部:《〈中华人民共和国公司法修正案〉草案(征求意见稿)》,载http://www.moj.gov.cn/news/content/2018-09/12/zlk_39739.html,最后访问日期:2018年11月12日。

② 在资本市场上,"独角兽"公司主要是指那些行业前景好、估值较高(一般是在10亿美元以上)的初创企业,这些企业一般具有较高的科技含量,投资者认可度极高,是各国证券市场竞相追逐的热门公司。

三种模式。其中，对上市公司股份回购的数量的规制相较于价格的规制更为严格，越来越多的国家将后者交由市场自治。

（一）《三部委回购意见》片面追求回购规模而忽视了风险规制

对上市公司股份回购的数量规制来说，欧洲大陆国家更多沿袭了《欧洲公司法第二指令》的要求，设置了上市公司股份回购不得超过其总股本10%的上限。美国与日本则不对回购数量作强制规定，并通过董事信义义务以及实质清偿能力标准等法律规则相结合的办法维持上市公司股份回购的公平与秩序。我国台湾地区则既规制回购数量也提供回购价格争议解决机制。

从我国《公司法》来看，上市公司股份回购的数量限制是分类进行规制的。一般来说，对于以减少注册资本为目的的股份回购行为，因其回购的股份必须在10日内注销，因此，不设定回购数量限制。① 对于因公司合并和异议股东请求回购的，目前也不设置回购上限的要求。唯《公司法最新修改决定》将基于员工持股计划和股权激励目的、为发行可转债提供股份为目的以及基于市值管理和维护股东权益目的的回购设置了不超过已发行股份10%的上限，并正式建立起了我国《公司法》上的库藏股制度。

《三部委回购意见》大幅放宽上市公司股份回购的数量限制，片面追求回购规模的倾向十分明显。其一，将为员工持股计划和股权激励目的股份回购的数量限制从5%提高到10%。② 其二，将上市公司股份回购总规模与该公司后续再融资的规模直接挂钩，间接鼓励上市公司大力度实施股份回购。换言之，上市公司回购股份的数量越多，其后续融资的理论规模就越大，并且在审批环节，监管部门将给予更大的政策优惠支持。③ 其三，降低上市公司股份回购的股价门槛，扩大上市公司的股份回购规模。《三部委回购意见》明确，上市公司的股票价格只要符合以下两个条件之一者，即可实施股份回购行为：

---

① 当然，如果回购行为导致公司股本结构已经达不到公司上市的基本要求，甚至不符合股份有限公司的基本法定条件者，须接受相应的法律监管。

② 参见《公司法最新修改决定》。

③ 主要包括两方面：一是回购与再融资不受间隔期限制；二是对后续再融资“优先支持”。参见《三部委回购意见》第5条之规定。

1. 破净,即上市公司的股票价格低于其每股净资产的。

2. 20 个交易日内股票价格跌幅达 30% ,即在该期间,上市公司的股票价格累积跌幅达到 3 个跌停板的水平(特别处理的股票——ST 股和 * ST 股除外)。

并且,只要符合这两个条件之一,上市公司回购并注销股票的,不受《回购办法》第 8 条关于回购条件之规制以及《补充规定》第 9 条关于特定的敏感期间不得回购之限制。[①]

综上所述,在《公司法最新修改决定》和《三部委回购意见》出台之后,上市公司只要出现股价破净和 20 个交易日内达到 3 个跌停板的情况,其不仅被鼓励大力实施股份回购,而且其回购行为完全不受之前股份回购适用条件之限制,不受敏感期限制,并且回购得越多,后续再融资规模就越大,审批就越容易通过。显然,监管部门维护证券市场稳定之决心在上市公司股份回购新政中体现得淋漓尽致。

笔者认为,从欧洲国家的股份回购法制以及我国台湾地区的规定来看,将为员工持股计划和股权激励目的回购数量适度提高,尤其是在资本市场大幅下跌的背景下有其合理性,这不仅有利于上市公司股价的企稳,而且从长远来看,也有益于公司的发展。但是将上市公司股份回购总规模与该公司后续再融资的规模直接挂钩,以及降低股票回购门槛的做法其实缺乏正当性支持,并伴有较大的市场风险。

一方面,这为上市公司开启了一条无限扩张资产负债表的过度金融化之路。基于《三部委回购意见》的规定,上市公司可以通过大规模发债(或者优先股)来为股份回购融资,之后再按照监管部门提供优惠政策支持的再融资来实施债转股,如此循环往复扩张上市公司股本和市值,并最终选择在股价处于高位时一举抛售公司股票。这种“低价回购,高价发新”的、“赚取差价”的资本游戏,实际上已经在某种程度上偏离了上市公司正常发展的融资需求,金融过度化发展模式所带来的风险膨胀必将成为股市健康发展的下一个障碍。

---

① 《回购办法》第 8 条主要是关于上市公司股份回购适用条件的规定,《补充规定》第 9 条主要是关于上市公司股份回购敏感期禁止回购的规定。

另一方面,尽管在分析上市公司股份回购的立法模式时,我们主张应当放开我国上市公司股份回购适用条件的管制,让其进一步回归市场化金融工具运作的本质,但从我国证券市场的实际来看,尤其是在2005年以后,操纵市场与股份回购的联系日益紧密,[①]并且利用股份回购实施内幕交易行为也屡见不鲜。[②] 因此,《三部委回购意见》关于豁免适用《回购办法》第8条和《补充规定》第9条中的关于特定的敏感期不得回购股份之限制的规定,不能获得正当性支持。尤其是在我国内幕交易和操纵市场立法和执法效果并不理想的背景下,这样的规定对于保证股份回购的公平有序开展有百害而无一利。

(二)协议回购价格争议解决机制缺位挫伤协议回购的适用积极性

一般来说,上市公司股份回购的形式包括公开回购与协议回购等形式。在美国等发达资本市场国家,上市公司股份回购的主要形式是在证券市场上通过集合竞价系统公开交易回购或者由公司向其全部股东发起回购要约按比例进行回购。[③] 这样的交易形式,最大的好处是可以确保较高的透明度和公平性。尽管《公司法最新修改决定》明确要求,基于员工持股计划和股权激励目的、为发行可转债提供股份之目的以及以市值管理和维护股东权益目的的股份回购,应该通过公开的集中交易方式进行。但对于其他情形的回购,在我国相当长的上市公司股份回购实践中,上市公司与大股东之间通过私下协议回购的情形仍然十分普遍。

对于协议回购,回购价格一般交由市场自治,法律一般不作强制干预。但在协议回购实践中,当上市公司与其股东的协议价格无法达成一致的情况出现时,往往贻误股份回购的时机,甚至在某种程度上也会影响上市公司对股份回购的选择适用。因此,协议回购价格争议解决机制的缺位是我国上市公司股份回购法制亟须完善的内容。

---

① 参见朱庆:《论股份回购与操纵市场的关联及其规制》,载《法律科学》(西北政法大学学报)2012年第3期。

② 参见李振涛:《护盘式股份回购制度的演进及其设计——基于证券市场异常波动应对的视角》,载《政法论坛》2016年第4期。

③ 参见刘蔚:《上市公司股份回购制度研究》,中国政法大学2008年博士学位论文,第106页。

第三节　我国上市公司股份回购事前法律规制的完善

从上市公司股份回购事前法律规制的具体环节来看,决议程序、资金来源规制、数量与价格规制等涉及的内容往往在上市公司股份回购预案以及回购公告中就必须予以明确并依法进行信息披露。这些方面属于股份回购的基本要素和逻辑起点,其规范性程度对于整个股份回购市场的公平和透明具有决定性作用。在上一节提出我国上市公司股份回购事前法律规制存在的主要问题的基础上,本节拟结合其他国家(地区)上市公司股份回购事前法律规制的经验与我国本土股份回购法制的实际,分析和提出进一步完善我国上市公司股份回购事前法律规制的具体建议。

一、分类设置股份回购决议程序

在澄清我国上市公司股份回购决议程序之前,我们有必要清醒地认识到,从各国公司治理法制的发展历程来看,公司治理机制中,已经远远不是传统公司法理念中单纯的股东大会中心主义或者董事会中心主义那么简单。在这个问题上,我国也有学者提出,"必须意识到未来中国公司的权力变迁结果或许不会只限于一个特定模式"。①

(一)坚持按回购类别设置差异化的股份回购决议程序

相比原《公司法》,《公司法最新修改决定》在上市公司股份回购的决议程序上的一个重大进步,是一改原来铁板一块的股东大会决议程序,按照回购行为的类别设置了差异化的决议程序。具体而言,如果是因为减资或者因为与持有本公司股票的其他公司合并而进行的股份回购,依然坚持原《公司法》的做法,须由股东大会进行决议。而对基于员工持股计划和股权激励目的、为发行可转债提供股份之目的以及以市值管理和维护股东权益目的的股份回购,则可以在章程规定和股东大会授权之下由董事会决议

---

① 王瀚培:《公司权力中心变迁与公司法的回应》,载《北京航空航天大学学报》(社会科学版)2016 年第 5 期。

为之。

笔者认为，按照回购类别设置差异化的股份回购决议程序具有公司证券法上的合理性，应成为我国未来上市公司股份回购法制继续坚持的立法思路。这是由于，诸种不同的股份回购行为本身具有不同的法律性质，这些不同的法律性质决定了上市公司股份回购法制必须对其作出差异化的监管制度安排。比如，安徽大学法学院朱庆教授将上市公司股份回购区分为良性的回购、恶性的回购和中性的回购。[①] 诸如减少注册资本、与持有本公司股票的其他公司合并以及配合员工持股计划和股权激励等而实施的股份回购行为等皆属于良性的回购，只要依法履行相应程序基本就能实现债权人保护等目的。对于抽逃出资以及为董事个人谋取控制权等则属于恶性回购，法律必须从严监管。对于以发行可转债提供股份为目的以及基于市值管理和维护股东权益目的的回购可以理解为中性回购，中性目的的回购利弊兼有，如何兴利除弊取决于法律对其的规制态度。对不同的股份回购事由，由于其行为性质各异，行为的恶性程度不同，行为对公司治理和公司经营带来的影响也千差万别。

从上市公司股份回购决议程序的比较法经验来看，按回购类别设置差异化的股份回购决议程序实际上也是游走于股东大会中心主义与董事会中心主义二者之间的一种折中的、相对合理的立法形式。在德国、法国、意大利等欧洲大陆法系国家，上市公司治理理论崇尚的是股东大会中心主义。其信奉股东大会才是公司的权力机关，是公司利益的唯一享有者。[②] 将公司治理的核心权力保留于股东大会，因此，在股份回购事宜上，保持了股东大会决议程序。但这样刚性的规定在高速运转的资本市场面前，其运作效率必将大打折扣。相反，以美国为代表的坚持董事会中心主义的国家，则将公司重大事项决策权都交由股东推选的董事会行使，[③]进而在上市公司股份回购的问题上，保留了董事会决议程序。这样的制度安排尽管效率颇高，但董事滥用职权谋取个人利益的现象以及“经营无能”等问题需要衡平法

---

① 参见朱庆：《我国应允许概括目的下的股份回购》，载《安徽大学学报》（哲学社会科学版）2008 年第 1 期。

② 参见范健、王建文：《公司法》（第 2 版），法律出版社 2008 年版，第 346 页。

③ 参见范健、王建文：《公司法》（第 2 版），法律出版社 2008 年版，第 346 页。

上信义义务规则予以约束。[①]

总之,到底是将上市公司股份回购决议权交由股东大会还是董事会,实际上在现代公司法学上已经成为一个形式问题,其更深层次的、实质上的问题是如何衡平公平与效率两种法律价值之间的共时性冲突。上文介绍的比利时的相对灵活的股份回购法制或许也是未来国际上上市公司股份回购决议程序立法的发展趋势。因此,在我国未来的上市公司股份回购法制完善的过程中,宜继续坚持差异化决议模式的立法思路。

(二)设置与我国《公司法》股东大会中心主义相协调的股份回购决议程序

我国公司法保留了股东大会中心主义的残余,[②]公司法上关于权力的分配过分倾斜于股东大会已经成为当前公司法的一大弊端。[③] 这种传统即使是到最近《公司法最新修改决定》的出台也并未改变。但必须说明的是,无论各国公司法对公司治理结构作出何种具体的规定,公司法的规定相对于丰富的公司实践来说,都只是提供了最基本的原则性规定,它只能确定一个基本框架,而不可能概括出统一的、最佳的治理模式。[④]

在各国公司立法经历从股东大会中心主义向董事会中心主义发展的历史进程中,我国公司的内部权力构造也应当顺应董事会中心主义的趋势,合理分配董事会和股东大会之间的权力。[⑤] 正如比利时《公司法》对上市公司股份回购的决议程序的规定那样,赋予公司董事会对于为避免严重且紧迫的伤害而必须进行的股份收购,可以不经过股东大会而自行决议。[⑥] 这就是协调和解决股东大会中心主义与上市公司股份回购决议效率之间矛盾的正确立法方向。

从我国《公司法最新修改决定》中新修订的股份回购决议程序来说,对于减资和企业合并带来的股份回购实行股东大会决议实际上较好地践行了

---

① 参见高程德:《现代公司理论》,北京大学出版社 2000 年版,第 192 ~ 199 页。

② 参见吴建斌:《现代公司治理结构的新趋势》,载《法学杂志》1996 年第 4 期。

③ 参见施天涛:《公司法论》,法律出版社 2005 年版,第 371 页。

④ 参见范健、王建文:《公司法》(第 2 版),法律出版社 2008 年版,第 348 页。

⑤ 参见赵万一:《公司治理法律问题研究》,法律出版社 2004 年版,第 80 ~ 81 页。

⑥ 参见比利时《公司法》第 622(2)条第 3 项之规定。[挪威]马德斯·安登斯、[英]弗兰克·伍尔德里奇:《欧洲比较公司法》,汪丽丽、汪晨、胡曦彦译,法律出版社 2014 年版,第 213 页。

股东大会中心主义的公司治理理论,与我国现行《公司法》制度保持了较好的契合。但是对于《公司法》第142条第3、5项以及第6项全部放开授权,可由董事会直接决议的修改,从我国公司法理论与实践角度来说,值得商榷。

具言之,为了维持公司股价和股东权益进行股份回购的,尤其是在《公司法最新修改决定》出台时,A股市场持续暴跌的现实背景下,规定公司董事会可在章程规定或者股东大会授权的情况下,由董事会决议回购具有合理性。这对于保持回购的高效率和精准利用回购工具维护市场稳定意义重大。

相反,对于员工持股或者股权激励目的的回购,从现实的公司实践来看,上市公司并没有如此紧迫的效率要求。同理,出于为可转债的后期转换而回购股票的,需要区分具体情况进行分类规制。比如,在《公司法最新修改决定》出台前公司已经发行了可转债,目前需要以回购股份进行转换的,根据市场对回购效率的现实需求,可由董事会作出决议。而对于尚未发行的可转债,则不得由上市公司董事会进行决议,应坚持由股东大会作出决议的做法,因为该种情形下,上市公司没有如此紧迫的效率要求。《公司法》为保持法律制度体系的一致性,尤其是为了保持与公司股东大会在公司利润分配等方面的决定权相一致,没有必要径直破坏股东大会的决议权而交由董事会决议。因此,笔者建议,对于《公司法》第142条第3、5项的内容可按以上分析进行相应的修改,设置与我国《公司法》股东大会中心主义相协调的股份回购决议程序。

二、确立实质偿债能力规则

《公司法最新修改决定》应我国资本市场持续暴跌的背景而出台,其天然具有维护资本市场稳定之历史使命。这样的时代命运给我国上市公司股份回购法制的改革和完善既带来了机遇,又带来了挑战。

其中的机遇是,资本市场大幅下跌的历史事实对传统的管制型立法形成了强势的倒逼机制,逼迫我国上市公司股份回购法制走上"去行政化"的道路。从而特别是在股份回购的适用情形和规模限制等方面大幅放开,给市场主体更多自由选择适用的空间。其中的挑战则是,本就不完善的公司证券法制环境应当如何控制和治理股份回购进一步放开以后可能面临的风险。

结合上一节分析的我国上市公司股份回购法制在债权人保护和回购资金来源规制等方面存在的问题,笔者建议从以下方面进行完善。

(一)取消《三部委回购意见》中片面追求回购规模的规定

适度放宽股份回购的资金来源管制,对于上市公司积极选择适用该金融工具具有重要的促进作用。《公司法最新修改决定》的出台将原《公司法》第142条中对用于奖励职工情形下,股份回购的资金必须从税后利润中支出的限制予以取消。同时,《三部委回购意见》还鼓励上市公司通过发行债券和优先股等积极为股份回购行为进行融资。应当说,这样的股份回购法制体系对于提升上市公司的股份回购积极性已经具有动能十足的促动力。

法经济理论认为,如果市场力量可以解决不负责任的管理问题的话,公司法的作用就是消极的。基于这种观点,公司法只要不成为市场力量的绊脚石即可。[1]《公司法最新修改决定》的出台对于二级市场上上市公司股份回购具有很好的保障作用,《三部委回购意见》将上市公司股份回购的总金额与上市公司完成回购行为以后的再融资金额进行直接挂钩的规定实属多余。股份回购是给上市公司"去杠杆",让公司金融回归理性,促进上市公司合理调整业务和财务结构,做好市值管理,在"稳金融"的同时实现自身经济效益的健康增长。因此,建议删除《三部委回购意见》中将上市公司再融资金额的上限与股份回购规模挂钩的规定。同时,借鉴《英国2006年公司法》对于回购股份作为库藏股情形下,公司用于实施回购的资金来源限制的相关规定,突出对公司资本和债权人的保护。

(二)确立以实质偿债能力为核心的债权人保护规则

《公司法最新修改决定》删除了回购资金应从"税后利润中支出"的规定,由此,我国法律对上市公司股份回购的资金来源限制被彻底解除。随之而来的问题是,我国的上市公司股份回购法制应当如何加强对债权人的保护呢。从比较法的视角看,笔者将公司法对于上市公司股份回购情形下的

---

① 参见施天涛:《公司法论》,法律出版社2005年版,第364~365页。

债权人保护概括为两种典型的模式。

一种是形式主义保护模式。所谓形式主义保护模式就是立法一般设定明确的上市公司实施股份回购不得触犯的财务指标和条件,如果上市公司不符合该指标的相关要求,即不得实施股份回购。上文介绍的德国、日本、法国、意大利和西班牙等国家建立的“公司可分配盈余模式”,英国的“公司可分配盈余+发新股融资模式”,以及我国台湾地区的“公司可分配盈余+资本公积金模式”均属形式主义保护模式。在这些国家和地区,上市公司实施股份回购的,必须保证其财务状况符合上述标准的强制要求,否则不得实施股份回购。

另一种是实质保护模式。所谓实质保护模式是指立法一般将上市公司对债务人的实质清偿能力作为股份回购的衡量指标。只要实施股份回购后将影响上市公司的实质清偿能力的,则一律不得实施股份回购。以《美国示范公司法》第6.40节、《特拉华州普通公司法》第160条等法律为代表的实质清偿能力保护模式更加关注上市公司的实时财务指标和现金流,实施股份回购的上市公司必须保证其对到期债务的实质清偿能力,否则不得实施股份回购。相反,只要能够保证上市公司的实质清偿能力,即便在是否动用资本金等在采用形式主义保护模式国家十分敏感的问题上,其也在所不问。

上述两种上市公司股份回购债权人保护模式本身并无高低优劣之分。在完善我国股份回购债权人保护相关立法的过程中,最重要的还是要结合我国公司证券法制环境的客观情况来进行具体的模式选择。当前,我国上市公司股份回购的资金来源限制已经被解除,并且监管部门和证券交易所以及证券业协会等自律组织纷纷以各种形式鼓励上市公司实施股份回购行为。这在一方面有力地刺激股份回购工具选择运用的同时,也给债权人保护带来了前所未有的挑战。

相对于德国、日本、法国、意大利、西班牙等大陆法系国家的管制程度,我国在上市公司股份回购的资金来源方面较宽,继续通过移植这些国家的相关立法,建立形式主义的债权人保护模式似不可行。反之,应当借鉴对资金来源限制更为宽松的国家(地区)——尤其是美国——的相关立法经验,建立我国的上市公司股份回购债权人实质保护模式,制定上市公司实质清偿能力规则，应是更为妥当的选择。

在具体的制度层面，可借鉴《美国示范公司法》的相关立法例，明确要求，如果上市公司的股份回购行为将导致公司不能偿还其日常经营活动的到期债务的结果时，或者上市公司的股份回购行为将导致公司的总资产小于总负债与回购所需资金之和时，该上市公司不得实施股份回购。同时，明确规定，在计算上市公司的实质清偿能力，尤其是公司资产的计算方法时，不以定期的财务报表为标准，①而应以公允的市场价值为标准，密切关注公司的现金流，着重强调公司的实时债务清偿能力，以达到有效保护债权人利益之目的。

三、强化回购风险规制

（一）确立符合我国国情的股份回购数量规制模式

对上市公司股份回购的数量规制主要源于两方面的逻辑：一是回购数量的多寡可能在一定程度上影响上市公司的资信，从而给债权人利益的保护带来挑战。二是回购数量及其实施节奏会给上市公司的董事以及高级管理人员等以内幕交易和操纵市场之机。②

基于这两点分析，我们看到，尽管《德国股份公司法》第 70 条、《法国商法典》第 225 – 210 条、《意大利民法典》第 2357 条等法律在表述上存在差异，但基本都沿袭了《欧洲公司法第二指令》的规定，要求股份回购包括用于库藏股的数量最高不得超过任一种类股份数量的 10%。我国台湾地区"证券交易法"第 28 条之 2 也规定，上市公司回购的本公司股份不得超过该公司已发行股份总数的 10%。与之相反的是，美国和日本对上市公司股份回购不设置明确的量化限制，而主要通过上市公司实质债务清偿能力规制、董事的信义义务、经营判断规则等来对其进行规范。

从我国《公司法》制定以来股份回购的具体执行情况来看，尤其是与美

---

① 因为所有的定期财务报表都是"向后看"，是历史计量，而不能真实反映公司现时经营中的债务到期情况，进而也无法正确衡量公司时下的实际偿债能力。

② 参见施天涛：《公司法论》，法律出版社 2005 年版，第 322 页。

国相比,确实具有较大的差距。① 这当然与两方面的原因密不可分:其一,我国遵循的是“原则禁止,例外允许”的上市公司股份回购模式,而美国恰恰相反,其实行的是“原则允许,例外禁止”的模式,股份回购早已成为一种企业市值管理文化深入骨髓。其二,我国上市公司股份回购法制的行政性色彩极其浓厚,这在股份回购的数量限制上不无体现,比如根据原《公司法》,奖励职工用途的股份回购被牢牢限制在5%的范围内,一直到《公司法最新修改决定》的出台才将其提高到10%。相反,美国是不对上市公司股份回购数量作量化限制的。其高度崇尚的公司自治理念,让上市公司将股份回购同公司普通的投资经营一样,实行公司自治,依据市场需求而相机调剂股本结构。这些都是促进上市公司灵活运用股份回购工具的重要原因。

反思和展望我国上市公司股份回购的数量规制问题,笔者提出一个大胆的设想,从两个方面对我国未来的上市公司股份回购数量进行规制。一是借鉴国外立法经验继续保持回购股份数10%的警戒阈值,但对该警戒阈值不作强制性要求,而仅仅作为提示性和引导性规范。二是借鉴美日公司法,在上市公司实质债务清偿能力规则下,完善董事的信义义务和商业判断规则。

这样设计的主要理由有:第一,在假定立法者智慧高于商人智慧、政府智慧高于市场智慧的父爱主义理念下,我国传统公司法制一个重要的缺陷就是重管制轻自治,我国公司法制改革的方向就是要建立鼓励公司自治的市场型公司法。② 这就要求,对于我国原《公司法》中对上市公司股份回购的数量限制尽量放开。只有尽可能给予市场主体更加宽泛的自治权,才能实现法的可计算性原理。所谓法的可计算性,就是指法律成本与法律效益之间的量变关系。③ 当进一步放宽回购数量管制时,上市公司股份回购制度的法价值收益才能真正得以提升。而之所以建议将回购股份数占股份总

---

① 笔者以最近的数据作对比,我国A股市场2015~2017年,上市公司股份回购的总规模为251亿元,而根据高盛最新发布的数据来看,美股仅2018年上半年的回购规模就已经达到了3840亿美元。参见皮海洲:《回购规模同创新高　A股美股差距咋那么大呢?》,载http://business.sohu.com/a/255843779_102177?spm=smpc.ch15.fd.24.1537839837511ApJDVMJ,最后访问日期:2018年10月4日。

② 参见刘俊海:《现代公司法》(第2版),法律出版社2011年版,第134~135页。

③ 参见周世中:《法的合理性研究》,山东人民出版社2004年版,第232~235页。

数的10%设置为警戒阈值，就是因为我国上市公司运用股份回购的经验还不丰富，立法作此规定并非强制性规范，而仅仅是起到警示风险的作用。

第二，借鉴美日公司法，在构建上市公司实质债务清偿能力规则的基础上，进一步完善公司董事的信义义务和商业判断规则。这样设计的目的主要是顺应公司自治之大势，让公司的经营管理者真正站在决策者的角度，行使自治之权，承担自治之责。培养公司经营管理者的公司金融自治能力，合理运用上市公司股份回购工具。另外，诚如刘俊海教授所言，我国宪法和法律并未明确规定我国是大陆法系国家，对国际先进经验应当兼收并蓄。承认判例并合理运用司法解释有利于保持公司法的生命力和灵活性。[①] 由于董事信义义务以及商业判断规则本身起源于判例法，我国在推动建立相关法律规则的过程中，可通过判例以及司法解释的途径进行。

在具体的制度设计上，可保持与《公司法最新修改决定》相协调，对减资与合并情形下的回购依然不作限制。对员工持股计划和股权激励目的、为发行可转债提供股份目的以及基于市值管理和维护股东权益目的的回购要求原则上不超过已发行股份的10%。但公司如果出于商业判断规则并且不违反董事的信义义务而决议进行的股份回购，[②]不损害其实质清偿能力的，亦可为之。

此外，《三部委回购意见》中关于适用股份回购的价格门槛以及将上市公司股份回购总规模与该公司后续再融资的规模直接挂钩的相关内容建议删除，这些内容在本质上都可以纳入公司自治的事项而由公司进行自治。反观《三部委回购意见》中的相关规定，带有浓重的为应对股市暴跌的运动式治理痕迹——以监管部门的自觉动员为核心特征，[③]严重缺乏法治国家和法治社会所必需的制度理性，因此必须予以纠正。

与此同时，可将《三部委回购意见》关于豁免适用《回购办法》第8条和《补充规定》第9条中的关于特定的敏感期内不得回购股份的限制性规定

---

① 参见刘俊海：《现代公司法》(第2版)，法律出版社2011年版，第56页。

② 此处也可效仿特拉华州普通公司法的相关规定，确立董事信义义务衍生的公司股份回购不得出于"不当目的"之原则，并以判例或者司法解释的形式，明确董事的举证责任标准。

③ 参见汪大海、张玉磊：《从运动式治理到制度化治理：新型城镇化的治理模式选择》，载《探索与争鸣》2013年第11期。

予以删除。理由是，我国目前证券市场上内幕交易和操纵市场行为泛滥，上市公司股份回购有可能导致经营者或者实际控制人有恃无恐地从事内幕交易和操纵市场的行为。[①] 因此，为了保证公平公正和有序的市场交易秩序，应当将其予以删除。

（二）构建协议回购价格争议解决机制

根据《公司法最新修改决定》，上市公司股份回购如果是以员工持股计划和股权激励为目的，或者是为发行可转债提供股份的目的，或者是以市值管理和维护股东权益为目的的，在回购形式上，要求必须以公开集中交易方式进行。这样的规定对于保护交易秩序、保证交易透明、实现股东平等意义重大。

在美欧等发达国家的资本市场上，股份回购绝大部分通过证券市场集中交易完成，在协议回购的立法参考上无法提供太多可资借鉴的范本。但不可回避的是，协议回购在我国上市公司股份回购的实践中还占有大量的比例，这尤其是在国有股大股东减持并退出公司的情况下，较为常见。前文提到，实现国有股减持和国有资产保值增值，涉及公司法的安全价值。协议回购由于是当事人之间意思表示一致的合意法律行为，原则上，其回购价格得以市场自治为重。但现实的回购实践中也不乏存在价格争议的问题，当出现价格争议时，只有确保协议收购的价格公允和公平，国有股东才能退出顺畅，国有资产才能有效地实现保值增值。我国目前协议回购价格争议解决机制的缺位实际上已经成为挫伤协议回购的适用积极性的重要原因。

我国台湾地区的协议回购价格争议解决机制对大陆具有较好的借鉴意义。在具体制度设计上，建议可将在法定期限内，上市公司与股东之间无法达成一致回购价格的股份回购争议案件提交法院进行裁定。法院在裁定前，应进行实地调查，同时可委托独立第三方机构对公司的财务状况进行核实。法院在裁定过程中，应当将上市公司的资产状况作为重要考量，并参考该上市公司股票在证券市场上的实际交易价格。此外，应当规定，对法院的裁定不服的，当事人可以依据民事诉讼法的相关规定向上级法院提起上诉。

从具体的实施路径来说，结合我国当前的实际，协议回购价格争议解决

---

① 参见刘俊海：《现代公司法》（第2版），法律出版社2011年版，第562页。

机制可由最高人民法院指定上海金融法院等先进行试点。待积累一定的经验且时机成熟时再向其他地区法院进行推广。

本章小结

上市公司股份回购的事前法律规制主要是指上市公司在实施股份回购之前必须接受的法律规范措施，主要包括上市公司股份回购的决议程序、上市公司股份回购的资金来源以及上市公司股份回购的数量和价格等法律规制的内容。

围绕公司法理论中公司治理的董事会中心主义和股东大会中心主义之争，公司法在上市公司股份回购的决策程序法律规制方面，存在董事会决议和股东大会决议的争鸣。董事会决议模式的典型代表是美国和中国台湾地区。而德国、英国、法国、意大利、西班牙、荷兰等国都采取股东大会决议模式。

上市公司股份回购的资金来源法律规制也被称为上市公司股份回购的财源限制，其立法宗旨是促进和实现股东权益和债权人利益之间的平衡。在比较法上，主要有 4 种不同的资金来源限制措施：第一种是公司可分配盈余模式，即上市公司只能利用其可分配的盈余来实施股份回购行为。《日本公司法》《德国股份法》《法国商法典》《意大利民法典》《西班牙 1989 年公众公司法》皆属此类。第二种是公司可分配盈余 + 发新股融资模式，即股份回购的资金来源只能是公司的可分配利润以及公司为了回购其自身股份而发行新股筹得的资金。该模式的典型代表是《英国 2006 年公司法》。第三种是公司可分配盈余 + 资本公积金模式。这种模式的典型代表是我国台湾地区。第四种是公司实质清偿能力模式。美国《示范公司法》和《特拉华州普通公司法》等均为强调公司的实质清偿能力这一基本要求的典范。

上市公司股份回购的数量与价格法律规制主要有三种形式。欧洲国家公司法一般设置 10% 的回购数量上限，不直接干预价格。美日公司法不设股份回购数量限制，回购价格由公司自治。美国公司法通过上市公司实质债务清偿能力规则、董事信义义务和经营判断规则的统合，加强债权人利益保护。我国台湾地区既规制股份回购数量，规定上市公司回购的本公司股份不得超过该公司已发行股份总数的 10%，又提供回购价格争议解决途径，通过“立法”赋予司法机关对争议中的回购价格予以裁定的权力。

对我国上市公司回购事前法律规制相关立法进行检视，主要存在三方面的不足：一是将基于员工持股计划和股权激励目的以及为发行可转债提供股份为目的的回购一概纳入董事会决议程序，有违我国现行公司法理论与实务中所坚持的股东大会中心主义原则之嫌。并且，这种规定也与现行《公司法》的制度体系不协调。二是完全放开股份回购的资金来源法律规制却疏于债权人保护。三是忽视了股份回购的风险规制。

完善我国上市公司股份回购的事前法律规制体系可从以下方面着手展开：首先，设置与我国《公司法》股东大会中心主义相协调的差异化的股份回购决议程序。建议在坚持按回购类别设置差异化的股份回购决议程序的逻辑前提下，设置与我国《公司法》股东大会中心主义相协调的股份回购决议程序。对于为维持公司股价和股东权益进行股份回购的，可继续坚持由董事会决议的做法；对于员工持股或者股权激励目的的回购，应当保持股东大会决议程序；而对于为可转债的后期转换而回购股票的，需要区分具体情况进行分类规制。其次，确立上市公司实质偿债能力规则，强化债权人保护。最后，确立符合我国国情的股份回购数量规制模式，构建协议回购价格争议解决机制。

第四章　我国上市公司股份回购的事中法律规制

事中法律规制主要是对正在发生的经济金融活动事项进行的实时规制。上市公司股份回购的事中法律规制主要是指对上市公司股份回购的行为实施过程的规制。也就是说,上市公司在通过股份回购的决议程序、确定股份回购的合法的资金来源以及回购数量和价格等上一章所涉及的基本内容,并以回购公告的形式依法进行信息披露之后,本章重点关注和规制的是其具体实施的回购行为。

从证券规制理论的角度来说,我们可以将上市公司股份回购的事中法律规制定性为一种实时法律规制,也就是对正在进行的回购行为可能涉及的违法情形进行动态规范。与上一章上市公司股份回购的事前法律规制不同的是,后者是一种前置法律规制和静态法律规制,而前者则更趋向于一种互动规制,即规制行为必须关注回购行为自身的特点,方可在与回购行为博弈互动中实现良好的规制效果。

第一节　上市公司股份回购事中法律规制的范畴以及比较法分析

从证券市场违法行为的基本类型与上市公司股份回购的行为特征的结合点进行分析，操纵市场、内幕交易以及利用第三方主体规避回购限制等是上市公司股份回购事中规制的重点。相应地，本章的主要内容依据上市公司股份回购事中规制所涉及的三方面的主要范畴而展开，即上市公司股份回购中的操纵市场行为的规制、上市公司股份回购中的内幕交易行为的规制以及上市公司股份回购中利用第三方主体规避回购的规制。

一、上市公司股份回购与操纵市场的关联关系及其法律规制的比较法分析

（一）上市公司股份回购与操纵市场之间的关联关系

操纵市场这一法律概念，对金融法学者来说一定耳熟能详。证券市场资金规模（市值）也许非常强大，但它的交易机能却十分脆弱，除了欺诈、内幕交易之外，证券市场机能最容易受到操纵市场的伤害。市场操纵就是通过直接或者间接的方式，人为制造该证券价格的非合理原因，使证券交易价格背离证券市场供需法则，进而扭曲自由市场价格形成机制。[①] 市场操纵的历史与证券市场一样久远。[②] 但是，操纵市场本身的内涵和外延作为一个永远充满争议的法学范畴，一直在金融法理论上无法达成统一的认知。即使是在证券市场如此发达的美国，其《证券法》也并未对市场操纵行为给出明确的定义。从操纵市场行为的复杂性角度来讲，这种现象又是合乎常理的。也许操纵市场的概念永远也不会在我国《证券法》中出现，[③]但这并

---

① 参见陈界融：《证券发行法论》，高等教育出版社2008年版，第47页。

② 参见张小妮、张宝山：《市场操纵行为的法律界定与规制比较研究》，载《西安交通大学学报》（社会科学版）2013年第3期。

③ 我国《证券法》以及中国证监会出台的《证券市场操纵行为认定指引》均未对操纵市场给出明确的定义，而是采用不完全列举的方式，规定了操纵市场行为的主要样态。

不妨碍我们通过其他的规制策略对操纵市场的行为进行防范和规制。

证券交易价格和证券交易量是操纵市场行为认定中最为重要的因素。[①] 那么,以此为分析视角,上市公司股份回购与操纵市场之间具有某种特定的关联关系吗?对美国证券市场的实证研究结果表明,股份回购通常被公司的内部人用以操纵股票价格并实现牟利。[②] 根据我国《证券法》和中国证监会颁布的《证券市场操纵行为认定指引(试行)》(以下简称《证券市场操纵行为认定指引》)等相关法律和规范性文件的规定,证券市场操纵的典型样态包括:连续买卖(包括单独和联合实施)、串通买卖、冲洗买卖或者自买自卖、蛊惑交易、抢帽子交易、虚假申报、特定时间的价格或价值操纵以及尾市交易操纵等。[③] 其中,连续买卖和蛊惑交易操纵市场行为是与股份回购联系最为密切,也是最容易将股份回购解释为市场操纵行为的主要的法律依据。

1. 连续买卖型操纵市场与上市公司股份回购之间的关联关系

所谓连续买卖,就是指集中资金、持股优势或者利用信息优势所实施的联合或者连续买卖影响和操纵交易价格或交易量的行为。[④] 金融法学者对于上市公司股份回购与操纵市场行为之一的表现形式——连续买卖——之间的关系存在三种不同的观点。[⑤]

观点一认为,股份回购行为构成连续买卖交易,但不属于市场操纵行为。彭冰教授认为,证券市场投资者拥有资金优势并不违法,证券市场投资者利用资金优势买卖股票也不违法,在公司收购的场合,证券投资本身就伴有资金与信息优势,其行为也具有连续买卖或者联合买卖的性质,其与操纵

---

① 参见张小妮、张宝山:《市场操纵行为的法律界定与规制比较研究》,载《西安交通大学学报》(社会科学版)2013 年第 3 期。

② See Fried J M, "Open Market Repurchases: Signaling or Managerial Opportunism?", *Theoretical Inquiries in Law*, 2001, 2(2), p. 865.

③ 连续买卖(包括单独和联合实施)、串通买卖、冲洗买卖或者自买自卖是《证券法》明确列举的操纵市场行为,在这三种典型样态之外,《证券法》第 77 条第 4 项还特设了一兜底条款,即《证券市场操纵行为认定指引》中列举的蛊惑交易、抢帽子交易、虚假申报、特定时间的价格或价值操纵以及尾市交易操纵等。

④ 参见《证券市场操纵行为认定指引》第 16 条。

⑤ 本部分观点的梳理受益于朱庆教授的归纳。参见朱庆:《论股份回购与操纵市场的关联及其规制》,载《法律科学》(西北政法大学学报)2012 年第 3 期。

市场行为的不同之处在于，是否具有“操纵者的意图”。由于“操纵者的意图”无法探究，所以回购行为具有连续买卖的性质，属于连续交易，但不属于操纵市场的行为。①

观点二认为，股份回购行为构成连续买卖交易，但是否构成操纵市场行为需要具体认定。这种观点跟第一种观点的区别在于，其认为操纵市场的主观要件是可认知和可被证明的。比如，日本法学家河本一郎和大武泰南教授认为，一种行为即使在形式上看上去像操纵市场，但“若没有引诱有价证券市场和店头市场中有价证券的买卖的目的的”，“其性质上不属于操纵市场”。日本证券交易审议会强调引诱目的虽然难以事后举证，但是对操纵市场行为来说，必须“存在引诱交易等的‘目的’”。②

观点三认为，股份回购行为构成操纵市场，但法律将股份回购行为从普通的操纵市场行为中予以豁免，以使其合法化。比如，台湾学者赖英照认为，一方面，股份回购由于利用回购资金优势扩大了上市公司股票的交易量，客观上带来提升股价之目的；另一方面，大量的回购又导致二级市场上上市公司的可流通的股票数量的下降，物以稀为贵，故在影响股票交易量的同时进一步影响公司股票的价格。于是，在上市公司连续交易的情形下，于价于量均构成操纵市场之行为。只是依据法律之规定，对其予以豁免使其合法化而已。③

综上所述，三种观点虽然存在较大的差异，但是都共同地揭示了连续交易情形下，上市公司股份回购与操纵市场之间的紧密联系。观点一和观点二认为股份回购本身即构成连续交易，其差别在于：观点一将连续交易与操纵市场截然对立，认为完全不构成操纵市场，而观点二则认为，股份回购构成连续交易，但是否构成操纵市场需要进行主观目的的证明。观点三与观点一和观点二的差别在于，其直接认为股份回购属于操纵市场行为，须通过法律规定的豁免要件和豁免机制才能使其免责。（其具体的差别如图4-1所示）

---

① 参见彭冰：《中国证券法学》（第2版），高等教育出版社2007年版，第393~394页。

② ［日］河本一郎、大武泰南：《证券交易法概论》（第4版），侯水平译，法律出版社2001年版，第248~250页。

③ 参见赖英照：《股市游戏规则——最新证券交易法解析》，元照出版有限公司2010年版，第763页。

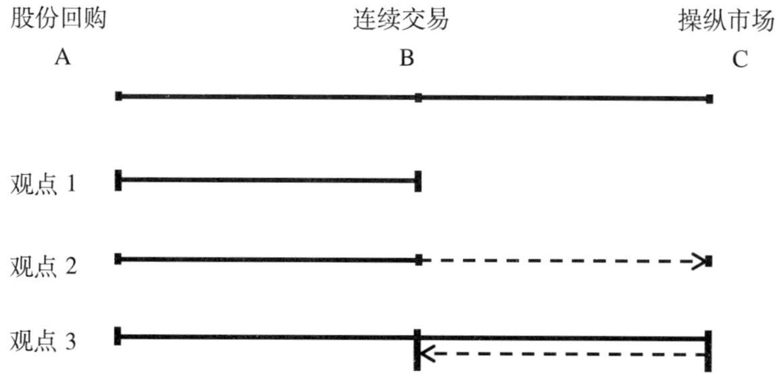

图 4－1 上市公司股份回购与操纵市场关联关系学说比较

2. 蛊惑交易型操纵市场与上市公司股份回购之间的关联关系

与股份回购密切关联的另一类操纵市场行为是蛊惑交易。根据《证券市场操纵行为认定指引》对于蛊惑交易型操纵市场行为的界定,[①]笔者将"缺陷信息"概括为蛊惑交易的一个重要载体。所谓缺陷信息,也就是该条规定的不真实信息、不准确信息、不完整信息以及不确定信息。具体来说,行为人必须利用这些"缺陷信息"来蛊惑投资者,致使投资者发生错误认识,并且基于这些错误认识进行并非投资者真实意思表示的投资行为,最终影响证券交易价格以及证券交易量,并获得非法收益。

据此,上市公司股份回购实务中大量存在的利用股份回购之名帮助上市公司或其大股东和实际控制人等实施非法目的的行为,很容易与蛊惑交易型的操纵市场行为产生联系,特别是上市公司利用股份回购之名进行"虚假回购"拉高股价的同时进行再融资,以及上市公司利用股份回购之名进行"虚假回购"帮助大股东和实际控制人等实现大规模减持股票等行为,在实务界一直存有操纵市场说和非操纵市场说之争。

操纵市场说认为,这些上市公司发布股份回购并非真实的意思表示,其行为本身就带有欺诈性质,故其在股份回购公告发布以后的回购行为实施

---

① 《证券市场操纵行为认定指引》第 31 条规定,本指引所称蛊惑交易操纵,是指行为人进行证券交易时,利用不真实、不准确、不完整或不确定的重大信息,诱导投资者在不了解事实真相的情况下做出投资决定,影响证券交易价格或交易量,以便通过期待的市场波动,取得经济上的利益的行为。

期间内，即使触发回购条件也不实施回购行为，其真正的意图是利用这种带有欺诈性质的“缺陷信息”，引诱投资者买入股票，带来股价上涨并为其再融资作嫁衣，或者为其大股东减持“谋利益”。在整个行为过程中，上市公司充当的正是“缺陷信息”的制造者和发布者，其已经构成蛊惑交易，故应以操纵市场行为论处。

非操纵市场说作为反对的一方认为，这些所谓的“虚假回购”的上市公司，虽然发布了回购公告，但公告的内容一般只是表明“拟回购”和“回购不超过”特定数量的股份，并没有明确表示必然要回购多少数额的股份。因此，其并不构成违约，[①]甚至就民法的角度而言，上市公司股份回购公告由于对象的不确定性以及内容的不明确性，其法律属性只是一种要约邀请，不构成要约，因此即使投资者表示愿意出售股份，如果没有上市公司愿意买回的一致意思表示，股份回购合同也无法成立，因此，连追究上市公司的违约责任的空间都不存在。[②] 此外，根据《证券市场操纵行为认定指引》的规定，实施蛊惑交易的主体必须是交易“行为人”，[③]也就是说，行为人必须真正从事了证券交易行为。而在前述行为中，上市公司由于并未真正实施股份回购，既然没有实施股份回购行为，自然不构成蛊惑交易型操纵市场行为。

（二）上市公司股份回购涉嫌操纵市场规制的比较法分析：建立上市公司股份回购“安全港”制度

如果企图依赖市场进行资源配置，又期望市场也能解决分配、规模这些直接涉及交易公平以及交易安全的问题，那么只会让局面变得更糟糕。[④]对上市公司股份回购与操纵市场行为存在重合之处进行豁免规制，是现代证券法制发展的一大方向。其典型做法就是通过设立上市公司股份回购的“安全港”制度，对上市公司股份回购行为进行涉嫌操纵市场结果认定的豁免，通过建立一定的客观的可视化标准和指标体系等，将合法的上市公司股

---

① 参见朱庆：《论股份回购与操纵市场的关联及其规制》，载《法律科学》（西北政法大学学报）2012 年第 3 期。

② 参见朱庆：《论股份回购与操纵市场的关联及其规制》，载《法律科学》（西北政法大学学报）2012 年第 3 期。

③ 参见《证券市场操纵行为认定指引》第 5 条和第 31 条的规定。

④ 参见［美］赫尔曼·E. 达利、小约翰·B. 柯布：《为了共同的福祉：重塑面向共同体，环境和可持续未来的经济》，王俊、韩冬筠译，中央编译出版社 2017 年版，第 39～40 页。

份回购排除在操纵市场行为之外,让上市公司可以放心地实施股份回购行为,从而充分发挥私法自治的私法原则在促进股份回购工具运用方面的最大价值功能。

上市公司股份回购"安全港"制度的法理基础在于,在"股份回购—连续交易—操纵市场"等认定环节的问题上,对于上市公司回购目的的"正当性""合理性""不具有操纵市场之目的性"等的判断是相当困难、不经济也不效率的。如果每一家需要实施股份回购的上市公司都被证券监管部门逐一进行个案认定,必将降低股份回购工具的使用率,同时也会减损股份回购工具的使用价值,更何况操纵市场主观意图的真实可认证性一直备受争议。①

因此,发达资本市场国家和地区考虑采用"客观印证主观"的办法,以市场异动情况倒推操纵目的之存在,也就是以行为人的客观表象来反推其是否存在"异于常人"的操纵意图。② 其本质是将"主观归罪"转化为"客观验证",从而降低认定难度。③

美国是世界上最早建立上市公司股份回购"安全港"制度("Rule 10b-18"规则④)的国家,其上市公司股份回购"安全港"制度具有两方面的显著特点:第一,具有强豁免性。只要上市公司实施股份回购的行为不逾越"安全港"制度所设定的基本要求,该股份回购行为就被法律推定为必然不属于操纵市场之行为。第二,具有客观可印证性。前面我们提到,上市公司股份回购"安全港"制度设立的初衷,就是为了摆脱对股份回购行为之"操纵意图"认定的困难,通过将主观认定难题客观化,降低操纵市场行为查处和认定的难度。与此同时,给予市场最大的自治权限,确认和保护市场主体依

---

① See Nelemans M, "Redefining Trade-based Market Manipulation", *Valparaiso University Law Review*, 2008, 42, pp. 1169 - 1220.

② 参见谭婧、徐俊:《上市公司股份回购中的失信行为及其防范》,载《证券法苑》2012 年第 2 期。

③ 参见蔡奕:《我国台湾地区对证券市场操纵行为的法律界定与规制》,载《证券法苑》2010 年第 1 期。

④ "Rule 10b - 18"规则是美国证券交易委员会在 1982 年设立的,上市公司在实施股份回购的过程中,只要严格遵照该规则的要求进行,其回购行为直接被豁免,不被认定为操纵市场的行为。

法可以自由实施股份回购的空间。其具体表现就是,通过设立精确的指标体系和回购要求,让上市公司轻易就可以理解法律所允许和保护的股份回购行为。(“Rule 10b－18”规则的具体要求见表 4－1)

表 4－1　美国证券交易委员会“Rule 10b－18”规则的具体要求

行为所涉事项	具体标准
委托主体要求	在同一交易日,只能委托同一个交易商或者经纪商进行
回购时间要求	开盘后的首笔成交的交易以及收盘前的 30 分钟内的交易,不能为股份回购行为
回购价格限制	不得超过当前的最高独立买价和交易日当天的最高独立买价(以高者计)
回购数量要求	每日回购数量不得超过该股票前 4 周以来单个交易日的平均交易量的 25%

资料来源:http://www.sec.gov/divisions/marketreg/repurchases.shtml,2018 年 11 月 19 日。

借鉴美国的立法经验,欧盟、日本以及我国台湾地区也都建立起了各自的上市公司股份回购“安全港”制度。① 其中,欧盟的“安全港”制度立法与美国几乎一致。②

(三)对上市公司股份回购“安全港”制度的评析

“安全港”制度的创设对于上市公司股份回购作为一种金融工具的价值最大化具有十分重要的保障和促进作用。从法哲学的层面来看,这主要

---

① 这里需要说明的是,欧盟、日本和我国台湾等国家和地区的“安全港”制度虽然内容上与美国基本一致,但各自的规定又有自己适用上的特点,比如,在美国,符合“安全港”要求而实施的股份回购行为,自动被认定为合法,但我国台湾地区则不尽然,依然需要进一步认定回购行为是否具有“操纵目的”,只有不具备“操纵目的”的回购行为,才被认定为非操纵市场的行为。再如,美国的“安全港”制度属于非否决性规范,如果上市公司没有按照“安全港”制度的要求,并不必然导致其被认定为操纵市场行为的结果,但日本的“安全港”制度属于否决性规范,只要违反该制度的要求,即被认定为违法行为并进行查处。具体又分为两种情况:如果属于操纵市场则以操纵市场的行为论处,如果不构成操纵市场,则该行为将因为违反“安全港”制度而受到处罚。

② 欧盟的“安全港”法律制度可参见:The Commission of the European Communities, *NO2273/2003 Implementing Directive* 2003/6/*EC of the European Parliament and of the Council an Regard Exemptions for Buy-Back Programmers and Stabilization of Financial instruments*, http://www.doc88.com/p－1466981116784.html,2018－11－04。

得益于法的利导性作用的价值。具言之,“安全港”制度很好地发挥了法的利导性功能。其对合法的股份回购予以充分的肯定和鼓励,在规范和配置上市公司股份回购的权利义务关系的同时,对其所提供的“安全港”标准框架下的上市公司股份回购行为予以特别保护,使其从涉嫌操纵市场行为中予以豁免,从而促进上市公司主动选择运用该金融工具的积极性。通过利益导向,最终引导作为理性经济人的上市公司作出更符合法律倡导的标准的股份回购行为。

不仅如此,以美国为代表的“安全港”制度还有一个重要的特征,即该规则并非否决性规范。换言之,即使上市公司未严格按照该规范进行回购,并不必然导致其构成操纵市场并予以处罚。就其本质而言,“安全港”制度属于一种“柔性条款”,它尊重市场主体自治以及监管的适度性原则,避免了刚性监管可能带来的“监管失灵”以及监管低效率的结果。

然而不容忽视的是,上市公司股份回购“安全港”制度也并非万能药,它只能豁免股份回购与操纵市场相重合的行为部分,对于前后接踵而至的、后续行为借助先前股份回购利好而实施的操纵市场等违法犯罪行为的规制却显得力不从心。典型的例子就是上市公司利用股份回购的利好实施再融资,可能其先前的回购行为力度并不大甚至是“虚假”的回购,但由于其给上市公司股票带来重大利好,这无疑为上市公司再融资带来一种相当大的正外部性,上市公司的再融资行为可能会涉嫌操纵市场。

二、上市公司股份回购与内幕交易的关联关系及其法律规制的比较法分析

(一)上市公司股份回购与内幕交易之间的关联关系

内幕交易的历史可能与证券市场一样悠久。[①] 根据我国《证券法》第73条之规定,证券内幕交易是指内幕信息知情人以及非法获取内幕信息的人在内幕信息被公开之前,利用内幕信息而从事的证券交易活动。[②] 尽管各

---

① 参见莫扬:《论证券业自律管理在监管内幕交易中的作用》,载《改革与战略》2013年第S1期。

② 参见万国华、谭辉:《证券市场内幕交易认定的前沿探索》,载《金融与经济》2017年第9期。

国公司证券法制的形式和内容各异，但从国际资本市场规制的实践来看，内幕交易法制大致经历了并正在延续着从反欺诈理论到公平交易理论的理论基础演变。以资本市场最为发达的美国为例，其早期的内幕交易规制理论基础被法院的司法判决定性为反欺诈理论。反欺诈理论得以建立的理论基础是美国证券法学所倡导的证券法基本原则——反欺诈原则。证券市场一点也容不得欺诈等不诚信言行，从美国安然事件、中国大陆银广夏事件以及台湾地区的力霸事件之类的证券欺诈情事后果看，证券欺诈不仅给投资者直接造成损害、伤害投资者的投资信心，而且也给证券市场甚至社会稳定造成直接危害。[①] 反欺诈原则要求，在证券发行与交易活动中及其在为证券发行与交易提供服务的各种场合中，均不得出现任何不实或者欺诈的行为与结果，否则将会受到法律的制裁。[②]

美国内幕交易反欺诈理论为 1947 年 8 月的 *Kardon v. National Gypsum Co.* 一案所确立，意指基于特殊身份而获取内幕信息的人员，在该内幕信息尚未被披露之前从事证券买卖交易，对不知悉该内幕信息的交易相对方所构成的证券欺诈行为。[③] 在美国证券交易法上，只要与证券交易行为具有“联结关系”(in connection with)，其欺诈行为即被列入 Rule 10 b 以及 Rule 10 b－5 的规制范畴。那么问题是，到底何种行为模式才能构成反欺诈原则所确立的“欺诈”标准呢？换言之，从法理逻辑进行阐释，欺诈行为本身并不属于基础法律关系，相反，正是欺诈行为违反了证券法上的基础法律关系，破坏了法定的交易结构，才构成欺诈，进而被归结为内幕交易行为而应当受到内幕交易规制法上的制裁。

通过对美国证券法律史的考察可以发现，美国内幕交易反欺诈理论赖以存在的或曰该行为破坏的基础法律义务是信义义务，信义义务往往形成于行为人的特定身份(职务)关系或者合同关系等。美国将反欺诈理论运用于各种证券违法案件，正如其判例法对证券虚假陈述行为给出的定义那样，只要一方当事人负有信息披露义务并且该义务源于双方的信义

---

① 参见陈界融：《证券发行法论》，高等教育出版社 2008 年版，第 46 页。

② 参见万国华、杨海静：《论反欺诈原则在证券法中的确立——对诚实信用作为证券法基本原则的反思》，载《南开学报》(哲学社会科学版)2015 年第 1 期。

③ See *Kardon v. National Gypsum Co.* (1947) 73 F. Supp. 798.

(fiduciary)关系,即构成虚假陈述。[①] 同理,在内幕交易的认定与规制问题上,证券法理论和司法实践也将信义关系之存在作为内幕交易认定的前提。

必须予以强调的是,美国对内幕交易涉嫌破坏之信义义务的认定呈现出一个变迁的过程。早期观点认为,内幕交易规制的基础是公司内部人对于股东所负之信义义务,也就是说,公司的内部人与股东之间的信义关系是信义义务的核心。公司内部人必须承担其对于公司股东的信义义务,如果其违反该信义义务,则触动了内幕交易的理论基石,行为人必须承担对该信息予以披露或者禁止交易的义务,否则将构成内幕交易。[②] 比如,公司内部人由于受托管理经营公司而获取到了公司的相关信息,如果其未进行披露而进行证券交易则构成对公司信义义务的违反,应为内幕交易法律所规制;虽不属公司内部人,但基于与公司的发行、上市、收购等行为形成业务合作而掌握了公司相关信息的中介机构和组织及其相关人员,如果未进行披露而进行证券交易的,也构成对公司信义义务的违反,应为内幕交易法律所规制;通过公司内部人泄密等渠道获得公司相关信息,进行证券交易的,也被认定违反了公司的信义义务,属内幕交易行为。总之,在该种信义义务认定模式下,信义义务好比一张巨网,很容易就能网罗多种通过内幕信息实施的证券交易行为,并将其定性为内幕交易而进行处罚。

通过对早期信义义务认定的司法实践进行反思不难看出,其并非完美无缺。比如,信义义务必须产生于受托关系(fiduciary relationship)。[③] 在公司法上,信义义务的对象和主体到底包括哪些?如果将公司的董事、监事、高级管理人员等内部人等定义为信义义务的承担主体,那么他们负有信义义务的对象果真是公司的股东吗?从理论上讲,公司是独立的商主体,是法人,即法律拟制人。公司的董事、监事、高级管理人员等内部人与公司的股东之间实际上并无直接的法律关系。他们承担信义义务的对象理应是公司而非股东,这在各国公司法中一般都有清晰明确的规定。再如,对于知悉内幕信息的证券交易者而言,其对证券交易相对人所负义务是信义义务能够

① See *Chiarella v. United States*(1980)445 U. S. 222.

② 参见吕成龙:《谁在偷偷地看牌?——中国证监会内幕交易执法的窘境与规范检讨》,载《清华法学》2017年第4期。

③ 参见彭冰:《资产证券化的法律解释》,北京大学出版社2001年版,第147页。

解释的吗？这显然过于牵强，其所负担的应当是如约交付证券的义务，而不存在何种虚拟的或者拟制的信义义务。此外，只要坚持信义义务认定的路径，就必然会存在内幕交易对于公司外部人规制不力的弱点，因为公司外部人跟公司之间并不存在事实上的信义关系。

当然，反欺诈理论的倡导者并不会轻易否弃他们的理论，在意识到传统信义义务认定实践中存在的前述问题后，他们对其进行了改造，并提出了滥用（misappropriation）理论。概言之，所谓的滥用，是指只要行为人从其信息来源（source）处获得了内幕信息并以私利为目的而进行使用，即构成对信息来源处的委托人的信义义务的违反，应属滥用行为，可受证券交易法下关于内幕交易的 Rule 10 b－5 的规制。[①] 滥用理论在早期信义义务主体范围的基础上，进一步扩大了承担信息披露或者禁止交易义务的主体范围，将信义义务扩展适用至公司的外部人，包括但不限于：依照合同等应对相关信息进行保密的行为人；交易双方具有信息保密的交易经历和实践，行为人知道或者应当知道其应当予以保密，对方有相同的合理预期；行为人从父母、子女以及配偶、兄妹等旁系血亲处获取信息的，但双方不具有信息保密的交易经历和实践的除外。

滥用理论作为信义义务理论的忠实拥护者，对解释和适用信义义务理论起到了发扬光大的作用。但滥用理论终归不是万能药，它永远也无法克服信义义务理论固有的缺陷，而只能在信义义务的解释和适用问题上大作特作文章。其无法解决的理论局限性包括：其一，滥用理论尽管扩大了早期信义义务主体的范围，但是该理论就能破解一切外部人的内幕交易规制难题吗？答案显然是否定的，无论是早期的信义义务认定理论还是滥用理论，只要是信义义务，就不可能扩展至一切的外部人。滥用理论尽管竭尽全力扩大义务主体的范围，但其法理基础依然建立在“交易”以及特定职权等基础之上，对于外部人利用高科技盗取内幕信息等手段进行内幕交易的规制显得力不从心。其二，滥用理论的理论基础是基于拟制信息来源处的委托人与行为人之间的信义义务关系而展开的，但问题在于，其所服务的反欺诈理论最终认定的内幕交易行为的规制对象，果真就是委托人与行为人的交

---

① See *United States v. O' Hagan*（1997）521 U. S. 642.

易行为吗？答案显然也是否定的，内幕交易规制的是不公正的证券市场秩序和行为，内幕交易的受害者是证券市场上无数的（尤其是中小）投资者，而不是信息来源处的委托人，投资者与信息来源处的委托人没有任何信义义务关系。一个极端的例子是，如果行为人对委托人进行了信息披露，但马上利用该信息进行交易，那么就可以免于内幕交易的查处了吗？显然不能！[①] 不得不承认，如果按照滥用理论，该问题无法得到合理的解释。

综上所述，证券法上的反欺诈原则不是万能的，至少在内幕交易立法和规制的问题上，通过对信义义务理论进行无限扩张解释的路径来规制内幕交易行为终将陷入一种不周延的逻辑死循环。与信义义务理论相对的另一种内幕交易认定理论为平等交易理论。以博弈论的视角观之，证券交易属于典型的"零和博弈"或称"零和游戏"（zero-sum game）。所谓"零和"，是指交易双方的资金与证券的流转在扣除公司分红等其他因素之后，总是恒量流动。换言之，买方的获益正是卖方的亏损。一个正义的社会在保障人们的安全的同时，不能不具备平等这种性状。无论是亚里士多德所创始的西方文化的正义观念，还是中国传统文化中的正义观念，都离不开平等这一具体内涵。[②] 内幕交易行为是"侵害市场秩序的行为"，只要行为人存在内幕交易的行为，即违背了一个公正的市场秩序下公平获取信息的基本要求。[③] 在平等交易理论下，任何内幕信息的知情人员均必须承担对该信息

---

① 笔者从我国公司证券法律对于上市公司信息披露的形式规范中也可窥斑见豹。比如，根据《上市公司信息披露管理办法》的相关要求，上市公司依法披露的信息应当在证券交易所进行登记，并且必须在证监会指定的媒体予以披露。上市公司不得在指定媒体披露前将相关信息在公司网站等一切媒体发布，也不得以新闻发布会等形式替代信息披露。也就是说，如果行为人仅仅对委托人进行了信息披露，但不符合《上市公司信息披露管理办法》规定的形式要求的，也应一律视为违规信息披露，行为人利用该信息进行交易可认定为内幕交易。在 A 股市场，2019 年 1 月 31 日，广东证监局就曾发布了〔2019〕6 号《关于对董明珠采取出具警示函措施的决定》，对格力电器公司董事长董明珠在公司未发布股东大会公告，其本人提前公布公司 2018 年业绩预期的违法行为进行了警示。参见中国证券监督管理委员会广东监管局：《关于对董明珠采取出具警示函措施的决定》，载 http://www.csrc.gov.cn/pub/zjhpublicofgd/xzjgcs/201902/t20190201_350675.htm，最后访问日期：2019 年 2 月 25 日。

② 参见张恒山：《法理要论》，北京大学出版社 2002 年版，第 288 页。

③ 参见蔡奕等：《证券市场监管执法的前沿问题研究——来自一线监管者的思考》，厦门大学出版社 2015 年版，第 58 页。

予以披露或者禁止交易的义务,其理论着眼点已经从微观的行为人与股东或者上市公司乃至信息来源处的委托人的信义义务转移至宏观的整个证券市场的交易秩序的公平性和稳定性。与此同时,在法哲学上,其法学方法论和法律本位也悄然发生着根本性的改变:在反欺诈理论下,法律关注的是对平等的商事主体之间的交易结构和权利义务体系的刻画,并且最终以信义义务为抓手,通过早期的信义义务认定方法以及后续发展的滥用理论等信义义务认定方法,以商法的形式对内幕交易进行规制,法律所持的是私权保护的个体本位。事实证明,这样的法学方法论和法律本位对于内幕交易的规制并不能提供有说服力的解释和实践指引,尤其是其保护的私权主体(上市公司、上市公司股东、委托人等)与行为受害主体两相分离的出现,彻底揭示了该理论天然的痼疾。而当把平等交易理论作为内幕交易规制的理论基础时,法律关注的是证券市场的交易秩序的公平性和稳定性,体现到证券交易的具体要素上,就是把是否存在所谓的"优势证券信息"作为规制的焦点。① 具言之,如果行为人依法进行了信息披露,或者禁止交易,法律认定其不存在"优势证券信息",相反,对未按规定进行信息披露并利用该信息进行证券交易的行为则由内幕交易法进行规制。在此时,民商法上的反欺诈原则和信义义务理论并不能很好地规制内幕交易,而秉承社会本位的经济法则承担起其力所能及的纠正市场失灵以及补正民商法规制不足的职能,最终走出了反欺诈理论在逻辑起点上的解释难题。

我国台湾地区内幕交易"立法"与规制的理论基础与美国类似,根据我国台湾地区的相关判决,禁止内幕交易主要有两大理论基础:一是健全市场理论:从市场总体的观点着眼,以促进信息流通和资源合理配置以及提升证券市场效率为基础,主张投资人有平等获取信息的权利,从而维持市场公平交易,内幕交易有违该原则,损害投资人信心,影响市场的健康发展,故必

---

① 需要注意的是,"优势证券信息"本身并不必然构成违法行为,只构成信息披露义务或者禁止交易义务的义务来源。以上市公司股份回购为例,一项完整的股份回购行为的实施总是需要经历从调查、提议到董事会、股东大会决议、信息披露和回购执行的全过程。这其中,上市公司的高管以及部分股东必然存在优先获取相关"优势证券信息"的机会,但这并不构成违法。只要其依法履行信息披露和禁止交易的相关义务,其行为就属于正常的合法的职务行为或者商行为。

须加以禁止;二是信赖关系理论,从公司的个体观点立论,以内幕人员对公司和股东负担的信赖义务为基础,主张内幕人员利用内幕信息买卖股票牟利违背受任人义务,为了维持公司经营并保障股东权益,必须予以禁止。[①]

需要注意的是,无论是美国还是我国台湾地区抑或是世界上其他国家或地区,内幕交易的理论基础从来就没有从一而终更不会亘古不变。即便是在美国这样发达的资本市场国家,内幕交易的立法与监管也依然在前述两大理论之间举棋不定。[②] 然而,无论是以反欺诈理论还是平等交易理论作为理论基础,上市公司股份回购均与内幕交易存在密切的关联。站在反欺诈理论倡导者的立场,从上市公司股份回购本身的特点来看,其与内幕交易具有比其他任何交易类别更为密切的关系。正如美国著名证券法教授斯坦利·科普兰(Stanley Kaplan)所言,回购其自身股份的公司是再合适不过的内幕交易人了。[③] 这是由于上市公司的董事、监事、高级管理人员等内部人员,往往同时也属于内幕信息知情人和内幕交易的行为人,与公司或者股东存在天然的信义义务关系,这部分行为人最有可能违反其法定的信义义务,自然是证券内幕交易的重灾区。站在平等交易理论倡导者的立场,内幕交易行为规制的逻辑起点就是对于内幕信息的使用。[④] 在股份回购交易中,上市公司及其大股东、实际控制人以及董事、监事、高级管理人员等相关的内幕人员在内幕信息的获取与使用上,作为股份回购方案的拟定者或者决议者或者最早获知者,他们具有近水楼台的先天性信息优势。在交易行为方面,这些内幕人员在股份回购方案从制定到出台的整个期间内,具有充分的时间和机会进行低价建仓,而待回购方案公布股价大涨之时高位抛售,属于最为典型的内幕交易行为。总之,就上市公司股份回购与内幕交易

---

① 参见王育慧:《"最高"法院 91 年度台上第 3037 号判决及台湾高等法院 88 年上重诉字第 39 号判决之评释——以连续交易操纵行为与内线交易为范围》,载《台北大学法学论丛》2007 年第 3 期。

② 参见吕成龙:《谁在偷偷地看牌? ——中国证监会内幕交易执法的窘境与规范检讨》,载《清华法学》2017 年第 4 期。

③ See L. Loss, J. Seligman, *Securities Regulation*, Berlin: Brown Company, 1991, p. 3592.

④ See Loke A F, "From the Fiduciary Theory to Information Abuse: The Changing Fabric of Insider Trading Law in the U. K. Australia and Singapore", *American Journal of Comparative Law*, 2006, 54(1), pp. 123 - 172.

之间的关联关系来说,我们可以这样认为,内幕交易是对整个证券市场的交易秩序和投资者信心影响最为深远的违法犯罪行为之一,无论基于反欺诈理论抑或是平等交易理论的视角,从内幕人员、内幕信息、内幕交易行为等各环节进行审视,上市公司股份回购都是极易产生内幕交易的重灾区。

在比较法上,对于利用上市公司股份回购进行内幕交易的规制主要有两种立法模式:一种是非专门立法模式,该模式不对上市公司股份回购涉嫌实施内幕交易进行专门立法,而是一概适用关于内幕交易的普遍规则。采用这种模式的国家和地区占绝大多数,从笔者目前掌握的资料来看,除了我国台湾地区外,几乎所有的国家和地区都采用这种模式。另一种是专门"立法"模式,即针对上市公司股份回购涉嫌实施内幕交易进行专门"立法",采用这种模式的国家和地区极少,其典型的代表是我国台湾地区。鉴于非专门立法模式下,美国的反内幕交易立法与监管和英国的禁止董事在特定时期交易本公司股票制度具有显著的代表性和特色,下面对这两国的立法以及我国台湾地区的专门"立法"予以分别介绍。

(二)上市公司股份回购涉嫌实施内幕交易法律规制的比较法分析

1. 美国的内幕人员短线交易禁止规则

美国没有专门制定上市公司股份回购下的反内幕交易的法律,根据《1934 年证券交易法》等法律的规定,该种情形应当适用关于反内幕交易的普遍规则。美国反内幕交易的成文法和判例都具有相当长的发展历程,现行制度中,最重要的规范就是"Rule 10b－5"和"Rule 16(b)"反内幕交易规则。该规则由美国证券交易委员会依据《1933 年证券法》第 17(a)条和第 10(b)条的授权以及相关的判例法规则制定而成。总体而言,其对于内幕交易的规制主要是从强化对内幕人员交易行为的规范以及内幕人员短线交易归入权两方面着手的。

"Rule 10b－5"反内幕交易规则已经成为美国反内幕交易最基本的法律规范。[①] 其着眼点是加强对内幕人员交易行为的规范,具体包括禁止在证券交易过程中:通过任何方法、技巧或者技术进行欺诈;对重要事件为虚

---

① 参见胡光志:《内幕交易及其法律控制研究》,法律出版社 2002 年版,第 208 页。

假陈述并产生误导；通过任何行为或商业活动对其他人实施欺诈。[①] "Rule 16(b)"则进一步明确了内幕人员的短线交易禁止和公司归入权规则：公司的董事、监察人、经理、持股在10%以上的大股东等内幕人员，在6个月的期限以内买卖公司股票的，由此产生的一切收益应当归其公司。（该条的具体规定见表4-2）

表4-2　"Rule 16(b)"条款的具体内容[②]

所涉事项	监管规则
交易禁止规定	(1)发行股票的公司的董事、监察人、经理或持有公司10%以上股份的股东，在买入公司的股票后6个月又卖出的，或者卖出后6个月内又买入的，由此所获得的收益，公司应请求将其归入
归入请求权的行使主体	(2)发行股票的公司的董事、监察人不代表公司行使归入权的，公司的股东可以在30日内请求董事、监察人行使归入权。被请求的董事、监察人依然不行使归入权的，请求的股东可以为公司行使该项归入权
怠于行使归入权的追责	(3)发行股票的公司的董事、监察人不行使第(1)项的归入权导致公司遭受损害的，应对公司承担连带赔偿责任
除斥期间	(4)第(1)项归入权从获得收益起2年内不行使而消灭

尤其需要强调的是，虽然"Rule 16(b)"的立法目的是"阻止法定内部人通过与发行人的特定关系而不公平地利用特殊的内部信息"，但其对内幕人的规制要求仅仅强调其买卖行为之客观存在，[③]至于这种买卖到底是

---

① See SEC Rule 10b-5,17C. F. R. 240. 10b-5.

② 围绕"Rule 16(b)"条款的争议及其最新解读可参见佚名：《Section 16(B)》，载 https://corpgov. law. harvard. edu/2017/03/01/section-16b-if-at-first-you-dont-succeed/，最后访问日期：2018年11月4日。

③ 这里有必要解释一下法定内幕人的概念，法定内幕人是指其本身即在公司任职的内幕人，也就是说其本人就属于公司的内幕人员的范畴。在美国证券法中，与之相关的概念还有临时内幕人和消息领受人两类，其中临时内幕人不在发行公司任职，主要是指在为公司提供服务等业务往来过程中获知内幕信息的人；消息领受人则主要是指从法定内幕人和临时内幕人处获知内幕信息的人员。我国台湾地区也基本沿袭了这样的内幕人员分类的思路。参见胡光志：《内幕交易及其法律控制研究》，法律出版社2002年版，第82～87页。

否真实“利用”了内幕信息，又或者是否具有“利用内幕信息的动机”，则在所不问。[①] 主要原因是，要证明证券交易中被告是否实际利用了内幕信息，实属不易。1984 年的《内幕交易制裁法》和 1988 年的《内幕交易与证券欺诈执行法》纷纷选择“拥有”标准。[②] 根据该标准，上市公司董事在股份回购事件前后进行本公司的股票买卖的，假如其是在 1 月 1 日买入，在 7 月 1 日之前的任何时间卖出，都将承担法律责任，反向交易同理。

从司法诉讼的实践来说，作为原告，只需要证明被告—内幕人—实施了双向的买卖操作，并且两个交易的间隔时间在 6 个月以内即可，无须证明被告有机会获得内幕信息或者真实使用了内幕信息。[③]

2. 英国的“强制登记 + 禁止期交易禁止”规则

20 世纪 70 年代，欧盟制定并出台了《欧洲合伙法草案》，其明确提出了“强制登记 + 短线交易禁止”的反内幕交易规则，成为引领欧洲各国内幕交易法制建设的重要指导性文件。所谓“强制登记 + 短线交易禁止”，是指上市公司应当对内幕人员实行强制登记制度，并且禁止内幕人员从事短线交易行为。[④] 英国就是将这种思想发扬光大的典型代表，其相关规定大多体现于证券交易所的自律监管规则之中。

伦敦证券交易所《上市规则》以及其附属第 16 章的“行为准则”特别对董事、经理等内幕人员在特定情况下买卖本公司的股票作出限制。[⑤] 具言之，在下列三种情形下，董事和高管不得交易本公司股票：

(1) 在任何时间，但凡拥有涉及公司证券的未公开的价格敏感信息的，不得对本公司股票进行买卖交易；以及

(2) 不得对本公司股票实施短线操作；以及

---

① 参见[美]罗伯特 · C. 克拉克：《公司法则》，胡平、林长远、徐庆恒、陈亮译，工商出版社 1999 年版，第 239 页。

② 参见杨亮：《内幕交易论》，北京大学出版社 2001 年版，第 221 ~ 222 页。

③ 参见[美]罗伯特 · C. 克拉克：《公司法则》，胡平、林长远、徐庆恒、陈亮译，工商出版社 1999 年版，第 231 页。

④ 参见胡光志：《内幕交易及其法律控制研究》，法律出版社 2002 年版，第 213 页。

⑤ 参见杨亮：《内幕交易论》，北京大学出版社 2001 年版，第 237 ~ 238 页。

(3)公司年度业绩公告前的2个月等其他“临近期”(close period)[①]不得对本公司股票进行买卖交易。

设置董事和董事长交易本公司股票的特别程序：公司董事和董事长实施本公司股票交易的，必须履行特别的报批程序，即公司董事要进行本公司股票交易的，须事先征得董事长或者董事长指定的其他董事的批准；公司董事长实施本公司股票交易的，须事先向董事会(或者指派的其他董事)作报告并获得批准。对董事和董事长的前述批准，公司必须进行书面登记。

设置“禁止期”(prohibited period)禁止交易制度：只要是在“禁止期”，公司不得给予董事进行交易的许可。[②] “禁止期”包括：

(1)“临近期”；

(2)只要存在有关该证券的未公开价格敏感信息——无论该董事是否知道——的任何时期；

(3)负责许可的人认为其许可的董事的交易行为将违反“行为准则”的任何时期。

另外，董事在“临近期”或者拥有未公开的价格敏感信息的任何时期都有义务防止关联人士或者有关的投资经理交易本公司证券。董事应当告知关联人士和投资经理其担任董事的上市公司名称、具体的“临近期”和其他不得自由交易证券的时期。[③]

3. 我国台湾地区的强制隔离期规则

与美英等国的做法不同，我国台湾地区针对上市公司股份回购涉嫌内幕交易采取的是专门“立法”模式，专门制定了针对上市公司股份回购的强制隔离期规则，主要规定于我国台湾地区“证券交易法”第28－2条和第157－1条之中。这两条的规定既有重复之处，又有较大的差别。具言之，两条均列举了内幕人员的范围，虽有重合，但第157－1条规定的主体范围

---

① “临近期”主要是指半年报公布的前2个月或者季报公布的前1个月。See Gil Brazier, *Insider Dealing: Law and Regulation*, London: Cavendish Publishing, 1996, pp. 213－214.

② 有一项例外是董事遇到特殊的财务困难。但在该情形下，只能允许单向交易：只能卖出不得买入。See Gil Brazier, *Insider Dealing: Law and Regulation*, London: Cavendish Publishing, 1996, p. 214.

③ See Gil Brazier, *Insider Dealing: Law and Regulation*, London: Cavendish Publishing, 1996, p. 216.

更广。两条均规定了禁止交易的时间期间，但第157－1条规定的时间期间更长。此外，两条在规制的行为种类以及规制目的上亦存在差别。（具体如表4－3所示）

表4－3 我国台湾地区的"证券交易法"第28－2条和第157－1条之差异比较

事项	"证券交易法"第28－2条	"证券交易法"第157－1条
主体范围	该公司之关系企业或董事、监察人、经理人之本人及其配偶、未成年子女或利用他人名义所持有之股份，均在禁止之列	（1）该公司之董事、监察人、经理人及依"公司法"第27条第1项规定受指定代表行使职务之自然人。（2）持有该公司之股份超过10%之股东。（3）基于职业或控制关系获悉消息之人。（4）丧失前三款身份后，未满6个月者。（5）从前四款所列之人获悉消息之人
行为种类	只禁止上述人员之卖出股份行为	上述人员不得对该公司之上市或在证券商营业处所买卖之股票或其他具有股权性质之有价证券自行或以他人名义买入或卖出
行为期间	买回其股份之期间	提前到重大影响其股票价格之消息未公开前或公开后18小时内
规制目的	着眼于市场秩序的"实质管理"	维护市场公开机制，防止内幕交易

"公司买回自己股份应认为系对公司股票价格有重大影响或是对投资人之决定有重要影响之消息。"①因此，我国台湾地区的"证券交易法"第28－2条和第157－1条对于上市公司股份回购来说，最大的意义就是建立起了针对大股东等各种内幕人员减持股份的隔离期制度，这可谓是我国台湾地区"证券交易法"的重大创新。至于该"法"的立法理由，台湾地区学者吴光明教授认为至少有两点：其一，防范公司借由关系人等之取得，以规避财源及数量之规制。其二，防止公司经营者，利用公司本身资金，维持自己之支配地位。② 此外，笔者认为，在为维持公司信用稳定股价的场合，在回

① 张进德：《证券交易法》，元照出版有限公司2018年版，第196页。
② 参见吴光明：《证券交易法论》，三民书局2011年版，第423页。

购的同时必须禁止大股东卖出，方能真正达到维持公司信用稳定股价之目的。[①]

（三）对上市公司股份回购涉嫌实施内幕交易比较法规制的评述

从以上的介绍可以看出，各国对于上市公司股份回购涉嫌实施内幕交易的规制体现出不同的思路和做法，美国和以英国为代表的欧洲国家采用非专门立法的方式，通过普通的反内幕交易规则对其予以规制。我国台湾地区则采取专门“立法”模式，针对上市公司股份回购的具体特征，采取有针对性的制度回应。

具体来说，美国的“Rule 10b－5”和“Rule 16(b)”两大规范其实体现了从法律一般价值原则到具体制度规范的立法思路。着重加强对内幕人员交易行为进行规范的“Rule 10b－5”体现了美国将内幕交易的本质归结为“欺诈”的思路，[②]该条如同是对该法最为精典的反欺诈原则之重述，具有重要的宏观指导的价值意义。“Rule 16(b)”则具体介入内幕人员的短线交易行为，通过主体界定、禁止交易行为的列举、归入请求权的行使以及怠于行使归入权的追责和归入权的除斥期间等详细的制度设计，构建起了独具特色的反内幕交易法律体系。

欧洲各国反内幕交易以自律管理为主，英国就是典型的代表。[③] 英国伦敦证券交易所制定的《上市规则》以及《行为准则》，就有关董事、经理等内幕人员在特定情况下买卖本公司股票的限制、董事和董事长交易本公司股票的特别程序，尤其是“禁止期”禁止交易本公司股票等自律规则对我国相关法律制度的构建具有重要的参考价值，我国可借鉴这些立法经验对我国现行制度进行进一步的补充和完善。

然而不容忽视的是，受制于英国自律监管缺乏规制刚性和普遍约束力，以及美国相关反内幕交易规则缺乏内部人减持的专门规制措施的掣肘，美英非专门立法的模式对上市公司股份回购这种与内幕交易结合无比紧密的

---

① 参见刘辉：《堵漏不良股份回购》，载《董事会》2016年第3期。

② 参见赵姗姗：《法益视角下证券内幕交易罪主体范围的规范构造》，载《政治与法律》2018年第10期。

③ 参见莫扬：《论证券业自律管理在监管内幕交易中的作用》，载《改革与战略》2013年第S1期。

操作行为的法律规制效果事实上也不甚理想。①

相反,我国台湾地区的专门"立法"模式看上去更加突出"立法"的刚性,其在"证券交易法"中通过第28-2条和第157-1条,专门针对上市公司股份回购涉嫌实施内幕交易的行为进行强化规制,并且后者的主体范围更加广泛、行为种类更加多元、行为期间更加拉长、规制目的更加直接。总体来说,在某种意义上,其相关"立法"缺少了美英证券监管法律中的柔性和自律,甚至被有的学者质疑过于僵硬,②但在我国目前证券市场内幕交易大行其道的当下,本着"乱世重典"的精义,似乎更有借鉴的价值。所谓的"重典",我国台湾地区"立法"中最为重要的两条经验就是:第一,必须尽可能扩大内幕人员的范围。第二,严格设置这些人员利用股份回购进行减持的隔离期。

三、上市公司股份回购规避行为及其法律规制的比较法分析

(一)上市公司股份回购规避行为及其法律规制概述

上市公司股份回购规避行为,是指上市公司通过各种迂回的手段,刻意绕开公司证券法关于上市公司股份回购的法律限制与监管的行为。上市公司股份回购规避行为的手段主要包括:上市公司以子公司或者从属公司的名义买回自身的股份,以及上市公司以财务资助的办法以第三方的名义买回自己的股份,无论何种操作方式,其主要目的都是绕开和规避法律的监

---

① 笔者以全球最为发达的美国证券市场为例,以可获取的新近数据来看,2018年上半年,美国股市股份回购总额高达6800亿美元,并且有市场机构预计,按此趋势,美国股市2018年全年的回购金额有望达到1.35万亿美元。其中,科技股和金融股回购规模最大。可在这样令人叹为观止的回购海啸的背后,上市公司的内部人员减持股份的现象也不在少数。被称为"FANG"的美国四大科技股公司——Facebook、Amazon、Netflix、Google——全部出现内部人士大规模减持的现象,其中Facebook内部人士减持最多。美国证券交易委员会的证券交易委员杰克逊(Jackson)直言不讳地指出,对于利用股份回购操纵市场的行为,美国证券交易委员会给予了公司豁免,但美国证券交易委员会再不能放任他们的高管通过股份回购而获利,这种现象必须改变。而令杰克逊最为无奈的是,由于美国反内幕交易缺乏内部人减持的相关立法,他本人也"无法指控上市公司内部人士减持"的行为。参见佚名:《公开回购与高管减持并行这些大牛股还敢追?》,载https://baijiahao.baidu.com/s?id=1606829368670145414&wfr=spider&for=pc,最后访问日期:2018年11月4日。

② 比如朱庆教授就认为,我国台湾地区的隔离期的设置"施药过猛",牺牲了"交易自由",我国应视情况能不设的尽量不设隔离期。参见朱庆:《论股份回购与操纵市场的关联及其规制》,载《法律科学》(西北政法大学学报)2012年第3期。

管,从而达到法律规制所禁止的法律效果。

在上市公司以子公司或者从属公司的名义买回自身的股份的情况下,上市公司本身表面上并不参与股份收购行为,其整个收购行为皆由子公司或者从属公司实施完成。这种规避行为较为隐蔽,如果不对整个收购行为进行财务资金流向盘查和交易行为确认并进行适当的信息披露,投资者一般很难发现其中的利益输送过程。该种规避行为实施的真正危害在于,在通过子公司或者从属公司进行收购的情形下,由于母子公司的资产存在重复计量,母公司就可以利用这一法律规则,大量收购自身股份进而达到规避上市公司股份回购之财源限制的目的。与此同时,基于公司法上母子公司的控制与被控制的关系,母公司可径直对子公司所持股份的表决权等进行间接支配,这就造成公司控制权的结构变化从而侵害其他股东的控制权。

在上市公司以财务资助的办法以第三方的名义买回自己的股份的情形下,股份回购的实施主体不是上市公司,而是第三方。第三方实施收购行为的资金并非其自有资金,而是源于上市公司。第三方实施收购的交易合同的内容一般由上市公司拟定,诸如收购的数量与价格的确定、收购完成以后所持股份的具体表决权的行使等核心问题都由上市公司决定。这种交易模式的危害在于,上市公司的债权人在未获知交易实情的情形下,上市公司即以隐蔽的手段通过转移公司的资产进行股份收购,其实质略似于一种未经公示的减资行为,[①]因此,对公司的债权人的债权利益可能构成重大损害。

(二)上市公司股份回购规避行为法律规制的比较法分析

上述对上市公司股份回购规避行为的操作模式、法律性质以及行为危害的分析表明,上市公司股份回购规避行为往往在绕开法律监管的同时,对债权人保护和其他股东对公司的控制权构成危害。据此,对这些规避行为进行有效的规制是各国公司法不约而同的共识。从主要国家立法的情况来看,对上市公司股份回购规避行为进行法律规制有两种比较典型的思路和做法。

1. 规制以子公司或者从属公司的名义买回自身的股份

具体而言,对以子公司或者从属公司的名义买回自身股份的行为,各国

---

① 在该情形下,公司直接绕开了公司法关于减资的法律规定,既未通知和公告债权人,也未为其债权提供额外的担保。因此,对公司债权人的保护将造成极大的威胁。

一般采取两种不同的规制模式:一种是等同适用上市公司股份回购模式。这种规制模式的基本原理和思路是,既然规避行为是为了规避法律对于上市公司股份回购的一些禁止性的规定,那么法律就有必要将这些规避行为纳入正轨,使其直接适用上市公司股份回购的相关法律规制要求。这样,这些规避行为为了逃脱财源限制、规模限制、价格限制或者为了规避公司资本管制等目的将最终落空,以此达到这些国家所预期的对规避行为的规制目的和效果。

另一种是限制股份权利的模式。这种模式的基本原理和规制思路是,既然规避行为是为了达到法律所不允许的收购行为所带来的在公司控制权以及收益权等方面的预期效果,那么法律就要对这些收购回来的股份直接施加具体的权益和权能方面的限制。这样,一方面直接限制其股份权益,使上市公司的预想目的落空;另一方面通过对规避行为的规制和威慑,达到规范上市公司股份回购行为之目的。

等同适用上市公司股份回购模式的代表国家和地区是德国、美国加利福尼亚州、法国、日本以及中国台湾地区等。《德国股份法》规定,对于由一个从属企业或者一个被公司以多数参与的企业取得或者持有公司的股份,以及对于由一个以自己的名义、但以一个从属企业或者一个被公司以多数参与的企业的计算行为的第三人取得或者持有,适用相同的规定。[①] 类似的规定见于美国《加利福尼亚州公司法》中,该法的规定更为具体,只要是母公司持股50%以上之子公司,其在上市公司股份回购问题上,与母公司(上市公司)等同适用股份回购的相关法律规定。[②]

《法国商法典》规定,如一可以发行股票的公司持有另一公司10%以上的资本份额,该另一家公司不得持有前者的股份。[③] 如一家可以发行股票

---

① 参见《德国股份法》第71d条之规定。参见杜景林、卢谌:《德国股份法、德国有限责任公司法、德国公司改组法、德国参与决定法》,中国政法大学出版社2000年版,第31页。

② 参见《加利福尼亚州公司法》第500条之规定。参见佚名:《Corporations Code》,载https://leginfo.legislature.ca.gov/faces/codes_displayText.xhtml?lawCode=CORP&division=1.&title=1.&part=&chapter=5.&article=,最后访问日期:2018年10月4日。

③ 参见《法国商法典》第233-29条。本条是关于公司之间相互持股的规定,根据本条,上市公司的子公司是等同适用上市公司原则上不得回购本公司股份的规定的。参见《法国公司法典》(上),罗结珍译,中国法制出版社2007年版,第340~341页。

的公司以外的公司的股东中有一家掌握其10%以上资本的可以发行股票的公司,则该公司不得持有这家可以发行股票的公司的发行的股份。在该公司可能持有该可以发行股票的公司的股份时,[①]应当在最高行政法院提出咨政意见后颁布的法令规定的期限内将这些股份转让他人。[②]

在《日本公司法》下,上市公司通过其子公司购买本公司股份的通道是被严格限制的。这是由于,根据《日本公司法》的规定,“子公司不得取得作为其母公司的股份公司的股份”。[③] 这样,其“原则禁止,例外允许”的上市公司股份回购立法模式实际上也蔓延到子公司买回母公司股份的场合。其例外规定是:(1)受让其他公司(含外国公司)的全部事业的,且受让该其他公司所持有的母公司股份的情形;(2)从合并后消灭公司承继母公司股份的情形;(3)通过吸收分立从其他公司承继母公司股份的情形;(4)通过新设分立从其他公司承继母公司股份的情形;(5)除以上各项所列情形外,由法务省令所规定的其他情形。此外,子公司必须在适当时期处分其所持有的母公司股份。[④]

我国台湾地区不仅禁止从属公司取得控制公司的股份,在控制公司和从属公司一并持有他公司50%以上股权时,也禁止他公司收购控制公司和从属公司的股份。[⑤] 具体如图4－2所示。

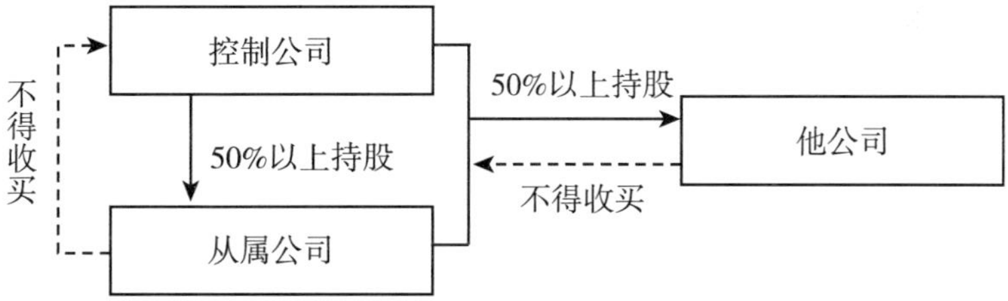

图4－2　我国台湾地区限制上市公司股份回购规避行为

限制股份权利模式的典型代表是《特拉华州普通公司法》和《美国示范

① 也就是说,该公司在之前已经持有了该可以发行股份的公司的股权。

② 参见《法国商法典》第233－30条。《法国公司法典》(上),罗结珍译,中国法制出版社2007年版,第341页。

③ 参见《日本公司法》第163条之规定。

④ 参见《新订日本公司法典》,王作全译,北京大学出版社2016年版,第51页。

⑤ 参见我国台湾地区“公司法”第167条之规定。

公司法》。在限制股份权利模式下，上市公司股份回购的法律规范并不直接推广到子公司买回上市公司股份的场合，其分别适用不同的法律规范。所谓的限制表决权，主要限制的是上市公司持股超过50%及以上的子公司所持有的对于母公司的表决权。例如，美国《特拉华州普通公司法》规定，属于公司自己的或者另一家公司的资本股股份，如果其中具有选举该另一家公司董事表决权的股份过半数被公司直接或者间接持有的，则公司资本股股份既无表决权，也不得计入法定人数。对于公司以信托人身份持有的股份（包括但不限于本公司股份），本条规定不限制公司表决的权利。[①]《美国示范公司法》关于股份投票权的相关规定也明确，如果某公司发行之股份由本州另一个公司或者其他州的另一个公司直接或间接拥有，而前公司又对后公司的董事会拥有过半数的控制权时，后公司所持前公司的股份无投票权。[②]

2. 规制上市公司通过财务资助第三方买回自己股份

在公司法理论上，财务资助的相关立法与公司资本维持原则的相关立法存在很多的共通之处。[③] 如艾利斯·费伦教授所列举的例子那样，如果一个发行公司运用其既有资本向投资者提供资金，以供其认购公司发行的股份，那么在这种情况下，公司表面上看是被注入了资金，但实质上，却是虚幻的。[④] 当公司把资财送给别人，以使后者可以购买股份时，很显然会立即减损公司资源。[⑤] 在公司法立法和司法的全过程中，总是充满了对财务资助行为的禁止与反禁止的斗争。以欧洲为例，尽管欧洲普遍存在财务资助的禁令，但并购市场通过创造各种翻新的手段来规避这些禁令也依然如

---

① 参见《特拉华州普通公司法》，徐文彬、戴瑞亮、郑九海译，中国法制出版社2010年版，第60页。

② 参见《美国示范公司法》第7.21条。《美国公司法规精选》，虞政平编译，商务印书馆2004年版，第53页。

③ See C. Proctor, "Financial Assistance: New Proposals and New Perspectives", *Company Lawyer*, 2007, 28(1), pp. 3 - 17.

④ 参见［英］艾利斯·费伦：《公司金融法律原理》，罗培新译，北京大学出版社2012年版，第269页。

⑤ 参见［英］艾利斯·费伦：《公司金融法律原理》，罗培新译，北京大学出版社2012年版，第269～270页。

火如荼。①

英国为了落实《欧洲公司法第二指令》的要求，对上市公司股份回购立法也是遵循了“原则禁止，例外允许”的基本模式。在提供财务资助的问题上，一般认为，由于提供财务资助的合同是非法合同，公司承诺提供资助的义务也是不可执行的。②《英国2006年公司法》明确禁止公众公司（或者其子公司）向他人提供财务资助③以购买该公司的股份，无论该资助是在收购之前还是收购之后提供的。④ 该法还关注到了上市公司通过代名人回购本公司股份的规避行为，对通过代名人回购本公司股份的行为给予了专门规制：法律认为，这些被收购的股份须由公司的代名人以其自有账户持有，公司不得对其享有任何的受益权。⑤ 不仅如此，如果代名人无法履行该股份的出资义务的，该出资义务由公司章程备忘录的其他签署人承担，在其他情况下，该责任由股份发行或者被代名人购买时的公司董事承担。⑥ 但法院有权豁免诚实合理行事的董事或者签署人承担的全部或者部分责任。⑦ 除被法院豁免的情形外，上述法律责任均为“个别及连带责任”。⑧

不仅通过代名人直接收购上市公司的股份受到法律的禁止，《英国2006年公司法》为了防止出现子公司购买其控股公司的股份从而在事实上

---

① See Luca Enriques, *EC Company Law Directives and Regulations: How Trivial are They?*, https://papers.ssrn.com/sol3/papers.cfm?abstract_id=730388, 2018-12-04.

② 参见葛伟军：《英国公司法要义》，法律出版社2014年版，第169页。

③ 必须注意的是，在《英国2006年公司法》中，“财务资助”是相当宽泛的一个法律概念。立法者不仅在该法中罗列了诸如赠与、贷款、保证、豁免、弃权和补偿等典型的财务资助行为，而且还将其他任何具有财务资助性质的协议纳入规制范畴。不仅如此，该法还规定了关于财务资助的兜底条款：“公司提供的其他任何财务资助，只要公司的净资产因此实质性地减少，或者公司没有净资产。”这就表明，即使财务资助并不属于立法者在起草时能够预见到的具体类型，但是只要公司没有净资产或者资助导致公司净资产“实质性地减少”，该资助就属于非法行为。参见［英］保罗·戴维斯、莎拉·沃辛顿：《现代公司法原理》（第9版），罗培新等译，法律出版社2016年版，第353～357页。

④ 参见《英国2006年公司法》第678条。

⑤ 参见《英国2006年公司法》第660（2）条。

⑥ 参见《英国2006年公司法》第661（2）条。

⑦ 参见《英国2006年公司法》第661（3）、（4）条。

⑧ 参见［英］保罗·戴维斯、莎拉·沃辛顿：《现代公司法原理》（第9版），罗培新等译，法律出版社2016年版，第315页。

降低资本的行为,[①]还禁止公司直接或者通过代名人成为其控股公司的成员。[②] 而且,控股公司将母公司现有股东的股份配售或者转让给子公司或其代名人的一切行为将归于无效。

类似的有关财务资助禁止的规定见诸德国和法国等国家的相关立法之中。《德国股份法》明确规定,法律行为以由公司出于取得该公司股票的目的而向他人给予预付或者借贷或者提供担保为内容的,其行为无效。[③] 此外,在公司与他人之间成立法律行为,而该他人依此项法律行为享有以公司或一个从属企业或一个被公司以多数参与的企业的计算取得股票的权利,并负担此种义务的,以由公司取得该违反第 71 条第 1 项或第 2 项为限,此项法律行为无效。[④]《法国商法典》也明确规定,公司不得垫付资金,提供借款或者同意设立担保,以供第三人认购或购买本公司的股票。[⑤]

(三)上市公司股份回购规避行为比较法规制评述

金融监管与金融创新往往是一种交替上升的过程,二者总是在不断的博弈中发展和前进。[⑥] 对上市公司股份回购的法律监管也是一样,出于对股份回购可能带来的利益的追求,上市公司总是会想方设法避开对其股份回购行为的法律监管。这其中,以子公司或者从属公司的名义买回自身股份和以财务资助的办法通过第三方的名义买回自己股份,是最为常见的两种避法行为,其对公司的债权人的债权利益均可能构成重大损害。

总体来看,对以子公司或者从属公司的名义买回自身股份的行为主要有两种规制模式:一种是等同适用上市公司股份回购模式。这种模式将以子公司或者从属公司名义实施的买回行为与上市公司的买回行为直接联

---

① 参见[英]保罗·戴维斯、莎拉·沃辛顿:《现代公司法原理》(第 9 版),罗培新等译,法律出版社 2016 年版,第 316 页。

② 参见《英国 2006 年公司法》第 144 条。

③ 参见《德国股份法》第 71a 条。参见杜景林、卢谌:《德国股份法、德国有限责任公司法、德国公司改组法、德国参与决定法》,中国政法大学出版社 2000 年版,第 30 页。

④ 参见杜景林、卢谌:《德国股份法、德国有限责任公司法、德国公司改组法、德国参与决定法》,中国政法大学出版社 2000 年版,第 31 页。

⑤ 参见《法国商法典》第 225-216 条。《法国公司法典》(上),罗结珍译,中国法制出版社 2007 年版,第 226 页。

⑥ 参见宋洋、徐英东、张志远:《互联网金融创新与监管双赢:规避和管制的博弈分析》,载《社会科学研究》2018 年第 4 期。

系起来,适用等同的法律规则。笔者将其理解为一种事前规制策略,也就是将股份回购可能带来的不利益直接置于回购行为之前,从源头上彻底禁止上市公司以子公司或者从属公司的名义实施买回自身股份的行为。这是一种刚性更强的规制策略,对于资本市场法制基础环境和法律意识形态相对落后的国家和地区来说,不失为一种可以考虑的比较行之有效的规制办法。

另一种是限制股份权利的模式。这种模式的主要策略是对以子公司或者从属公司名义实施的买回行为所获得的股份施加具体的权益和权能方面的限制,通过对回购行为所带来的权益进行事后评价,进而影响上市公司的现实商业决策和回购行为。从某种意义上来讲,也可以将其理解为一种事后规制策略。限制股份权利的模式的规制刚性较等同适用上市公司股份回购模式为弱,其更加适合那些资本市场更加发达、资本市场基础法制环境更加优良、法律意识形态更加优越的国家和地区。

上市公司通过财务资助其他主体来实施股份回购的行为具有资金空转和资本虚减之嫌,因此受到各国公司法的强力规范。笔者认为,在对上市公司股份回购立法进行完善的同时,必须跟进对上市公司通过财务资助的办法以其他主体来实施股份回购行为的法律规制。这是因为,如果对后者的法律规制缺位,上市公司作为理性经济人,很可能选择这种办法对直接实施股份回购的法律监管进行规避,而这些规避行为在客观上带来的不良法律效果与前者相比无异甚至更为恶劣,因为其行为更加隐蔽,对债权人利益保护来说,将使债权人处于一种更为不利的地位。

第二节　我国上市公司股份回购事中法律规制存在的主要问题

从《证券法》《证券市场操纵行为认定指引》《证券市场内幕交易行为认定指引》等法律和规章来看,我国上市公司股份回购在操纵市场、内幕交易以及利用第三方主体规避回购等方面均存在严重不足。以下从法律文本和规范分析出发,结合我国 A 股市场上市公司股份回购的真实案例,分析我国上市公司股份回购法制存在的主要问题,以便为相关法制的完善提供基本的问题意识。

一、我国上市公司股份回购涉嫌操纵市场行为法律规制存在的问题

(一)上市公司股份回购"安全港"制度缺位

根据《证券市场操纵行为认定指引》,上市公司实施股份回购不构成操纵市场的行为。① 从本条的规定可以看出,证监会似乎已经意识到建立上市公司股份回购"安全港"制度的重要性,并且试图在《证券市场操纵行为认定指引》中建立对上市公司股份回购的豁免机制。

我国《证券市场操纵行为认定指引》第48条之规定还称不上真正意义上的"安全港"制度,并且该条的规定还存在很大的立法瑕疵。其一,该条对于上市公司股份回购涉嫌操纵市场行为是部分豁免还是全部豁免?如果按照该条的规定,②所有的"上市公司股份回购"均可从操纵市场中予以豁免。这是本条一个最大的错误。显然,不仅仅在我国证券市场上,即便是在美国证券市场上,上市公司的股份回购行为也不可能完全从操纵市场中予以豁免。其二,"依据法律、行政法规和规章的规定"到底是指的何种规范?如果仅仅是允许上市公司实施股份回购的规范,那当然不可能绝对豁免;而如果是指的类似美国的"Rule 10b-18"规则的"安全港"规则的条款,在我国现行法律体系中又找不到任何具体的规定。因此,上市公司股份回购"安全港"制度在我国目前的股份回购法制中依然处于缺位状态。

在"安全港"制度缺位的情况下,我国上市公司股份回购行为无法获得真正意义上的豁免。如上市公司一旦因股份回购行为涉嫌操纵市场被监管部门查处甚至涉诉,其依然要接受操纵市场行为构成要件的逐一审查,并且面临很大的在行为定性上的不确定性。我们以涉嫌连续交易型市场操纵为例进行分析。市场操纵行为表面上是操纵者与其他投资者的对抗,实质上是操纵者以人为方式试图扭曲市场规律的运行结果,以操纵者自身力量对

---

① 参见《证券市场操纵行为认定指引》第48条之规定。

② 该条规定:"上市公司、上市公司控股股东或其他市场参与人,依据法律、行政法规和规章的规定,进行下列市场操作的,不构成操纵行为:(一)上市公司回购股份;……"

抗由市场规律运行结果形成的市场力量。① 在我国,连续买卖的构成要件有4项,即利用“优势”、连续交易、价格幅度和成交数量。

以解释论的视角观之,《证券市场操纵行为认定指引》中所谓的利用“优势”,在资金、证券和信息这三大方面,作为实施股份回购行为的上市公司均有可能单独或者同时占有。尤其是资金优势和信息优势,上市公司动辄数亿的回购规模远非普通的机构投资者与个人投资者所能及,其对于整个股份回购方案的拟定以及对于实施股份回购的时机的把握,自不可能出现比其自身更有信息优势的证券市场交易者。从连续交易这一构成要件来看,任何上市公司实施股份回购行为都不可能一次性完成,而学者对于连续交易中的“连续”要件的理解一般界定为两次及两次以上的交易。比如叶林教授认为,“在理论上,只要在营业当日发生两次以上的高价或者低价连续买卖”,②即构成连续交易。徐杰教授则进一步指出,美国、日本以及我国的法律对如何界定连续交易都没有具体规定,一般认为连续买卖是指两次或两次以上的买卖,但两次之间的时间间隔究竟有无限制,在实践中只能依照有关机构的解释。③ 在价格幅度要件方面,上市公司股份回购本身即具有向投资者传递其股价被低估的讯号,也就是说,在多数情况下,其本身即具有影响和操纵价格之目的。在成交数量的要件上,现行《证券法》改变了原《证券法》关于连续买卖只有操纵价格才构成操纵市场之规定,根据现行《证券法》,只要改变证券交易量就直接可以认定连续买卖的操作市场性质。④ 显然,上市公司股份回购恰恰是通过影响二级市场上流通股票的交易量来达到影响交易价格之目的的,因此,根据现行法律,上市公司股份回购很难摆脱被直接认定为操纵市场行为的命运。

对于操纵市场的主观要件的认定学者更是众说纷纭。周友苏教授认为,操纵市场行为人都具有通过操纵证券交易价格来达到获取不正当利益或转嫁风险之目的。⑤ 陈洁教授认为,操纵市场主观上必须是具有故意,且

① 参见陈甦:《证券法专题研究》,高等教育出版社2006年版,第257页。

② 参见叶林:《证券法》(第4版),中国人民大学出版社2013年版,第229~230页。

③ 参见徐杰:《证券法理论与实务》,首都经济贸易大学出版社2000年版,第142~143页。

④ 参见叶林:《证券法》(第4版),中国人民大学出版社2013年版,第229~230页。

⑤ 参见周友苏:《证券法通论》,四川人民出版社1999年版,第311页。

具有影响证券价格之目的,过失不构成操纵市场行为。① 吴弘教授认为须同时具备故意制造虚假的证券行情、诱使投资者参与交易、从中牟利三大要件才能被认定为操纵市场。② 叶林教授认为,在追究行为人的行政责任和刑事责任的时候,应以故意作为行为要件,以有效发挥法律的惩戒作用。而在追究行为人的民事责任时,无须以行为人具有故意作为构成要件。③ 万国华教授则认为,操纵市场民事责任的追究应以操纵人存在过错为条件。④ 但也有论者认为,2005 年《证券法》修改时,在操纵市场的问题上,一个重大修改就是删除了原《证券法》第 71 条中"以获取不正当利益或者转嫁风险为目的"的规定,主要考虑是,操纵市场行为本身就具有违法性,如果以获取不正当利益或者转嫁风险为目的或者结果,会增加查处操纵市场的难度。⑤

因此,不难得出,由于"安全港"规则的缺失,我国上市公司股份回购无法从操纵市场中予以直接豁免,而在进一步司法认定其是否构成操纵市场行为时,存在相当大的不确定性,这无疑给上市公司选择运用股份回购工具带来了极大的挑战。

(二)上市公司股份回购的主体约束机制阙如

上市公司股份回购的法律规制是世界难题。这从上文对美国上市公司股份回购"安全港"规则的评析中可见一斑。即便是像美国资本市场这样发达的国家,其"安全港"规则也并未万能。特别是对上市公司利用股份回购带来的重大利好实施操纵,鱼肉证券市场上中小投资者的行为,也不一定能够起到较好的规制效果。在美国这样发达的资本市场法制和相对健全的自律机制下尚且如此,我国 A 股市场就更自不待言。

由于我国上市公司股份回购的主体约束机制阙如,上市公司往往会利用这一漏洞,以股份回购为手段,来帮助其实施进一步的、后续的牟利行为。对于这种行为,"安全港"制度未必能够起到较好的规制效果。因为其

① 参见陈洁:《证券欺诈侵权损害赔偿研究》,北京大学出版社 2002 年版,第 189 页。

② 参见吴弘:《证券法论》,世界图书出版公司 1998 年版,第 260 ~ 261 页。

③ 参见叶林:《证券法》(第 4 版),中国人民大学出版社 2013 年版,第 232 页。

④ 参见万国华:《证券法学》,清华大学出版社 2010 年版,第 374 ~ 375 页。

⑤ 参见周正庆、李飞、桂敏杰:《新证券法条文解析》,人民法院出版社 2006 年版,第 192 ~ 194 页。

一,“安全港”制度是一种豁免制度、柔性制度,它只从正面提供认定回购行为不构成操纵市场的基本条件,目的是鼓励和保障上市公司实施股份回购。其二,“安全港”制度不是一种规制制度,它不对涉嫌构成操纵市场的行为进行直接规制和处罚,尤其是无法直接应对股份回购行为之后的后续违法行为的规制需求。因此,对于我国资本市场上频发的、边融资边回购等案件,“安全港”制度一般束手无策。① 从法律规制的现实需求来说,建立上市公司股份回购中的主体约束机制迫在眉睫。

二、我国上市公司股份回购涉嫌内幕交易行为法律规制存在的问题

(一)不当的敏感期交易禁止制度豁免与减持隔离期制度失位

如果对我国上市公司股份回购涉嫌实施内幕交易行为规制的相关立法进行模式定位,不难发现,我国其实也应当属于非专门立法模式。这是由于,尽管我国目前制定了针对上市公司股份回购的一些专门制度,但是这些制度基本都停留在证监会的规章甚至沪深证券交易所的自律监管规则的层面,都未上升到法律的层级,②在法律层面上,找不到针对该问题的专门立法。这样的证券金融法制建设模式存在一个致命的弱点,就是不良法治环境下的法律的政策化问题。③ 尤其是在法治环境较差的中国金融市场中,

---

① 我们通过A股市场的中国神华能源公司(以下简称中国神华,股票代码:601088)股份回购与再融资案来展示主体约束机制阙如对股份回购下证券市场秩序和投资者保护带来的挑战。2011年4月11日,上市公司中国神华发布公告,董事会向股东大会提请不超过总股本20%的再融资议案。与此同时,中国神华还公布了为数不超过10%的股票回购计划,并提议授权董事会根据市场情况和公司需要,回购最高达10%的A股股份以及最高10%的H股股份。按照中国神华当时的股价和市值估算,中国神华最高可回购高达19.88亿股,累计总金额约600亿元的股票。中国神华同时公布再融资计划和股票回购计划,边回购边融资的行为被市场热议,中国上市公司市值管理研究中心执行主任刘国芳认为,回购有两个目的:一是维护股价,有一个好的发行价;二是增强投资者信心,促进再融资成功进行。所以,中国神华边融资边回购是想通过回购确保再融资成功。从这一点来讲,中国神华回购的功利性太强,是为了再融资。参见李春莲:《回购和融资左右出击中国神华意在整体上市》,载《证券日报》2011年4月12日,第D01版。

② 这与我国台湾地区将其规定于“证券交易法”中的做法明显不同。因此,我国大陆依然属于非专门立法模式。

③ 需要指出的是,法律政策化并不代表就一定不好,只是在一个国家的基础法治环境较差的情况下,其容易凸显诸多的弊端。参见史际春:《法的政策化与政策法治化》,载《经济法论丛》2018年第1期。

政策化的一个最大的问题就在于其“随意性”，[①]这在一定程度上也会导致法的规范作用的弱化。[②] 比如，监管部门为了解决某种特殊的监管问题，随意和频繁修改监管措施，可能造成文义混乱和逻辑冲突以及监管中的任意解释，[③]这对公共执法和市场主体守法都带来相当大的困难。[④]

以敏感期交易禁止制度为例，为防止上市公司股份回购中的涉嫌内幕交易行为，《补充规定》和《回购办法》专门设立了敏感期交易禁止制度。[⑤]该制度明确，上市公司处于信息敏感期不得实施股份回购行为。具体而言，信息敏感期是指定期报告或者业绩快报公告的前10个交易日，或者可能对股票价格产生重大影响的重大事项发生之日或者在决策过程中，至依法披露后的2个交易日内。2019年1月11日，上海证券交易所和深圳证券交易所分别发布的《上交所回购细则》和《深交所回购细则》也完全保持和沿袭了上述信息敏感期的相关规定。[⑥]

从与英国伦敦证券交易所《上市规则》和《行为准则》的对比中，不难看出，《补充规定》较伦敦证券交易所规定的敏感期更短。比如，针对定期报告或者业绩快报公告，我国《补充规定》设置的是10个交易日的敏感期，《回购办法》则规定的是5个工作日，而英国的“临近期”即已经设置为半年报公布的前2个月或者季报公布的前1个月。而对于可能对股票价格产生重大影响的重大事项，我国《补充规定》设置的是发生日或者在决策过程中，至依法披露后的2个交易日内，我国《回购办法》设置的是“披露前”，英国则规定所有存在有关该证券的未公开价格敏感信息——无论该董事是否知道——的任何时期，并且还设置了兜底条款，规定负责许可的人认为其许可的董事的交易行为将违反《行为准则》的任何时期。此外，还专门规定了董事在“临近期”或者拥有未公开的价格敏感信息的任何时期，对于关联人士或者有关的投资经理交易本公司证券的防止义务。

---

① 参见史际春：《法的政策化与政策法治化》，载《经济法论丛》2018年第1期。

② 参见姚艳：《民族法律规范政策化问题的法理思考》，载《西南民族大学学报》（人文社会科学版）2010年第2期。

③ 参见曾洋：《证券内幕交易主体识别的理论基础及逻辑展开》，载《中国法学》2014年第2期。

④ 参见邢会强：《证券欺诈规制的实证研究》，中国法制出版社2016年版，第92页。

⑤ 参见《补充规定》第9条、《回购办法》第11条之规定。

⑥ 参见《上交所回购细则》第18条之规定，《深交所回购细则》第17条之规定。

更令人遗憾的是，我国的《三部委回购意见》对于符合其规定条件的上市公司①直接豁免了《回购办法》第 8 条和《补充规定》第 9 条中的关于特定的敏感期内不得回购股份的限制性规定的适用。② 另一个问题是，我国大陆并未建立如我国台湾地区的减持隔离期制度。《上交所回购细则》和《深交所回购细则》创造性地设立了减持隔离期制度，但该制度只适用于上市公司基于护盘维稳和维护投资者权益情形下的回购行为。这样的立法疏漏是我国 A 股市场上市公司股份回购中内部人员减持行为大行其道的重要原因。

著名的"英威腾股份回购期间实际控制人减持案"和"德展健康股份回购期主动覆盖大股东减持期遭投资者冷落案"③向我们展示了在内部人员

---

① 很明显，该豁免标准主要是证监会出于股市维稳之急需而制定的，这些被豁免的上市公司一般属于股价下跌比较厉害的公司。参见《三部委回购意见》第 3 条之规定。

② 参见《三部委回购意见》第 3 条之规定。

③ 笔者通过 A 股市场上两个典型的案例对内部人员恶意减持行为进行说明。一是英威腾回购股份期间实际控制人减持案。深圳证券交易所上市公司英威腾电气股份有限公司（以下简称英威腾，证券代码：002334）于 2018 年 5 月 24 日发布了关于公司回购股份的议案，根据公告，该公司回购股份的主要原因是"维护投资者利益"，回购方式为集中竞价和大宗交易等，回购资金范围在 0.4 亿～1 亿元人民币。自该公司股份回购方案公布以后，英威腾先后从二级市场上回购了 775 万股本公司股份，合计花费 0.3827 亿元人民币。但数据显示，在英威腾实施股份回购期间，其实际控制人黄申力累积减持本公司股份高达 976 万股，合计套现 0.55 亿元人民币。不难看出，英威腾实际控制人减持股份数多出上市公司回购股份数 201 万股，减持金额远远高于上市公司股份回购金额 0.1673 亿元。试问，这样的"倒腾"资本的游戏如何实现稳定股价和维护投资者利益之目的？二是德展健康股份回购期主动覆盖减持期遭投资者冷落案。2018 年 6 月 20 日，深圳证券交易所上市公司德展健康（证券代码：000813）董事会审议通过了股份回购预案。其具体细节是，德展健康以集中竞价的形式回购 1,208,300 股本公司股份，回购价格区间是 8.17～8.4 元人民币，回购股份占全部股份总数的 0.0539%，回购金额为 10,020,530.65 元。令人大跌眼镜的是，6 月 21 日，也就是董事会审议通过股份回购预案的第一个交易日，德展健康在二级市场的股票就以跌停开盘。原来，在令人费解的市场表现背后，隐藏着公司大股东西藏锦桐创业投资有限公司（以下简称锦桐创投）减持期限将至而海量减持目标尚未完成的阴谋。2018 年 3 月 30 日，德展健康发布发布了《关于持股 5% 以上股东减持计划的预披露公告》，根据该公告，锦桐创投计划在公告后 15 个交易日后的 3 个月内以集中竞价和大宗交易方式减持其所持有的本公司股份不超过 67,244,454 股，减持股份总数不超过总股本的 3%。从锦桐创投减持计划的执行情况来看，截至 2018 年 6 月 8 日，锦桐创投累积减持仅 653 万股，实际减持股份数尚不足减持计划的 10%。换言之，上市公司德展健康本次的股份回购计划存在巨大的道德风险，其是否存在刻意利用股份回购期覆盖锦桐创投的剩余减持计划期，从而为锦桐创投的减持行为"抬轿子"之嫌，至少该疑虑一直困扰着投资者，也是二级市场上公司股价跳水的根本原因。参见佚名：《回购与减持并行英威腾回购股份期实控人减持套现 5500 万》，载 https://www.yuncaijing.com/news/id_12002587.html，最后访问日期：2018 年 11 月 4 日；佚名：《德展健康大股东吃相难看：公司回购 2 亿为接盘其减持？》，载 http://stock.hexun.com/2018-06-21/193246860.html，最后访问日期：2018 年 11 月 4 日。

减持隔离期缺位和敏感期交易禁止制度豁免情况下，上市公司股份回购可能带来的恶劣市场效应。这无疑是我国A股市场不少上市公司在股份回购的同时，大量的内部人员减持上市公司股份，割中小投资者“韭菜”的缩影。其不仅对维护证券市场公平公正的交易秩序和投资者保护带来威胁，也无法真正很好地起到维护市场稳定之功效。

（二）过窄的内幕人员认定范围与投资者保护不足

由于立法层级过低，我国对于股份回购场合下内幕人员的认定出现在多个规范之中，并且修改频繁，这在适用的过程中很容易出现混乱和争议。比如，《回购办法》虽然要求在回购报告书中明确说明内部人员在回购决议公告前6个月是否存在交易上市公司股票的行为，但其针对的对象仅限于“董事、监事、高级管理人员”。[①]《上交所回购细则意见稿》和《深交所回购细则意见稿》中新设立的减持隔离期制度所限制交易的内幕人员主要是董事、监事、高级管理人员、控股股东及其一致行动人、实际控制人。并且，对这些主体交易限制仅限于基于护盘维稳和维护投资者权益情形下的股份回购场合。[②] 2019年1月11日，上海证券交易所和深圳证券交易所分别正式发布的《上交所回购细则》和《深交所回购细则》在前述意见稿的基础上，将内幕人员进一步扩展至“回购股份提议人”。[③] 同时，《上交所回购细则》扩大了内幕信息知情人的范围，将内幕信息知情人扩大到了“第一大股东，及其实际控制人、董监高（含主要负责人）”、“回购方案的提议人，及其控股股东或第一大股东、实际控制人、董监高（含主要负责人）（如适用）”，以及为股份回购提供服务的“证券服务机构，及其法定代表人和经办人（如有）”和前述所有人员的“配偶、父母和子女”。《深交所回购细则》对内幕信息知情人的列举与该规定类似，但其中，与回购方案的提议人相关的主体的规定又有所不同，明确规定的主体是“回购方案的提议人、实际控制人、董事监事和高级管理人员（含主要负责人）（如适用）”。[④] 显然，两大细则在该相关主体的规定上范围不一致。另外，《上交所回购细则》和《深交所回购细则》

---

① 参见《回购办法》第21条。

② 参见《上交所回购细则意见稿》第26条、《深交所回购细则意见稿》第24条。

③ 参见《上交所回购细则》第25条、《深交所回购细则》第23条。

④ 参见《上交所回购细则》第53条、《深交所回购细则》第50条。

还设置了其他知悉回购信息的主体及其配偶、父母和子女作为兜底条款。[①]

我们通过对上述内幕人员的界定进行分解，可以看出，尽管《上交所回购细则》和《深交所回购细则》对内幕信息知情人的列举已经尽可能详尽和宽泛，但就股份回购的场合而言，内幕人员的认定范围依然存在过窄之嫌。比如，从我国A股市场的股权结构来看，尤其是一些新兴产业的上市公司，持股在10%以上的股东，实际上对公司已经能够产生重大影响，而且在接触公司内幕信息方面具有很大的优势。根据信赖义务理论，其责任与董事无异。[②] 美国的"Rule 16(b)"条和我国台湾地区"证券交易法"都把持股在10%以上的大股东列为内幕人员。并且，我国台湾地区学者甚至还质疑"10%之门槛存在过高之嫌"。[③] 相比之下，我国A股市场上"第一大股东"和实际控制人的标准实在过高，无法起到较好的规制效果，对投资者保护不力。

再如，《上交所回购细则》和《深交所回购细则》中明确列举了为股份回购提供各类中介服务的"证券服务机构，及其法定代表人和经办人（如适用）"这一主体。[④] 这一规定实际上源于美国证券交易委员会在1961年的Cady，Robert & Co.案中确立的"准内幕人员（quasi-insider）"标准。[⑤] 所谓准内幕人员，就是将内幕人员扩大到获取内幕信息的非发行股票的公司的内部人员。我国台湾地区证券交易所将其称为"基于职业关系获悉消息的人"。[⑥] 但需要注意的是，我国台湾地区"基于职业关系获悉消息的人"并不是单纯的对行为人身份的列举——律师、会计师、承销商等——而是强调该类主体及其人员的内幕信息获取能力。其适用范围极为广泛，"不以律师、会计师、管理顾问等传统职业执业人员为限，举凡基于工作之便利获得发行公司足以影响股价变动之资料或消息而为该公司股票之买卖者，都是该条

---

① 参见《上交所回购细则》第53条、《深交所回购细则》第50条。

② 参见张进德：《证券交易法》，元照出版有限公司2018年版，第275页。

③ 张进德：《证券交易法》，元照出版有限公司2018年版，第276页。

④ 参见《上交所回购细则》第53条、《深交所回购细则》第50条。

⑤ 参见赖源河：《证券法规》，元照出版有限公司2012年版，第297页。

⑥ 所谓"基于职业关系获悉消息的人"，是指该行为人虽非对于公司有一定的信赖关系，但他的职业内容具有较一般投资大众更接近内幕消息的优势地位，并进而利用该职业关系获取内幕信息的人。参见张进德：《证券交易法》，元照出版有限公司2018年版，第275页。

所规范的对象”。[①] 反观我国《上交所回购细则》和《深交所回购细则》的列举实际上仅限于这些中介服务机构及其法定代表人、经办人等，主体的认定确有过窄之嫌。

不仅如此，从我国上述对相关内幕人员的立法方式来看，这是一种比较典型的侧重于行为人身份描述的列举式的方法。在这种立法形式下，很容易出现一种规避监管的行为，那就是行为人恶意辞去现有的职务和身份，通过“金蝉脱壳”的办法，来规避减持的相关监管要求。我国台湾地区“证券交易法”把这种刻意规避的行为纳入监管范畴，在其第 157 - 1 条中，明确规定如果行为人之前拥有公司董事、监察人、经理人、受指定代表行使职务的自然人、持股超过 10% 以上的股东等身份，或者基于职业关系或控制关系获悉了内幕消息之人，在他们失去这些身份以后还不满 6 个月的，也属于内幕人员的主体范畴。[②] 反观我国大陆的法律和《上交所回购细则》以及《深交所回购细则》等自律性规范的相关规定，均未对此予以明确，不得不说是一大疏漏。

三、我国上市公司股份回购规避行为法律规制存在的问题

我国上市公司股份回购法制的一大重要的疏漏，就是对上市公司股份回购规避行为的法律规制缺位。前文曾提到，在相当长的一段时期，上市公司股份回购在我国主要的制度价值是服务于国有企业的退出和减持，限于特定的历史使命，上市公司股份回购在我国运用得并不普遍，其制度价值也未能充分得以发挥。然而，随着我国资本市场的发展，将股份回购作为一种常规性的上市公司金融工具的呼声日渐高涨。股份回购在 A 股市场被运用得越来越多，其工具性目的也越来越多元，在这背后蕴藏的法律风险自然也越来越大。

应当说，上市公司股份回购对资本市场的维稳作用是最受我国 A 股市场和监管部门重视的工具性价值之一了。从 2008 年全球金融危机向 A 股蔓延，到 2015 年和 2018 年 A 股遭遇断崖式暴跌，监管部门和上市公司均将

---

① 参见我国台湾地区“证管会”78 台财证(二)字第 14860 号。

② 参见我国台湾地区“证券交易法”第 157 - 1 条。

股份回购及其法制的完善推向高潮。尤其是2018年,A股迎来了多项上市公司股份回购的监管制度的出台。但值得注意的是,我国立法对于上市公司股份回购的规避行为,至今仍无正式的监管法律依据。这事实上对A股市场风险控制带来了极大的挑战。

(一)对通过子公司规避回购的行为规制缺位

我国A股市场在2018年进入持续暴跌的漫漫熊市,从2018年1月29日的3587.03点下跌到10月19日的2449.20点。在这期间,A股市场遭遇的数轮惨重的股票质押暴雷潮是大盘断崖式暴跌的重要原因之一。根据《证券公司股票质押贷款管理办法》,大量的证券公司开展的股票质押创新业务,是一种解决上市公司股东融资难问题的一种创新金融工具,基本的原理就是上市公司的股东将符合条件的上市公司的股票向金融机构质押,以此获得相应的企业周转资金。在我国,A股市场的股票质押业务起初有场内和场外两种业务模式,场内模式以证券交易所为中介,场外模式则直接在中国证券登记结算公司进行登记。(其业务流程见图4-3)

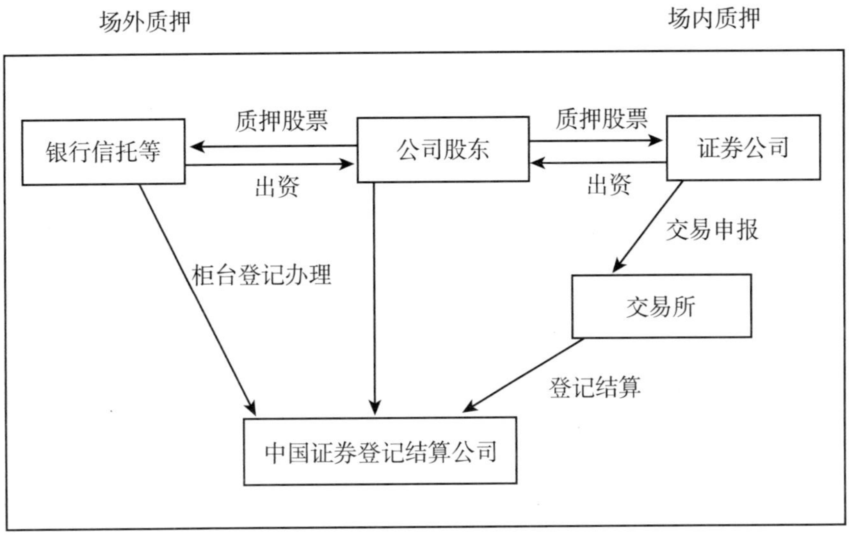

图4-3　场内、场外质押业务模式

实际上,从2004年到2018年,中国证监会曾对股票质押业务监管办法进行过数轮修改(见表4-4),并且A股市场上股票质押业务的规模呈连年攀升态势(见表4-5)。面对2018年A股市场持续暴跌的惨状,2018年

5月,中国证监会《关于证券公司办理场外股权质押交易有关事项的通知》的出台,标志着证券公司场外股权质押交易被全面叫停。在证券市场暴跌的过程中,上市公司的股价频频触发股票质押的警戒线和平仓线,股票质押暴雷对市场系统性风险将产生巨大影响。

表4-4　股票质押业务监管政策的变化

时间节点	规范性文件	核心内容
2004年11月	《证券公司股票质押贷款管理办法》	1. 质押率≤60%,质押率=(贷款本金/质押股票市值)×100%。质押股票市值=质押股票数量×前7个交易日股票平均收盘价。 2. 设立警戒线和平仓线。警戒线比例(质押股票市值/贷款本金×100%)最低为135%,平仓线比例(质押股票市值/贷款本金×100%)最低为120%。 3. 一家商业银行及其分支机构接受的用于质押的一家上市公司股票,不得高于该上市公司全部流通股票的10%
2013年5月	《股票质押式回购交易及登记结算业务办法(试行)》	1. 股票质押回购的回购期限不超过3年。 2. 质押率是指初始交易金额与质押标的证券市值的比率。 3. 履约保障比例,是指初始交易与对应的补充质押,在扣除部分解除质押后的标的证券及孳息市值与融入方应付金额的比值
2018年1月	《股票质押式回购交易及登记结算业务办法(2018年修订)》	1. 股票质押率上限不得超过60%。 2. 单只A股股票市场整体质押比例不超过50%。 3. 融入方首笔最低交易金额不得低于500万元,后续每笔不得低于50万元,不再认可基金、债券作为初始质押标的。 4. 禁止通过股票质押用于申购新股或买入股票,并且禁止金融机构或其发行的产品通过质押进行融资
2018年5月	《关于证券公司办理场外股权质押交易有关事项的通知》	1. 证券公司、证券公司子公司及其管理的集合资产管理计划或定向资产管理客户不得作为融出方参与场外股权质押交易。 2. 证券公司不得为银行、信托等其他机构或个人通过场外市场开展上市公司股票质押融资提供盯市、平仓等第三方中介服务

表 4－5　近四年 A 股市场股票质押业务规模

单位:万亿元

年份	场内质押市值	场外质押市值	股票质押存量规模
2014	0.27	2.31	2.58
2015	2.60	2.33	4.93
2016	3.07	2.36	5.44
2017	3.49	2.66	6.15

资料来源:Wind 数据。

在股票质押暴雷潮蜂拥而至之时,一些上市公司通过股份回购和大股东增持等途径来维护公司股价的动机和意图明显增强。但与此同时,上市公司财务状况恶化可能给债权人的利益带来的风险不得不防。其中很重要的一点就是母子公司实施股份回购来进行护盘的行为。由于我国《公司法》只对上市公司的转投资行为进行规制,对于上市公司母子公司交叉持股和母公司利用子公司进行股份回购的行为均没有相应的法律规定,这无疑会对整体市场风险带来放大效应。

母子公司互相联手进行的股份回购行为从两方面对市场造成负面影响:第一,股份回购行为虽然通常只是子公司实施的行为,但在回购资金的问题上,因母子公司资产重合,重复计算资产,从而能够有效规避回购资金的来源管制。第二,母公司通常具有对子公司的人事和经营决策方面的控制权,母公司的大股东和经营者可以联合子公司进一步加强对母公司的控制,从而对其他股东的控制权造成影响。

(二)对通过财务资助第三方规避回购的行为规制缺位

前文在介绍上市公司股份回购的基本原理时曾提及,如果上市公司利用自身的资本来进行回购,即涉嫌抽逃出资,对债权人保护不利。在 2018 年 A 股市场暴跌的过程中,一些上市公司在面临股价逼近面值——跌成

“仙股”——的时候,试图通过各种途径来进行保壳和护盘。① 在这些上市公司的护盘策略中,最为典型的是寻找第三方进行资产重组。当然,也不排除上市公司对第三方实施财务援助而回购股份的行为。

特别是类似中弘股份这样的上市公司,在股价持续下跌的过程中,公司本身即已遭受严重的财务危机的困扰,如果在寻求第三方救济的过程中,公司以财务资助的形式利用第三方进行股份回购行为,那么对公司债权人来说将极为不利。这等于是将公司本已相当微薄的净资产间接投入公司的非正常经营,这些资金流出公司无疑会加大公司债权人的债权回收风险。正如前文介绍的英国的相关立法,一般都禁止上市公司为第三方出于股份回购之目的而提供各种形式的财务资助,其立法本意即在于此。相反,我国《公司法》中并没有直接禁止财务资助的规定,这给公司经营者掏空公司资本来进行护盘留下了空间。

第三节 我国上市公司股份回购事中法律规制的完善

资本市场是融资的市场,其建立的初衷就是为实体经济和上市公司融资。但资本市场也是投资的市场,并且投资的功能相较于融资的功能而言更为基础,因为如果任何一个资本市场如果失去了投资者的信任和参与,尤其是中小投资者的信任和参与,其整体市场功能必将走向崩溃。完善的法

---

① 比如,笔者以深圳证券交易所上市公司中弘股份(股票代码:000979)为例进行说明。中弘股份在2018年2月14日股票复牌以来,其股价再没有上过2元人民币/股,并在2018年8月15日跌破1元,最低到0.94元人民币/股。根据《深圳证券交易所股票上市规则》的相关要求,如果某只股票的收盘价连续20个交易日均低于1元人民币/股,将被迫停牌。中弘股份在8月15日跌破1元之后在9月5日成功收涨1元人民币/股,侥幸逃过深圳证券交易所的停牌规定。其在9月13日再次收于0.90元人民币/股,而在10月10日最高冲高到1.02元人民币/股但最终收于0.98元人民币/股,并最终被强制退市当上市公司面临中弘股份这样的处境,极有可能选择第三方财务资助的形式来保壳。当然此处需要强调的是,笔者以该公司为例,只是为了说明上市公司在类似情况下,通过第三方回购本公司股份的可能性以及对公司债权人权益的影响等问题,并不是说中弘股份业已实施了相关的违法行为。对中弘股份各种与资本市场相关的交易行为的定性请参照中国证监会的监管意见以及深圳证券交易所的自律监管决定等正式的官方文书。参见孙杰:《中弘股份股价太低被强制退市》,载 https://baijiahao.baidu.com/s? id = 1616595832299034418&wfr = spider&for = pc,最后访问日期:2019年2月25日。

制是促进资本市场健康发展的基础条件，要建立健全资本市场的功能，必须对上市公司股份回购事中规制的相关立法进行完善。

完善我国的上市公司股份回购事中法律规制，需要充分学习和吸收国（境）外的先进立法经验，更需要紧密结合我国资本市场的实际以及我国公司证券法学研究的理论成果而进行。从我国目前证券市场上的操纵市场、内幕交易以及利用第三方主体规避回购等监管实际来看，违法违规行为大量存在，这对于保护资本市场的基石——投资者的权益——来说，无疑是重大的利空。因此，在完善我国上市公司股份回购事中法律规制的时候，既要坚守便利上市公司运用股份回购工具的私法自治原则，又要强调投资者保护的规范价值，只有做到“两条腿”走路，上市公司股份回购的事中法律规制才能达到良好的法律效果。

一、我国上市公司股份回购涉嫌操纵市场行为法律规制的完善

（一）我国上市公司股份回购中涉嫌操纵市场的“二元”规制逻辑的确立

上文关于上市公司股份回购中涉嫌操纵市场的行为特征的分析表明，上市公司股份回购与操纵市场行为之间的确存在千丝万缕的联系。这种联系主要表现在两个方面：

一方面，上市公司股份回购与操纵市场行为存在很多的相似点甚至重合点，在某些情况下，单从行为表象和行为结果来看，上市公司股份回购与操纵市场行为甚至可能产生竞合现象。比如，如果上市公司在进行股份回购时，以诱使投资者参与并从中谋取利益为目的，实施连续交易的行为，即可能构成连续交易型的操纵市场行为。

另一方面，上市公司股份回购与操纵市场行为之间还可能存在这种现象：两者不是同一种或者同一个行为，不发生行为竞合与法律竞合现象，而是前后相连、彼此连接与配合、后者以前者为基础而实施的不法行为。比如，上市公司发布股份回购公告后，①作为公司的重大利好消息，上市公司

---

① 注意，这是说股份回购公告发生在前，而不是股份回购公告与后续行为的公告同时发布。如果是同时发布，其市场效应可能完全不同。下文有具体的案例佐证。

无论是否立即实施股份回购行为,也无论具体回购数量的多寡,在大多数情况下,其股价一般呈现迅速上涨的态势。此时,如果上市公司再发布再融资等公告而进行后续再融资或者从事其他利好本公司及其大股东和实际控制人的行为,即涉嫌操纵市场。

对上述两方面关联关系的深入分析显示,传统证券法理论在规制现代复杂的股份回购涉嫌操纵市场的行为时,可能面临手段单一问题的掣肘。因为在传统证券法理论框架下,股份回购中的涉嫌违法行为现象,主要是通过认定竞合行为是否构成操纵市场的单一认定路径来进行的,且不问这种认定与规制机制对于行为竞合情况下的操纵市场行为的认定是否切实有效,其对于不发生行为竞合与法律竞合现象的两种接续行为的规制必然是失败的,因为后一种行为无法通过单纯依靠前一种行为是否构成操纵市场的认定来予以有效规制。

鉴于此,笔者提出,上市公司股份回购中涉嫌操纵市场的行为应当进行"二元规制":一方面,应当对上市公司股份回购与操纵市场行为存在重合之处进行豁免规制,即通过建立一套客观的可视化的指标体系,让合法的上市公司股份回购行为受到法律的充分保障,进而鼓励上市公司依法实施股份回购行为;另一方面,应当对上市公司股份回购与操纵市场行为之间不相竞合、后者利用前者带来的利好进行市场操纵等违法行为进行区分规制。具言之,在上市公司股份回购的环节须让其进行公开承诺,而在后续行为实施过程中,由监管部门对其公开承诺的进展情况进行检查和评估,并采取相应的监管措施。

(二)建立我国上市公司股份回购"安全港"制度

上市公司股份回购"安全港"制度的法律本质就是前文介绍的正面豁免机制。其通过将主观认定"难"的问题转化为客观验证"易"的标准,以清晰的规则指标展示给上市公司,让其规范自身的股份回购行为,同时法律对其予以豁免和保护。上市公司股份回购"安全港"制度突出的金融法意义表现在其可以减少金融市场的法律风险。虽然目前国际上尚无关于金融市场的法律风险的通用的定义,但我们从英国金融服务管理局(Financial Service Authority,FSA)和英格兰银行对金融市场上的保险公司的法律风险和支付体系的法律风险给出的定义中基本能够总结出金融市场法律风险的一些共同的特点。FSA 认为，对于保险公司，法律风险是指，法律被证实以一种不利于保险公司的利益或目标的方式运作，而与此同时保险公司：(a)没有考虑到法律的影响；(b)错误估计了法律的影响；或(c)在对法律影响不确定的情况下进行经营。英格兰银行将支付体系的法律风险定义为，"未预料到的法律解释或法律的不确定性，后者将使支付体系或其部分受到无法预料的金融风险暴露和可能损失的风险"。[①] 如前所述，上市公司股份回购与操纵市场行为存在很多的相似点甚至重合点，这实际上极易导致上市公司因为担心被认定为操纵市场而不愿实施股份回购。换言之，股份回购行为被认定为操纵市场行为就是此处存在的金融市场的法律风险，而上市公司股份回购"安全港"制度的建立则有利于降低这种法律风险。

建议借鉴美国"Rule 10b－18"规则的相关经验，建立我国的"安全港"规则。可从委托商要求、回购时间限制、单个交易日回购数量限制以及回购价格限制等方面设置具体的"安全港"标准。比如，可限制上市公司只能从单个交易商或经纪商回购；回购实施的交易日当天，开盘阶段以及收盘前30 分钟不得实施股份回购；单个交易日回购数量不得高于该上市公司前 4 周平均交易量的 25%；回购价格不得超过当前的最高独立买价和交易日当天的最高独立买价(以高者计)。

对于"安全港"规则的法律效力，相关立法可学习美国的经验，规定"安全港"规则为非否决性规则，即如果上市公司股份回购未按照"安全港"规则进行的，并不必然带来被认定为操纵市场的法律后果。对该回购行为是否构成操纵市场，需结合其主观意图和客观方面进行个案认定。

(三)建立我国上市公司股份回购公开承诺制度及其监管体系

证券市场的公开承诺在我国两大交易所建立伊始便开始出现，在国有企业股权分置改革中，公开承诺制度得到普遍的运用并受到学术界广泛的关注。法学界关注的重点是，上市公司如果进行公开承诺之后又失信不予履行的，到底应当如何论处？是否需要承担一定的法律责任？以及是否需要监管部门介入等。

---

① ［英］麦克罗米(McCormick，R.)：《金融市场中的法律风险》，胡滨译，社会科学文献出版社 2009 年版，第 103～107 页。

从目前的通说来看，学者普遍支持区分公开承诺的性质和类别，对上市公司公开承诺进行差异化定性与规制的思路。比如，杨海静教授认为，对于上市公司公开承诺，应在区分承诺的内容、承诺的义务属性等基础上，按照上市公司对公众的单方允诺展开监管。[①] 赵旭东教授将公开承诺分为虚假陈述型承诺、操纵市场型承诺和非典型侵权型承诺。[②] 陈洁研究员指出，应当根据承诺的内容、受诺对象等，分别认定其法律性质。[③]

笔者认为，建立上市公司股份回购公开承诺制度及其监管体系，应当先从上市公司股份回购公开承诺的法律性质定性入手，随后分析对其进行规制的必要性与正当性，最后结合我国的证券市场监管实际，确立上市公司股份回购公开承诺的监管体系。

首先，上市公司股份回购公开承诺属于民法理论上的单方允诺。单方允诺，是指允诺人通过单方意思表示为其自身设定法律义务而为对方设立法律权利的意思表示。单方允诺起源于罗马法，从行为的法律本质来说，它是债法上以允诺人承担给付义务为内容的单方法律行为。[④] 单方允诺的法律效力来源并非债权人与债务人的意思表示一致，而是来自表意人——允诺人——单方意思自治。[⑤] 上市公司股份回购公告定性为单方允诺的法律解释是：

其一，上市公司股份回购公告是上市公司（股东大会或者董事会）真实的意思表示，并且其具有受该意思表示约束的意思。

其二，上市公司股份回购公告是单方法律行为和单务法律行为。所谓单方法律行为，是指上市公司股份回购公告是上市公司的单方行为，其生效并不需要遵循双方法律行为的要约和承诺要件，只要其单方表意即正式生效。所谓单务法律行为，是指上市公司股份回购公告是专门给上市公司自身设定义务的，它给相对人——尤其是上市公司的股东——带来权利的同

---

① 参见杨海静：《单方允诺视角下的证券市场公开承诺》，载《南方金融》2018年第7期。

② 参见赵旭东：《违反资产重组承诺的民事责任分析》，载《证券法苑》2010年第1期。

③ 参见陈洁：《上市公司及相关主体违反公开承诺的民事责任分析——以虚假陈述型违反承诺为中心》，载《法律适用》2013年第10期。

④ 参见徐涤宇、黄美玲：《单方允诺的效力根据》，载《中国社会科学》2013年第4期。

⑤ 参见杨海静：《单方允诺视角下的证券市场公开承诺》，载《南方金融》2018年第7期。

时,同步为其设定义务,上市公司是唯一的义务主体。

其三,单方允诺的对象既可以是特定人,也可以是非特定群体。上市公司股份回购公告的允诺对象就是典型的非特定群体,既包括已经购买上市公司股票的投资者,也包括尚未购买但是有意购买上市公司股票的投资者,甚至还可能包括并未直接购买上市公司股票但依据股份回购公告的利好可能对其投资造成重大影响的其他投资人等。

其次,对我国上市公司股份回购公开承诺进行监管具有必要性、紧迫性和正当性。一般认为,单方允诺作为单方民事法律行为,它是当事人自主创设权利义务的私法活动,在私法自治的原则下,当事人通过诉讼等救济措施即能实现其目的。① 但现实中,上市公司股份回购公开承诺作出的动机可能是多元的,既有可能是为了满足监管部门的政策动向之要求而被动作出,也有可能是为了取悦投资者、提振市场信心,甚至为了上市公司及其大股东、实际控制人等自身的一些诸如操纵市场等非法目的而主动作出。无论出于何种动机,上市公司既然作出公开承诺,行为已经生效就应当严格履行。

从我国A股市场的监管实践来看,我国上市公司履行公开承诺的情况一直不容乐观。以公开资料显示的证监会2014年通报的数据来看,当年沪深证券交易所的2500家上市公司中,有80家"逾期未履行"和1600多家"未履行"公开承诺的上市公司。② 为此,督促这些公司履行承诺必要而紧迫。③ 不仅如此,建立上市公司股份回购公开承诺制度也有其正当性。上市公司股份回购公开承诺作出之后,证券市场上大量的中小投资者依据对承诺的信赖作出投资决策。这样的信赖利益理应获得尊重和法律的保护,如果上市公司不履行该承诺,则会侵害社会公众投资者权益,同时严重损害资本市场的诚信观念。④ 因此,对上市公司股份回购公开承诺进行合理的

---

① 参见杨海静:《单方允诺视角下的证券市场公开承诺》,载《南方金融》2018年第7期。

② 参见邱璧徽:《上市公司半数未履行承诺理由花样百出》,载 http://stock.hexun.com/2014-03-13/163013091.html,最后访问日期:2018年10月4日。

③ 参见马其家、王淼:《上市公司及其关联方公开承诺履行制度的构建》,载《法律适用》2015年第8期。

④ 参见陈洁:《上市公司及相关主体违反公开承诺的民事责任分析——以虚假陈述型违反承诺为中心》,载《法律适用》2013年第10期。

监管,是公平正义法治理念的必然要求。

最后,上市公司股份回购公开承诺赖以存在的法理基础——单方允诺——已经在我国《民法总则》中予以承认。这为上市公司股份回购公开承诺的监管也提供了良好的基础保障。① 并且,为了规范上市公司依法履行公开承诺,保护投资者合法权益,2013 年 12 月,中国证监会发布了《上市公司监管指引第 4 号——上市公司实际控制人、股东、关联方、收购人以及上市公司承诺及履行》(以下简称《公开承诺监管指引》),对公开承诺的内容、形式、履行情况及其监管措施等均予以了明确。②

特别值得一提的是,2015 年 4 月 20 日公布的《中华人民共和国证券法(修订草案)》(以下简称《证券法草案》)专门规定了对公开承诺的监管事项。其中包括:公开承诺的变更,必须以股东大会决议为之。对于公开承诺不履行、擅自改变以及非经股东大会认可的情形,证券监管部门可按照该法第 149 条之规定对其进行监管。③ 此外,不履行公开承诺给投资者造成损害的,须承担赔偿责任。④

对于上市公司股份回购公开承诺本身,笔者认为应当坚持一种刚柔并济的监管策略,这是由于,公开承诺作为一种单务法律行为,并不给投资者设定义务,而只给承诺人设定义务,因此,对上市公司股份回购公开承诺不宜统一做强制要求。但是,对那些可能给投资者带来重大利好,而不予履行又将给投资者权益的信赖利益造成重大损失的事件,由于涉及证券市场整体的交易秩序和投资者权益的保护,可要求上市公司必须做出公开承诺并对其予以监管。就股份回购的法律监管而言,在上市公司股份回购“安全

---

① 《民法总则》第六章,即民事法律行为章中,特别规定:民事法律行为可以基于双方或者多方的意思表示一致成立,也可以基于单方的意思表示成立。依后者成立的民事法律行为,就包括单方允诺行为。参见《民法总则》第 134 条。

② 参见《公开承诺监管指引》。中国证监会:《中国证券监督管理委员会公告》,载 http://www.csrc.gov.cn/pub/zjhpublic/G00306201/201401/t20140103_240914.htm,最后访问日期:2018 年 10 月 4 日。

③ 《证券法草案》第 149 条主要是关于证券监管部门对信息披露义务人未依法履行信息披露义务可采取的监管措施。

④ 参见《证券法草案》第 139 条之规定。中国证监会:《中华人民共和国证券法(修订草案)》,载 http://www.financialservicelaw.com.cn/article/default.asp? id=4777,最后访问日期:2018 年 10 月 4 日。

港”制度之外,上市公司股份回购公开承诺制度及其监管体系的确立对于股份回购之后、利用股份回购所带来的利好进行的涉嫌操纵市场的行为将具有很好的监管效果。

二、我国上市公司股份回购涉嫌内幕交易行为法律规制的完善

(一)完善我国敏感期交易禁止立法和减持隔离期立法

应充分利用《证券法》修订的机会,将上市公司股份回购的一些专门制度以法律的形式固定下来,改变非专门立法模式。提高立法的层级,保持法律的相对稳定性,增强股份回购法制的可预测性,为上市公司股份回购实践中可能涉及的一切相关主体提供一种较为清晰的指引和预期。

在敏感期的设置方面,同为证监会制定的《回购办法》和《补充规定》应做到互相协调一致,同时,《上交所回购细则》《深交所回购细则》等自律规则也应当与之协调。在具体的期间设置上,鉴于目前市场上内幕交易盛行的局面,有必要借鉴英国“临近期”的相关规定作适当延长,比如可规定,只要存在有关该证券的未公开价格敏感信息——无论该董事是否知道——的任何时期都属于敏感期。同时,应当取消《三部委回购意见》对符合其规定条件的上市公司直接豁免适用《回购办法》第 8 条和《补充规定》第 9 条中的关于特定的敏感期内不得回购股份的限制性规定。此外,可建立英国的董事在“临近期”或者拥有未公开的价格敏感信息的任何时期,对于关联人士或者有关的投资经理交易本公司证券的防止义务,切实防范相关人员的违法交易行为。

实践证明,我国台湾地区的减持隔离期制度对于有效遏制上市公司董监高、大股东、实际控制人等相关内幕人员利用股份回购的重大利好减持套现具有重要的制度价值。这种鲜明的制度优势也被美国的弱减持监管和英国的强自律监管实践的失败所证实。防范内幕人员的减持涉及对作为股东财产权利的股权的积极限制,因此,应在我国未来修改的《证券法》中予以规定。

(二)科学界定我国上市公司股份回购中内幕人员的主体范围

当前我国反内幕交易的当务之急就是采取有效的手段制止发生在重点

人群中的明目张胆的内幕交易。[1] 从全球证券市场对于内幕交易的监管来看,由于内幕人员界定方法和标准的变化,理论和实践中对于内幕人员的外延划分也不尽相同,但总的趋势是内幕人员的范围越来越广。[2] 这从我国《证券法》《证券市场内幕交易行为认定指引》到《上交所回购细则》《深交所回购细则》等制度的演变中体现得尤为明显。从立法技术和立法规范的层面来说,有必要对相关的主体界定做统一的梳理和协调,避免出现彼此冲突和适用困难的问题,保持法制的统一性和相对稳定性。

根据上文的分析,我国在上市公司股份回购情形下内幕人员的规定宜适度扩大。尤其是在"控制人"范畴的内幕人员方面,[3]借鉴美国的"Rule 16(b)"规则和我国台湾地区"证券交易法"的相关经验,笔者认为,应将持股在10%以上的大股东列为内幕人员。因为从我国A股市场来看,这部分股东实际上对公司董事会和公司的实际运营已经能够产生很大的影响力,其与公司内幕信息的关联关系十分密切,故有纳入内幕人员之必要。

对于准内幕人员的立法方面,前述我国台湾地区"证管会"78台财证(二)字第14860号的相关解释值得我国反思和借鉴。具言之,我国《上交所回购细则》和《深交所回购细则》的列举式立法模式,尽管已经尽可能考虑到了可能接触内幕信息的准内幕人员,但毕竟其具体规定仍存不周。进一步的完善措施是,应以准内幕人员的信息获取能力为基点,可在《上交所回购细则》和《深交所回购细则》中对既有规定进行阐析和目的性解释,规定只要这些人员利用工作之便,[4]获得发行公司足以影响股价变动之资料或消息而实施对该公司股票买卖交易的,均属于本条所规范的对象。

---

① 参见赵万一:《证券交易中的民事责任制度研究》,法律出版社2008年版,第239页。

② 参见胡光志:《内幕交易及其法律控制研究》,法律出版社2002年版,第94页。

③ "控制人"范畴的内幕人员就是基于特定比例的持股以及其他关系直接控制董事会的人,所谓的控制,主要是指能够影响和指示董事会多数成员活动的能力。参见杨亮:《内幕交易论》,北京大学出版社2001年版,第202页。

④ 这里需要强调的是,利用"工作之便"和利用"职务之便"不属于同一个法律概念。前者仅仅要求在工作中有机会接触内幕信息,后者要求必须是与工作的具体职务相联系。打个比方,证监会组织宣传部门某工作人员在与某上市公司举行联欢活动的过程中,得知该上市公司年报将披露业绩高增长和高送转的公告,于是低位建仓买入股票待利好兑现股价大涨时抛售获利。其利用的就是"工作之便",而不是"职务之便",因为上市公司业务方面的监管与其组织宣传职务并无关联。

在对内幕人员界定的立法过程中，要实现从身份中心主义转向行为中心主义的立法路径转换。从美国证券法对内幕交易的规制来看，表面上其对内幕人员的厘定主要是以特定的身份为中心，但通过现象看本质，其对身份的重视和强调不是为了证明身份的"特殊性"，而是为了证明该身份与内幕信息的联结关系，亦即具有该身份之人获取内幕信息的"现实可能性"。① 我国在规制法定内幕人员和准内幕人员利用卸任身份和职务规避减持监管要求的行为时，可借鉴我国台湾地区"证券交易法"的相关"立法"经验，明确规定，如果行为人之前是拥有公司董监高职务或者受指定代表行使职务的自然人，或者是持股超过 10% 以上的股东，或基于职业关系或控制关系获悉了内幕消息之人，在他们失去这些身份之后尚未满 6 个月的，也属于内幕人员范畴。

三、我国上市公司股份回购规避行为法律规制的完善

从上文的分析可以看出，通过母子公司交叉持股，通过子公司回购上市公司股份，以及通过财务资助的形式由第三方回购上市公司的股份，是比较典型的上市公司股份回购规避行为。这些行为在本质上与上市公司股份回购行为无异，但是其行为手法更为隐蔽，行为造成的不良结果可能更为严重。因此，各国公司证券法制均将其予以规制。遗憾的是，我国《公司法》至今未对上市公司股份回购的规避行为进行有效规制，成为我国上市公司股份回购法制的一大重要疏漏。

上市公司股份回购规避行为法律规制的完善需要从债权人保护与资本市场维稳等多元价值目标的角度来展开。在我国当前证券市场持续低迷的情况下，上市公司股票多次面临股票质押爆仓的风险，极易引发上市公司的财务危机，如果再不对上市公司利益输送的行为，尤其是以财务资助的形式掏空公司资产等行为进行有效的规制，那么上市公司的债权人将很可能"屋漏偏逢连夜雨"，最终处于非常不利的境地。结合上文总结的比较法上的先进经验，笔者认为，上市公司股份回购规避行为法律规制的完善可从以下两个方面展开。

---

① 参见胡光志：《内幕交易及其法律控制研究》，法律出版社 2002 年版，第 169 页。

（一）完善对通过子公司规避回购行为的法律规制

在公司法理论上，母子公司交叉持股一直是各国公司立法争议不下的一个理论问题。一般来讲，母子公司交叉持股既有积极的意义，也有消极的影响。前者比如稳定公司的经营权，为企业建立有效的技术、营销、创新等策略联盟，互相分担风险，维持公司股价和筹资等。后者如永固经营权，降低资源配置效率，产生骨牌效应，虚增资本影响证券市场的基本机能等。① 总体来说，对母子公司交叉持股宜进行适度规范，而不宜一概禁止或者放任。

具体到上市公司利用子公司回购本公司股份的监管问题上，可借鉴《美国加利福尼亚州公司法》的相关规定予以防范，在法律制度的设计上，可采用等同适用上市公司股份回购模式，规定被母公司（上市公司）持股50%以上的子公司，其在上市公司股份回购问题上，与母公司等同适用股份回购的相关法律规定。这里之所以参考借鉴美国加利福尼亚州和我国台湾地区的50%以上的持股数量标准，而不是完全借鉴法国和日本更为严苛的数量限制，主要就是考虑到我国的证券市场持续暴跌的客观实际，在一定程度上对交叉持股予以豁免。

此外，可进一步借鉴我国台湾地区关于控制公司和从属公司一并持有他公司50%以上股份时的禁止收购规则，具体可规定，当上市公司与其子公司或者其实际控制的公司，共同持有其他公司50%以上股权时，禁止该其他公司收购上市公司及其子公司或者其实际控制的公司的股份。

（二）完善对通过财务资助第三方规避回购行为的法律规制

通过财务资助第三方买回自己的股份是上市公司惯用的规避股份回购法律规定的手法，其最大的危害在于，财务资助的实施往往与上市公司自身的资产紧密挂钩。财务资助在本质上属于一种利益输送行为，这会对上市公司的信用和偿债能力造成极大的影响。尤其是在证券市场不景气，上市公司股价处于持续暴跌的大背景下，其很容易陷入财务危机，如果再以财务资助的方式转移公司资产，自当对公司债权人造成极大的不公。

我国《公司法》可借鉴《英国2006年公司法》的经验，禁止上市公司及其子公司，在任何阶段，向他人提供财务资助以购买该公司股份。同时，应

---

① 参见黄铭杰：《交叉持股VS.公司监控》，载《台大法学论丛》2000年第1期。

当对财务资助的内涵予以详细的解释。可采用概括加列举的立法形式进行：在列举的部分，宜将赠与、贷款、保证、豁免、弃权和补偿等手段完全纳入典型的财务资助行为范畴予以规定，与此同时，将其他任何具有利益输送和财务转移资助性质的协议完全纳入规制范畴。在概括性的规定上，可基于目的性解释，将公司提供的其他任何财务资助行为，只要将导致公司的净资产因此而实质性地减少，或者掏空公司净资产的，均认定法律所禁止的财务资助行为。

本章小结

上市公司股份回购的事中法律规制是一种实时规制，是对正在进行的回购行为可能涉及的违法情形进行动态的规范。操纵市场、内幕交易以及利用第三方主体规避回购限制等是上市公司股份回购事中法律规制的重点。

上市公司股份回购与连续买卖和蛊惑交易型操纵市场行为具有密切的关联。发达资本市场国家一般是通过建立上市公司股份回购“安全港”制度，对合法的上市公司股份回购行为予以豁免。其制度优越性体现在，采用“客观印证主观”的办法将“主观归罪”转化为“客观验证”，从而降低操纵市场行为的认定难度。上市公司股份回购“安全港”制度对于豁免股份回购与操纵市场相重合的行为具有显著的优势，但其对于前后接踵而至的、后续行为借助先前股份回购利好而实施的操纵市场等违法犯罪行为的规制依然力不从心。

上市公司股份回购是滋生内幕交易的重灾区。在比较法上，对于利用上市公司股份回购进行内幕交易的规制主要有两种立法模式：一种是非专门立法模式，适用本国关于内幕交易的普遍规则对其予以规制。比如，美国通过“Rule 10b－5”和“Rule 16(b)”规则确立的内幕人员短线交易禁止规则，英国的“强制登记＋禁止期交易禁止”规则等。另一种是专门“立法”模式，专门针对上市公司股份回购涉嫌实施内幕交易进行立法，比如我国台湾地区建立了独具特色的内幕人员减持强制隔离期规则。

上市公司股份回购的规避行为主要包括上市公司以子公司或者从属公

司的名义买回自身的股份以及上市公司以财务资助的办法以第三方的名义买回自己的股份两种方式。对以子公司或者从属公司的名义买回自身股份的行为,各国一般采取两种不同的规制模式:一种是等同适用上市公司股份回购的模式;另一种是限制股份权利的模式。对上市公司通过财务资助第三方买回自己股份的规制主要是严格界定和管制上市公司的财务资助行为,防止侵害上市公司的资产,加强债权人保护。

从我国证券市场上市公司股份回购的立法与监管实践来看,上市公司股份回购事中法律规制主要存在以下问题:在上市公司股份回购涉嫌操纵市场行为的规制方面,我国《证券市场操纵行为认定指引》第 48 条之规定还称不上真正意义上的"安全港"制度,在我国上市公司股份回购"安全港"制度仍然缺位。并且我国上市公司股份回购的主体约束机制阙如,进而滋生上市公司以股份回购为手段,帮助其实施后续的牟利行为。在上市公司股份回购涉嫌实施内幕交易行为的规制方面,一是敏感期交易禁止制度豁免与减持隔离期制度的双重失位,导致股份回购中内幕人员减持大行其道;二是对内幕人员的认定范围过窄,不利于投资者保护。此外,我国对上市公司股份回购规避行为的法律规制缺位,存在对通过子公司实施股份回购和通过财务资助第三方买回自己股份行为规制不力的风险。

完善我国上市公司股份回购涉嫌操纵市场行为的法律规制,需要确立上市公司股份回购中涉嫌操纵市场的"二元"规制逻辑。一方面,应当对上市公司股份回购与操纵市场行为存在的重合行为进行豁免,建立我国上市公司股份回购"安全港"制度;另一方面,应当对上市公司股份回购与操纵市场行为之间不相竞合、后者利用前者带来的利好进行操纵等违法行为进行区分规制,建立我国上市公司股份回购公开承诺制度及其监管体系。

完善我国上市公司股份回购涉嫌内幕交易行为的法律规制,需要完善上市公司股份回购涉嫌内幕交易行为的敏感期交易禁止制度和内幕人员减持隔离期制度,并科学界定上市公司股份回购中内幕人员的主体范围。

完善我国上市公司股份回购规避行为法律规制,需要建立母子公司交叉持股的适度监管规则,堵塞上市公司通过子公司实施的股份回购行为的漏洞。同时,严格规制上市公司通过财务资助第三方买回自己股份的行为,加强债权人保护。

第五章　我国上市公司股份回购的事后法律规制

规制理论和规制经济学认为,规制的根本目的是服务于社会福利的最大化。① 事前规制、事中规制与事后规制对于市场主体的供给意愿的影响是不同的,在事后规制的场合,潜在市场主体进入的意愿普遍更加高于其他两种规制的场合。② 为此,学者总是倾向于倡导将事后规制与其他两种规制互相结合,从而在降低市场准入门槛的同时,激发市场的活力。同理,要激发上市公司灵活、规范地运用股份回购这种金融工具,也必须加强事后法律规制和权利人的权利救济机制,将其与事前法律规制和事中法律规制紧密结合,方能达到理想的规制效果。本章聚焦的上市公司股份回购的事后法律规制是建立在第四章上市公司股份回购的事中法律规制的基础上的。详言之,上市公司股份回购的事后法律规制

---

① See Ganga C, Hub Z, "Government Regulation Function and Its Holistic Governance in Food Safety——Based on the Perspective of Holistic Governance Theory", *Journal of Yunnan University of Finance & Economics*, 2012, 6(5), pp. 367 - 370.

② 参见沈超红、胡安:《共享经济背景下政府规制与供给意愿关系研究》,载《经济与管理评论》2018 年第 6 期。

的主要范畴包括：(1)在合法回购的场合下，上市公司回购股份的权利状态以及对该股份的事后处理机制；(2)在违法回购的场合下，上市公司回购股份的权利状态以及相关主体的法律责任问题；(3)在违法回购的场合下，上市公司股份回购所涉相关权利人的权利救济机制。

第一节 我国上市公司合法回购股份的权利状态及其处理机制

上市公司依法实施的股份回购行为受到法律的保护，属于合法回购的行为。与之相对应的是，上市公司违法或者规避法律的规定而实施的股份回购行为。在上市公司合法回购的情形下，其回购回来的股份一般有多种处理方式，并不必然立即注销。[①] 这些已经发行而被上市公司回购的股份，是否当然享有一般意义上的股东权呢？其自益权和共益权[②]是否将受到某种程度的限制呢？如果不受限制，其股东权利在股份被上市公司持有期间到底应当如何行使呢？本节主要讨论合法回购情况下被回购股份的权利状态以及处理机制问题。

一、我国上市公司合法回购的股份的权利状态

(一)关于上市公司合法回购的股份的权利状态的主要学说

关于上市公司合法回购的股份的权利状态，公司法学界有股东权利全面消解说、股东权利全面存续说、股东权利部分消解说和股东权利休止说4

---

① 以中国为例，根据《公司法最新修改决定》，如果上市公司是基于减资目的而实施的股份回购，应当在10日内注销。如果是与持有本公司股份的其他公司合并或者是因股东对股东大会作出的合并分立决议异议而回购股份的，应当在6个月内转让或者注销。如果是用于员工持股和股权激励、转换可转债以及维护公司价值和股东权益之目的而实施的回购，应当在3年内转让或者注销。

② 在公司法理论上，共益权一般是以公司利益并兼以股东自身利益之考量而行使的权利，自益权则纯粹是以股东自身利益之考量而行使的权利。参见刘惠明、安珏：《共益权与自益权的主体偏离刍论》，载《高等财经教育研究》2014年第2期。

种典型的学说,以下对这 4 种学说进行详细的阐释。[①]

1. 股东权利全面消解说

所谓股东权利全面消解说,是指上市公司合法回购的股份,在回购而被上市公司持有期间,不得享有与股东权相关的任何权利。[②] 其立论的基础在于,股东权是与股东的身份紧密联系的,依据一人仅具有一人格之基本法理以及公司法"社团性"理论之要求,[③]上市公司虽然买回了自己的股份,但其不得成为自身的股东。为此,即使依据公司法之规定,上市公司合法取得了其自身的股份,但由于其身份不能同时兼任符合公司法理论所要求的股东的身份,故此,其股东权利全面消解。

2. 股东权利全面存续说

股东权利全面存续说与股东权利全面消解说是完全对立的两种学说。其基本含义是,上市公司跟其他的第三方主体一样,同样可以取得完整的股东权。公司也可以成为自己的股东,可以享有并且行使一切的股东权利。[④] 这种学说的理论基础在于股份的有价证券性。其将股份的有价证券性与同为商法的票据法的有价证券性做类比——在票据法上,作为有价证券的票据是肯定当事人资格之兼并的。例如,在票据回头背书的场合即是如此,出票人可以取得自己签发的票据,那么,公司也可以依法取得其自身发行之股份而成为自己的股东,在公司实施股份回购取得自身股份的情形下,公司的股东权不会因为混同而消解。公司法理论上的股东权既包括自益权也包括共益权,上市公司回购自身的股份后,其也同样享有自益权与共益权等一切股东权利。

---

① 本部分各学说的主要内容得益于台湾辅仁大学法学系李钦贤教授的概括。参见李钦贤:《公司持有自己股份时之法律地位》,载台湾《月旦法学杂志》1996 年第 13 卷。

② 参见李钦贤:《公司持有自己股份时之法律地位》,载台湾《月旦法学杂志》1996 年第 13 卷。

③ 传统公司法理论一般认为,在公司法的"社团性"理论要求下,公司的社团性特征决定了其成员应由多数(复数)的股东构成。那么反过来,如果公司自身可以成为自己的股东,那么单个股东也能设立公司。这就与传统公司法的"社团性"理论不符了。参见施天涛:《公司法论》(第 2 版),法律出版社 2006 年版,第 6 页。

④ 参见郑富城:《公司取得自己股份之研究——兼论母子公司交叉持股》,台湾政治大学 2002 年硕士学位论文,第 66 页。

3. 股东权利部分消解说

股东权利部分消解说认为股东权利可一分为二：财产权/金钱债权和共益权两种。① 上市公司取得自身股份时，随之取得了财产权/金钱债权自当无争议，但是共益权的取得与丧失是以上市公司作为公司之“构成员”身份作为前提的，不能取得“构成员”身份之人，就完全失去了发生共益权之余地，而公司就不能成为自己之“构成员”。因此，上市公司取得自身股份的，其依法取得的仅仅是财产权/金钱债权的那一部分，而代表成员身份和具有身份权属性的共益权那一部分，公司依然无法取得。故上市公司此时的股东权利是“部分消解”的、不完整的股东权利。其仅表彰股份的利益分派请求权，而不表彰共益权。

4. 股东权利休止说

所谓股东权利休止说，是指上市公司在取得自身股份期间，股东权利并未消解，而仅仅是处于“休止”状态或者暂时停止状态。② 该说认为，公司是法人，因此，公司全面取得股东权的前提是，必须有公司之外的“构成员”的存在。在理论上，公司不得成为自己的股东，纵使公司取得了自身的股份，也不能改变这一客观事实。但是，公司仍然可以取得股东权，不过该股东权处于休止状态，其权利的行使将受到严格的限制。必须得等该股份再行被转让，受让的第三人才能够享有不受限制的完整的股东权。

（二）对上市公司合法回购股份的权利状态的各种学说的评析

上述4种学说都从某种角度看到并解释了上市公司合法回购的股份的法律性质和权利状态，均具有一定的合理性，但仍存在不够严谨与不乏片面之处。股东权利全面消解说基于公司法“社团性”理论和“公司不能成为自己的股东”这一立论基础，认为上市公司不能成为自己的股东，既然不是股东自然不能享有任何股东权。这种认识存在一定的片面性。比如，对股东权的理解过于绝对，没有看到其财产权与人身权、自益权与共益权的双重属性。并且，该学说对公司法的“社团性”的理解过于保守。

---

① 参见黄铭杰：《自己股份买回与公司法——“财政部”“库藏股”制度草案的问题点与盲点》，载《台大法学论丛》1998年第1期。

② 参见刘连煜：《现代公司法》，新学林出版股份有限公司2013年版，第325～326页；柯芳枝：《公司法论》（上），三民书局2012年版，第193～194页。

公司契约理论实际上为一人公司的社团性问题提供了某种意义上的理论解释。[①] 简言之,传统公司法理论之所以认为一人公司的存在不符合社团性的要求,其根本原因就在于,将股东的复数性完全等同于公司的社团性。然而,公司契约理论认为,公司是各种要素组成的集合体,这其中,除了股东以外,还有公司的经理人、债权人、公司的员工,甚至还包括因为遭受公司侵权行为的损害具有侵权损害赔偿责任请求权的权利人。易言之,哪怕公司通过实施股份回购行为而导致最终只剩下一个股东,那么该股东也能够与上述各类主体一道,共同组成该公司的集合体,因为"单一股东的客观事实并不会影响公司的社团性"。[②]

股东权利全面存续说看到了公司股份的类似于票据的有价证券属性,认为主体的混同不会影响公司股东权利的状态。其缺陷也十分明显,公司法上的股份和票据法上汇票、本票、支票等票据的确都具有有价证券的属性,但这并不代表二者在主体混同之情形下,必然发生等同的法律效果。毕竟,前者在发生主体混同时对公司治理的影响是票据主体混同情形下不会发生的。因此,承认股东权利全面存续,对公司法的人格(主体)理论、资本(信用)理论等都将带来一定的冲击。

股东权利部分消解说将股东的权利做具体的分解,并对不同的权利类型在发生股份回购情形下的具体状态作区别研讨,应当说是一种较为进步和合理的学说。但其逻辑上的矛盾依然存在,比如,既然是"部分消解",那么消解了的权利在上市公司将该股份依法转让给第三方时,第三方所持股份是否为权利完整之股份呢?如果不是,股份回购这种金融工具之基本价值功能何以实现?如果是,第三方主体明明受让的是一个"残缺"的或者说是不完整的权利,那么其何以恢复成一项完整的权利呢?正如该说所分析的那样,财产权/金钱债权的那一部分依法存续,但具有身份权属性的共益权那一部分,上市公司在实施股份回购以后无法取得,那么当该股份被上市公司卖出,取得该股份的第三人何以能够享有共益权呢?其权利基础到底

---

① 需要强调的是,公司契约理论虽然提供了一种新的解释视角,但这并不意味着它就绝对正确,更不能以此为依据直接否定其他的学说。

② 赵吟:《论传统公司社团理论之修正》,载《开发研究》2015年第3期。

缘于何处？这是该说无法自圆其说的逻辑悖论。

相比而言，股东权利休止说的解释相对合理。其看到了前述三种学说的缺陷，并试图以一种法律假设的逻辑来构建其学说体系。其核心要旨是，既肯定公司法的社团属性，又假定回购股份的股东权的休止状态，所谓休止，即暂时停止，待股份转让于第三人时，该权利自动恢复，受让人得继受取得与让与公司之股东具有同一内容之股东权。[①] 该说解释了受让的第三人取得的股东权的完整性问题。

但值得注意的是，股东权利休止说作为一种理论学说，也并非天衣无缝、滴水不漏。比如，所谓的休止，到底是应当认定为所有的股东权利均全面休止，还是仅仅实行部分休止，对部分股东权利进行暂停行使？我国台湾地区学者黄铭杰就认为，应当基于“维持自己股份之价值”之精神，具体地检讨自己股份应当享有的权利内容。[②] 从国外的立法例来看，也存在股东权利（全面）休止与股东权利（部分）休止之争。

（三）国（境）外公司法对上市公司合法回购的股份的权利状态的立法例以及中国的选择

1. 股东权利（全面）休止说之下的立法例

德国、英国以及中国台湾地区均采用股东权利（全面）休止说，其公司立法例一般将上市公司合法回购的股份的权利状态界定为全面休止。比如，《德国股份法》第71b条直接将合法回购的本公司股份的权利状态界定为“不因其享有权利”。[③] 我国台湾地区学者一般认为，我国台湾地区“公司法”采用的是股东权利（全面）休止说。[④] 其理由在于：第一，“公司法”第

---

① 参见柯芳枝：《公司法论》，三民书局2012年版，第185页。

② 黄铭杰：《自己股份买回与公司法——“财政部”“库藏股”制度草案的问题点与盲点》，载《台大法学论丛》1998年第1期。

③ 参见杜景林、卢谌：《德国股份法、德国有限责任公司法、德国公司改组法、德国参与决定法》，中国政法大学出版社2000年版，第31页。

④ 参见刘连煜：《现代公司法》，新学林出版股份有限公司2013年版，第325～326页；柯芳枝：《公司法论》（上），三民书局2012年版，第193～194页。

179 条第 2 项第 1 款规定，公司“依法”持有自己之股份者，其股份无表决权；[①]第二，“公司法”第 167 条之 1 第 3 项规定，公司依第一款规定收买之股份，不得享有股东权利；第三，“证券交易法”第 28 条之 2 第 5 项规定，公司依第 1 项规定买回之股份……于未转让前，不得享有股东权利；第四，“企业并购法”第 13 条第 2 项规定，公司依本“法”规定买回之股份……于未出售或注销前，不得享有股东权利。也就是说，上市公司合法回购的自身股份，其股东权利状态仅仅是在回购期间处于休止状态，“于未出售或注销前，不得享有股东权利”，而一旦被正式出售的情况下，第三方主体又恢复取得该股份上的完整权利。

与德国和中国台湾地区同属采用股东权利（全面）休止说的英国在立法上别具一格，其在全面禁止回购股份上的任何权利的同时，允许上市公司获得红股。《英国 2006 年公司法》规定，当被回购股份仍被公司持有时，公司不得行使附着于股份上的任何权利（最为典型的是投票权），而且任何企图行使权利的行为均无效。因此，董事无法通过运用库藏股而强化其在公司股东大会上的地位，也不得向库藏股支付股利或进行其他分配。然而，公司可以基于库藏股获得（全额缴付的）红股，因为如果不允许这样做，库藏股所代表的股份比重将会下降。以该种方式发行的红股在发行之时即应被视为公司购买的库藏股。在随后出售红股时，它们的购买价格被视为零，因而如此获得的全部金额将必须被转入股份溢价账户。[②]

2. 股东权利（部分）休止说之下的立法例

股东权利（部分）休止说之下的立法例具体又包括以下几种类型：(1) 表决权休止。例如，《荷兰公司法》规定，公司不得就其所购买的这部分

---

① 至于此处为什么无表决权，柯芳枝教授认为有以下理由：首先，就法理上而言，社团本不得参与应由其社员决定之自己意思之决定。公司既然是社团，不能自己为现实活动，而必须通过其机关实施。是故，如果允许公司参与决议，则其他机关有侵犯股东会权限之虞，如是则失掉将公司机关权限加以分配之立法原意。次就实际情形观之，如果允许公司行使表决权，因事实上皆由董事行使，恐将导致董事以公司名义大量收购股票以控制股东会决议之弊。何况，纵许公司行使表决权，亦因公司对所有议案均有自身利害关系而须回避其表决权行使，亦无实益可言。参见柯芳枝：《公司法论》（上），三民书局 2012 年版，第 194 页。

② 参见［英］保罗·戴维斯、莎拉·沃辛顿：《现代公司法原理》（第 9 版），罗培新等译，法律出版社 2016 年版，第 336 页。

股份行使表决权。[①] (2)表决权、分红权同时休止。例如,《日本公司法》规定,股份公司就自己的股份不得享有表决权,股份公司就自己的股份也不得进行盈余金分配。[②] (3)表决权、分红权、优先认购股份权同时休止。例如,《法国2006年公司法》第L225–210条规定,公司所持有的股份不授予其获得分红、进行表决或优先认购股份的任何权利。[③]

3. 全面存续说下的立法例

《比利时公司法》第622(1)条规定,在公众公司中,被收购的股份的表决权将继续存在,而且董事会还可以将此类股份上的分红权也保留下来。[④]

4. 部分消解说下的立法例

《意大利民法典》第2357条第3款第2项规定,公司所持有的被回购的股份上的分红权或优先权将按比例转让给其他股东。但是这部分股份上的表决权仍然保留在公司手中。[⑤]

5. 我国公司法对上市公司合法回购的股份的权利状态的立法选择

我国《公司法》第103条和第166条的规定分别表明,我国上市公司依法回购的股份在出让或者注销之前,其表决权和利润分配请求权均归于休止。《回购办法》则具体明确,我国上市公司回购社会公众股份的,从被回购的股票进入上市公司回购专用账户时起,"失去其权利"。[⑥] 这样的规定似乎表明了我国公司法采取的是股东权利(全面)休止说。但毕竟股份的权利类型远不止于这几种,笔者认为,未来我国公司法对上市公司合法回购的股份的权利状态,宜采取股东权利(部分)休止说。

具言之,对于我国公司法中上市公司合法回购的股份的权利状态,不应当绝对化和一概而论,应当区分具体的权利类型进行细致探讨。我国台湾

---

① 参见[挪威]马德斯·安登斯、[英]弗兰克·伍尔德里奇:《欧洲比较公司法》,汪丽丽、汪晨、胡曦彦译,法律出版社2014年版,第215页。

② 参见《新订日本公司法典》,王作全译,北京大学出版社2016年版,第197页。

③ 参见[挪威]马德斯·安登斯、[英]弗兰克·伍尔德里奇:《欧洲比较公司法》,汪丽丽、汪晨、胡曦彦译,法律出版社2014年版,第205页。

④ 参见[挪威]马德斯·安登斯、[英]弗兰克·伍尔德里奇:《欧洲比较公司法》,汪丽丽、汪晨、胡曦彦译,法律出版社2014年版,第213页。

⑤ 参见[挪威]马德斯·安登斯、[英]弗兰克·伍尔德里奇:《欧洲比较公司法》,汪丽丽、汪晨、胡曦彦译,法律出版社2014年版,第208页。

⑥ 参见《回购办法》第10条之规定。

地区学者黄铭杰教授将合法回购股份的权利分成共益权与自益权两个方面进行分析的理论框架对大陆公司法的完善颇有借鉴意义。对于共益权,它是从公司法的社团法理出发进行探讨的,鉴于公司取得自身的股份可能对公司本身所带来的各种流弊,自己股份的法律地位理当比一般的股份受到更多的限制。对于自益权,它是从公司股份的有价证券法理出发进行探讨的,被回购的股份既然属于有价证券,就应当维持和确保其流动性。以该理论作为分析框架,可以得出,被合法回购的股份并不宜全然否定其权利状态,而应当基于"维持自己股份价值"之精神,对共益权与自益权做区别对待。①

首先,就共益权而言,由于共益权与"维持自己股份价值"并无直接关联,并且承认共益权将对公司的控制权造成直接影响,故该权利应予以休止。

其次,从自益权中的分红(现金股利分配)权来说,如果承认该项权利即意味着,一旦公司对这些股份进行分配,其分配所得又将落入公司收益之范畴,并再度计入次年的可分配盈余之中,这将导致重复计算收益和重复进行盈余分配,这是证券市场上误导投资者的重要信号之一。因此,该项权利应当休止。

再次,从自益权中的股份股利分派请求权来说,由于认股权证和转换证券通常都带有反稀释条款,当公司配发股票股利时,其认购或转换价格将随配发比例的提高而降低。股票股利的本质是股票分割,故实无限制公司所持库藏股参与配股之必要。限制其拿回被分割出来部分并无意义,并且还将减少库藏股之价值,对公司债权人保护不周。②

复次,就自益权中的剩余财产分派请求权来说,就算承认库藏股具有剩余财产分派请求权,那么被分派的剩余财产也必然作为公司之剩余财产进行重复分配,从理论与实务上讲都毫无意义,因此,应当予以休止。

最后,从自益权中的新股认购权来说,如果承认该项权利,等于是间接

---

① 参见黄铭杰:《自己股份买回与公司法——"财政部""库藏股"制度草案的问题点与盲点》,载《台大法学论丛》1998年第1期。

② 参见黄铭杰:《自己股份买回与公司法——"财政部""库藏股"制度草案的问题点与盲点》,载《台大法学论丛》1998年第1期。

承认了公司可以以其自有资本进行新股认购,就事实上而言,相当于是并未实际缴付股款,因与资本充实原则相悖,故该项权利应当休止。

二、我国上市公司合法回购股份的处理机制

上市公司合法回购的股份的具体处理措施,事关上市公司选择适用股份回购制度的自由度和积极性,也对整个上市公司股份回购法制的功能价值甚至证券市场的交易秩序在一定程度上造成影响。从比较法的角度看,多数国家对上市公司合法回购的股份的法律规制呈现趋于宽松的态势。相比而言,中国台湾地区的公司证券"法制"对合法回购的股份给予较多的管制,并且区分不同的回购情形,做不同的处理措施安排。

(一)上市公司合法回购股份处理机制的比较法分析

1. 尽可能放宽对合法回购股份的处理限制,提升上市公司主动管理的能力

目前,多数国家一般都只对特定情形下的上市公司股份回购规定一定的处理期限,而对其他普通情形下的股份回购放宽为公司自治。其基本原理是,尽量让上市公司能够自主决定和合理运用股份回购这种金融工具,充分发挥其在市值管理和公司治理等各方面的工具性价值和制度优势。美国各州公司法对合法回购股份的处理机制限制较少,基本不设强行性规范。欧洲国家公司法大多也只是设定一定的处置期限。比如,英国对公司法上的库藏股制度要求公司在购买之后,应当被载入公司成员登记册之中。[①] 该法限定,购买库藏股只能利用可分配利润,并且公司购买的本公司股份须为"适格股份"。[②]

只要库藏股的购买数量未超过法定的"已发行股本名义价值的10%"或者"在股本被划分为不同类别的股份时,该最大持股数额为该类股份名义价值的10%"的,其处理机制完全由上市公司自治。[③] 对于超出的部分,

---

① 参见《英国2006年公司法》第724条之规定。

② 即依据《英国2006年金融服务与市场法》第6部分规定的正式上市的股份,或者是获许在欧洲经济区国家的另类投资市场交易的股份,或者是获许在欧洲经济区的受规制交易市场的股份。参见《英国2006年公司法》第724(2)条之规定。

③ 参见《英国2006年公司法》第725条之规定。

公司的持有行为也并非当然无效，而是必须在12个月以内处分或者撤销。①

就公司对于库藏股的具体处分措施而言，"处分"是指"为了现金对价卖出股份"，或者根据员工持股计划而将其转让。② 当库藏股卖出收益高于公司为此支付的价格时，余额部分应归入股份溢价账户。③ 当库藏股撤销时，股本数额也应根据被撤销股份的名义数额相应降低，④相应的数额必须转入资本回赎准备金。⑤

《德国股份法》则规定，上市公司实施股份回购超过其股份资本10%的部分，应当自获得这些股份时起3年内售出。若该部分股份没有在规定的期限内售出，则必须予以赎回（也被译为"收回"）。⑥ 而根据《法国公司法典》，上市公司占有其自身的股份超过其资本的10%时，应当在取得这些股份时起2年期限内将其转让，过此期限，这些股份应予消除。⑦ 对于员工持股计划和股权激励目的而实施的回购，上市公司必须在1年内分配下去。⑧《意大利民法典》则规定，公司股份回购使得公司所持有的自身股份票面价值超过10%时，公司必须将超过部分的股份在3年之内出售或者撤销。⑨

2. 协调合法回购股份的处理措施与公司减资的法律规制措施，做到法制统一

从前文的分析可以得出，股份回购与公司减资、分配等法律行为具有密切的联系。为此，在公司法上，对合法回购股份所做的处理措施的安排，在法理上还必须要考虑到其与其他相关的公司法律制度的衔接和协调问题。

---

① 参见《英国2006年公司法》第724(3)~(4)条之规定。

② 参见《英国2006年公司法》第727条之规定。

③ 参见《英国2006年公司法》第731条之规定。

④ 参见《英国2006年公司法》第729(4)条之规定。

⑤ 参见《英国2006年公司法》第733(4)条之规定。

⑥ 参见[挪威]马德斯·安登斯、[英]弗兰克·伍尔德里奇：《欧洲比较公司法》，汪丽丽、汪晨、胡曦彦译，法律出版社2014年版，第207页。

⑦ 参见《法国商法典》第225-206条。《法国公司法典》（上），罗结珍译，中国法制出版社2007年版，第225~226页。

⑧ 参见《法国商法典》第225-206条。《法国公司法典》（上），罗结珍译，中国法制出版社2007年版，第221~222页。

⑨ 参见[挪威]马德斯·安登斯、[英]弗兰克·伍尔德里奇：《欧洲比较公司法》，汪丽丽、汪晨、胡曦彦译，法律出版社2014年版，第208页。

以德国法为例，众所周知，德国属于股东大会中心主义，其上市公司股份回购的决议程序是由公司股东大会决议的。根据《德国股份法》，上市公司实施股份回购超过其股份资本10%的部分，应当自获得这些股份时起3年内售出。若该部分股份没有在规定的期限内售出，则必须予以赎回（收回）。在《德国股份法》中，公司收回其股份的内容专门规定于该法的第237条。根据该条的规定，股票可以以强制方式或在由公司取得后收回。但无论何种形式，在收回时，应遵守该法关于普通减资的规定。①

根据《德国股份法》第222条之规定，公司减资须由股东大会进行决议，并且经过至少包括在决议时被代表的股本的3/4的多数同意，才可以决议减少股本。并且公司章程可以规定一个较大的资本多数和其他的要件。② 此外，按照该法，公司减资还必须履行决议的申报和债权人保护等各种程序。③ 换言之，《德国股份法》将到期未按照规定转让或者注销库藏股的行为，按照公司减资对待，并且规定了严格的决议程序。这在确保上市公司对于股份回购工具自由运用的空间的同时，通过后续注销程序的规范，有力确保了股份回购对于债权人利益保护的公平，其也从另一个侧面督促和威慑上市公司妥善运用和处置合法回购的股份，强化其债权人保护的意识。

但需要注意的是，同样的问题，我国台湾地区则采取了不同的处理措施。尽管根据我国台湾地区“公司法”之规定，公司必须经过股东大会决议减少资本，才能够注销其股份。④ 但是依据该“法”对于公司减资的专门规定，只有经过股东大会变更章程减资的一般情形才适用以下的程序：由董事会提出减资预案、召开股东大会并经变更公司章程之股东大会特别决议通过、履行保护债权人程序、申请减资登记或者换发新股票。⑤

对于上市公司依照“公司法”和“证券交易法”回购股份逾期未经出售

---

① 参见杜景林、卢谌：《德国股份法、德国有限责任公司法、德国公司改组法、德国参与决定法》，中国政法大学出版社2000年版，第106页。

② 参见杜景林、卢谌：《德国股份法、德国有限责任公司法、德国公司改组法、德国参与决定法》，中国政法大学出版社2000年版，第101页。

③ 参见杜景林、卢谌：《德国股份法、德国有限责任公司法、德国公司改组法、德国参与决定法》，中国政法大学出版社2000年版，第102页。

④ 参见我国台湾地区“公司法”第168条之规定。

⑤ 参见我国台湾地区“公司法”第281条之规定。

者,视为公司未发行股份,并为变更登记。这种情形虽然也属于实质上消除股份减资,但是并未经股东大会特别决议,而是由董事会决议为之,并且其变更登记也不是旧"公司法"第423条所规定的减资登记。[①]

也就是说,对上市公司到期未予以转让的被回购股份,我国台湾地区"公司法"和"证券交易法"将其处理程序与减资程序进行了区别对待。其原因在于,我国台湾地区上市公司股份回购本身的决议程序就与德国完全不同,德国法将其交由股东大会决议而我国台湾地区将其交由董事会决议,由此,在注销程序的立法方面,其也保持了与其公司"法制"相一致的协调性。

(二)上市公司合法回购股份处理机制的新近改革及其存在的问题

1. 我国上市公司合法回购股份处理机制的新近改革

2018年《公司法最新修改决定》的出台以及上海证券交易所和深圳证券交易所的相关自律规则的颁布,为构建我国上市公司合法回购股份的处理机制搭建了新的制度框架。具体而言有两方面的重要改革内容:

一是设立了库藏股制度,延长上市公司对合法回购股份的处置期限。根据全国人大常委会发布的关于《公司法最新修改决定》的修订说明和修订理由,建立库藏股制度是《公司法最新修改决定》的重大制度创新。在此之前,我国大陆《公司法》不存在库藏股制度,上市公司回购的股份要么直接注销,要么在一定期限内转让,并不允许上市公司合法持有该股份。这与其他国家和地区的做法明显不同,比如我国台湾地区,员工库藏股的持有期限可达3年。从我国大陆的实践来看,以股权激励为例,也大多需要2~3年的授权期限,为此,《公司法最新修改决定》延长了基于员工持股计划和股权激励目的、用于转换可转债之目的以及为维护公司价值和股东权益目的的股份的持有期,规定公司应当在3年内转让或者注销。

二是以自律组织规则的形式,规定了基于维护公司价值和股东权益目的的回购的股份的减持期限问题。根据《上交所回购细则意见稿》和《深交所回购细则意见稿》,对于该种情形下回购的股份,上市公司可在其发布回购

① 参见柯芳枝:《消除股份、减资与未发行股份》,载台湾《月旦法学杂志》2001年第73卷。

结果暨股份变动公告6个月后，通过证券交易所集中竞价交易方式进行减持。[①] 2019年1月11日，上海证券交易所和深圳证券交易所正式发布的《上交所回购细则》和《深交所回购细则》再次分别将该期限延长至12个月。[②]

2. 我国上市公司合法回购股份处理机制新近改革存在的问题

从上述改革的内容可以看出，本次公司法的修订旨在进一步放宽上市公司合理运用股份回购工具的空间和自由，并以此促进该制度的市场化功能的发挥。但本次改革也存在两个方面的问题。

(1) 库藏股减持期限制度的立法层级过低，超额回购股份的处置规则缺位

在扩大上市公司运用股份回购的自由方面，由于新设了库藏股制度，这的确给上市公司带来了极大的运用股份回购的自由。从上市公司的公司金融运作实践来看，决定实施股份回购的行为，一般都是在其公司股票价格大幅下滑以致被严重低估的情形下不得已而为之。在此情形下，往往又伴随着整体资本市场的严重低迷，金融行业是具有严重的周期性的，有研究表明，中国股市的牛熊周期一般在7～10年。[③] 因此，建立库藏股制度，并延长基于员工持股计划和股权激励目的、用于转换可转债之目的以及为维护公司价值和股东权益目的的回购股份的持有期，对于上市公司自主运用股份回购工具来说，无疑提供了重要的时间空间。

与此同时，《上交所回购细则》和《深交所回购细则》规定了上市公司基于维护公司价值和股东权益目的回购的股份的减持问题，对股份回购的实施来说至关重要。这是由于，上市公司股份回购，尤其是证券市场遭遇断崖式下跌大背景下大量金融企业实施的股份回购，往往都伴随着资本市场或者金融机构的融资而进行，这些股份被上市公司持有以后，将伴随着高额的持有成本，其必须对这些股份的融资成本进行合理的分配。如果处理不好，不仅会直接关乎上市公司自身的财务稳健问题，甚至可能对整个证券市场

---

① 参见《上交所回购细则意见稿》第46条和《深交所回购细则意见稿》第42条之规定。

② 参见《上交所回购细则》第46条和《深交所回购细则》第43条之规定。

③ 参见罗神抓妖记：《A股历史上的牛市熊规律》，载 http://caifuhao.eastmoney.com/news/20180130212449244987550，最后访问日期：2018年12月4日。

的交易秩序和平稳运行都造成恶劣影响。因此，允许上市公司在回购完成6个月后对其合法回购的股份进行减持，符合市场化运行的基本规律，有利于上市公司灵活运用股份回购工具进行市值管理和财务管理。

但我们看到对于上市公司维护公司价值以及股东权益实施的回购，其回购股份的减持期限的问题并未规定于我国《公司法》中，也未写进中国证监会的部门规章，甚至也未出现在中国证监会的规范性文件之中，而是由沪深证券交易所制定的《上交所回购细则》和《深交所回购细则》予以规定。以自律性组织的自律性规则，来规定基本财产权利——股权的转让规则，其是否符合《宪法》和《立法法》的上位规定尚无定论，并且通过这种自律性规则规定还将带来法律的稳定性和法制的统一性问题。

另外，我国《公司法》对于超额回购股份的法律效力及其处置机制缺乏专门的规定。由此带来的问题是，《公司法最新修改决定》明确规定基于第142条第3、5项和第6项之目的回购股份的，不得超过本公司已发行股本总额的10%，如果上市公司回购股份数额超过该规定的，其回购的股份的法律效力应当如何认定？与此同时，上市公司应当如何处置这些股份？这些问题均有待《公司法》进一步予以回应。

（2）《公司法》未明确规定上市公司到期未转让股份的注销程序及其与公司减资程序的关系，可能引发适用中的争议

我国修改前的《公司法》和《公司法最新修改决定》均仅仅规定了依不同原因回购的股份的转让或者注销的期限，而对于到期未依法转让的股份的处置措施及其处置程序全无涉及。根据《上交所回购细则》和《深交所回购细则》之规定，[①]上市公司依法回购的股票没有在法定期限内转让，而拟在前述期限截止日之前注销的，应当履行三大程序：第一，股东大会作出注销决议；第二，通知债权人；第三，向交易所办理注销手续。

概言之，在我国《公司法》这一基本法律未予明确的情形下，沪深证券交易所将到期未转让股份的注销程序与上市公司减资的程序等同起来，依

---

① 参见《上交所回购细则》第44、52条和《深交所回购细则》第41、49条之规定。

照减资的基本法理和具体要求对上市公司进行监管。① 其不仅要股东大会作出决议,而且必须按照《公司法》的规定通知债权人,并依法向交易所申请办理注销手续。

从前文介绍的德国和我国台湾地区在该问题的“立法”上的经验可以看出,虽然二者都选择了不同的“立法”模式,但是都与其本国(地区)关于股份回购的决议机制等法制保持协调一致。我国虽然跟德国的规定一样,要求回购股份的注销必须经股东大会决议,但是两国在股份回购决议机制立法上却迥然不同——德国是股东大会决议而我国是董事会决议。我国在决议机制上借鉴和学习了我国台湾地区的做法,《上交所回购细则》和《深交所回购细则》的相关规定却在注销程序上并未如我国台湾地区一样对其进行变更和简化,这不仅与《公司法》在法理上存在冲突,在具体适用中也会争议不断。

(三)我国上市公司合法回购股份处理机制立法的完善

1. 完善库藏股减持期限制度,明确公司超额回购股份的法律效力及其处置措施

库藏股制度的设立对于上市公司股份回购制度价值的发挥具有基础性的意义,其通过给予上市公司转让、注销以及灵活库存本公司的股票的自由,赋予了上市公司更大的公司金融自治空间,使上市公司股份回购真正成为公司金融创新的一种基础性金融工具。从前文的分析可以看出,无论是基于证券市场金融周期的考察,还是出于对上市公司股权激励实践之观照,我国1993年《公司法》和2005年《公司法》给予的上市公司持有本公司股份的时间限制都过于严苛,掣肘了上市公司对股份回购工具的合理有效运用。

上市公司股权转让等相关制度是“民事基本制度”,也属于“金融的基本制度”之一,根据《立法法》,宜以法律的形式予以规定。② 同时,应当将上市公司超额回购本公司股份的法律效力以及处置措施等一并写入《公司

---

① 根据《公司法》第37、177、179条之规定,公司减少注册资本须由公司股东会作出决议,编制资产负债表及财产清单,通知债权人。债权人有权要求公司清偿债务或提供担保。同时,公司应当就减资事项依法向公司登记机关办理变更登记。

② 参见《立法法》第8条之规定。

法》。具体而言,可借鉴英国、德国、法国、意大利等国家的立法经验,明确上市公司如果是基于《公司法》第142条第3、5、6项之目的回购股份,并且其回购数额超过本公司已发行股本总额10%的,对于超出的部分,上市公司仍有权继续持有,但必须在法定期限内转让或者注销。至于该法定期限的设置,可参照该法上一项的规定设置为6个月。①

将上述库藏股减持期限法律制度和公司超额回购股份的法律效力以及处置措施等一并写入《公司法》,可以为上市公司实施股份回购提供明确的预期,增强其行为后果的可预见性,和法律的稳定性,真正提高上市公司股份回购的法治水平。

2. 明确规定上市公司到期未转让回购股份的注销程序及其与公司减资程序的关系

鉴于上文指出的《公司法》未明确规定到期未转让回购股份的注销程序可能给实务中带来的困惑,以及《上交所回购细则》和《深交所回购细则》之相关规定可能存在的误导,该问题有必要在《公司法》中作出统一而明确的规定。在此,有几个与上市公司到期未转让回购股份的注销程序相关的法理问题需要进行系统梳理。

其一,上市公司到期未转让回购股份注销的决议程序性质为何?是否具有独立的存在价值?笔者认为,上市公司到期未转让回购股份的注销属于上市公司股份回购决议程序的附属行为。换言之,基于《公司法》第142条关于以维护公司价值和投资者利益为目的而实施的股份回购行为的法律后果之规定,上市公司股东大会授权下的董事会,在决议进行该类回购之时,即已经预料到不能完全转让该回购股份或者注销之可能。因此,上市公司在到期未转让回购股份的情形下,对其进行注销,属于上市公司股东大会股份回购决议的后续执行行为的一部分。其并不具有独立的存在价值,也无须上市公司再行就该事项进行决议。因此,《上交所回购细则》和《深

① 这里首先需要考虑的是,该期限不能设置为与未超额回购股份的处置等长的期限,否则该条的规定就失去了法律意义。因此,该期限应当设置于3年以内。其次,根据比较法上的经验,对于超额回购的处置措施,一般是"转让或者注销",而不是类似于我国减资回购情形下仅仅赋予上市公司"注销"的处理权限,因此,该期限也不宜过短,参考该条第2项和第4项之规定期限,建议设置为6个月。

交所回购细则》关于该注销程序仍需由公司股东大会作出决议的相关规定违背了公司法之基本法理,应予以删除。

从另一个角度讲,由上市公司股东大会对其到期未转让回购股份的注销作决议也是十分荒唐的。因为根据我国《公司法》第142条之规定,上市公司的董事会可以在公司章程之规定以及公司股东大会之授权下,对以维护公司价值和投资者利益为目的而实施的股份回购行为进行决议,而该项决议即已经包含和可预见其可能在到期无法完全转让情形下给公司资本和公司治理带来的不利影响。反过来,待公司确实未能将到期的回购股份进行转让之时,作为股份回购决议的执行行为之一部分的注销行为,却必须由股东大会作出决议,两相比较,有严重违背公司法之基本法理之嫌。正如上文所介绍的《德国股份法》关于该情形下股份注销之相关要求,那是其股份回购决议机制本身即建立在股东大会中心主义之上,为保持法制协调性与统一性之结果。

其二,上市公司到期未转让回购股份注销的决议程序与上市公司减少注册资本的决议程序是否存在以及存在何种差异?上市公司减少注册资本的行为对上市公司的资本和信用会产生根本性的影响,其对上市公司债权人的利益往往产生直接的、立竿见影的影响。因此,公司法大多对其施以严格的管制,要求公司的最高权力机关对其进行决议,并履行债权人保护等一系列法律程序。但上市公司到期未转让回购股份的注销与此不同。

第一,在上市公司形成股份回购决议并进行公告之时,上市公司的所有利益相关主体(包括其债权人在内)均已经深度了解股份回购可能对上市公司的资信带来的实质性影响,因此,它不像上市公司减少注册资本一样,对债权人来说一无所知和不可预期。

第二,上市公司到期未转让回购股份的注销仅仅是上市公司股份回购行为的执行行为,它属于上市公司股份回购决议的一部分,因而也不具有独立的决议价值。反过来思考,即使允许上市公司股东大会对注销事项进行决议,如果股东大会未能通过该决议,认为上市公司不应当注销到期未转让回购的股份,那么首先,该股东大会的决议涉嫌与前述其授权情形下的董事会决议产生冲突,带来进一步的无解的法理难题。其次,如果股东大会决议不注销该部分到期未转让之股份,上市公司可否不遵守法律关于该情形下上市公司必须转让或者注销股份之强制性规定？这又是一个无法给出具有说服力答案的法律问题。最后，如果股东大会决议不注销该部分到期未转让之股份，应当承担何种法律责任？由谁来具体承担法律责任？从比较法的经验来看，比如我国台湾地区“公司法”和“证券交易法”等规定，应当由公司的负责人承担民事赔偿责任或者其他行政责任。[①] 因此，我国台湾地区的司法实践也认为，公司合法回购股份的注销属于“法定注销”，系“法定减资之事由”，无须召开股东大会决议之。[②]

综上所述，《上交所回购细则》和《深交所回购细则》中规定的，上市公司依法回购的股票没有在法定期限内转让，而拟在前述期限截止日之前注销，应当履行的三大程序中，前两大程序应当予以删除，[③]仅保留第三项程序，由上市公司直接向交易所申请办理注销手续即可。当然，对前述程序性的规定，应当在后续的《公司法》修订过程中将其纳入，以基本法的形式予以规定，保持法制的稳定与统一，以防朝令夕改，提高法律的可预见性。

第二节　我国上市公司违法回购股份的效力及其法律责任

本书从第二章起，分别讨论了上市公司股份回购的立法模式、上市公司股份回购的事前法律规制、上市公司股份回购的事中法律规制等问题。在本章的第一节，还系统研究了上市公司合法回购的股份的权利状态及其处分机制问题。本节主要着眼于解决上市公司在违法回购股份下，可能带来的法律后果。具体来说，本节首先对违法回购股份的范围进行界定，随后分别从违法回购股份情形下的行为效力认定，违法回购情形下相关主体的民事赔偿责任以及行政责任和刑事责任等方面展开论述。

---

① 参见我国台湾地区“公司法”第167条，“证券交易法”第28条之2、第175、178条等规定。

② 参见我国台湾地区“经济部”1989年10月18日商字第89221704号函释之规定。

③ 即股东大会作出注销决议程序和通知债权人程序。

一、我国上市公司违法回购股份的范围及其效力认定

(一)上市公司违法回购股份的范围界定

除了如美国那样赋予上市公司以股份自由回购权的国家以外,更多国家都选择了"原则禁止,例外允许"的上市公司股份回购立法模式和折中立法模式。在这些国家,凡是没有法律明文授权的可以实施股份回购的情形,或者没有获得法律授权的上市公司股东大会作出股份回购决议的,其实施的股份回购行为即属违法,一并可以纳入上市公司违法回购股份的范畴。①

需要特别强调的是,上市公司通过其他公司,以其他公司的名义而为了自己的利益取得本公司股份,以及上市公司通过转投资其他公司而对其具有实质控制关系时,以其他公司名义进行的股份回购行为,均属于上市公司通过财务资助第三方回购股份的行为,属于我国上市公司违法回购股份的范畴。

就前者而言,由于股份回购法律制度本身即是为应对"可能危害公司财产安全与助长投机之流弊"而设,只要其取得是为了公司的利益而为之,则究竟是以公司的名义取得,还是以公司以外之人名义取得,均应承认具有发生同样流弊之可能,因此,从防止流弊的考虑来说,问题不在于名义为何,而在于利益归属于何人所致。② 因此,利用其他公司名义,为本公司的利益而取得本公司股份的,属于违法回购股份的行为。

就后者而言,上市公司通过转投资设立股份有限公司并对其具有实质控制关系,虽然后者具有独立的法律人格,但是上市公司通过该转投资公司买回自己的股份,实际上造成其实质意义上的减资,具有同等的回购股份之效果,属于以间接方式规避股份回购的法律规定,③同样应属于违法回购股份的行为。

(二)上市公司违法回购股份的效力认定

关于上市公司违法回购股份的行为效力的界说,学术界和实务界历来

---

① 参见柯芳枝:《公司法论》,三民书局2012年版,第196页。
② 参见梁宇贤:《公司法实例解说》,2007年自版,第370页。
③ 参见梁宇贤:《公司法实例解说》,2007年自版,第369~370页。

争执不下,笔者将其概括为三种学说。

1. 有效说

所谓有效说,是指上市公司虽然违反了法律关于股份回购的某一方面的规定,但是这并不影响其行为的效力。我国台湾地区学者梅仲协是有效说的倡导者。他认为,要认定上市公司违反公司法的规定实施股份回购行为的效力,必须首先对公司法相关的禁止性法律条款的性质进行界定。具言之,如果"公司法"第 167 条之规定属于效力性规定,那么违反该条款而实施的民事行为自然应当属于无效,但反之,如果该条款的性质属于命令性规定,则违反该条款而实施的民事行为应当属于有效。显然,"公司法"第 167 条之规定属于命令性规定,因此,违反之,其民事行为本身仍属有效,"仅公司负责人负担责任"。并且,公司法兼具团体法与交易法之性质,应重视交易安全之保护,除若干特殊重要之情形外,凡属强行法规,应认为大多均为命令性规范较为妥当。①

《法国商法典》是在立法上承认有效说的典型代表。根据《法国商法典》第 225 – 214 条之规定,上市公司基于违法取得而占有自身股份的,应在自其认购或取得之日起 1 年期限内予以转让,过此期限,此种股票应予销除。②

2. 无效说

所谓无效说,是指上市公司的回购行为因为违反法律的强制性规定,应当被认定为无效,不能发生当事人所期望实现的交易上的法律效果。我国台湾地区大部分学者赞同无效说。③ 比如,陈顾远认为,法律既然将上市公司股份回购设置为"原则禁止,例外允许"模式,即意味着,违反"公司法"第 167 条之规定而实施的股份回购行为,应当不是简单的违反命令性规范所能解释的,应当根据"民法"第 71 条规定之精神,将其解释为效力性规范,违反该规范而实施的股份回购行为也应属无效。况且,这些行为都属于"破坏公司之团体精神","影响经济之正常发展"之行为,如果仅仅对这些

---

① 参见梅仲协:《商事法要义》,正中书局 1966 年版,第 65 页。

② 参见《法国商法典》第 225 – 214 条。《法国公司法典》(上),罗结珍译,中国法制出版社 2007 年版,第 226 页。

③ 对无效说的相关总结可参见柯芳枝:《公司法论》,三民书局 2012 年版,第 197 页。

公司的负责人课以刑责,而仍然使这些行为有效,则基于该利益导向,恐将导致其他大量的公司也从事该行为。①

柯芳枝、刘连煜、梁宇贤等学者也都是无效说的倡导者。梁宇贤认为公司之所以不能取得自己的股份,其主要理由就在于维持资本及防止投机,无效说除了着重于维持资本以外,还兼顾了社会大众交易之安全。反之,有效说则仅仅维护当事人交易之安全而已。② 柯芳枝、刘连煜二人支持无效说,但主张不宜全部认定为无效。因股票交易例外有效情形不宜太少,以保护交易安全,即例外有效之情形解释上应放宽。在公司以第三人名义为自己之计算而取得自己股份,若出卖人系属善意时,可例外解为有效。③ 对于从证券市场回购股份的,更应基于维护证券市场秩序之目的,解为有效,仅存公司负责人民事赔偿责任追究的问题。④

《英国2006年公司法》和我国台湾地区司法实务基本都认定为无效。比如,《英国2006年公司法》第658条规定,公司违反公司法关于股份回购的禁止性规定的,该故意取得(自己股份)是无效的。⑤ 我国台湾地区"最高法院"在71年台上字第1912号判决中明确指出:"公司除依'公司法'第158、186条及第317条规定,或于股东清算或受破产之宣告时,得按市价收回其股份抵偿其于清算或破产宣告前,结欠公司之债务外,不得自将股份收回,观诸'公司法'第167条第1项规定甚明,此为禁止规定,不得违反,是上诉人有金公司之上述临时股东会关于股东资格丧失之决议,其内容显然违法,依同'法'第191条规定,应属无效。"⑥

3. 契约行为无效,物上行为有效说

所谓契约行为无效,物上行为有效说,是指上市公司股份回购的契约行为因违反法律规定而被认定为无效,但其转移股份所有权之行为因独立于契约行为,可认定为有效。

---

① 参见陈顾远:《商事法》(中册),复兴书局1968年版,第242页。

② 参见梁宇贤:《公司法论》,三民书局2006年版,第356~357页。

③ 参见柯芳枝:《公司法论》,三民书局2012年版,第197页;刘连煜:《现代公司法》,新学林出版股份有限公司2013年版,第327~328页。

④ 参见刘连煜:《现代公司法》,新学林出版股份有限公司2013年版,第328页。

⑤ 参见葛伟军:《英国公司法要义》,法律出版社2014年版,第177页。

⑥ 参见梁宇贤:《公司法论》,三民书局2006年版,第357页。

该说以德国民法上的物权行为理论为基石，赞同物权行为的独立性原理。根据物权行为理论，买卖契约的订立，仅在当事人之间发生一定债权债务关系，买卖标的物所有权的转移，尚须具备其他法律行为上之要件。此种独立于债权行为之外，直接使物权发生变动的法律行为，即是物权行为。[①]简言之，就是将上市公司的股份回购视同契约行为与物上行为的结合，二者彼此独立，其效力并无直接关联。[②] 物上行为才是以发生物权变动为目的的行为，又称处分行为。[③] 我国台湾地区学者施智谋认为，在上市公司违法回购本公司股份时，应认定契约行为无效，当事人不得请求契约之履行，但是如果物上行为已完成后，仅系公司负责人处罚之问题，其行为本身仍属有效。[④]

综上所述，尽管各国（地区）早已对上市公司违法回购股份情形下的行为效力问题予以关注，但是在具体的认定实践中依然莫衷一是。而且，即使是在我国台湾这种司法实践几乎无一例外地坚持无效说的地区，也不乏受到学者不绝于耳的批判。究其根本原因，在于对上市公司回购股份法律制度与民法中的民事法律行为效力制度二者之间的价值逻辑和利益平衡很难达成一种基本的共识。

任何法律行为的效力都不可能始终如一，也不可能一概而论，上述三种学说之中，有效说和无效说都显得过于绝对和刚性，都仅仅是从某一种理论视角来看待上市公司违法回购股份行为的效力。契约行为无效，物上行为有效说虽然对简单的交易行为进行了复杂的理论建构和逻辑解释，但也不乏学者的批评。比如，王利明教授认为物权行为独立性的观点是不成立的，因为所谓转移物权的合意实际上是学者虚构的产物，在现实的生活中不可能存在独立于债权合意之外的转移物权的合意。[⑤]

（三）我国上市公司违法回购股份效力认定的完善

完善我国上市公司违法回购股份效力的认定不能完全照搬照抄任何一

① 参见王泽鉴：《民法学说与判例研究》，北京大学出版社 2015 年版，第 1384 页。

② 参见谢在全：《民法物权论》，1997 年自版，中国政法大学出版社 1999 年版，第 69 页。

③ 参见王泽鉴：《民法学说与判例研究》，中国政法大学出版社 2003 年版，第 112 页。

④ 参见柯芳枝：《公司法论》，三民书局 2012 年版，第 197 页。

⑤ 参见王利明：《物权法研究》（修订版），中国人民大学出版社 2007 年版，第 260 页。

个国家和地区的立法经验,应当区分上市公司违反的具体法律规范的性质,区别对待和处理其行为效力的问题。著名学者王泽鉴先生将法律规范中的强制性规范区分为效力性规范与取缔性规范。前者直接影响行为的效力,如果违反之,行为应被认定为绝对无效;后者并不直接影响行为的效力,如果违反之,行为应被认定为有效,同时当事人必须接受行政责任等其他法律责任的追究。①

值得注意的是,我国大陆的司法实践也开始遵从王泽鉴先生的上述关于行为效力的认定理论。最高人民法院在2009年颁布的《关于当前形势下审理民商事合同纠纷案件若干问题的指导意见》的通知(以下简称《民商事合同审理意见》)中就明确要求,人民法院必须正确认识、识别和适用《合同法》第52条第5项中的“强制性规范”,只有行为具体违反的是效力性规范的,才能被认定为合同无效,反之,如果仅仅是违反管理性规范的,应根据具体情形认定合同的效力。② 而此处对于管理性规范和效力性规范区分的关键就在于,“综合法律法规的意旨”对“具体的冲突性的权益”进行权衡。

也就是说,“效力性与管理性强制性规定的类型区分属于民法问题中的价值判断问题”,③对于上市公司违法实施股份回购情形下行为效力的判定,必须对相关的利益进行价值权衡。具言之,要判定上市公司违法回购股份的效力,必须着力厘清上市公司到底违反的是何种法律性质的强制性规范。立法者必须妥善处理民法与行政法之间的关系,通过两大部门法之间的分工与互动,来实现私法与公法的接轨。④ 在这个过程中,特别需要避免的就是“矫枉过正”,如果将过多的强制性规范(尤其是上市公司股份回购中的效力性强制性规范)引入私法中,就会形成过度强制,⑤这必然给私法固有的逻辑体系和已经形成的私法秩序带来严重的冲击。因此,如果上市

① 参见王泽鉴:《民法总论》,中国政法大学出版社2002年版,第281页。

② 参见《民商事合同审理意见》之五。

③ 王轶:《论商品房预售许可证明对合同效力的影响》,载《比较法研究》2018年第6期。

④ 参见钟瑞栋:《民法中的强制性规范——兼论公法与私法“接轨”的立法途径与规范配置技术》,载《法律科学》(西北政法大学学报)2009年第2期。

⑤ 参见钟瑞栋:《“私法公法化”的反思与超越——兼论公法与私法接轨的规范配置》,载《法商研究》2013年第4期。

公司的回购行为违反的是法律关于股份回购的资金来源、决议机制以及规避回购的相关规定等，必须具体问题具体分析，不可一概而论判定其行为的效力。

当上市公司股份回购违反的是关于资金来源的法律规定时，从行为的直观结果来看，固然是对股东有益而对公司的债权人不利。以美国司法实践中对公司法的衡平居次原则的适用要件来看，违反资金来源限制而实施的股份回购似乎均符合以下三个要件：(1)股东的行为带来了不公正的结果；(2)该行为对股东带来利益优势而对债权人带来损害；(3)将股东债权居次不违反破产法。[①] 故此，以通常的权益衡量思维观之，当将此类关于资金来源的限制性规定解为效力性强制性规范，而直接认定回购行为无效，其法律效果是，合同无效，当事人互相返还股票和交易价款。

然而，上市公司股份回购行为作为典型的现代商业行为之一，其与传统的普通民事法律行为存在以下显著的区别：(1)在交易行为方式上，上市公司股份回购主要通过证券交易所的证券交易系统以场内交易的方式为之，这种交易行为必须严格遵循《证券法》所规定的交易恒定原则。[②] 也就是说，但凡是依照证券法所规定的交易规则实施的交易行为，不得轻易改变其交易结果与法律效力。(2)作为场内交易形式的股份回购，其交易相对人具有特殊性。根据证券交易所的交易与结算规则，证券交易人之间，并不是直接发生买卖关系的，证券交易的相对方是交易相对人以及中国证券登记结算有限公司这一共同对手方。也就是说，在股份回购之时，上市公司根本就不可能知道其买受人到底是谁，遑论合同无效情形下，当事人互相返还股票和交易价款。(3)现代商法一个重要的特点就是交易行为的频繁性和交易标的的高速流转性，上市公司股份在买卖完成后较短的时间内又会发生转手，因此，这也带来了返还义务履行的难度和可行性。

因此，如果上市公司股份回购违反了关于资金来源法律规制的，在采用场内交易回购的情形下，应认定为行为依然有效。但上市公司需要面临监管法上的制裁，上市公司的债权人也可据此要求上市公司的董事以及涉及

---

① See *Benjamin v. Diamond*, 563 F. 2d 692, 700(1977).

② 参见我国《证券法》第 120 条之规定。

交易的控股股东等依法承担连带责任。在协议回购的场合,可做例外规定,认定行为无效,回购交易的双方互相承担返还义务。

当上市公司股份回购违反的是关于决议机制的法律规定时,由于决议机构仅仅是上市公司的内部决策机构之一,根据上市公司的“内部程序的瑕疵或者缺失并不当然影响其外部行为效力”的法理,[①]上市公司必须接受其对外意思表示的约束,故应直接对相关董事追究其民事赔偿责任,但这也无关乎否决交易行为效力的问题,交易行为依然有效。当上市公司股份回购违反的是关于数量限制的相关规定时,前文已有涉及,即交易行为仍然有效,对超额回购的部分,上市公司必须依法予以转让或者注销。当上市公司股份回购违反的是关于规避的禁止性规定时,应当考虑被回购方实施交易时的主观方面,如果其出于善意,则可认定交易行为有效。反之,则无效,但通过证券交易所系统从公开市场回购的除外。[②]

二、我国上市公司违法回购股份下相关主体的法律责任

从理论上讲,上市公司违法回购股份下相关主体的法律责任应当包括法人(上市公司)的责任和自然人(相关高管等个人)的责任。事实上,也有对上市公司及其高管同时追究违法回购股份下的法律责任的立法例。比如,《英国2006年公司法》即对通过财务资助第三方回购股份的行为实行双罚:[③]既对公司实施罚款,也对其失职的高管处以罚款或者监禁(或者同时处以罚款和监禁)。当然,在此情形下,还涉及相关的民事法律后果。然而,究竟具体包括哪些民事法律后果以及由哪些主体来承担,“一直困扰着英国和其他也制定了类似规则的国家的法院”,并且“当前的《2006年公司法》并没有试图澄清这一立场”。[④] 英国学者认为,由于通过财务资助第三方回购股份的禁止性规定“旨在保护公司及其成员和债权人”,“所以很难再设想出比通过对公司处以罚款从而减少公司净资产更不合适的处罚

---

① 参见张勇健:《股份回购制度的完善与司法应对》,载《法律适用》2019年第1期。

② 该情形下之所以例外,其理由同前述违反资金来源限制时的回购行为。

③ 参见《英国2006年公司法》第680条之规定。

④ [英]保罗·戴维斯、莎拉·沃辛顿:《现代公司法原理》(第9版),罗培新等译,法律出版社2016年版,第362~363页。

了”,并且英国的公司法评估小组也曾明确提议“废除针对公司的刑事制裁”。①

因此,大多数学者都将对上市公司违法回购股份下相关主体的法律责任的研究重心放在了以董事等为代表的高管的法律责任上。本书前一部分在对上市公司违法回购股份所涉的行为效力的分析中,已经介绍了一部分有关主体的法律责任的问题,特别是董事的民事和行政责任。简言之,在违法回购情形下,如果行为被认定为无效,那么将涉及以董事为代表的主体的民事、行政甚至刑事责任,如果行为被认定为有效,相关主体仍然有被追究行政甚至刑事责任的可能。本部分我们以董事为中心,系统介绍其在上市公司违法回购股份下可能涉及的法律责任。

(一)我国上市公司违法回购股份下相关主体承担的民事责任

董事为什么要对上市公司违法回购股份的行为承担民事责任呢?对该问题的回答涉及董事这个角色的法律性质以及董事在公司中到底处于何种法律地位的问题。从民商法的基本原理来讲,董事和公司之间并非一般意义上的劳动关系,也不是劳务关系。公司的董事与公司不需要签订劳动合同。董事是由公司的权力机关—股东大会—推荐和选任而产生的,他执行公司的股东大会的决议,并且向公司股东大会负责,同时接受公司监督机关—监事会—的监督。由此,董事与公司之间在事实上存在一种委托法律关系:公司委托董事执行公司董事会的决议和公司的日常管理事务。

1. 上市公司违法回购股份下相关主体承担民事责任的立法例

上市公司违法回购股份下,相关主体的民事责任具体包含两方面的法律规定:一是公司法上明文规定的民事责任;二是公司法之外,由公司法援引其他法律中规定的民事责任,比如民法上关于委托合同等相关的法律责任。大多数国家(地区)仅在公司法上明文规定上市公司违法回购股份涉及的民事责任,但我国台湾地区“公司法”则除了在该“法”中明确规定上市公司违法回购股份的民事责任,还同时援引其“民法”中关于委托合同可能涉及的民事责任。

---

① 参见[英]保罗·戴维斯、莎拉·沃辛顿:《现代公司法原理》(第9版),罗培新等译,法律出版社2016年版,第362~363页。

对于公司法上明文规定的法律责任,大多数国家(地区)的公司立法一般都直接涉及上市公司在违法回购本公司股份下的民事法律责任。例如,美国《特拉华州普通公司法》规定,上市公司在违法回购情形下,管理公司的董事在6年之内的任何时间,应当对公司承担连带责任(jointly and severally liable)。当公司清算或者无力偿债时,管理公司的董事还应当向公司债权人承担连带责任,责任的范围及于因回购而支付的全部数额并加上自责任产生之时起算的利息。违法行为作出时不在场的董事,或者对违法行为表决持异议的董事,在违法行为进行时或者该董事应当知道该违法行为后立即将其异议记录于董事会会议记录簿的,可以免除上述责任。

与此同时,依据本条之规定对董事提起的诉讼请求被成功确认的,该董事有权得到其他表示同意的董事的责任分担。并且,如果股东知道回购行为违反本章之规定而予以交易的,董事在支付了请求之数额后,在支付的请求数额范围内取得代位权,可以以公司的名义按比例向股东主张股东各自取得的数额。[①]

《美国示范公司法》也有同类的法律责任的规定,只不过董事承担责任的时间期限有所不同,其为行为发生之日起2年内,而主张得到其他表示同意的董事的责任分担的时间期间是1年以内。[②]

《德国股份法》专门规定了董事在违背该法之规定实施上市公司股份回购行为的"特别赔偿义务"及其举证与责任承担规则。[③] 违背义务的董事应当作为连带债务人对上市公司负有赔偿由此而发生的损害的义务,并且对其是否已尽通常及认真的业务执行人之注意义务有争议的,其应当负担举证责任。需要特别强调的是,董事的"特别赔偿义务"属于民法上的补充连带责任,也就是说,其以债权人"不能从公司取得清偿部分为限",但公司的赔偿请求权也可以由公司的债权人主张。另外,关于董事的责任的规定,

---

① 参见美国《特拉华州普通公司法》,徐文彬、戴瑞亮、郑九海译,中国法制出版社2010年版,第66~67页。

② 参见《美国公司法规精选》,虞政平编译,商务印书馆2004年版,第78~79页。

③ 参见杜景林、卢谌:《德国股份法、德国有限责任公司法、德国公司改组法、德国参与决定法》,中国政法大学出版社2000年版,第42~44页。

也适用于其代理人之行为。[①]

在法国,上市公司违法回购股份也通常会直接涉及董事的民事赔偿责任。根据《法国商法典》,当上市公司违法回购本公司股份时,公司的发起人以及在职的董事给股东或者第三人造成的损害,得被宣告负连带责任。“公司董事与总经理”,对违反适用股份有限公司的法律与法规的规定,违反公司章程以及对其在管理中出现的过错,视情况,向公司或者第三人,“承担个人或连带责任”。如有多名董事或者“多名董事与总经理”共同参与了同一行为,法庭得确定其中每一个人应当对造成的损害分担的责任。对董事与总经理提起追究责任的个人诉讼或者公司诉讼,时效期间为3年,起算时点是行为造成损害之日,或在行为被隐瞒下的披露日。[②]

根据《日本公司法》的规定,在上市公司违法进行股份回购,公司负责人(包括公司的董事)等履行其职务存在恶意或者重大过失时,该公司负责人等,应当承担由此对第三人所产生损害的赔偿责任。[③]

我国台湾地区“公司法”规定了公司负责人违反该“法”关于禁止回笼本公司股份的规定而使公司回笼股份情形下的民事法律责任。[④] 具言之,公司的负责人因故意或者过失使公司违反我国台湾地区“公司法”第167条第1项的禁止回收规范,而取得自己股份时,子公司或孙公司之负责人应负赔偿责任。需要注意的是,此处的公司之负责人既包括当然负责人,也包括职务负责人。公司的董事就是当然负责人,公司的经理人或清算人、股份有限公司的发起人、监察人、检查人、重整人或重整监督人,在执行职务范围内,构成公司的职务负责人。[⑤]

不仅如此,公司负责人还受到忠实义务与注意义务的有关法律规范的约束。[⑥] 所谓忠实义务是指公司负责人在处理公司事务时,必须出于为了公司利益最大化的信念而为之,不得图谋自己或者第三人之利益。换言之,

---

① 参见杜景林、卢谌:《德国股份法、德国有限责任公司法、德国公司改组法、德国参与决定法》,中国政法大学出版社2000年版,第44页。

② 参见《法国公司法典》(上),罗结珍译,中国法制出版社2007年版,第234~236页。

③ 参见《新订日本公司法典》,王作全译,北京大学出版社2016年版,第187页。

④ 参见我国台湾地区“公司法”第167条第5项之规定。

⑤ 参见我国台湾地区“公司法”第8条之规定。

⑥ 参见我国台湾地区“公司法”第23条第1项之规定。

在上市公司股份回购事项上,不允许公司负责人为了自己或者第三人之利益而"牺牲公司之最佳利益"。① 注意义务,则是指公司负责人在处理公司事务时,必须要承担相当于民法之善良管理人之注意义务。

此外,我国台湾地区"公司法"还规定了董事会执行上市公司股份回购事务时,违反公司章程以及股东会决议应当承担的民事法律责任,具言之,违反该项规定导致公司受到损害时,参与决议之董事,对公司负赔偿之责。但经表示异议之董事有记录或书面声明可证者,免其责任。②

我国台湾地区"公司法"还法援引了民法中关于委任规范(委托合同法律关系)中相关的民事责任。其明确规定,公司与董事间之法律关系,除本"法"另有规定外,依民法关于委任之规定。③ 本条规定可视为我国台湾地区"公司法"为上市公司股份回购中公司负责人应尽之义务而设置的一个兜底条款,即公司负责人在遵守我国台湾地区"公司法"中已经明示之义务以外,还必须严格遵照民法关于委任关系的法律规范行事。委任关系的法律义务可概括为计算义务和注意义务。其中,计算义务包括报告义务、转付义务及使用金钱之赔偿义务。④

综上所述,对上市公司违法实施股份回购所涉之民事责任进行"立法"已经成为各国(地区)之大势所趋。因此像英国这样对上市公司股份回购只着重于行政处罚和刑事处罚而相对忽视民事责任规范的国家便受到司法界和理论界的严重批评。尤其是英国对于违背禁止性规定(如财务资助第三方回购股份等)的民事救济的立法缺位,一直以来遭到学者的批评。比如有学者认为,《英国2006年公司法》对于违背禁止性规定的唯一制裁方式是对公司罚款,以及对失责的高管处以罚款或者监禁(或者兼用这两种措施)。遗憾的是,当前的《英国2006年公司法》并没有明确规定这些非法

---

① 参见方嘉麟:《关联企业专章管制控制力滥用之法律问题(一)——自"我国"传统监控模式论专章设计之架构与缺憾》,载台湾《政大法学评论》2000年第63卷。

② 参见我国台湾地区"公司法"第193条之规定。

③ 客观地讲,笔者认为,民法关于委任之规定其实与公司法上规定的董事的义务存在重合之处,比如二者都要求上市公司的董事履行忠实与注意义务。但这并不能抹杀我国台湾地区"公司法"援用民法委任规范的精妙之处,因为后者是一个更大的范畴,作为兜底条款,并不存在逻辑上的矛盾,并且能够起到更好的规范效果。

④ 参见郑玉波:《民法债编各论》,三民书局1992年版,第436~438页。

交易的民事法律后果。人们会由此推定,禁止性规则的目标并不在于保护公司,而在于通过罚款来惩罚公司及其高管,这一范式是荒诞不经的。[①]

从上述各国(地区)的“立法”例来看,有两个十分重要的经验:其一,加强上市公司违法回购股份下对债权人的特别保护。各国(地区)的一个不约而同的“立法”默契,就是规定了公司债权人对有责任的公司负责人的直接赔偿请求权,这样的法律规定对于保护公司债权人的利益无疑具有重要意义。其二,高度重视公司负责人的忠实义务、注意义务等相关法律义务的规定,并且在我国台湾地区“公司法”中,其还直接援引民法中关于委任的法律义务对公司负责人进行约束。这对于防止违法回购的发生以及债权人保护均具有重要的法律价值。

2. 我国上市公司违法回购股份下相关主体的民事责任立法存在的问题

我国《公司法》仅仅规定了公司董事对董事会的决议违法、违规、违章以及违反股东大会决议而致使公司遭受严重损失情形下的赔偿责任。[②] 但必须注意的是,这里的赔偿责任,仅仅是董事对于公司的赔偿责任,而不是董事对于债权人的直接赔偿责任。换言之,我国《公司法》对上市公司违法回购股份下董事的民事责任并无专门的规定。如果上市公司违法实施股份回购行为,并且对债权人的利益造成损害的,债权人只能向公司索赔,而不能直接请求违法的董事、经理等公司负责人进行民事赔偿。因此,这不得不说是我国《公司法》上的一大立法漏洞,对公司债权人的保护十分不利。

我国2017年3月15日最新出台的《中华人民共和国民法总则》(以下简称《民法总则》)在“法人”一章虽然专门规定了法人的董事的赔偿责任,[③]但依然存在两方面的局限性:其一,该法规定的董事承担赔偿责任的前提是,公司在进入清算的情况下,董事作为清算义务人未履行清算义务而给公司造成损害。因此,该条的规定对于上市公司违法实施股份回购情形下的董事问责,无法直接适用。其二,从立法原意来看,本条所规定的董事的赔偿责任,依然属于董事对于公司的赔偿责任,而不是董事对于债权人的

---

① 参见[英]保罗·戴维斯、莎拉·沃辛顿:《现代公司法原理》(第9版),罗培新等译,法律出版社2016年版,第362~363页。

② 参见《公司法》第112条之规定。

③ 参见《民法总则》第70条之规定。

直接赔偿责任。因此,债权人不能依此对董事主张权利。此外,《民法总则》虽然明确规定了营利法人的出资人对债权人的连带责任,①但该条规定的出资人主体很难适用于上市公司违法实施股份回购的场合,因此,对该情形下董事行为的规制依然无能为力。

不仅如此,我国《公司法》也并没有如我国台湾地区“公司法”那样,将我国《民法总则》中代理部分的法律规范援引其中,这对上市公司股份回购法制来说,错失了搭建体系化法律规制框架的良机。

3. 我国上市公司违法回购股份下相关主体民事责任立法的完善

综上所述,对上市公司违法回购股份的民事法律责任的立法可以从两方面予以展开。

其一,完善《公司法》中董事违法回购股份的民事责任。首先,必须明确建立我国大陆上市公司违法回购股份下,以董事为代表的公司负责人的民事赔偿责任制度。在这方面,可以直接借鉴美国、法国、德国、日本以及我国台湾地区的董事对债权人的直接赔偿责任制度,并将其作为追究我国上市公司违法回购股份下公司负责人民事责任的基础法律制度。其次,可借鉴我国台湾地区“公司法”关于董事忠实与注意义务的相关“立法”,进一步完善董事的法律义务,这对于严防董事利用股份回购进行自我牟利尤其能够起到良好的规制作用。最后,进一步扩展上市公司违法回购股份下承担民事责任的主体。可以如我国台湾地区的“立法”那样,将公司负责人区分为当然负责人和职务负责人,扩大可被追究责任的主体范围。并且,可借鉴《德国股份法》之规定,将关于董事的责任也扩展适用于其代理人之行为。

其二,在我国《公司法》中设立兜底条款,将《民法总则》中的代理法的基本原理援引到《公司法》中,形成内外统一协调的、系统的董事民事法律责任体系。这种立法设计的基本原理是,对于上市公司股份回购中违法回购的行为模式的列举总是存在局限性的,加之法典化的立法模式本身就存在一定的滞后性,因此,违法回购的行为类型永远也不可能完全罗列出来。据此,将代理法的基本规则引入《公司法》中,使上市公司股份回购中的董事等负责人必须遵循《公司法》未明确写入的符合代理法基本原理的行为,

---

① 参见《民法总则》第83条之规定。

这对于违法回购行为的规范定能起到较好的规制效果。同时,可考虑对我国《民法总则》中代理人的义务进行完善,借鉴英美等国判例法上的忠实和注意义务的立法经验,将其纳入代理人的义务范畴,以便进一步规范上市公司董事在股份回购中的行为。

(二)我国上市公司违法回购股份下相关主体的公法责任

上市公司违法回购股份下相关主体的公法责任主要包括行政责任和刑事责任。民事责任的设置重在补偿,而行政责任和刑事责任的设置则偏重处罚。民事责任的追究主要靠私力救济,而行政责任和刑事责任的救济主要靠监管机关和司法机关的介入。因此,对上市公司违法回购股份行为的法律规制往往需要民事、行政和刑事责任同时跟进,构成一个完整的法律责任体系,公私相济、协同配合。行政和刑事责任的设置需要考虑成本的问题,即只有在通过民事责任的追究不能很好地实现权利救济的前提下,才有其介入的必要和空间。

1. 上市公司违法回购股份下相关主体所涉公法责任的立法例及其启示

从世界各国的立法例来看,对上市公司违法回购股份下,相关主体的公法责任一般采取的是经济刑与自由刑抑或二者相济的设置方法。比如,《英国2006年公司法》规定,违法实施股份回购的每个失责的公司高级人员(含董事)均可以通过以下两种不同的定罪程序追究其刑事责任:(1)经由公诉程序定罪的,处以不超过2年的监禁或者罚金(或两者兼之);(2)经由简易程序定罪的,①在英格兰和威尔士,处以不超过12个月期限的监禁或不超过法定最高数额的罚金(或两者兼之);②在苏格兰或北爱尔兰,处以不超过6个月期限的监禁或不超过法定最高数额的罚金(或两者兼之)。[①]

《法国商法典》第242－24条规定,上市公司董事长、董事或者总经理违法回购股份下(违反该法第225－206条至第225－215条之规定,以及以公司名义进行第225－216条第1款所禁止的通过垫付资金,提供借款或者同意设立担保,以供第三人认购或购买本公司股票的行为),其应当被处以

① 参见《英国2006年公司法》,葛伟军译,法律出版社2008年版,第420页。

9000 欧元的罚金。[①] 并且,上市公司的董事或者总经理的行为构成犯罪的,对董事或者对总经理提起追究刑事责任的诉讼时效期间,不适用对其提起个人诉讼或者公司诉讼追究其民事责任的诉讼时效期间,而应从造成损害的行为之日起算,或者如此种行为被隐瞒,自其被披露日起算的 10 年。[②]

根据《日本公司法》第 960 条之规定,上市公司违法回购股份时,上市公司的董事、会计参与、监事或者执行官等主体,以为自己或者第三人谋取利益或者给股份公司造成损害为目的,实施违背其职责的行为,并对该股份公司已造成财产损害时,处 10 年以下的有期徒刑或者 1000 万日元以下的罚款,或者二者并处。[③]

《德国股份法》第 405 条规定,上市公司违法回购本公司股份构成该法规定的“违反秩序”的行为,对上市公司董事可以处以 5 万德国马克以下的罚锾。[④]

我国台湾地区“刑法”“证券交易法”等“法律”规定了比较完善的上市公司违法回购股份下相关主体的公法责任体系。根据我国台湾地区“证券交易法”之规定,上市公司违法回购股份的,其为行为之负责人应被处以新台币 12 万以上 60 万以下的罚锾,这些行为具体包括:违背上市公司股份回购数额上限的行为、买回股份未予法定期限内转让的行为、将买回的本公司股份质押的或者在未转让前行使股东权利的行为、公司回购期间相关主体减持的行为、公司董事会未按要求报告回购执行情况的行为等。[⑤] 同时,根据我国台湾地区“司法院”的解释,上述行为的归责原则是过错推定原则,即直接推定公司负责人具有过错,除非其举证予以证明不存在过错方可免责。[⑥]

---

① 参见《法国商法典》第 242 - 24、242 - 23 条。《法国公司法典》(上),罗结珍译,中国法制出版社 2007 年版,第 381 ~ 382 页。

② 参见《法国商法典》第 225 - 254 条。《法国公司法典》(上),罗结珍译,中国法制出版社 2007 年版,第 235 页。

③ 参见《新订日本公司法典》,王作全译,北京大学出版社 2016 年版,第 410 ~ 411 页。

④ 参见杜景林、卢谌:《德国股份法、德国有限责任公司法、德国公司改组法、德国参与决定法》,中国政法大学出版社 2000 年版,第 170 页。

⑤ 参见我国台湾地区“证券交易法”第 178、179 条之规定。

⑥ 参见我国台湾地区“司法院”释字第 275 号解释。

另外，除以上“立法”以外，德国、日本以及我国台湾地区都在“刑法”中规定了背信罪。背信罪是行为人违反代理法或者信托法等法律上的受托人义务或者信任义务等，[①]构成刑事犯罪的行为。具言之，该罪是指代理人在为本人处理事务的过程中，意图为自己或者第三人的不法利益，或者损害本人的利益，而违背其职责，对本人的财产利益或者其他利益造成损害的犯罪行为。正如德国学者所提出的那样：刑法是保护财产托付者的财产利益的最后手段。[②] 背信罪在某种意义上可以理解为民商法中委托代理法律行为或者信托法律关系的刑法化，即通过确立刑事犯罪的方法对严重违背委托代理关系或者信托法律关系造成本人财产利益或者其他利益损害的行为给予刑事处罚，从而更好地促使受托人对委托人尽到忠实和注意的义务。[③] 以我国台湾地区为例，根据我国台湾地区“刑法”，犯背信罪的，处5年以下有期徒刑、拘役或科或并科1000元以下罚金。[④]

从以上各国（地区）对上市公司违法回购股份下相关主体所涉公法责任的“立法”例的介绍中，我们不难总结出一个规律：这些“立法”都高度重视法律责任制度的统一性和融贯性。美国法学家富勒将“法律中不能存在

---

① 在代理法下，所谓代理（agency）是指代理人（agent）按照本人（principal）的授权（authorization），代表本人同第三人订立合同或从事其他的法律行为，由此产生的权利与义务直接对本人发生效力。这里所说的本人就是委托人；代理人就是受本人的委托替本人办事的人；而第三人则是泛指一切与代理人打交道的人。按照有关代理法律的规定，如果代理人是在本人的授权范围内行事，他的行为就对本人具有拘束力，即本人既可取得由此产生的权利，又必须承担由此而产生的义务，而代理人则一般不对此承担个人责任。参见沈四宝、王军、焦津洪：《国际商法》，对外经济贸易大学出版社2002年版，第25～26页。

② 参见［德］Robert Esse：《刑法对经济活动自由之规制——以背信罪（德国刑法第266条）为例》，王效文译，载台湾《成大法学》2010年第20卷。

③ 需要注意的是，从各国公司法来看，公司的董事与公司的关系并不存在统一的理论学说，目前主要存在以下几种不同的主张：其一，“准受托人”说。认为董事是公司的准受托人。其二，代理关系说。认为董事是公司的代理人。其三，代理与信托兼有说。认为董事对公司具有双重身份——既是公司的代理人又是公司的受托人。其四，委任关系说。认为公司是委任人，董事是受任人，委任的标的是公司财产的管理与经营。随着公司制度的发展，公司和董事的关系是一种新型的法律关系，传统理论难以单独涵盖其中所包含的所有法律特征，但无论如何，公司与董事之间的基本的信任关系是诸说的共识。因此，背信罪的设立对于董事在股份回购中的背信行为的治理殊为必要。关于公司的董事与公司关系的法理学说可参见赵旭东：《上市公司董事责任与处罚》，中国法制出版社2004年版，第34～42页。张明楷：《刑法学》（第4版），法律出版社2011年版，第674～675页。

④ 参见我国台湾地区“刑法”第342条之规定。

矛盾”界定为法治的8大要件之一。[①] 在法哲学上,法律规则的统一性是指一个国家的法律规制具有整体性、一致性。[②] 而融贯性则是法律系统的一个重要特征,具体可分为法律系统内的融贯性和法律系统间的融贯性。所谓法律系统内的融贯性,是指法律系统内部的诸要素之间的内在聚合性,这主要体现在法律规则必须相互支撑,不仅表现在主要规则之间,而且表现在主要规则与次要规则之间;法律系统间的融贯性,则是指在一个“整全”的法律系统(更高一个层级的法律系统)之中,不应有互不兼容的规则,如有例外,法律系统也应当通过法律解释解决这种矛盾。[③] 上市公司违法回购股份下相关主体所涉公法责任立法的融贯性和统一性可分为《公司法》内的融贯统一和《公司法》外的融贯统一。《公司法》内的融贯统一强调在《公司法》内部,上市公司违法回购股份下相关主体所涉公法责任与其相近或者相邻的法律行为的公法责任的协调一致性。比如,《法国商法典》第242－24条规定的上市公司董事长、董事或者总经理在违法回购股份下的公法责任,就直接适用的该法第242－23条规定的公法责任,而第242－23条正是董事长、董事违规减少注册资本的法律责任。[④]

《公司法》外的融贯统一强调在《公司法》外部,特别是《公司法》与民法和刑法等法律之间的统一和协调。比如,德国、日本以及我国台湾地区“刑法”中规定的背信罪,就成功地将民法中的委托代理行为、“公司法”中上市公司股份回购中的董事的行为(涉及忠实与注意义务)以及“刑法”中该类行为构成的背信罪三者有机地联系起来,通过完善缜密的法律体系的构建,做到法制的统一协调性。

2. 我国上市公司违法回购股份下相关主体公法责任立法的不足

尽管上市公司回购股份在我国已经有一定的实施案例,也不乏违法回购股份的案例发生,但我国法律并未规定上市公司违法回购股份下相关主

---

① 参见[美]富勒:《法律的道德性》,郑戈译,商务印书馆2005年版,第55～96页。

② 参见张恒山:《法理要论》,北京大学出版社2002年版,第282页。

③ 参见陆洲:《论哈贝马斯程序主义法范式及其中国意义》,人民出版社2014年版,第228页。

④ 参见《法国商法典》第242－24、242－23条。《法国公司法典》(上),罗结珍译,中国法制出版社2007年版,第381～382页。

体的公法责任。立法长期的滞后造成了法律体系上的不协调、不统一，以及对违法回购行为规制的不力。

前文已经多有涉及对违法回购行为规制缺位的案例，从上市公司违法回购股份规制法律体系建设的视角来说，我国目前立法存在严重的不统一和不协调性。比如，在《公司法》内部，抽逃出资是受到监管的严重违法行为，其必须接受监管部门处以的抽逃资本的5%～15%范围内的罚款。[①] 但对于违法回购却没有直接的行政处罚措施，在上市公司违反回购资本来源的限制、通过从属公司或者第三方违规回购，甚至对回购方提供财务资助等违法情形下，其行为后果等同甚至严重于抽逃出资，但法律对其并不能提供有力的监管。

再如，由于我国《刑法》并没有规定背信罪，而且如前文介绍，我国现行《公司法》《回购办法》《补充规定》《三部委回购意见》《上交所回购细则》《深交所回购细则》等本身对于违法回购的行为模式的梳理就存在不足，这导致很多无法套用上述规范来进行规制的违法回购行为无法可依，在背信罪立法阙如的情况下，缺乏一种兜底犯罪条款对其予以规范，这造成上市公司违法回购规制方面很大的一个立法真空。

需要特别说明的是，尽管我国2006年出台的《刑法修正案（六）》和2008年出台的《最高人民检察院、公安部关于经济犯罪案件追诉标准的补充规定》中增设了背信损害上市公司利益罪，[②]但该罪的设立恐怕对于我国目前的上市公司股份回购中的背信行为的规制依然乏力。背信损害上市公司利益罪，是指上市公司的董事、监事、高级管理人员违背对公司的忠实义务，利用职务便利，操纵上市公司从事有损公司利益的行为，致使上市公司遭受重大损失的行为。[③] 该罪的犯罪客体是上市公司的管理秩序和经济利益。[④] 行为的客观方面具体分为两种类型：一类是上市公司的董事、监事、

① 参见《公司法》第200条之规定。

② 参见《刑法修正案（六）》第9条，《最高人民检察院、公安部关于经济犯罪案件追诉标准的补充规定》第2条。

③ 参见魏东：《刑法：原理·图解·案例·司考》，中国民主法制出版社2016年版，第449～450页。

④ 参见高铭暄、马克昌：《刑法学》，北京大学出版社、高等教育出版社2017年版，第396页。

高级管理人员，[1]违背对公司的忠实义务，利用职务便利，操纵上市公司从事损害上市公司利益的活动，致使上市公司遭受重大损失。另一类是上市公司的控股股东或者实际控制人指使上市公司董事、监事、高级管理人员实施上述损害上市公司利益的行为，致使上市公司利益遭受重大损失。[2]

无论哪种类型，背信损害上市公司利益罪在行为客观方面都有一个重要的特点——操纵上市公司。所谓操纵上市公司，即行为人利用其职权对上市公司进行控制。[3] 也正因如此，有学者甚至将该罪命名为“操纵上市公司罪”。[4] 从上市公司股份回购中的背信行为来看，行为人操纵的对象主要是上市公司的股票，并没有直接操纵上市公司。因此，尽管《刑法修正案（六）》在设置背信损害上市公司利益罪时特意设计了一个兜底条款——“采用其他方式损害上市公司利益的”背信上市公司的行为，但该罪实际上并不能有效防治上市公司股份回购中的背信行为。对上市公司股份回购中的背信行为的刑法治理，亟须另设特殊背信罪或者新设普通背信罪予以应对。

3. 我国上市公司违法回购股份下相关主体公法责任立法的完善

基于上文对问题的提出与分析，建议从两方面来完善我国上市公司违法回购股份下相关主体的公法责任立法。

其一，在《公司法》第 12 章“法律责任”中完善我国上市公司违法回购股份下相关主体的行政法律责任，做到《公司法》内部法律体系的统一性和协调性。可借鉴英国、法国、德国、日本、中国台湾地区等的公司立法，将违法实施股份回购行为的行政责任与相关的违法行为，比如抽逃出资等行为的行政处罚措施相协调。对于需要被处以行政处罚的违法回购情形，可借

---

① 本罪的犯罪主体无论是上市公司的董事、监事、高级管理人员，还是上市公司的控股股东或者实际控制人，均可以是自然人和单位。参见魏东：《刑法：原理 · 图解 · 案例 · 司考》，中国民主法制出版社 2016 年版，第 450 页。

② 参见张明楷：《刑法学》（第 4 版），法律出版社 2011 年版，第 674 ~ 675 页。

③ 根据《刑法修正案（六）》的规定，其具体行为模式包括：(1) 无偿向其他单位或者个人提供资金、商品、服务或者其他资产的；(2) 以明显不公平的条件，提供或者接受资金、商品、服务或者其他资产的；(3) 向明显不具有清偿能力的单位或者个人提供资金、商品、服务或者其他资产的；(4) 为明显不具有清偿能力的单位或者个人提供担保，或者无正当理由为其他单位或者个人提供担保的；(5) 无正当理由放弃债权、承担债务的；(6) 采用其他方式损害上市公司利益的。

④ 参见苏惠渔：《刑法学》，中国政法大学出版社 2007 年版，第 347 页。

鉴我国台湾地区“证券交易法”第178、179条之规定，并结合我国上市公司股份回购市场之现实，予以清晰列举。并且，可将我国台湾地区“司法院”解释确立的过错推定原则作为我国上市公司违法回购股份下相关主体行政责任追究的归责原则。

其二，增设我国《刑法》中与违法回购股份行为相应的犯罪类型，完善和协调违法回购行为的刑事法律体系。一是可借《法国商法典》的规定，将具有与违规减资、抽逃出资等犯罪行为性质的违法回购股份的行为，规定与其相同的刑事法律责任。二是在我国《刑法》中增加背信罪。[①] 在上市公司董事等高级管理人员的背信行为犯罪治理的问题上，有两种刑事立法方案可以选择，即新设特殊背信罪或者新设普通背信罪。在刑法教义学上，我国《刑法修正案（六）》规定的背信损害上市公司利益罪属于特殊背信罪，是我国刑法规定的两种特殊背信罪之一。[②] 而本书提到的背信罪属于普通背信罪的范畴。

所谓普通背信罪，其预防和治理的是普遍的违背代理法的基本原理的违背任务或者信任的行为。[③] 新设特殊背信罪和新设普通背信罪这两种立法方案各有优劣，但前一种方案尽管能够紧跟市场经济背信行为发展变化的脚步，却始终无法穷尽一切背信行为。因为在学理上，根据本罪行为本质的滥用权限说和背信说，背信行为是滥用代理权等权限或者破坏信任的行为，这种行为所指向和破坏的法律上的代理、事实上的委托在市场经济条件下普遍存在而且形式多样。因此，在德国、日本和我国台湾等地区的“刑法”均设置了普通背信罪，以更好地规制各类特殊背信罪所无法及时应对的背信行为。

我国学者张明楷教授、王骏教授等为代表，主张在特殊背信罪之外设立普通背信罪，实际上并不意味着要废除已经设置的其他特殊背信罪。在新

---

① 有学者建议，可直接在《刑法》第270条中增加第3款，专门规定背信罪。笔者赞同这种观点，具体的法律规定可借鉴我国台湾地区关于背信罪的描述。参见王骏：《论增设普通背信罪》，载《河北法学》2018年第12期。

② 我国刑法规定了两种特殊背信罪，两种特殊背信罪均为《刑法修正案（六）》所增设。一是背信损害上市公司利益罪；二是背信运用受托财产罪，两罪分别规定于《刑法修正案（六）》第9条和第12条。

③ 参见张明楷：《关于增设背信罪的探讨》，载《中国法学》1997年第1期。

设普通背信罪之后，普通背信罪与特殊背信罪将共存于我国刑法之中，二者在适用问题上遵循普通法和特殊法的基本原理：如果一种背信行为符合我国刑法中特殊背信罪的构成要件，那么就直接以该特殊背信罪论处。但是，如果一种行为不构成刑法上所有的特殊背信罪，但是符合普通背信罪的构成要件，则以普通背信罪论处。

为此，普通背信罪的设立不会导致刑法对背信行为治理的过度膨胀之势。相反，其对于诸如上市公司股份回购中董事等高级管理人员的背信行为具有极佳的治理效果。从部门法的法际协调与融合的法理视角来看，普通背信罪的确立也将刑法中的背信犯罪规范与民法中的委托代理行为法律规范、《公司法》上的上市公司股份回购中的董事的行为（涉及忠实与注意义务）规范有机协调和统一起来，并可以以一种兜底罪（“口袋罪”）的形式，对尚未出现的违法回购犯罪行为进行预防和治理，保持法制的统一性和灵活性。

第三节　我国上市公司违法回购股份中的股东诉讼机制的完善

股东对董事会权力的监督和制衡最终还需通过诉权来实现，即以司法救济途径保护股东对董事会的有效制约。[①] 在上市公司股份回购法制中，相关主体的权利救济机制的构建具有至关重要的地位。这是由于，当出现违法回购的行为时，尽管行政责任和刑事责任的追究也能对上市公司及其董事和高管进行法律制裁，并以此形成威慑，在一定程度上遏制违法回购行为的发生，但就行为的直接受害人来说，通过有效的诉讼机制，使其得到法律上的有效救济，才能真正发挥法律的公平价值，让受害人获得应有的赔偿并让违法行为人受到应有的惩罚。前文我们对违法回购发生时相关主体的救济机制其实已有涉及，如以董事为代表的公司负责人的民事赔偿责任制度即是保障债权人利益的有效武器。待该制度有效建立之后，当上市公司

① 参见张忠野：《公司治理的法理学研究》，北京大学出版社2006年版，第75页。

违法回购股份时,公司债权人可依据债权人的直接诉权,将公司负责人与公司一道作为连带责任人起诉至法院,要求其承担连带赔偿责任。相对而言,就上市公司的投资者来说,尤其是对上市公司为数众多的中小投资者而言,其权利救济机制十分薄弱。尽管 2013 年 12 月 27 日,国务院《关于进一步加强资本市场中小投资者合法权益保护工作的意见》出台后,我国专门成立中证中小投资者服务中心有限责任公司(以下简称中证投服),但对我国上市公司股份回购中的股东权利救济到底应当采取何种机制和模式等问题,至今仍无定论。以下笔者拟结合上市公司股份回购的业务实际,对我国上市公司股份回购中的股东权利救济机制展开探讨。

一、我国上市公司违法回购股份中现有股东诉讼机制面临的主要问题

(一)投资者处于弱势法律地位,无法与上市公司及其负责人进行抗衡

在上市公司违法回购股份案件中,原告主要是上市公司广大的投资者,尤其以中小投资者居多,而被告则是在信息和资金等方面处于显著优势地位的上市公司负责人和高管,二者的诉讼地位不平等。从我国证券市场来看,个人投资者历来是证券市场绝对的交易主力。[①] 这些持有上市公司股票的中小投资者,当面临上市公司证券违法行为的时候,始终处于弱势的法律地位。这在我国上市公司股份回购制度并不兴盛的早先的司法实践中已经被无数次证明,并受到证券法学者的普遍关注。总体来说,阻碍证券诉讼机制发生效用的症结主要有三点:一是直接诉讼的规定过于笼统,缺乏可操作性。二是衍生诉讼的门槛规定过高。三是司法成本高企,适格股东起诉的意愿不强。[②] 在 2018 年我国紧锣密鼓推出上市公司股份回购的诸多新

---

① 比如截至 2017 年年末,沪市自然人投资者占整个市场的 21.17%,尽管同比上年有所下降,但其微弱的数量与机构投资者仍无法匹敌。参见《上海证券交易所统计年鉴(2018 卷)》。我国深圳证券交易所的相关数据暂未发布,但从往年公布的数据来看,其个人投资者比重与此类似。

② 参见蔡奕等:《证券市场监管执法的前沿问题研究——来自一线监管者的思考》,厦门大学出版社 2015 年版,第 147 页。

政以后，在相关证券诉讼机制并没有进一步完善的前提下，情况势必会进一步恶化。因为与上市公司股份回购相关的证券违法犯罪行为种类更为丰富，[①]并且行为模式由于受到股份回购合法化的庇护而更为隐蔽和难以侦查与取证。

显然，上市公司的董事及其高管总是为信息优势的一方。其不仅直接掌握上市公司本身的业务经营信息和财务信息，而且对于自身行为信息的把控也令证券市场上的投资者在涉诉时很难予以举证。相反，证券投资者总是为弱势的一方，其不仅在信息方面不占优势，在证券法律知识等方面也完全处于不利的地位，对于证券诉讼这类高度专业性的诉讼来说，投资者大多表现得无所适从，从而在遭遇违法回购等违法犯罪行为时选择放弃诉权。

（二）投资者诉讼激励机制缺位，其维权成本与风险收益严重不匹配

由于我国证券民事诉讼并没有建立惩罚性赔偿制度，司法实践一贯遵循的是补偿性的民事赔偿原则，强调投资者受到的损失与违法行为人进行的赔偿相等，也即违法行为人民事赔偿的数额应当为投资者由于该违法行为所导致的损失。该原则的一个主要缺陷就是“导致起诉数量低于社会需要的正常水平”。[②] 这就造成上市公司负责人违法的成本与其获得的收益严重失衡，比如在股份回购案件中，上市公司负责人宁可冒着民事赔偿的风险也愿意火中取栗实施违法回购行为。特别是在《证券市场内幕交易行为认定指引》与《证券市场操纵行为认定指引》出台以后，上市公司股份回购已经成为上述两大指引直接豁免的合法行为，[③]由此，上市公司的负责人可以更加积极主动地以“市值管理”等为名，大量实行违法的股份回购行为以谋取个人利益和其他非法利益。

与之相对的是，我国证券市场投资者诉讼激励机制一直缺位，这使本处

---

① 比如在传统的虚假陈述、内幕交易与操纵市场等违法犯罪行为之外，可能还会涉及违法减持以及公司负责人违背忠实和注意义务等相关的违法犯罪行为。

② 参见邢会强：《内幕交易惩罚性赔偿制度的构造原理与现实选择》，载《中国社会科学》2018 年第 4 期。

③ 参见《证券市场内幕交易行为认定指引》第 19 条、《证券市场操纵行为认定指引》第 48 条之规定。

于弱势一方的证券投资者更加不愿意、不积极通过司法途径来维护自身的合法权益。因为其不仅在诉讼中属于信息和证据方面的劣势方,而且即使赢得了诉讼,由于其持股比例不高,最终获得的相应赔偿金额也是杯水车薪。换言之,投资者诉讼激励机制的缺位与投资者“集体行动逻辑”相互交织,最终导致了证券市场上投资者的“厌诉”,[①]这对于上市公司股份回购中的违法行为的纠察和防治决然不是好事。

(三)示范性诉讼机制缺位,同案不同判破坏司法统一性

2014 年,由上交所、深交所、上期所、中金所和中国证券登记结算公司发起设立了中证投服。中证投服的设立为我国投资者证券诉讼机制的完善提供了重要的组织基础。目前,中证投服正在探索建立有利于我国中小投资者保护的证券民事诉讼模式。证券支持性诉讼就是该模式的典型。在证券支持性诉讼模式下,中证投服自身并不作为证券损害赔偿诉讼的原告,但其以公告的形式向全国征集需要维护自己权益的证券投资者,并组织所有的涉案原告收集相关的证据一并向法院提起诉讼。由此,法院最终对于案件的判决对所有申请加入诉讼的原告均发生法律效力。据此,证券支持性诉讼理应能够为我国大量的中小投资者参与上市公司违法回购股份案件的审判提供重要的机制保障。

然而,实践中也会有这样的现象特别值得重视,即当法院在对上述由中证投服统一提起诉讼的案件作出判决以后,如果所涉同一案件中原本具有起诉资格的原告再次向同一法院或者其他法院就相同的案件事实提起诉讼的,法院应当如何处理?我国目前的《民事诉讼法》并未对该问题作出明确的规定。由于我国并未建立示范性诉讼模式,这实际上给法院带来了多重难题。在上市公司股份回购所涉纠纷中,由于涉案投资者众多,其带来的弊端将更加突出。

比如,关于是否立案的问题。依据《民事诉讼法》的规定,比如投资者在上市公司违法回购股份的案件中,尽管同一案件的同类原告已经起诉,并

---

① 数据显示,基于信息劣势、维权成本以及地域限制等多种不利因素的考量,在我国主动提起证券民事诉讼的投资者人数不到符合起诉条件投资者总数的 10%,起诉所涉总金额不到投资者损失的 5%。参见杜佳蓉、樊鸿雁:《论证券支持诉讼的专业化发展》,载《民事程序法研究》2017 年第 2 期。

获得了胜诉甚至获得了赔偿,但同案的后起诉原告依然应当享有依法维护自身权益的诉权。因此,就该问题宜肯定同案原告的诉权而要求法院予以受理。但如果法院受理了起诉,具体又分为两种情况,一种是由同一个法院受理的案件并进行审理;另一种是由不同的法院受理的案件并进行审理。尤其是在后一种情况下,同案不同判的情况可能会大量出现,这无疑会带来破坏司法统一性等诸多问题。即便是审理结果相同,也会出现大量浪费司法资源的问题。

二、上市公司违法回购股份中股东诉讼机制立法的比较法分析及其启示

(一)完善证券群体性诉讼机制,为证券投资者赋能

在对上市公司负责人等进行的证券诉讼中,投资者通常处于弱势法律地位。从各国的股东诉讼机制的改革和完善经验来看,其核心宗旨就是为投资者赋能。主要的做法是以证券群体性诉讼的方式,增强投资者的法律地位和信息优势,以使原被告双方的诉讼地位趋于平等。这对于支持上市公司股份回购中的受害投资者通过诉讼与上市公司高管等优势诉讼主体对抗具有十分重要的意义。

证券群体性诉讼包括证券集团诉讼、证券团体性诉讼等多种形式。美国是实行证券集团诉讼的典型代表。在美国的影响下,韩国、巴西、澳大利亚等国家也都建立了本国的证券集团诉讼制度。因美国的相关立法最具有源头性的借鉴意义,下文以美国为例进行证券集团诉讼相关内容的介绍。

美国证券集团诉讼遵循的是“不退出即加入”的投资者赋能模式。根据美国《联邦民事诉讼规则》(《Federal Rules of Civil Procedure》)第23条之规定,[①]只要该案件的诉讼成员广泛,并且投资者具有遭受共同的证券欺诈之事实,自愿选择进行证券集团诉讼,并具有公正而充分地维护整个诉讼集团的原告的诉讼利益的首席原告,该案即可适用证券集团诉讼。通过集团诉讼进行的证券诉讼案件,将所有的投资者通过法律拟制的办法,将其拟制

---

① See Joseph W, *Glannon. Civil Procedure*: *Examples & Explanations*, *Fourth Edition*, New York: Aspen Law & Business, 2001, pp. 25 – 27.

为同一个主体——笔者将其定义为原告共同体,在该共同体中,原告的加入并不是以申请加入的方式为之,而是以“不退出即加入”的方式。也就是说,所有接到通知的受到证券欺诈的当事人,只要没有明确表示退出诉讼,即正式成为集团诉讼的原告。很显然,该模式的确立和运行对于上市公司违法回购股份案件的审理具有重要的投资者赋能价值。

我国台湾地区实行的是证券团体性诉讼制度。其2002年通过的“证券投资人及期货交易人保护法”正式建立起了证券团体性诉讼,并在次年建立了“财团法人证券投资人与期货交易人保护中心”(以下简称保护中心)。保护中心是台湾证券期货业投资者保护的公益机构,由“金融监管委员会”指定相关机构进行捐助而设,其运作资金主要来自交易所以及券商和期货商根据其业务收入的一定比例提拨的款项。[①] 保护中心是证券团体诉讼的发起机构,只要基于公益,针对导致多数投资者损害并获得一定数量投资者授权的同一证券期货赔偿案件,其均可发起证券团体性诉讼。[②] 与美国“不退出即加入”的投资者授权参与诉讼模式不同的是,我国台湾地区的证券团体性诉讼要求投资者必须以书面同意的形式才能正式加入诉讼。[③] 证券团体性诉讼本身所具有的公益性质对上市公司违法回购股份案件中投资者积极行使诉权具有很强的鼓励作用。

综上所述,无论是以美国为代表的证券集团诉讼模式还是我国台湾地区的证券团体性诉讼模式,其终极目的都是为投资者赋能,通过倾斜性的司法保护机制,让处于信息劣势、证券知识劣势、证据收集劣势的投资者能够具有更强的诉讼能力和处于更加有利的诉讼地位,进而使其实质平等地与上市公司及其负责人进行诉讼对抗,保护投资者的证券权益。

(二)建立投资者诉讼激励机制,鼓励投资者依法维权

建立投资者诉讼激励机制,是解决证券市场上投资者提起证券民事诉讼因“小额分散”、回报与付出不成比例等原因而不愿意积极参加诉讼的重

---

① 参见我国台湾地区“证券投资人及期货交易人保护法”第18条之规定。

② 我国台湾地区“证券投资人及期货交易人保护法”要求保护中心发起团体诉讼必须要有20位以上投资者授权。参见我国台湾地区“证券投资人及期货交易人保护法”第28条之规定。

③ 参见我国台湾地区“证券投资人及期货交易人保护法”第28、29条之规定。

要诉讼保障措施。从全球范围来看,美国的律师风险酬金制度和我国台湾地区的零报酬请求制度是两种最具代表性的投资者诉讼激励机制。两种诉讼激励机制对于上市公司违法回购股份案件的受害投资者而言,都起到了较好的激励效果。

美国证券集团诉讼设立律师风险酬金制度作为投资者诉讼激励机制。证券集团诉讼由专业的律师进行代理,其性质并非普通的民事诉讼代理,而是一种典型的风险代理。所谓风险代理,即风险诉讼“胜诉取酬制”,是指作为代理人的律师与其当事人约定,在诉讼之前,律师不收取代理费,律师的代理费根据诉讼结果而定,如果败诉,当事人不支付代理费,如果胜诉,当事人则从所得赔偿中按照约定支付相对较高的风险代理费。①

在美国的律师风险酬金制度下,风险代理也意味着原告既可能胜诉也可能败诉,在败诉的情况下,所有的诉讼中涉及的费用以自担机制的形式,由律师全部承担。在胜诉的情况下,律师可以获得高额的风险酬金。风险酬金的具体支付办法就是从投资者作为原告共同体所获得的赔偿金中予以扣除。

在投资者诉讼激励机制方面,我国台湾地区的证券团体性诉讼实行的是零报酬请求制度,也就是说,只要判决投资者胜诉,那么保护中心就必须依法将所有的赔偿金在扣除必要的诉讼费用之后,完全分发给投资者。这与美国的证券集团诉讼下的风险酬金制度存在显著的区别,后者的投资者需分担高额的律师风险代理酬金。

综上所述,我们可以将美国的律师风险酬金制度定性为一种市场化的投资者诉讼激励机制。其市场化主要体现在,证券集团诉讼的发起主体并非公益机构,而是由公司证券律师发起,其诉讼报酬也不由政府补贴,而是从投资者胜诉所获赔偿中支付风险酬金。相反,我国台湾地区的零报酬请求制度更像是一种公益性的、补偿性的投资者诉讼激励机制,其发起主体依监管部门指定而设,保护中心的收益也完全来自于政府指定捐助基金以及金融机构和交易所缴纳的提拨款项。但无论以何种形式,建立投资者诉讼

① 参见郑建刚:《律师风险代理制度探析》,载《重庆邮电学院学报》(社会科学版)2004年第1期。

激励机制,鼓励投资者依法维护自己的合法权益,不仅能够起到帮助投资者有效获得相应的民事赔偿,更能阻止上市公司及其负责人实施证券违法犯罪行为。

(三)建立示范性诉讼机制,维护司法统一

上市公司违法回购案件的一个重要特点是受害人众多,并且司法机关通常面临重复起诉和同案不同判的问题。为了解决这一难题,2005 年德国制定了《私人投资者示范诉讼法》,建立了示范性诉讼机制。所谓示范性诉讼机制,是指根据当事人的书面申请,由受诉法院的上级法院(一般为高等法院)对基于特定数量投资者的、为相同的案件法律事实提起的诉讼中的共同性典型问题进行先行审判,该审判结果对于平行诉讼作出后续损害赔偿金的判决具有拘束力的诉讼机制。[①] 示范性诉讼机制遵从了将判决的先决问题提交上级法院审理,并进而获得对该先决问题的垂直法律效力的法理。[②] 其包括申请确认、移交程序和示范诉讼程序三大主要的程序阶段。

简言之,当多个投资者[③]向同一法院或者不同法院提起涉及上市公司股份回购的证券欺诈损害赔偿诉讼时,这些法院可以将该案涉及的事实与法律问题[④]提交上级法院进行审理。上级法院的审理结果并不直接产生对个案的具体法律确定力,而是对所有的初审法院具有拘束力,[⑤]由于其仅为先决问题的审理结果,并不直接确认民事赔偿数额。具体的民事赔偿数额有待下级法院的进一步判决作出。对于在初审法院作出判决后,后续再有投资者就同一案件事实提起民事赔偿诉讼的,上级法院对先决问题的审理结果具有直接适用的效果。

德国示范性诉讼机制的建立有效节省了司法资源,并且能够确保司法

---

① 参见吴泽勇:《〈投资者示范诉讼法〉:一个群体性法律保护的完美方案?》,载《中国法学》2010 年第 1 期。

② 参见吴泽勇:《〈投资者示范诉讼法〉:一个群体性法律保护的完美方案?》,载《中国法学》2010 年第 1 期。

③ 《德国投资者示范诉讼法》要求至少 10 人,包括最初的起诉人以及后续 4 个月内的不少于 9 名的诉讼参加人。

④ 也就是所谓的“先决问题”。

⑤ 参见张晓茹:《中国证券示范诉讼的雏形与构建规范——兼评德国投资者示范诉讼法》,载《人民司法》2011 年第 15 期。

的统一性，做到同案同判。这对上市公司股份回购违法行为案件的集中、统一、高效审理具有重要的法律价值。其基本运行原理是，基于相同的案件事实和法律问题，提取先决问题交由上级法院审理，该审理结果再被平行法院统一适用，以此维系了法治统一。示范性诉讼机制可以说很好地契合了上市公司违法回购案件的特点，既有效节省了司法资源，又成功地保障了投资者的合法权益。

三、我国上市公司违法回购股份中股东诉讼机制的完善

（一）建立适合我国国情的证券团体性诉讼模式，为证券投资者赋能

对于加强证券投资者保护，尤其是在上市公司违法回购股份情形下增强投资者的法律地位问题，前文介绍了美国的证券集团诉讼和我国台湾地区的证券团体性诉讼两种模式。关于我国的证券团体性诉讼到底应当采用或者借鉴哪种模式历来众说纷纭。比如，章武生、胡永庆、杜要忠等学者认为应当发展美国的证券集团诉讼模式，[①]而薛永慧则主张应当借鉴我国台湾地区的证券团体性诉讼模式。[②]

近年来，法律社会学者高度热衷的法律嵌入性理论对于我国上市公司违法回购股份中股东诉讼机制的完善具有很强的理论意义。根据法律嵌入性理论，从不同的视角，可以将部门法或者领域法做嵌入性强弱的区分，具体可划分为零嵌入性、强嵌入性和介于二者之间的弱嵌入性的法律。所谓零嵌入性的法律，是指这些法律和法律行为不受社会关系的影响，具有“去嵌化”或者“脱嵌化”的特征，强调法律的独立性；强嵌入性法律则是指法律和法律行为深深地嵌入社会关系之中，深深地受到社会关系的影响和限制；弱嵌入性法律是指在强调法律独立性的同时，并不否定社会关系、社会结构

---

① 参见章武生：《我国证券集团诉讼的模式选择与制度重构》，载《中国法学》2017 年第 2 期；章武生：《美国证券市场监管的分析与借鉴》，载《东方法学》2017 年第 2 期；章武生：《论群体性纠纷的解决机制——美国集团诉讼的分析和借鉴》，载《中国法学》2007 年第 3 期；胡永庆：《证券欺诈民事赔偿案件中集团诉讼模式之构建》，载《比较法研究》2004 年第 4 期；杜要忠：《美国证券集团诉讼程序规则及借鉴》，载《证券市场导报》2002 年第 7 期。

② 参见薛永慧：《台湾证券团体诉讼制度：规范与借鉴》，载《台湾研究集刊》2016 年第 3 期。

对法律的影响。法律嵌入性分析的最终目标是寻求法律的技术合理性,其可以指导不同嵌入性的法律采取不同的立法策略。① 根据该理论,股东诉讼机制相关立法至少应当属于弱嵌入性法律,其立法策略应当是"做"与"买"相结合,既要关心法律自身的自洽性问题又要解决法律与社会环境的互恰性问题。②

据此,证券集团诉讼模式并不适合直接在我国推广。理由是:美国的证券集团诉讼是以法律市场上的律师作为启动人,美国的律师无论是绝对数量还是国民人均律师数均是中国无法比拟的。③ 中国律师业发展整体滞后,并且地域分布极其不均衡,中西部律师尤为稀缺,这无疑是推广证券集团诉讼的巨大障碍。此外,证券集团诉讼模式下,发起诉讼的律师由于受到商业利益的驱使,其时常引发滥诉,④并且其高额的律师风险酬金或许与我国本身就不兴盛的诉讼文化格格不入,⑤进而影响该模式在中国的推广。

因此,借鉴我国台湾地区的证券团体性诉讼模式,并对其进行适合我国大陆实际的改造,或许是一条更为科学的制度构建路径。首先,在公益性的证券团体性诉讼发起机构的设立上,我国大陆已经有了中证投服这一机构,如果通过立法授予其如我国台湾地区保护中心的角色和地位,其应当能够较好地承担证券团体性诉讼发起人的职能。并且,我国大陆也可以借鉴保护中心的治理结构和财务运作模式,积极支持中证投服的发展,这对于在上市公司违法回购案件中为投资者赋能具有积极意义。

其次,立法要明确我国证券团体性诉讼的受案范围。当前,根据《民事诉讼法》和最高人民法院的司法解释,我国群体性证券诉讼实际上仅限于虚假陈述案件,并且在相当长的一段时间内,提起证券虚假陈述诉讼必须以

---

① 参见张洪涛:《法律的嵌入性》,东南大学出版社2016年版,第5~31页。

② 参见张洪涛:《法律的嵌入性》,东南大学出版社2016年版,第21~22页。

③ 比如复旦大学陈乃蔚教授统计的数据显示:中国的律师拥有量是每万人2.17人,而美国是每万人37人。参见陈乃蔚:《法律服务国际化要有税收支持》,载http://www.kankanews.com/a/2016-12-21/0037814905.shtml,最后访问日期:2018年10月4日。

④ See Katz A, "The Effect of Frivolous Lawsuits on the Settlement of Litigation", *International Review of Law & Economics*, 1990, 10(1), pp. 3-27.

⑤ 事实上,即使是在采用证券集团诉讼模式的国家也在尽量通过其他的办法来克服律师高额的风险酬金带来流弊,比如澳大利亚通过司法判例对集团诉讼资助行为进行合法化认可。参见石晓波:《国外证券集团诉讼制度比较研究及启示》,载《国外社会科学》2012年第6期。

行政处罚决定书或刑事裁判文书作为前置条件。[①] 前置程序的根本目的是追求公司内部和解，使董事能尽快对请求作出回应。[②] 虽然2015年12月24日，最高人民法院最终取消了该前置条件的规定，[③]但对于上市公司股份回购下的其他多种违法行为并不能直接启动团体性诉讼予以应对，这必须从法律的层面予以完善。

再次，要放宽涉案投资者加入证券团体性诉讼的门槛和条件，便利投资者参与诉讼与获得民事赔偿。在这方面，美国证券集团诉讼中的“不退出即加入”的投资者授权参与诉讼模式值得借鉴。这对于鼓励和帮助投资者行使诉权以及威慑证券违法行为都具有积极的法律意义。值得欣慰的是，在对外公布的2017年全国人大常委会审议的《证券法》修订草案中，其对代表人诉讼的司法判决和裁定的效力的规定，正是采用的“不退出即加入”模式，即该判决和裁定原则上直接对所有投资者生效，但明确表示不受约束者除外。[④]

最后，可强化中证投服在上市公司违法回购案件中的调查取证方面的职能。因为证券团体性诉讼模式设立的初衷就是帮助处于弱势一方的投资者赋能，改变其在信息与证据收集方面的绝对劣势地位，从而鼓励诉讼和维权，发挥法律的公平价值以及对违法者的威慑作用。因此，增强中证投服的证据获取能力势在必行。通过上述设计，证券团体性诉讼能够最大限度地做到“公共执法与私人执法的有机结合”，从而提高在上市公司违法回购领域的执法效率，降低社会成本。[⑤]

（二）建立我国的证券诉讼投资者激励机制，依法维护证券投资者合法权益

要鼓励投资者对违法回购股份的相关主体提起诉讼，有必要建立我国的证券诉讼投资者激励机制。如前所述，美国的律师风险酬金制度和我国

---

① 参见最高人民法院2003年出台的《关于审理证券市场因虚假陈述引发的民事赔偿案件的若干规定》第6条。

② 参见赵万一：《证券交易中的民事责任制度研究》，法律出版社2008年版，第387页。

③ 参见《最高人民法院关于当前商事审判工作中的若干具体问题》。

④ 参见2017年全国人大常委会审议的《证券法》修订草案第176条之规定。

⑤ 参见王琳：《投资者权益保护与证券支持诉讼：以法经济学为视角》，载《重庆大学学报》(社会科学版)2018年第6期。

台湾地区的零报酬请求制度都是比较典型的证券诉讼投资者激励机制。两相比较,美国的证券集团诉讼的发起主体是商业律师,而我国台湾地区的证券团体性诉讼的发起者则为保护中心,属于公益机构。从中国大陆的实际来讲,两种不同的证券诉讼投资者激励机制虽然都是以投资者激励为终极目的,但两者由于直接激励的对象的不同,可能产生不同的激励效果。

在美国的证券集团诉讼模式中,其激励标的是律师风险酬金,其激励的直接对象是美国的商业律师。法律正是通过对高额的律师风险酬金的认可,使其充分发挥对商业律师的激励作用,以此推动对上市公司股份回购中的诸种违法行为进行起诉,达到良好的治理效果。相反,我国台湾地区的证券团体性诉讼并不直接激励商业律师,其激励的直接对象是公益机构——保护中心,在这其中,保护中心充当了美国的商业律师的角色和作用,其"立法"对于保护中心的酬金则实行的是零报酬请求制度。

建立我国大陆的证券诉讼投资者激励机制应当学习台湾地区模式,采用零报酬请求制度。主要理由如下:

中国的律师业现状以及诉讼文化决定了律师风险酬金制度在中国可能水土不服。前文已经提及中国律师整体数量与美国的差距,以及地域分布的不均衡,这些基本的法律服务环境决定了,即使我们通过立法对高额律师风险酬金予以认可,其实施效果可能也不甚理想。与此同时,中国证券律师的普遍的执业能力也远远不及美国证券律师的水平,如果我们把激励的对象直接置于证券律师,可能效果还不如将其置于中证投服。

不仅如此,中国与美国的诉讼文化也存在较大的差异,中国国民不如美国国民那样喜好诉讼,不喜欢直接的对抗,而更加倾向于以调解与和解等解决途径解决矛盾。这决定了通过中证投服等公益机构作为发起人时,如果法律授予其更多的"准行政"甚至"准司法"的职能的话,可能更适合中国的本土诉讼法律文化的实际。

此外,当我们将中证投服确立为证券团体性诉讼的发起者后,通过处理大量的案件,其必将积累丰富的、专业的证券诉讼经验,这对投资者维权来说,无疑会形成绝对的信赖,而零报酬请求这种惠民的诉讼激励制度,也必将得到有益的证券法治环境优化的回报。相信通过这些激励机制的构建,在上市公司违法回购的情形下,投资者的诉讼积极性和成功率都将大幅提升。

(三)改革司法体制,建立我国的证券示范性诉讼模式

通过上文对德国示范性诉讼机制的运作情况的介绍可以看出,示范性诉讼对于节约司法资源和确保司法的统一性具有非常积极的意义。笔者建议,我国也应当建立示范性诉讼机制。具体可借鉴德国的流程式诉讼程序进行设计,比如设立申请确认、移交程序和示范诉讼程序三大主要的程序阶段等,并借鉴德国的相关立法设置我国的示范性诉讼准入条件,包括申请人的数量、案件的同一指向性、典型原告的具体要求等。这样做的好处是,让上下级法院在各司其职的同时,又省去重复审判和同案不同判的麻烦。具言之,上级法院只对符合示范性诉讼条件的事实和法律问题进行审理,并宣告其对平行法院审理赔偿问题时的拘束力。下级法院省却了前述问题的审理过程,可径直对损害赔偿金的数额等问题进行审理和裁决。

将我国现行司法体制进行一定程度的改革,这对上市公司违法回购股份案件的处理具有锦上添花的作用。具体可从以下两个方面展开:其一,改变《最高人民法院关于审理证券市场因虚假陈述引发的民事赔偿案件的若干规定》(法释〔2003〕2 号)(以下简称《虚假陈述司法解释》)中要求的,必须由中级人民法院进行证券纠纷案件管辖的审级限制。因为随着我国证券市场的快速发展和上市公司数量的不断攀升,涉及证券违法的案件数量越来越多,这无形中给中级人民法院的案件受理能力带来很大的挑战,并且也不利于相关的证券争议案件的审理和执行。建议可考虑将大多数的证券纠纷案件直接交由基层人民法院管辖,这对于大量的上市公司违法回购案件进入司法程序具有很强的保障作用。

其二,建议设立区域性的金融法院,受理跨区域的示范性诉讼案件。在证券案件的审级下调以后,基层法院的审理能力很可能会受到质疑。笔者认为,在示范性诉讼模式下,将基层法院审理证券案件的上级法院直接确立为区域性的金融法院的做法能够很好地解决这个问题。一方面,在金融法院成立后,要对法官进行专门的金融纠纷案件的审判训练,使其具有十分精专的金融法律知识,由其组成示范性诉讼的审理机构能够确保案件的专业化水平和准确性。另一方面,基层法院由于受金融法院对示范性诉讼中的先决问题审理结果的拘束,能够较好地保证其对损害赔偿结果的审理质量,

其案件审理难度大幅降低,案件审理期限也大幅缩减。①

2019年1月16日,上海金融法院召开新闻发布会,宣布出台《上海金融法院关于证券纠纷示范判决机制的规定》(以下简称《上海示范判决规定》),②这是我国司法机关出台的首部关于示范性诉讼机制的相关规定。从该规定的内容来看,基本上承袭了笔者前文介绍的思路。严格界定和区分了具有典型性的先行案件和普通的平行案件,并将先行案件先行审判,充分发挥其示范效应。这里的示范效应,就是指先行案件在先决问题上对于平行案件的示范效应。

无疑,《上海示范判决规定》对于保障证券司法的统一性、提高证券司法的效率性、确保证券司法的经济性意义重大。不仅如此,《上海示范判决规定》由于引入了案件调查和审判专业支持制度和“法庭之友”制度,上海金融法院在调查和审判证券纠纷案件过程中,不仅可以依据当事人的申请,而且可以主动依职权委托独立的第三方机构调阅相关数据并进行专业分析以及核定侵权损失等,并可在案件审理过程中直接引入专家陪审员,涉案当事人也可以申请专家辅助人提供专业意见,这些制度为金融证券案件审判的专业性提供了重要的制度保障。这对我国后续的更多的金融法院的设立以及证券纠纷示范判决机制的建设提供了宝贵的试点经验。无疑,这些先进的经验将对我国上市公司违法回购股份案件的处理起到立竿见影的效果。

---

① 这样的司法体制设计也具有现实可行性。2016年,国家公安部在全国范围内选择上海、广东、山东、辽宁和重庆5地的经侦总队,设立了5个证券犯罪办案基地。设立这些办案基地的目的就是要保障证券犯罪案件办理的专业性,并通过扁平化管理,摆脱地方保护主义,实现协同办案。准此,在司法系统,也可以考虑以类似的方式建立金融法院作为示范性诉讼的配套司法改革机制。此外,金融法院还可以建立“法庭之友”制度以专家库的形式,让金融法专家学者参与到案件审理之中,以提升金融审判的水平。参见中华人民共和国公安部:《公安部确定五个证券犯罪办案基地》,载 http://www.mps.gov.cn/n2254098/n4904352/c5557885/content.html,最后访问日期:2018年4月4日。

② 参见佚名:《全国首例!上海金融法院发布证券纠纷示范判决机制》,载 https://baijiahao.baidu.com/s?id=1622809314967258782&wfr=spider&for=pc,最后访问日期:2019年4月4日。

本章小结

本章主要关注上市公司股份回购的事后法律规制问题,具体从三个方面展开,即上市公司在合法回购的场合下,股份的权利状态以及对该股份的事后处理机制;上市公司在违法回购的场合下,股份的权利状态以及相关主体的法律责任;上市公司违法回购下,股东的权利救济机制。

关于上市公司合法回购股份的权利状态,主要有股东权利全面消解说、股东权利全面存续说、股东权利部分消解说和股东权利休止说4种学说。从上市公司合法回购股份的处理机制来看,主流的做法都是尽可能放宽对合法回购股份的处理限制,提升上市公司主动管理的能力。同时,协调合法回购股份的处理措施与公司减资的相关法律规制措施,做到法制统一。

我国2018年《公司法最新修改决定》的出台以及沪深证券交易所的相关自律规则的颁布,标志着我国正式设立了库藏股制度。两大交易所还以自律组织规则的形式,规定了基于维护公司价值和股东权益目的回购的股份减持期限问题。但总体而言,库藏股减持期限制度的立法层级过低,超额回购股份的处置规则缺位,由于《公司法》对上市公司到期未转让股份的注销程序及其与公司减资程序的关系等问题的规定缺失,可能引发适用中的争议。建议将库藏股相关法律制度纳入《公司法》,提高法律的可预见性与稳定性。同时,明确规定上市公司到期未转让回购股份的注销程序及其与公司减资程序的关系。

对上市公司违法回购股份的行为效力,学术界和实务界存在有效说、无效说和契约行为无效,物上行为有效说三种学说。笔者认为,任何法律行为的效力都不可能始终如一,也不能绝对的一概而论,应当区分行为违反的具体法律规范的性质进行差异化的行为效力认定。

在我国上市公司违法回购股份下的相关主体的民事责任方面,发达国家(地区)"公司法"均规定公司债权人对有责任的公司负责人的直接赔偿请求权,并高度重视公司负责人的忠实义务、注意义务等相关法律义务。我国台湾地区"公司法"还直接援引民法中关于委任的法律义务对公司负责人进行约束。我国大陆《公司法》应当建立董事对债权人的直接赔偿责任制度，并将《民法总则》中的代理法的基本原理援引到《公司法》中，形成内外统一协调的系统的规制法律体系。

在我国上市公司违法回购股份下相关主体的公法责任方面，发达国家（地区）立法高度重视法律责任制度的统一性。确保董事所涉公法责任与其相近的法律行为的公法责任的协调一致，并确保《公司法》与民法和刑法等法律的统一和协调，比如将民法中的委托代理行为、《公司法》上的上市公司股份回购中的董事的行为义务以及刑法中该类行为构成的背信罪三者有机地联系起来，通过完善且缜密的法律体系的构建，达到法制的统一协调。我国可在《公司法》第12章中补充上市公司违法回购股份下相关主体的行政法律责任，并完善我国《刑法》中涉及违法回购股份的犯罪类型，增设背信罪。

在我国上市公司违法回购股份下股东诉讼机制的完善方面，可从确立适合我国国情的证券团体性诉讼模式，为证券投资者赋能；建立我国的证券诉讼投资者激励机制，依法维护证券投资者合法权益；改革我国的司法体制，建立金融法院和证券示范性诉讼模式等方面展开。

参考文献

一、中文著作

[1]白江:《公司治理前沿法律问题研究》,法律出版社2015年版。

[2]蔡立东:《公司自治论》,北京大学出版社2006年版。

[3]蔡奕等:《证券市场监管执法的前沿问题研究——来自一线监管者的思考》,厦门大学出版社2015年版。

[4]陈顾远:《商事法》(中册),复兴书局1968年版。

[5]陈洁:《证券欺诈侵权损害赔偿研究》,北京大学出版社2002年版。

[6]陈界融:《证券发行法论》,高等教育出版社2008年版。

[7]陈甦:《证券法专题研究》,高等教育出版社2006年版。

[8]陈志武:《金融的逻辑》,国际文化出版公司2009年版。

[9]程淑娟、杨春平:《证券法理论与实务》,中国政

法大学出版社 2008 年版。

[10]樊纲:《渐进之路》,中国社会科学出版社 1993 年版。

[11]樊涛:《中国商法总论》,法律出版社 2016 年版。

[12]范健、王建文:《公司法》,法律出版社 2008 年版。

[13]冯果主编:《证券法》,武汉大学出版社 2014 年版。

[14]甘功仁、史树林:《公司治理法律制度研究》,北京大学出版社 2007 年版。

[15]甘培忠:《企业与公司法学》(第 8 版),北京大学出版社 2017 年版。

[16]高程德:《现代公司理论》,北京大学出版社 2000 年版。

[17]高铭暄、马克昌:《刑法学》,北京大学出版社、高等教育出版社 2017 年版。

[18]葛伟军:《英国公司法要义》,法律出版社 2014 年版。

[19]谷世英:《优先股法律制度研究》,法律出版社 2015 年版。

[20]何志鹏:《权利基本理论:反思与构建》,北京大学出版社 2012 年版。

[21]胡光志:《内幕交易及其法律控制研究》,法律出版社 2002 年版。

[22]蒋洪:《财政学教程》,上海三联书店 1996 年版。

[23]金泽刚:《证券市场监管与司法介入》,山东人民出版社 2004 年版。

[24]井涛:《内幕交易规制论》,北京大学出版社 2007 年版。

[25]柯芳枝:《公司法论》,三民书局 1986 年版。

[26]孔祥俊:《公司法要论》,人民法院出版社 1997 年版。

[27]赖英照:《股市游戏规则——最新证券交易法解析》,元照出版有限公司 2010 年版。

[28]赖源河:《证券法规》,元照出版有限公司 2012 年版。

[29]李昌麒、卢代富:《经济法学》,厦门大学出版社 2016 年版。

[30]李东方:《上市公司监管法论》,中国政法大学出版社 2013 年版。

[31]李少伟、王延川:《私法文化:价值诉求与制度构造》,法律出版社 2009 年版。

[32]梁宇贤:《公司法论》,三民书局 2006 年版。

[33]梁宇贤:《公司法实例解说》,2007 年自版。

[34]林发新:《证券法》,厦门大学出版社 2007 年版。

[35]刘俊海:《公司法学》(第 2 版),北京大学出版社 2013 年版。

[36]刘俊海:《现代公司法》(第 2 版),法律出版社 2012 年版。

[37]刘连煜:《现代公司法》,新学林出版股份有限公司 2013 年版。

[38]卢静:《上市公司分红行为法律规制》,立信会计出版社 2018 年版。

[39]卢炯星:《宏观经济法》,厦门大学出版社 2005 年版。

[40]陆洲:《论哈贝马斯程序主义法范式及其中国意义》,人民出版社 2014 年版。

[41]梅仲协:《商事法要义》,正中书局 1966 年版。

[42]潘维大:《公司法》,三民书局 2006 年版。

[43]彭冰:《中国证券法学》(第 2 版),高等教育出版社 2007 年版。

[44]彭冰:《资产证券化的法律解释》,北京大学出版社 2001 年版。

[45]强力主编:《金融法学》,高等教育出版社 2003 年版。

[46]任帅军:《法律评价论》,上海人民出版社 2018 年版。

[47]沈四宝、王军、焦津洪:《国际商法》,对外经济贸易大学出版社 2002 年版。

[48]盛学军:《证券公开规制研究》,法律出版社 2004 年版。

[49]施天涛:《公司法论》,法律出版社 2005 年版。

[50]苏惠渔:《刑法学》,中国政法大学出版社 2007 年版。

[51]孙晋:《商法学》,武汉大学出版社 2016 年版。

[52]孙小兰:《资源配置中市场决定性作用的倒逼机制研究》,中国社会科学出版社 2017 年版。

[53]孙晓洁:《公司法基本原理》,中国检察出版社 2006 年版。

[54]万国华:《证券法学》,清华大学出版社 2010 年版。

[55]汪振江:《比较公司法学》,中国社会科学出版社 2012 年版。

[56]王利明:《物权法研究》(修订版),中国人民大学出版社 2007 年版。

[57]王泰铨:《公司法争议问题》,五南图书出版股份有限公司 1997 年版。

[58]王泽鉴:《民法学说与判例研究》,北京大学出版社 2015 年版。

[59]王泽鉴:《民法总论》,中国政法大学出版社 2002 年版。

[60]王作全:《公司法学》,北京大学出版社 2016 年版。

[61]魏东:《刑法:原理·图解·案例·司考》,中国民主法制出版社 2016 年版。

[62]魏颖:《中国上市公司控制权转移法律问题研究》,中国政法大学出版社 2013 年版。

[63]吴光明:《证券交易法论》,三民书局 2011 年版。

[64]吴弘:《证券法论》,世界图书出版公司 1998 年版。

[65]谢晓如:《公司机会规则研究》,厦门大学出版社 2014 年版。

[66]谢在全:《民法物权论》,1997 年自版,中国政法大学出版社 1999 年版。

[67]邢会强:《证券欺诈规制的实证研究》,中国法制出版社 2016 年版。

[68]徐杰:《证券法理论与实务》,首都经济贸易大学出版社 2000 年版。

[69]徐学鹿:《商法学》(第 4 版),中国人民大学出版社 2015 年版。

[70]杨亮:《内幕交易论》,北京大学出版社 2001 年版。

[71]叶林:《公司法研究》,中国人民大学出版社 2008 年版。

[72]叶林:《证券法》,中国人民大学出版社 2013 年版。

[73]殷洁:《经济法》(第 5 版),法律出版社 2016 年版。

[74]张舫:《公司法的制度解析》,重庆大学出版社 2012 年版。

[75]张恒山:《法理要论》,北京大学出版社 2002 年版。

[76]张洪涛:《法律的嵌入性》,东南大学出版社 2016 年版。

[77]张进德:《证券交易法》,元照出版有限公司 2018 年版。

[78]张开彦、戈伟杰:《上市公司收购操作实务指引与图解》,法律出版社 2017 年版。

[79]张明楷:《刑法学》(第 4 版),法律出版社 2011 年版。

[80]张文显:《法哲学通论》,辽宁人民出版社2009年版。

[81]张忠野:《公司治理的法理学研究》,北京大学出版社2006年版。

[82]赵万一:《公司治理法律问题研究》,法律出版社2004年版。

[83]赵万一:《证券交易中的民事责任制度研究》,法律出版社2008年版。

[84]赵旭东:《上市公司董事责任与处罚》,中国法制出版社2004年版。

[85]赵振华:《公司法》,法律出版社2010年版。

[86]郑玉波:《民法债编各论》,三民书局1992年版。

[87]中国证券业协会:《证券发行与承销》,中国财政经济出版社2008年版。

[88]周世中:《法的合理性研究》,山东人民出版社2004年版。

[89]周天玮:《法治理想国——苏格拉底与孟子的虚拟对话》,商务印书馆1999年版。

[90]周友苏:《公司法学理与判例研究》,法律出版社2008年版。

[91]周友苏:《证券法通论》,四川人民出版社1999年版。

[92]周正庆、李飞、桂敏杰:《新证券法条文解析》,人民法院出版社2006年版。

[93]朱崇实、刘志云主编:《金融法教程》(第4版),法律出版社2017年版。

[94]朱慈蕴:《公司法原论》,清华大学出版社2011年版。

[95]卓泽渊:《法治国家论》,法律出版社2008年版。

[96]邹海林、陈洁:《公司资本制度的现代化》,社会科学文献出版社2014年版。

二、中文译著

[1][德]莱因荷德·齐柏里乌斯:《法学导论》(原书第4版),金振豹译,中国政法大学出版2007年版。

[2][德]维尔纳·弗卢梅:《法律行为论》,迟颖译,法律出版社2013年版。

[3][法]卢梭:《社会契约论》,何兆武译,商务印书馆 1982 年版。

[4][加]麦克尔·崔贝尔考克、[美]罗纳德·丹尼尔斯:《法治与发展》,冯川、郭安康、沈志平译,南京大学出版社 2014 年版。

[5][英]艾利斯·费伦:《公司金融法律原理》,罗培新译,北京大学出版社 2012 年版。

[6][美]昂格尔(Unger,R. M.):《现代社会中的法律》,吴玉章、周汉华译,译林出版社 2001 年版。

[7][美]戴维·M. 德瑞森:《法律的动态经济分析》,王颖译,复旦大学出版社 2015 年版。

[8][美]弗兰克·H. 伊斯特布鲁克等:《公司法的逻辑》,黄辉编译,法律出版社 2016 年版。

[9][美]富勒:《法律的道德性》,郑戈译,商务印书馆 2005 年版。

[10][美]赫尔曼·E. 达利、小约翰·B. 柯布:《为了共同的福祉:重塑面向共同体,环境和可持续未来的经济》,王俊、韩冬筠译,中央编译出版社 2017 年版。

[11][美]罗伯特·C. 克拉克:《公司法则》,胡平、林长远、徐庆恒、陈亮译,工商出版社 1999 年版。

[12][美]莱纳·克拉克曼、亨利·汉斯曼等:《公司法剖析:比较与功能的视角》(第 2 版),罗培新译,法律出版社 2012 年版。

[13][美]罗·庞德:《通过法律的社会控制/法律的任务》,沈宗灵、董世忠译,商务印书馆 1984 年版。

[14][挪威]拉斯·特维德:《创新力社会》,王佩译,中信出版集团 2017 年版。

[15][挪威]马德斯·安登斯、[英]弗兰克·伍尔德里奇:《欧洲比较公司法》,汪丽丽、汪晨、胡曦彦译,法律出版社 2014 年版。

[16][日]河本一郎、大武泰南:《证券交易法概论》,侯水平译,法律出版社 2001 年版。

[17][日]近藤光男:《最新日本公司法》(第 7 版),梁爽译,法律出版社 2016 年版。

[18][日]森田章:《公开公司法论》,黄晓林译,中国政法大学出版社

2012 年版。

[19][英]保罗·戴维斯、莎拉·沃辛顿:《现代公司法原理》(第 9 版),罗培新等译,法律出版社 2016 年版。

[20][英]麦克罗米(McCormick,R.):《金融市场中的法律风险》,胡滨译,社会科学文献出版社 2009 年版。

[21]杜景林、卢谌:《德国股份法、德国有限责任公司法、德国公司改组法、德国参与决定法》,中国政法大学出版社 2000 年版。

[22]《英国 2006 年公司法》,葛伟军译,法律出版社 2008 年版。

[23]《法国公司法典》(上),罗结珍译,中国法制出版社 2007 年版。

[24]《最新美国标准公司法》,沈四宝编译,法律出版社 2010 年版。

[25]《新订日本公司法典》,王作全译,北京大学出版社 2016 年版。

[26]《特拉华州普通公司法》,徐文彬、戴瑞亮、郑九海译,中国法制出版社 2010 年版。

[27]《美国公司法规精选》,虞政平编译,商务印书馆 2004 年版。

三、英文著作

[1] Andrew Hicks, S. H. GOO, *Cases and Materials on Company Law*, New York: Oxford University Press, 2004.

[2] Bagwell, L. S., Shoven, J. B., *Corporate Takeovers: Causes and Consequences*, Chicago: University of Chicago Press, 1988.

[3] Davies P L, *Gower & Davies: The Principles of Modern Company Law*, London: Sweet & Maxwell, 2008.

[4] Friedrich Hayek, *The Road to Serfdom*, Chicago: University of Chicago Press, 1944.

[5] Ferran E, *Company Law and Corporate Finance*, New York: Oxford University Press, 1999.

[6] Gil Brazier, *Insider Dealing: Law and Regulation*, London: Cavendish Publishing, 1996.

[7] Jonathan Barron Baskin, Miranti, Jr, Paul J, *A History of Corporate Finance*, Cambridge: Cambridge University Press, 1997.

[8] Joseph W, Glannon, *Civil Procedure: Examples & Explanations, Fourth Edition*, New York: Aspen Law & Business, 2001.

[9] Koller T, Goedhart M, Wessels D, *Valuation: Measuring and Managing the Value of Companies*, New York: John Wiley & Sons, 2010.

[10] L. Loss, J. Seligman, *Securities Regulation*, Berlin: Brown Company, 1991.

[11] Leona Beane, *The Essentials of Corporations Law*, Dubuque: Kendall Hunt Publishing Company, 1984.

[12] M. Siems, *Convergence in Shareholder Law*, London: Cambridge University Press, 2008.

[13] R. I. McKinnon, *Money and Capital in Economic Development*, Washington, D. C: Brookings Institution Press, 1973.

[14] E. S. Shaw, *Financial Deepening in Economic Development*, New York: Oxford University Press, 1973.

四、中文论文

[1] Robert Esse:《刑法对经济活动自由之规制——以背信罪(德国刑法第 266 条)为例》,载台湾《成大法学》2010 年第 20 卷。

[2]蔡柳卿、郭法云:《我国库藏股制度之实证研究:资讯效果与资讯传递动机》,载台湾《会计评论》2004 年第 38 卷。

[3]蔡奕:《我国台湾地区对证券市场操纵行为的法律界定与规制》,载《证券法苑》2010 年第 1 期。

[4]曹兴权、黄超颖:《股东会授权董事会的底线:权利配置基础结构维持原则》,载《财经法学》2017 年第 3 期。

[5]曾洋:《证券内幕交易主体识别的理论基础及逻辑展开》,载《中国法学》2014 年第 2 期。

[6]陈洁:《上市公司及相关主体违反公开承诺的民事责任分析——以虚假陈述型违反承诺为中心》,载《法律适用》2013 年第 10 期。

[7]陈鸣:《董事信义义务转化的法律构造——以美国判例法为研究中心》,载《比较法研究》2017 年第 5 期。

[8]陈甦:《商法机制中政府与市场的功能定位》,载《中国法学》2014年第5期。

[9]陈永定:《库藏股法律问题之研究》,天主教辅仁大学2011年硕士学位论文。

[10]陈志超:《论股份回购的法律问题》,载《上海财经大学学报》2001年第5期。

[11]程琥:《我国网约车监管中的法律价值冲突及其整合》,载《环球法律评论》2018年第2期。

[12]崔文玉:《营业自由与公司资本制度的变革——以欧洲国家公司法中的营业自由为研究视角》,载《环球法律评论》2014年第1期。

[13]邓峰:《资本约束制度的进化和机制设计——以中美公司法的比较为核心》,载《中国法学》2009年第1期。

[14]丁轶:《权利保障中的"组织失败"与"路径依赖"——对于"运动式治理"的法律社会学考察》,载《法学评论》2016年第2期。

[15]杜佳蓉、樊鸿雁:《论证券支持诉讼的专业化发展》,载《民事程序法研究》2017年第2期。

[16]杜要忠:《美国证券集团诉讼程序规则及借鉴》,载《证券市场导报》2002年第7期。

[17]方嘉麟:《关联企业专章管制控制力滥用之法律问题(一)——自"我国"传统监控模式论专章设计之架构与缺憾》,载台湾《政大法学评论》2000年第63卷。

[18]方嘉麟:《论资本三原则体系之内在矛盾》,载台湾《政大法学评论》1998年第59卷。

[19]封丽霞:《马克思主义法律理论中国化的当代意义》,载《法学研究》2018年第1期。

[20]冯博、李增刚、王楠:《法律经济学的学科体系与理论应用——第十五届中国法经济学论坛综述》,载《经济研究》2017年第7期。

[21]冯根福、韩冰、闫冰:《中国上市公司股权集中度变动的实证分析》,载《经济研究》2002年第8期。

[22]冯曰欣:《基于资本成本的股利决策分析》,载《中央财经大学学

报》2007 年第 3 期。

[23]傅穹:《敌意收购的法律立场》,载《中国法学》2017 年第 3 期。

[24]干胜道、林敏:《论股票回购影响企业价值的路径》,载《财经科学》2010 年第 1 期。

[25]管清友:《反思中国金融高增长》,载《中国外汇》2017 年第 6 期。

[26]何瑛、孔静敏:《中美上市公司股份回购经济后果的比较研究》,载《北京邮电大学学报》(社会科学版)2015 年第 2 期。

[27]侯健:《法治的刚性、柔性与东西方法治模式的比较》,载《华东政法学院学报》2004 年第 4 期。

[28]侯啸天、葛长付:《上市公司股份回购的主流动因研究》,载《经济论坛》2017 年第 3 期。

[29]胡鸿高、赵丽梅:《论目标公司反收购行为的决定权及其规制》,载《中国法学》2001 年第 2 期。

[30]胡萌:《英国证据法中的禁止反言规则》,载《人民法院报》2018 年 10 月 26 日,第 8 版。

[31]胡永庆:《证券欺诈民事赔偿案件中集团诉讼模式之构建》,载《比较法研究》2004 年第 4 期。

[32]胡玉鸿:《新时代推进社会公平正义的法治要义》,载《法学研究》2018 年第 4 期。

[33]黄辉:《公司资本制度改革的正当性:基于债权人保护功能的法经济学分析》,载《中国法学》2015 年第 6 期。

[34]黄建武:《法的价值在法的体系中的地位与作用》,载《苏州大学学报》(哲学社会科学版)2005 年第 5 期。

[35]黄铭杰:《交叉持股 VS. 公司监控》,载《台大法学论丛》2000 年第 1 期。

[36]黄铭杰:《自己股份买回与公司法——“财政部”“库藏股”制度草案的问题点与盲点》,载《台大法学论丛》1998 年第 1 期。

[37]黄群慧、余菁、王欣、邵婧婷:《新时期中国员工持股制度研究》,载《中国工业经济》2014 年第 7 期。

[38]黄树青:《论股票回购与国有资本运营》,载《商业研究》2001 年第

10 期。

[39]黄震:《试论我国上市公司的股权结构问题》,载《新疆社科论坛》2002 年第 1 期。

[40]贾翱:《公司股份回购的立法模式选择问题探讨》,载《长白学刊》2009 年第 2 期。

[41]江必新:《深化依法治国实践刍论》,载《法学杂志》2017 年第 12 期。

[42]江平、张礼洪:《市场经济和意思自治》,载《法学研究》1993 年第 6 期。

[43]姜运冰、苏亮瑜:《员工持股计划的股东财富效应研究——基于我国上市公司员工持股计划的合约要素视角》,载《证券市场导报》2016 年第 11 期。

[44]蒋大兴:《商法:如何面对实践?——走向/改造“商法教义学”的立场》,载《法学家》2010 年第 4 期。

[45]蒋大兴:《质疑法定资本制之改革》,载《中国法学》2015 年第 6 期。

[46]蒋建湘:《国企混合所有制改革背景下员工持股制度的法律构建》,载《法商研究》2016 年第 6 期。

[47]金碚:《市场经济中程阶段的市场经济再学习》,载《江淮论坛》2014 年第 1 期。

[48]荆丽娟:《1575 家公司发布五选一方案谁是维稳真心英雄?》,载《第一财经日报》2015 年 9 月 28 日,第 A16 版。

[49]康纪田:《市场外配置是资源大量浪费的根源》,载《湖南行政学院学报》2007 年第 1 期。

[50]柯芳枝:《股份有限公司取得自己股份问题之研究》,载《台大法学论丛》1973 年第 2 期。

[51]柯菊:《禁止公司取得自己股份缓和论之研究》,载《台大法学论丛》1995 年第 2 期。

[52]蓝寿荣:《金融创新与法律规制——美国证券立法演进的回顾与思考》,载《上海政法学院学报》(法治论丛)2009 年第 3 期。

[53]雷田礼、杨化、杨全:《关于加权平均资本成本最低与企业价值最大的一致性》,载《技术经济》2002 年第 6 期。

[54]李安安:《债券市场风险防范机制的范式转型及其法律回应》,载《华中科技大学学报》(社会科学版)2019 年第 1 期。

[55]李春莲:《回购和融资左右出击中国神华意在整体上市》,载《证券日报》2011 年 4 月 12 日,第 D01 版。

[56]李建伟:《有限责任公司的股东除名制度研究》,载《法学评论》2015 年第 2 期。

[57]李钦贤:《公司持有自己股份时之法律地位》,载台湾《月旦法学杂志》1996 年第 13 卷。

[58]李贤、陈娴、陈欣:《怎样的公司市值管理动机更强? ——来自 2015 年中国股灾停复牌数据的证据》,载《中央财经大学学报》2018 年第 9 期。

[59]李晓春:《股份回购中内幕交易行为之证券法规制》,载《河北法学》2010 年第 12 期。

[60]李振涛:《护盘式股份回购制度的演进及其设计——基于证券市场异常波动应对的视角》,载《政法论坛》2016 年第 4 期。

[61]李政、艾尼瓦尔:《美国员工持股计划及其对我国国企改革的启示》,载《当代经济研究》2016 年第 9 期。

[62]梁爽:《董事信义义务结构重组及对中国模式的反思:以美、日商业判断规则的运用为借镜》,载《中外法学》2016 年第 1 期。

[63]林丽香:《企业取得自己股份之法律问题》,载《台北大学法学论丛》2001 年第 48 卷。

[64]刘辉:《堵漏不良股份回购》,载《董事会》2016 年第 3 期。

[65]刘辉:《给新三板换股并购立规矩》,载《董事会》2015 年第 9 期。

[66]刘辉:《论互联网金融政府规制的两难困境及其破解进路》,载《法商研究》2018 年第 5 期。

[67]刘辉:《金融禀赋结构理论下金融法基本理念和基本原则的革新》,载《法律科学》(西北政法大学学报)2018 年第 5 期。

[68]刘辉:《我国体育产业发展股权众筹金融的法制化路径——资本

形成与风险治理的双重视角》,载《武汉体育学院学报》2016 年第 7 期。

[69]刘辉:《我国自贸区准入前国民待遇与负面清单管理制度研究》,载《经济法论丛》2018 年第 1 期。

[70]刘惠明、安珏:《共益权与自益权的主体偏离刍论》,载《高等财经教育研究》2014 年第 2 期。

[71]刘惠明、严骥:《股份回购的弊端及防范制度研究——以日本法为借鉴》,载《深圳大学学报》(人文社会科学版)2011 年第 4 期。

[72]刘俊海:《论股权平等原则》,载《法学杂志》2008 年第 3 期。

[73]刘凯、孙克强:《反收购规制中的利益平衡——以毒丸计划为视角》,载《法学杂志》2009 年第 4 期。

[74]刘蔚:《上市公司股份回购制度研究》,中国政法大学 2008 年博士学位论文。

[75]刘彦沣:《上市公司如何构建合法有效反收购策略》,载《中国证券报》2016 年 4 月 18 日,第 A12 版。

[76]刘艳:《推出回购流通股正当其时》,载《中国证券报》2005 年 6 月 17 日,第 A03 版。

[77]刘燕:《从公司融资、公司财务到公司金融——Corporate Finance 中译背后的知识谱系》,载《北大法律评论》2014 年第 1 期。

[78]刘燕:《公司法资本制度改革的逻辑与路径——基于商业实践的观察》,载《法学研究》2014 年第 5 期。

[79]刘燕:《重构"禁止抽逃出资"规则的公司法理基础》,载《中国法学》2015 年第 4 期。

[80]刘迎霜:《我国公司类型改革探讨——以非公众股份有限公司为视角》,载《广东社会科学》2014 年第 1 期。

[81]陆宇建:《我国 A 股上市公司基于配股权的盈余管理研究》,载《河北大学学报》(哲学社会科学版)2003 年第 4 期。

[82]吕成龙:《谁在偷偷地看牌?——中国证监会内幕交易执法的窘境与规范检讨》,载《清华法学》2017 年第 4 期。

[83]吕飞:《基于微观动力视角我国上市公司市值管理绩效评价的研究》,载《武汉大学学报》(哲学社会科学版)2016 年第 3 期。

[84]马明:《中国上市公司股份回购研究》,天津大学2008年博士学位论文。

[85]马其家、王森:《上市公司及其关联方公开承诺履行制度的构建》,载《法律适用》2015年第8期。

[86]莫扬:《论证券业自律管理在监管内幕交易中的作用》,载《改革与战略》2013年第S1期。

[87]皮海洲:《"市值管理"何以成了股价操纵的温床?》,载《武汉金融》2017年第9期。

[88]钱玉林:《股东大会决议的法理分析》,载《法学》2005年第3期。

[89]冉璐、向瑞银:《金融监管制度供给滞后悖论及逆周期监管》,载《商业时代》2012年第33期。

[90]沈超红、胡安:《共享经济背景下政府规制与供给意愿关系研究》,载《经济与管理评论》2018年第6期。

[91]施天涛、孙逊:《公司取得自己股份法律问题研究》,载《政法论坛》2002年第4期。

[92]石晓波:《国外证券集团诉讼制度比较研究及启示》,载《国外社会科学》2012年第6期。

[93]史际春:《法的政策化与政策法治化》,载《经济法论丛》2018年第1期。

[94]宋洋、徐英东、张志远:《互联网金融创新与监管双赢:规避和管制的博弈分析》,载《社会科学研究》2018年第4期。

[95]宋智慧:《股东平等原则与资本多数决的矫治》,载《河北法学》2011年第6期。

[96]苏力:《面对中国的法学》,载《法制与社会发展》2004年第3期。

[97]苏力:《市场经济对立法的启示》,载《中国法学》1996年第4期。

[98]孙即、张望军、周易:《员工持股计划的实施动机及其效果研究》,载《当代财经》2017年第9期。

[99]孙永祥、黄祖辉:《上市公司的股权结构与绩效》,载《经济研究》1999年第12期。

[100]谭婧、徐俊:《上市公司股份回购中的失信行为及其防范》,载《证

券法苑》2012 年第 2 期。

[101]谭顺:《利润最大化原则与经济可持续发展——一个经济学悖论》,载《经济学家》2008 年第 3 期。

[102]田露:《凤凰股份也推定向回购》,载《上海证券报》2005 年 11 月 2 日,第 A06 版。

[103]涂燕:《交大昂立终止实施股份回购案例分析》,载《会计师》2017 年第 19 期。

[104]万国华、谭辉:《证券市场内幕交易认定的前沿探索》,载《金融与经济》2017 年第 9 期。

[105]万国华、杨海静:《论反欺诈原则在证券法中的确立——对诚实信用作为证券法基本原则的反思》,载《南开学报》(哲学社会科学版)2015 年第 1 期。

[106]汪大海、张玉磊:《从运动式治理到制度化治理:新型城镇化的治理模式选择》,载《探索与争鸣》2013 年第 11 期。

[107]王保树:《职工持股会的法构造与立法选择》,载《法商研究》2001 年第 4 期。

[108]王瀚培:《公司权力中心变迁与公司法的回应》,载《北京航空航天大学学报》(社会科学版)2016 年第 5 期。

[109]王健伟:《上市公司股份回购问题研究》,载《财会通讯》2013 年第 23 期。

[110]王骏:《论增设普通背信罪》,载《河北法学》2018 年第 12 期。

[111]王利明:《负面清单管理模式与私法自治》,载《中国法学》2014 年第 5 期。

[112]王利明:《新时代中国法治建设的基本问题》,载《中国社会科学》2018 年第 1 期。

[113]王亮亮、王跃堂:《企业研发投入与资本结构选择——基于非债务税盾视角的分析》,载《中国工业经济》2015 年第 11 期。

[114]王林清:《公平交易理论下内幕交易受害投资者司法救济》,载《中外法学》2017 年第 3 期。

[115]王琳:《投资者权益保护与证券支持诉讼:以法经济学为视角》,

载《重庆大学学报》(社会科学版)2018 年第 6 期。

[116]王明锁:《对孳息的传统种类及所有权归属之检讨》,载《法商研究》2015 年第 5 期。

[117]王庆恩:《金融业去杠杆方向与效果》,载《经贸实践》2017 年第 2 期。

[118]王荣康:《股份回购及对债权人和中小股东的保护》,载《现代法学》2002 年第 3 期。

[119]王寿林:《从权力的二重性看强化权力制约的必要性》,载《宁波师院学报》(社会科学版)1996 年第 1 期。

[120]王勋、Anders Johansson:《金融抑制与经济结构转型》,载《经济研究》2013 年第 1 期。

[121]王彦超:《金融抑制与商业信用二次配置功能》,载《经济研究》2014 年第 6 期。

[122]王轶:《论商品房预售许可证明对合同效力的影响》,载《比较法研究》2018 年第 6 期。

[123]王育慧:《"最高"法院 91 年度台上第 3037 号判决及台湾"高等法院"88 年上重诉字第 39 号判决之评释——以连续交易操纵行为与内线交易为范围》,载《台北大学法学论丛》2007 年第 3 期。

[124]王跃堂、王亮亮、彭洋:《产权性质、债务税盾与资本结构》,载《经济研究》2010 年第 9 期。

[125]吴建斌:《现代公司治理结构的新趋势》,载《法学杂志》1996 年第 4 期。

[126]吴寅寅:《资本成本决策研究》,载《财经界》(学术版)2017 年第 1 期。

[127]吴泽勇:《〈投资者示范诉讼法〉:一个群体性法律保护的完美方案?》,载《中国法学》2010 年第 1 期。

[128]伍剑威:《荷兰式拍卖:一种多赢的股票回购增持方式》,载《当代经理人》2006 年第 5 期。

[129]谢海定:《中国法治经济建设的逻辑》,载《法学研究》2017 年第 6 期。

[130]谢获宝、惠丽丽:《代理问题、公司治理与企业成本粘性——来自我国制造业企业的经验证据》,载《管理评论》2014 年第 12 期。

[131]邢会强:《国务院金融稳定发展委员会的目标定位与职能完善——以金融法中的“三足定理”为视角》,载《法学评论》2018 年第 3 期。

[132]邢会强:《金融危机治乱循环与金融法的改进路径——金融法中“三足定理”的提出》,载《法学评论》2010 年第 5 期。

[133]邢会强:《内幕交易惩罚性赔偿制度的构造原理与现实选择》,载《中国社会科学》2018 年第 4 期。

[134]邢会强:《新三板市场的法律适用与“新三板监管法”的制定》,载《现代法学》2018 年第 1 期。

[135]徐涤宇、黄美玲:《单方允诺的效力根据》,载《中国社会科学》2013 年第 4 期。

[136]徐建:《行政审判中“目的性扩张”适用的逻辑与限度——以上海首例“顺风车”行政案件为例》,载《西安交通大学学报》(社会科学版)2018 年第 5 期。

[137]徐梦秋:《机会的公平和规则的公平》,载《光明日报》2016 年 4 月 27 日,第 14 版。

[138]许多奇:《互联网金融风险的社会特性与监管创新》,载《法学研究》2018 年第 5 期。

[139]许晟、潘清:《公司法修改触发上市公司“回购潮”》,载《新华每日电讯》2018 年 10 月 31 日,第 6 版。

[140]薛永慧:《台湾证券团体诉讼制度:规范与借鉴》,载《台湾研究集刊》2016 年第 3 期。

[141]杨海静:《单方允诺视角下的证券市场公开承诺》,载《南方金融》2018 年第 7 期。

[142]姚艳:《民族法律规范政策化问题的法理思考》,载《西南民族大学学报》(人文社会科学版)2010 年第 2 期。

[143]叶菊萱:《库藏股制度之研究——分析员工持股制度与公司取得自己股份之规制》,成功大学 2001 年硕士学位论文。

[144]叶林:《股份有限公司回购股份的规则评析》,载《法律适用》

2019 年第 1 期。

[145]尹靖霏:《A 股现金分红大起底:30 家上市公司自上市以来一分钱也不分》,载《第一财经日报》2018 年 2 月 26 日,第 A06 版。

[146][美]约瑟夫 · 斯蒂格利茨、龙军:《市场机制与政府干预的平衡》,载《中国金融》2004 年第 8 期。

[147]张辉:《上市公司分红监管的经验与对策》,载《证券市场导报》2013 年第 5 期。

[148]张军:《实施"金降落伞计划"的必要性》,载《中国建设报》2003 年 10 月 10 日,第 1 版。

[149]张明楷:《关于增设背信罪的探讨》,载《中国法学》1997 年第 1 期。

[150]张强、张宝:《IPO 发行成本与中介机构声誉——来自中国创业板市场的证据》,载《证券市场导报》2011 年第 12 期。

[151]张守文:《中国经济法治的问题及其改进方向》,载《法制与社会发展》2018 年第 2 期。

[152]张望军、孙即、万丽梅:《上市公司员工持股计划的效果和问题研究》,载《金融监管研究》2016 年第 3 期。

[153]张文显:《习近平法治思想研究(下)——习近平全面依法治国的核心观点》,载《法制与社会发展》2016 年第 4 期。

[154]张衔、胡茂:《我国企业员工持股的发展困境与现实选择——员工持股的再思考》,载《社会科学研究》2015 年第 1 期。

[155]张小妮、张宝山:《市场操纵行为的法律界定与规制比较研究》,载《西安交通大学学报》(社会科学版)2013 年第 3 期。

[156]张晓茹:《中国证券示范诉讼的雏形与构建规范——兼评德国投资者示范诉讼法》,载《人民司法》2011 年第 15 期。

[157]张艳萍:《改革开放以来社会主义市场经济体制改革历程与启示——基于对社会主义经济核算论战的思考》,载《理论月刊》2019 年第 2 期。

[158]张勇健:《股份回购制度的完善与司法应对》,载《法律适用》2019 年第 1 期。

[159]张玉洁:《37家上市公司宣布回购股份》,载《中国证券报》2015年7月22日,第A07版。

[160]章武生:《美国证券市场监管的分析与借鉴》,载《东方法学》2017年第2期。

[161]章武生:《论群体性纠纷的解决机制——美国集团诉讼的分析和借鉴》,载《中国法学》2007年第3期。

[162]章武生:《我国证券集团诉讼的模式选择与制度重构》,载《中国法学》2017年第2期。

[163]赵姗姗:《法益视角下证券内幕交易罪主体范围的规范构造》,载《政治与法律》2018年第10期。

[164]赵旭东:《违反资产重组承诺的民事责任分析》,载《证券法苑》2010年第1期。

[165]赵吟:《论传统公司社团理论之修正》,载《开发研究》2015年第3期。

[166]郑富城:《公司取得自己股份之研究——兼论母子公司交叉持股》,台湾政治大学2002年硕士学位论文。

[167]郑建刚:《律师风险代理制度探析》,载《重庆邮电学院学报》(社会科学版)2004年第1期。

[168]郑志刚:《市值管理的"误区"与公司治理的回归》,载《证券市场导报》2016年第3期。

[169]钟瑞栋:《"私法公法化"的反思与超越——兼论公法与私法接轨的规范配置》,载《法商研究》2013年第4期。

[170]钟瑞栋:《民法中的强制性规范——兼论公法与私法"接轨"的立法途径与规范配置技术》,载《法律科学》(西北政法大学学报)2009年第2期。

[171]周林彬、王睿:《法律与经济发展"中国经验"的再思考》,载《中山大学学报》(社会科学版)2018年第6期。

[172]周林军:《规律与规则之间——简论经济学对法学的渗透》,载《经济法论坛》2008年第1期。

[173]周天舒:《探寻"牟取公司机会禁止原则"的决定因素》,载《法学杂志》2011年第5期。

[174]周天舒:《中国公司治理法律规则发展模式的再探讨:一个路径依赖的视角》,载《中国法学》2013 年第 4 期。

[175]周仲飞、李敬伟:《金融科技背景下金融监管范式的转变》,载《法学研究》2018 年第 5 期。

[176]朱大明:《美国公司法视角下控制股东信义义务的本义与移植的可行性》,载《比较法研究》2017 年第 5 期。

[177]朱庆:《论股份回购与操纵市场的关联及其规制》,载《法律科学》(西北政法大学学报)2012 年第 3 期。

[178]朱庆:《上市公司收购防御决议机制立法模式的反思与重构》,载《学术界》2016 年第 2 期。

[179]朱庆:《我国应允许概括目的下的股份回购》,载《安徽大学学报》(哲学社会科学版)2008 年第 1 期。

[180]卓泽渊:《论法的价值》,载《中国法学》2000 年第 6 期。

五、英文论文

[1] Allen F, Gale D, "Stock-Price Manipulation", *Review of Financial Studies*, 1992, 5(3).

[2] Andrade G, Mitchell M, Stafford E, "New Evidence and Perspectives on Mergers", *Journal of Economic Perspectives*, 2001, 15(2).

[3] Ang J S, Tucker A L, "The Shareholder Wealth Effects of Corporate Greenmail", *Journal of Financial Research*, 1988, 11(4).

[4] Armour J, "Legal Capital: An Outdated Concept?", *European Business Organization Law Review*, 2006, 7(1).

[5] Armour J, "Share Capital and Creditor Protection: Efficient Rules for a Modern Company Law", *Modern Law Review*, 2010, 63(3).

[6] Bagwell L S., "Share Repurchase and Takeover Deterrence", *Rand Journal of Economics*, 1991, 22(1).

[7] Bainbridge, Stephen M, "Director Primacy and Shareholder Disempowerment", *Harvard Law Review*, 2006, 119(6).

[8] Baker H K, Powell G E, Veit E T, "Why Companies Use Open-market

Repurchases: A Managerial Perspective", *Quarterly Review of Economics & Finance*, 2003, 43(3).

[9] Baker M, Wurgler J, "Market Timing and Capital Structure", *Journal of Finance*, 2002, 57(1).

[10] Ball R, Brown P, "An Empirical Evaluation of Accounting Income Numbers", *Journal of Accounting Research*, 1968, (1).

[11] Bartov E, Krinsky I, Lee J, "Evidence on How Companies Choose Between Dividends and Open-market Stock Repurchase", *Journal of Applied Corporate Finance*, 1998, 11(1).

[12] Bebchuk L A, Roe M J, "A Theory of Path Dependence in Corporate Ownership and Governance", *Stanford Law Review*, 1999, 52(1).

[13] Bens, D. A., Nagar, V., Skinner, D. J., et al., "Employee Stock Options, EPS Dilution, and Stock Repurchases", *Journal of Accounting & Economics*, 2003, 36(1).

[14] Bhagat S, Shleifer A, Vishny R W, et al., "Hostile Takeovers in the 1980s: The Return to Corporate Specialization", *Brookings Papers on Economic Activity*, 1990, (1).

[15] Bhattacharya S., "Imperfect Information, Dividend Policy, and 'The Bird in the Hand' Fallacy", *Bell Journal of Economics*, 1979, 10(1).

[16] Bradley M, Wakeman L M, "The Wealth Effects of Targeted Share Repurchases", *Journal of Financial Economics*, 1983, 11(1).

[17] Brav A, Graham J R, Harvey C R, et al., "Payout Policy in The 21st Century", *Journal of Financial Economics*, 2005, 77(3).

[18] Burgstahler D, Dichev I, "Earnings Management to Avoid Earnings Decreases and Losses", *Social Science Electronic Publishing*, 2005, 24(1).

[19] C. Proctor, "Financial Assistance: New Proposals and New Perspectives", *Company Lawyer*, 2007, 28(1).

[20] Cane M B, Choi J S, Gitterman S B, "Recent Developments Concerning Preferred Stockholder Rights Under Delaware Law", *Virginia Law & Business Review*, 2011, 5(3).

[21] Comment R, Jarrell G, "The Relative Signalling Power of Dutch-Auction and Fixed-Price Self-Tender Offers and Open-Market Share Repurchases", *The Journal of Finance*, 1991, 46(4).

[22] Dann L Y, Deangelo H, "Standstill Agreements, Privately Negotiated Stock Repurchases, and The Market For Corporate Control", *Journal of Financial Economics*, 1983, 11(1).

[23] Dann L Y, "Common Stock Repurchases", *Journal of Financial Economics*, 1981, 9(2).

[24] Dittmar A K, "Why Do Firms Repurchase Stock", *Journal of Business*, 2000, 73(3).

[25] Eije H V, Megginson W L, "Dividends and Share Repurchases in the European Union", *Journal of Financial Economics*, 2008, 89(2).

[26] Enriques L, Macey J R, "Creditors versus Capital Formation: The Case Against the European Legal Capital Rules", https://www.highbeam.com/doc/1G1-79477592.html, 2018-04-04.

[27] EV Ferran, "'Creditors' Intrests and 'Core' Company Law", *Company Lawyer*, 1999, 20.

[28] Evans J P, Evans R T, Gentry J A, "The Decision to Repurchase Shares: A Cash Flow Story", *Journal of Business & Management*, 2003, 9(2).

[29] Fenn G W, Liang J N, "Corporate Payout Policy and Managerial Stock Incentives", *Journal of Financial Economics*, 2000, 60(1).

[30] Ferran E, "The Place for Creditor Protection on the Agenda for Modernisation of Company Law in the European Union", *European Company & Financial Law Review*, 2006, 3(2).

[31] Fried J M, "Open Market Repurchases: Signaling or Managerial Opportunism", *Theoretical Inquiries in Law*, 2001, 2(2).

[32] Ganga C, Hub Z, "Government Regulation Function and Its Holistic Governance in Food Safety——Based on the Perspective of Holistic Governance Theory", *Journal of Yunnan University of Finance & Economics*, 2012, 6(5).

[33] Gilson R J, "Controlling Shareholders and Corporate Governance:

Complicating the Comparative Taxonomy", *Social Science Electronic Publishing*, 2006, 119(6).

[34] Goetz C J, Scott R E, "The Limits of Expanded Choice: An Analysis of the Interactions Between Express and Implied Contract Terms", *Cal. L. Rev.*, 1985, 73.

[35] Graham, King, "Do Share Repurchases Harm Uninformed Shareholders", *Financial Practice & Education*, 2000, 10(1).

[36] Grullon G, Ikenberry D L, "What Do We Know About Stock Repurchases?", *Journal of Applied Corporate Finance*, 2010, 13(1).

[37] Grullon G, Michaely R, "Dividends, Share Repurchases, and the Substitution Hypothesis", *Journal of Finance*, 2002, 57(4).

[38] Guay W R, Harford J, "The Cash-Flow Permanence and Information Content of Dividend Increases Versus Repurchases", *Journal of Financial Economics*, 2000, 57(3).

[39] Hansmann H, Kraakman R, "The Essential Role of Organizational Law", *The Yale Law Journal*, 2000, 110(3).

[40] Ikenberry D, Lakonishok J, Vermaelen T, "Market Underreaction to Open Market Share Repurchases", *Journal of Financial Economics*, 1995, 39.

[41] Jensen M C, Meckling W H, "Theory of the Firm: Managerial Behavior, Agency Costs and Ownership Structure", *Social Science Electronic Publishing*, 1976, 3(4).

[42] Jensen M C., Ruback R S, "The Market for Corporate Control: The Scientific Evidence", *Journal of Financial Economics*, 1983, 11(4).

[43] Jensen M C., "Agency Costs of Free Cash Flow, Corporate Finance, and Takeovers", *American Economic Review*, 1999, 76(2).

[44] John Lintner, "Distribution of Incomes of Corporations Among Dividends, Retained Earnings, and Taxes", *The American Economic Review*, 1956, 46(2).

[45] Jr H B, West R, "The Acquisition of Common Stock by The Corporate Issuer", *Journal of Finance*, 1966, 21(4).

[46] Kale J R, Noe T H, Gay G D, "Share Repurchase Through Transferable Put Rights: Theory and Case Study", *Journal of Financial Economics*, 1989, 25(1).

[47] Katz A, "The Effect of Frivolous Lawsuits on the Settlement of Litigation", *International Review of Law & Economics*, 1990, 10(1).

[48] Kehl D, "The Origin and Early Development of American Dividend Law", *Harvard Law Review*, 1939, 53(1).

[49] Klein A, Rosenfeld J, "The Impact of Targeted Share Repurchases on the Wealth of Non-Participating Shareholders", *Journal of Financial Research*, 1988, 11(2).

[50] Laurie Simon Bagwell, John B, Shoven, "Cash Distributions to Shareholders", *The Journal of Economic Perspectives*, 1989, 3(3).

[51] Lie E., "Excess Funds and Agency Problems: An Empirical Study of Incremental Cash Disbursements", *Review of Financial Studies*, 2000, 13(1).

[52] Litzenberger R H, Ramaswamy K, "The Effect of Personal Taxes and Dividends on Capital Asset Prices: Theory and Empirical Evidence", *Journal of Financial Economics*, 1979, 7(2).

[53] Loke A F, "From the Fiduciary Theory to Information Abuse: The Changing Fabric of Insider Trading Law in the U. K. Australia and Singapore", *American Journal of Comparative Law*, 2006, 54(1).

[54] Mark J, "Political Preconditions To Separating Ownership from Corporate Control", *Social Science Electronic Publishing*, 2000, 53(3).

[55] Masulis R W., "Stock Repurchase by Tender Offer: An Analysis of the Causes of Common Stock Price Changes", *The Journal of Finance*, 1980, 35(2).

[56] Maxwell W F, Stephens C P, "The Wealth Effects of Repurchases on Bondholders", *The Journal of Finance*, 2003, 58(2).

[57] Modiglian, Miller M H, "The Cost of Capital, Corporation Finance and the Theory of Investment", *American Economic Review*, 1959, 49(4).

[58] Modigliani F, Miller M H, "Corporate Income Taxes and the Cost of

Capital: A Correction", *The American Economic Review*, 1963, 53(3).

[59] Nelemans M, "Redefining Trade-based Market Manipulation", *Valparaiso University Law Review*, 2008, 42.

[60] Netter J M, Mitchell M L, "Stock-Repurchase Announcements and Insider Transactions after the October 1987 Stock Market Crash", *Financial Management*, 1989, 18(3).

[61] Ofer A R, Thakor A V., "A Theory of Stock Price Responses to Alternative Corporate Cash Disbursement Methods: Stock Repurchases and Dividends", *The Journal of Finance*, 1987, 42(2).

[62] Pope P F, Puxty A G, "What is Equity? New Financial Instruments in the Interstices Between the Law, Accounting and Economics", *The Modern Law Review*, 1991, 54(6).

[63] Porta R L, Lopez-De-Silanes F, Shleifer A, "Corporate Ownership Around the World", *Journal of Finance*, 1999, 54(2).

[64] Pugh W, Jahera J S., "Stock Repurchases and Excess Returns: An Empirical Examination", *Financial Review*, 2010, 25(1).

[65] Ramseyer J M, "Takeovers in Japan: Opportunism, Ideology and Corporate Control", *UCLA Law Review*, 1987, 35(1).

[66] Rickford J, "Reforming Capital Report of the Interdisciplinary Group on Capital Maintenance", *European Business Law Review*, 2004, 15(4).

[67] Ritter J R, "The Costs of Going Public", *Journal of Financial Economics*, 1987, 19(2).

[68] Schön W, "The Future of Legal Capital", *European Business Organization Law Review*, 2004, 5(3).

[69] Siems M M, "The EU Market Abuse Directive: A Case-based Analysis", *Law and Financial Markets Review*, 2008, 2(1).

[70] Sinha S., "Share Repurchase as a Takeover Defense", *The Journal of Financial and Quantitative Analysis*, 1991, 26(2).

[71] Sommer A A, "Securities Regulation by Louis Loss and Joel Seligman", *Business Lawyer*, 1991, 46(4).

[72] Stephens C P, Weisbach M S, "Actual Share Reacquisitions in Open-Market Repurchase Programs", *The Journal of Finance*, 1998, 53(1).

[73] Vermaelen T, "Common Stock Repurchases and Market Signalling: An Empirical Study", *Journal of Financial Economics*, 1981, 9(2).

[74] Vermaelen T, "Repurchase Tender Offers: Signaling and Managerial Incentives", *The Journal of Financial and Quantitative Analysis*, 1984, 19(2).

[75] Wansley J W, Lane Sarkar L S, "Managements' View on Share Repurchase and Tender Offer Premiums", *Financial Management*, 1989, 18(3).

[76] William Whitford, "Rule of Law", *Wisconsin Law Review*, 2000, 50(5).

[77] Zhang H., "Share Price Performance Following Actual Share Repurchases", *Journal of Banking & Finance*, 2005, 29(7).

六、英文案例

[1] ANDERSON v. ALBERT & J. M. ANDERSON MFG. CO. (1950) 90 N. E. 2d 541.

[2] BENETT v. PROPP (1962) 187 A. 2d 405.

[3] Benjamin v. Diamond (1977) 563 F. 2d 692, 700.

[4] Cheff v. Mathes (1964) 190 A. 2d 548.

[5] Chiarella v. United States (1980) 445 U. S. 222.

[6] Kardon v. National Gypsum Co. (1947) 73 F. Supp. 798.

[7] KORS v. CAREY (1960) 158 A. 2d 136.

[8] Trevor v. Whitworth (1887) 12 App Cas 409.

[9] United States v. O'Hagan (1997) 521 U. S. 642.

[10] UNITRIN v. AMERICAN GENERAL CORP., Del. Supr. (1995) 651 A. 2d 1361.

七、其他资料

[1] ABA, "Model Bussiness Corporation Act", http://www.360doc.cn/

mip/747618035. html,2018 – 04 – 19.

[2] California Legislative Information, "California Corporations Code", https://leginfo. legislature. ca. gov/faces/codes_displayText. xhtml? lawCode = CORP&division = 1. &title = 1. &part = &chapter = 2. &article = ,2018 – 04 – 19.

[3] Delaware Code Online, "General Corporation Law", http://delcode. delaware. gov/title8/c001/sc05/index. shtml,2018 – 04 – 19.

[4] DR Oswald, S Young, "Cashing in on Share Buybacks", https://www. london. edu/faculty-and-research/academic-research/cashing-in-on-share-buybacks#. Wt7mZ7Ejylw,2018 – 04 – 04.

[5] Enriques L, Macey J R, "Creditors versus Capital Formation: The Case Against the European Legal Capital Rules", https://www. highbeam. com/doc/1G1 – 79477592. html,2018 – 04 – 04.

[6] Fenn G W, Liang N, "Good News and Bad News About Stock Repurchases", Board of Governors of the Federal Reserve System, 1997.

[7] High Level Group of Company Law Experts, KJ Hopt, J Winter, JS Christensen, JMG Garcia, *Report of the High Level Group of Company Law Experts on a Modern Regulatory Framework for Company Law in Europe*, https://www. researchgate. net/publication/27268469_A_Modern_Regulatory_Framework_for_Company_Law_in_Europe_Report_of_the_High_Level_Group_of_Company_Law_Experts_mit_offiziellen_Ubersetzungen_in_verschiedene_Amtssprachen_der_EU,2018 – 06 – 29.

[8] Jolls, Christine, "Stock Repurchases and Executive Compensation", *Working Paper*, *Harvard Law School*, 1998.

[9] Konan Chan, David Ikenberry, Inmoo Lee, "Do Firms Knowingly Repurchase Stock for Good Reason?", https://www. researchgate. net/publication/229050729_Do_firms_knowingly_repurchase_stock_for_good_reason,2018 – 04 – 04.

[10] Luca Enriques, "EC Company Law Directives and Regulations: How Trivial are They?", https://papers. ssrn. com/sol3/papers. cfm? abstract_id = 730388,2018 – 12 – 04.

[11] Opler, T., Titman S, "The Debt-equity Choice: An Analysis of Issue Firms", *Working Paper*, *Ohio State University*, 1996.

[12] Renee M. Jones, "The Unicorn Governance Trap", https://papers.ssrn.com/sol3/papers.cfm? abstract_id = 3047189, 2018 – 05 – 11.

[13] The Commission of the European Communities, NO2273/2003 Implementing Directive 2003/6/EC of the European Parliament and of the Council an Regard Exemptions for Buy-Back Programmers and Stabilization of Financial Instruments, http://www.doc88.com/p – 1466981116784.html, 2018 – 11 – 04.

[14] Thomson Reuters Westlaw, "New York Consolidated Laws, Business Corporation Law—BSC", https://codes.findlaw.com/ny/business-corporation-law/bsc-sect – 513.html, 2018 – 04 – 19.

[15] Weisbenner S., "Corporate Share Repurchases in the 1990's: What Role do Stock Options Play?", *Board of Governors of the Federal Reserve System Finance and Economics Discussion Paper*, 2000.

[16]曹力水:《万科拟回购 100 亿元额度内 A 股股份》,载 http://stock.hexun.com/2015 – 07 – 08/177363930.html,最后访问日期:2017 年 3 月 13 日。

[17]陈乃蔚:《法律服务国际化要有税收支持》,载 http://www.kankanews.com/a/2016 – 12 – 21/0037814905.shtml,最后访问日期:2018 年 10 月 4 日。

[18]丁臻宇:《金融股暴涨之后 A 股怎么玩? 这两大信号透露后市走向》,载 http://stock.hexun.com/2018 – 10 – 27/195015306.html,最后访问日期:2018 年 10 月 28 日。

[19]高春涛:《回购有益改善股权结构》,载 https://www.xiangdang.net/doc/4884553830860125261.html,最后访问日期:2019 年 2 月 13 日。

[20]胡潇滢:《海马股份回购成"忽悠"》,载 http://news.hexun.com/2009 – 06 – 05/118360181.html,最后访问日期:2018 年 5 月 15 日。

[21]刘增禄:《上市公司回购呈爆发式增长背后故事各有不同》,载 http://stock.hexun.com/2016 – 03 – 23/182925157.html,最后访问日期:

2018 年 12 月 14 日。

[22]罗神抓妖记:《A 股历史上的牛市熊规律》,载 http://caifuhao.eastmoney.com/news/20180130212449244987550,最后访问日期:2018 年 12 月 4 日。

[23]民政部办公厅:《民政部办公厅关于暂停对企业内部职工持股会进行社团法人登记的函》,载 http://stj.sh.gov.cn/node2/node3/n5/n33/u8ai11228.html,最后访问日期:2018 年 4 月 4 日。

[24]末日雨声:《三年抗争,20 亿欧元,育碧甩开维旺迪拥抱腾讯》,载 http://www.sohu.com/a/226175861_115207,最后访问日期:2018 年 4 月 4 日。

[25]皮海洲:《回购规模同创新高　A 股美股差距咋那么大呢?》,载 http://business.sohu.com/a/255843779_102177? spm = smpc.ch15.fd.24.1537839837511ApJDVMJ,最后访问日期:2018 年 10 月 4 日。

[26]邱璧徽:《上市公司半数未履行承诺理由花样百出》,载 http://stock.hexun.com/2014 - 03 - 13/163013091.html,最后访问日期:2018 年 10 月 4 日。

[27]券商中国:《A 股大热潮! 昨晚 41 公司群发回购公告,上限达 167 亿!》,载 http://www.p5w.net/weyt/201810/t20181029_2211138.htm,最后访问日期:2018 年 11 月 4 日。

[28]赛文:《高通公布新 100 亿美元股票回购计划股价上涨 2.5%》,载 http://tech.sina.com.cn/it/2018 - 05 - 10/doc-ihaichqz3487032.shtml,最后访问日期:2018 年 5 月 15 日。

[29]孙杰:《中弘股份股价太低被强制退市》,载 https://baijiahao.baidu.com/s? id = 1616595832299034418&wfr = spider&for = pc,最后访问日期:2019 年 2 月 25 日。

[30]佚名:《Section 16(B)》,载 https://corpgov.law.harvard.edu/2017/03/01/section - 16b-if-at-first-you-dont-succeed/,最后访问日期:2018 年 11 月 4 日。

[31]佚名:《中华人民共和国立法法释义:第 84 条》,载 http://www.chinalawedu.com/new/21603_21682/2009_9_22_wa269549454412-

29900217689. shtml,最后访问日期:2018 年 10 月 4 日。

[32]佚名:《Corporatins Code》,载 https://leginfo. legislature. ca. gov/faces/codes_ displayText. xhtml? lawCode = CORP&division = 1. &title = 1. &part = &chapter = 5. &article = ,最后访问日期:2018 年 10 月 4 日。

[33]佚名:《德展健康大股东吃相难看:公司回购 2 亿为接盘其减持?》,载 http://stock. hexun. com/2018 - 06 - 21/193246860. html,最后访问日期:2018 年 11 月 4 日。

[34]佚名:《公开回购与高管减持并行这些大牛股还敢追?》,载 https://baijiahao. baidu. com/s? id = 1606829368670145414&wfr = spider&for = pc,最后访问日期:2018 年 11 月 4 日。

[35]佚名:《回购与减持并行英威腾回购股份期实控人减持套现 5500 万》,载 https://www. yuncaijing. com/news/id_12002587. html,最后访问日期:2018 年 11 月 4 日。

[36]佚名:《全国首例! 上海金融法院发布证券纠纷示范判决机制》,载 https://baijiahao. baidu. com/s? id = 1622809314967258782&wfr = spider&for = pc,最后访问日期:2019 年 4 月 4 日。

[37]佚名:《人人宣布以荷兰拍卖方式回购 5000 万美元 ADS》,载 http://tech. 163. com/15/0402/18/AM7G7TRI000915BF. html,最后访问日期:2017 年 6 月 13 日。

[38]佚名:《上海五钢(集团)有限公司关于受让上海沪昌特殊钢股份有限公司国家股的公告》,载 http://quotes. money. 163. com/f10/ggmx_600665_21385_1. html,最后访问日期:2017 年 3 月 13 日。

[39]佚名:《永新股份:2016 年年度权益分派实施公告》,载 http://www. sohu. com/a/129601995_545697,最后访问日期:2019 年 2 月 13 日。

[40]张红瑜:《A 股史上最大回购潮:490 家公司花 241 亿买自家股票》,载 http://www. cs. com. cn/ssgs/gsxw/201809/t20180912_5871830. html,最后访问日期:2018 年 9 月 12 日。

[41]中国证监会:《中华人民共和国证券法(修订草案)》,载 http://www. financialservicelaw. com. cn/article/default. asp? id = 4777,最后访问日期:2018 年 10 月 4 日。

[42]中国证监会:《关于修改〈上市公司股权激励管理办法〉的决定》,载 http://www.csrc.gov.cn/pub/zjhpublic/zjh/201808/P020180815776363550523.pdf,最后访问日期:2018 年 10 月 4 日。

[43]中国证监会:《中国证券监督管理委员会公告》,载 http://www.csrc.gov.cn/pub/zjhpublic/G00306201/201401/t20140103_240914.htm,最后访问日期:2018 年 10 月 4 日。

[44]中国证券监督管理委员会广东监管局:《关于对董明珠采取出具警示函措施的决定》,载 http://www.csrc.gov.cn/pub/zjhpublicofgd/xzjgcs/201902/t20190201_350675.htm,最后访问日期:2019 年 2 月 25 日。

[45]中华人民共和国公安部:《公安部确定五个证券犯罪办案基地》,载 http://www.mps.gov.cn/n2254098/n4904352/c5557885/content.html,最后访问日期:2018 年 4 月 4 日。

[46]中华人民共和国司法部:《〈中华人民共和国公司法修正案〉草案(征求意见稿)》,载 http://zqyj.chinalaw.gov.cn/readmore?id=2621&listType=1,最后访问日期:2018 年 11 月 12 日。

八、相关网站

[1]美国证监会(https://www.sec.gov/)。

[2]纽约证券交易所(https://www.nyse.com/index)。

[3]上海证券交易所(http://www.sse.com.cn/)。

[4]深圳证券交易所(http://www.szse.cn/)。

[5]英国行为监管局(http://www.fca.org.uk/)。

[6]英国金融服务管理局(http://www.fsa.gov.uk/)。

[7]中国证券监督管理委员会(http://www.csrc.gov.cn/pub/newsite/)。

后　记

你在找寻什么呢?

是至高无上的绝对权力?还是堆金叠玉的无尽财富?抑或是舒适安逸的养生式工作呢?

是想拥有比同事更高的学历?还是想跳槽到更高大上的平台?是想再次回归大学寻找久违的校园生活吗?

不确定!虽然彼时在人民银行工作的我时常反思这些问题,但不可否认的是,对这些问题的认识依然是不确定的,甚至在某种意义上讲是混沌的。

唯一可以确定的是,我想要改变,改变通过一年实习就能基本驾驭的相对程式化的业务模式,改变工作三年就能大致看到整个职业生涯的发展空间的现实,我想要找回离我渐行渐远的学术研究!兴趣犹在但已过而立,对彼时的我而言,金融法学术这扇门或将在不久的未来,对我彻底关闭!从此终生无缘再次涉足……

我酷爱 NBA 比赛,有人说,人生就像一场篮球比赛,上半场按学历、权力、职位、业绩、薪金比上升,下半场以血压、血脂、血糖、尿酸、胆固醇比下降。是的,那时候,我已经背负了许多:通过各种努力终于把爱人的工作从银行基层柜员调到了总行,生下了一个乖巧懂事的女儿需要照顾,家庭刚刚安稳下来,我是不是又要重启一段新的人生旅程呢?诚然,我的内心是焦急的!然而,时不我待,眨眼间,又一年的考博报名开始了……

我无意贬损人民银行的工作。事实上,这是一个非常重要的金融宏观调控与监管机构,其工作氛围和人员素质都是值得称道的,我尤其感谢领导和同事们对我的关心和支持,在这里获取的宝贵的实务工作经历以及研究经历被后续实践证明对我的金融法学术研究起到了相当重要的启发作用。只是人各有志,我更加愿意在从事实务工作的基础上能够回归学术,从事更加专业、更为精深和立意更为高远的学术事业。

为了考博,我必须付出比身边的同事更多的努力。作为行里的业务骨干,我至今仍然清晰记得那一份份加班加点写出来的研究课题、调研报告、国际金融编译研究文章,各类烦琐的金融机构与金融市场监测日报、旬报、月报、半年报、年报,各种专项执法检查和综合执法检查,以及作为几位行领导秘书而精心策划的每一份领导讲话材料。从国库处到货币信贷管理处,再到办公室,从业务学习的角度来说,确实是充实而锻炼人的,但从考博的角度来说,至少在时间和精力上必然存在着共时性冲突。当同事们下班离开,办公楼下的停车场早已空空如也,办公楼里也只剩下为数不多的各个部门的年轻业务骨干在加班。在这一点上,我与这些夜以继日加班的同事们没有两样,所不同的,仅仅是当他们也收工回家的时候,我会开始当日的考博复习计划。

同时备考5所院校三个不同专业的法学博士就意味着,要复习不同题型、不同难度的考博英语,要复习不同专业以及同一专业下面不同院校的不同考试科目的专业课知识,包括但不限于中文著作、译著、中文学术论文以及一些英文文章等。记得行里曾经有一项福利——给大家免费订阅一部分期刊。我至今对这项重大福利仍十分感念,每个月我都从收发室的一大堆《知音》《汽车之友》《父母世界》《家庭·育儿》《养生杂志》《现代养生》《中医健康养生》里面找出白皮红字的中国人民大学复印报刊资料《民商法学》《经济法学·劳动法学》《国际法学》,由此,我延续着与学术界的基本联系。功夫不负有心人,尽管考博的道路布满了荆棘,但或许是我的勤奋感动了上苍吧,2015年,我幸运地进入厦门大学法学院金融法研究中心攻读博士研究生。

攀登金融法学术高峰何其不易,这里面的酸甜苦辣我在博士研究生的研学途中终有感触!在不断的"写作→投稿→退稿"的过程中,我时常反思和调整自己的研究选题、研究方法和研究思路。不得不隆重提出致谢的,是我的导师刘志云教授对我学术研究的悉心指导。尽管这是一本学术著作的后记,而这本著作正是基于刘老师指导的本人的博士论文修订而成,但我特意在此处提出致谢,很显然想表达的不仅仅是老师对我这篇博士论文的指导。事实上,相较于对本书的微观问题的指导,刘老师对我整个博士研究生阶段的学术指导以及对我学术生涯的重大影响是更为显著的。

刘老师学历史出身,硕士博士阶段先后学习经济法和国际法,其学术标签是国际关系与国际法跨学科研究。刘老师高深的学术造诣和严谨的治学态度令我深深敬佩!在我内心深处,我并不承认国内有多少学者在学术水平上出刘老师其右。刘老师对我做研究的影响总结起来可以归纳为两个方面。

一是学术标准与学术方法的问题,即到底什么样的学术是好的学术?应当秉承何种学术方法?在开放的学术市场上,总会存在一些精品,也会充斥着一些赝品。作为学术研究的逻辑起点,学术标准历来众说纷纭、莫衷一是。毫不夸张地讲,一些大学教授也未真正深谙其道。刘老师坚持开放的学术态度和学术思想,他从来不认为自己的东西(无论是研究方法还是研究领域、研究成果)就一定是最好的,相反,他总是鼓励大家从不同的学科、不同的视角用不同的研究方法去观察法律现象、研究法学问题,强调学术研究方法的多元性、研究思路的逻辑性、体系性和务实性。

二是学术理想和学术勇气的问题。一位学者的学术生涯,就是不断地反思、批判和调整自己的研究的过程。这其中,到底哪些宝贵的学术品质必须坚持,哪些学术红线不能践踏,心里必须有一杆秤,否则就很容易误入歧途。曾经有一段时间,我连续被一些权威期刊退稿,内心的压力不言而喻,甚至我曾深度怀疑自己,这样做下去到底对不对?行不行?是不是应当坚持?刘老师对博士生精心开设的学术训练课让我弄清了学术的本质及其基本原则,坚定了我的理论勇气和学术志气,对我学术生涯的发展无疑起到了真正的向导作用。

在金融法研究的学术道路上,我始终将目光往返于理论与制度之间、规范与现实之间。金融法基础理论历来是国内学术研究的短板,我先后从发展金融学的视角审视金融法基础理论研究的不足,并探讨改进的策略。在《法律科学》《西安交通大学学报》(社会科学版)等杂志发表的系列文章初步建立起了结构金融法理论的基本雏形,部分文章被中国人民大学复印报刊资料全文转载,收到了一定的学术反响,并得到了一些金融法权威学者的鼓励和与他们进行学术交流的机会。与此同时,我保持对金融和金融法相关的310余个微信公众号的动态信息的持续关注,密切跟踪公司证券、银行金融、互联网金融、离岸金融等金融法律实务领域,并撰写论文数十篇。2018年,我成为唯一以博士生名义入选的“金融服务法学高产作者”(共14位),并有幸入选为“16所法学院校CLSCI论文高产作者”。

在此,我想对我博士研究生求学阶段以及对我学术研究起到重要指引作用的各位前辈提出致谢。除了上文已经介绍的本人的博导刘志云教授以外,还有博士论文答辩委员会的成员,他们是西南政法大学的盛学军教授、湖南大学法学院的黎四奇教授、厦门大学法学院的齐树洁教授、肖伟教授和刘连泰教授。老师们在答辩会上对我论文的进一步完善提出了宝贵的建议,在此表示诚挚的谢意!我还要对厦门大学法学院的其他老师给予我的指导和帮助表示感谢,他们是宋芳青教授、廖益新教授、林秀芹教授、朱福惠教授、朱晓勤教授、何丽新教授、李兰英教授、阳建勋副教授、王兰副教授、毛海栋助理教授、王俊助理教授、刘玉姿助理教授。

对中国经济法学会和中国银行法学会授予我的优秀论文的评审老师表示衷心的感谢!感谢中国证券法学会在金融法高产作者论文盘点中对本人的推介。对中国经济法和金融法学界一直给予我殷殷关切的强力教授、廖凡教授、杨东教授、冯果教授、邢会强教授、曾筱清教授、蒋悟真教授、许多奇教授、沈伟教授、靳文辉教授、陈云良教授、鲁篱教授、王伦刚教授、陈婉玲教授、李安安副教授、季奎明副教授表示感谢!需要特别强调的是,许多知名的法学理论以及经济法与金融法专家可能与我并不相识,但他们的著述对我构建自己的知识和理论体系起到了重要的作用,必须表示衷心的感谢,他们是张文显教授、朱苏力教授、李昌麒教授、漆多俊教授、吴志攀教授、张守文教授、杨紫煊教授、岳彩申教授、甘培忠教授、刘燕教授、彭冰教授、江平教授、王涌教授等，请恕我无法一一列举。

我对金融法的研究也深深受益于广泛分布在证监会、银保监会、人民银行、证券交易所、证券公司、基金公司、商业银行以及律师事务所等金融法律实务部门的各位厦门大学金融法硕士班的实务导师和师兄师姐的前沿指导，深交所邱永红总监、嘉合基金蔡奕总经理在百忙之余仍坚持著书立说，其学术精神令人敬佩！经济法专业的毕业生王彬博士、郭俊芳博士、谷世英博士、彭兴庭博士、郑文才博士、蔡军龙博士、梁家全博士、黄进喜博士等都是业界精英，仙慧博士、林烺博士、杨春娇博士、叶文庆博士、杨武松博士、敖玉芳博士、王晓君博士、宋邦俊博士等则活跃在学术界，师兄师姐们的实务讲座和学术著作从实践到理论都对我的研究给予深刻的启发。同时，感谢师门所有硕士、博士在校生对我学习和生活的关照，同学之情，古稀不忘！我们刘门永远是最温暖的大家庭！

要特别对我的硕士生导师陈向聪教授提出致谢！陈老师待我如亲子，历来对我关怀有加，为我所做的一切，她总是尽心尽力、亲力亲为、一丝不苟，令远在千里之外的我屡屡感动不已。

感谢湖南大学法学院及院领导的积极推荐，在我最需要工作的时候，终获该校副教授的教职。我将以感恩之心砥砺前行，努力提升自己的教学科研水平，为推动湖南大学法学院创建一流法学院而贡献自己的力量。

最后，感谢父母对我的养育之恩，他们是中国勤劳的农民群体的一分子，为了供我上学，付出了自己最大的努力，也花光了家里所有的积蓄。教会了我自尊自爱，也型塑了我自立自强。正所谓："父母之恩，云何可报，慈如河海，孝若涓尘。"只希望从教之后，能够一直和父母为伴，结束多年的漂泊生活，过上父慈子孝的温馨日子！感谢妻子王晓曦女士这几年来为家庭巨大的付出，在博一的时候，我们家又喜得一子，我们拥有被别人艳羡的家庭，也收获了更加沉重的负担，当然，这一切都是幸福而甜蜜的。女儿刘佳颖和儿子刘彦宏的成人成才大计以后得由我们共同谋划了。

在我读博期间，家里也遭遇过变故，我失去了亲妹妹，这件事令我悲痛万分，甚至在很长一段时间里也难以走出来。妹妹陪伴我长大，在我上大学的时候外出打工寄给我生活费，在我博士备考的很多个寒冷的深夜，是她开车送我回家……现在想来，这一切的感恩都只能化作泪水无声地流淌！犹记得临别时她说:“哥哥,今生能与你做兄妹,我满足了!”希望天堂里再也没有了病痛的折磨!

对于自己,我想,我得更加珍惜这来之不易的学术之路,同时做好一个人民教师的本职工作,培养大量的金融法学家、法律家以及金融实务专家!更加爱生活、爱家庭以及更好地去爱世界、爱爱我的人!

刘　辉

2019 年 6 月于厦大凌云七 212 室

图书在版编目（CIP）数据

我国上市公司股份回购法律规制研究 / 刘辉著. --
北京：法律出版社，2020
ISBN 978-7-5197-4299-7

Ⅰ.①我… Ⅱ.①刘… Ⅲ.①上市公司－股权转让－公司法－研究－中国 Ⅳ.①D922.291.914

中国版本图书馆 CIP 数据核字（2020）第 044943 号

金融法学文库	**我国上市公司股份回购法律规制研究** **WOGUO SHANGSHI GONGSI GUFEN HUIGOU FALÜ GUIZHI YANJIU**	刘　辉　著	责任编辑　黄琳佳 装帧设计　马　帅

出版 法律出版社
总发行 中国法律图书有限公司
经销 新华书店
印刷 三河市龙大印装有限公司
责任校对 王晓萍
责任印制 陶　松
编辑统筹 学术·对外出版分社
开本 710 毫米×1000 毫米　1/16
印张 20
字数 289千
版本 2020 年 5 月第 1 版
印次 2020 年 5 月第 1 次印刷

法律出版社/北京市丰台区莲花池西里 7 号（100073）
网址/www.lawpress.com.cn
投稿邮箱/info@lawpress.com.cn
举报维权邮箱/jbwq@lawpress.com.cn
销售热线/400-660-8393
咨询电话/010-63939796

中国法律图书有限公司/北京市丰台区莲花池西里 7 号（100073）
全国各地中法图分、子公司销售电话：
统一销售客服/400-660-8393/6393
第一法律书店/010-83938432/8433　西安分公司/029-85330678　重庆分公司/023-67453036
上海分公司/021-62071639/1636　深圳分公司/0755-83072995

书号：ISBN 978-7-5197-4299-7
定价：68.00 元
（如有缺页或倒装，中国法律图书有限公司负责退换）